第一个英汉合订本
还原经典著作的本来面目

《股票作手回忆录》姊妹篇

股票经纪人成长记

交易员手把手教你解读
市场心理和交易者行为

爱德温·利弗维尔（Edwin Lefevre）◎著
韩晓文◎译

中国经济出版社
CHINA ECONOMIC PUBLISHING HOUSE
·北 京·

图书在版编目(CIP)数据

股票经纪人成长记/(美)利弗维尔著;韩晓文译.
北京:中国经济出版社,2016.2
ISBN 978-7-5136-3508-0

Ⅰ.①股… Ⅱ.①利…②韩… Ⅲ.①股票投资—经验—美国 Ⅳ.①F837.125

中国版本图书馆CIP数据核字(2014)第226725号

责任编辑 郭国玺
责任审读 贺 静
责任印制 马小宾
封面设计 任燕飞工作室

出版发行 中国经济出版社
印 刷 者 北京力信诚印刷有限公司
经 销 者 各地新华书店
开　　本 710mm×1000mm 1/16
印　　张 28
字　　数 238千字(中文)
113千字(英文)
版　　次 2016年2月第1版
印　　次 2016年2月第1次
定　　价 68.00元
广告经营许可证 京西工商广字第8179号

中国经济出版社 **网址** www.economyph.com **社址** 北京市西城区百万庄北街3号 **邮编** 100037
本版图书如存在印装质量问题,请与本社发行中心联系调换(联系电话:010-68330607)

前言

当报社的一位资深记者把约翰·K.温介绍给我的时候,我对这个名字一无所知。商界中一直存在一种现象:大多数老百姓未必都能从名门望族的名字猜出它的掌门人。当然,J.P.摩根公司的J.P.摩根先生不用多作解释的,因为老摩根先生是用儿子的名字来命名公司的。可是,更常见的情况是,库恩·勒布公司的老板既不是库恩,也不是勒布。这位资深记者对我解释说,约翰·K.温先生是布兰森·巴恩斯公司的高级合伙人,这家公司位于波士顿,经过十几年的打拼,它早已跻身顶尖的证券经纪公司行列。尽管约翰·K.温先生还很年轻,但他举止得体、态度真诚、性情善良、判断力强的整体气质吸引了我。不可否认,他就是当下成功证券经纪人的典范。尽管不同时代成功的标准不尽相同,可是真理却亘古不变。瞬息万变的各种观点,只是时下潮流不同的表现方式而已。

"先生,久仰大名,今天终于见到您了!"他说,"很久以前,我就拜读过先生的大作《利文斯通回忆录》,您发表在各种杂志上的那些文章也让我受益匪浅。我想知道,您就没想过描写一下华尔街的另一面吗?当您广征博引,试图证明那些急于求成的人注定会失败时,老百姓却随时都在关注每个角落里的那些商业行为。伟大的美国民众喜欢在报纸头条中寻找有价值的信息。在精明的美利坚人看来,华尔街不是买卖证券的交易所,而是一座货真价实的赌场,一座在受贿的政府官员保护下疯狂转动着轮盘的赌场。可真相并非如此,商人们很清楚这一点,您当然也很清楚,数千名证券从业人员更清楚。可是,很多生活在不同环境里的各个阶层的民众对此却一无所知。所以,我想请您向公众介绍一下当今的证券经纪人。"

说到这里,我们都笑了。他的笑容带着养之有素的圆滑和外交家式的自嘲。然后，他适时地收敛起笑容，继续说："可问题是，在现实生活中，民众仍然认为华尔街还是从前的华尔街，虽然很多年前它就已经落伍了。其实，证券交易所和所有的政府机构都不一样，前些年华尔街的确存在过一些不正当的交易手段，尽管如今我们已经坚决杜绝了这些手段，但公众却不这样看。那些轻率、贪婪和粗心的投资者和投机商都把自己蒙受的损失怪罪到华尔街的头上。他们认为，华尔街到处都是骗子，在三一教堂附近出没的那些骗子全都是华尔街人。这也难怪，毕竟民众对证券经纪人的认识还停留在三四十年前，那时的证券经纪人就是投机取巧者的代名词。没有人真实地描写过这些经纪人。民众对我们修建铁路、兴建工业及其运行的成果满心欢喜，却不肯承认华尔街在国家发展进程中做出过的贡献。设想一下，要是没有证券经纪人去筹集资金，我们的铁路和工业的繁荣又从何而来呢？"

"证券交易的经济功能显而易见，"我平静地说，"你也不必纠结于这种虚无的不公平现象。即便是蛊惑民心的政客，也从未特意指责过你们这个阶层的人。他们热衷于攻击所有的'富人'来拉拢人心。和你们这个阶层相比，富人更容易成为'穷人'嫉妒的靶子。"

"这倒是实话。可是没有哪位作家愿意为1924年的证券经纪人扬名立万。这个年代属于杰伊·古尔德。如今，我已经全身心地投入到这个行业中来。有幸和这家公司合作，我备感自豪。和财富上的成功相比，我们创下的业绩更值得自豪。"

我同意地点点头："我明白，你们做的是一项伟大的事业。"

他深表赞同："我本人的人生宗旨就是干好份内事。"

"给你说说我下一步的写作计划吧。我准备写一本书，记录一家证券经纪人公司从创建之初到逐步发展壮大的经历，我准备采用独著形式。你愿意跟我合作吗？"

"乐于从命。"

"不过呢，我不希望这本书是对证券经纪人的颂歌，我想真实地描述一名证券经纪人如何从青涩走向成熟、如何发展事业的成功经历。当然，如果你希望写成自传体的话，我也没有意见。我不在乎这本书是颂扬还是诋毁证券经纪人的名誉，但是我必须坚持一个原则：真实地展现证券经纪人的心路历程。对于他如何挣到亿万资产的事,无须粉饰,也无须宣传。为了保证真实性,你讲述时也不用过多地考虑公众对你的印象。”

“好吧,”他简短地回答,“其实我最讨厌夸夸其谈,但我希望公众能真实地了解经纪人的职业。就从我来纽约的第一天开始,如何?”

我说:“不,还是从你出生的那天谈起吧!我想了解你的全部生活经历,你不必刻意挑选内容,想到什么就说什么吧。”

他说:“那好吧!”

那晚在他家里,约翰·K.温向我讲述了他怎样成长为一名证券经纪人的故事。

爱德温·利弗维尔

目录

第 1 章　我的家在哈佛大学对面 / 001
第 2 章　我也成了哈佛的学生 / 008
第 3 章　我找到了第一份工作 / 015
第 4 章　我跳槽了 / 020
第 5 章　我也成了经纪人 / 028
第 6 章　客户接待室的快乐时光 / 035
第 7 章　巴恩斯公司:这家公司不寻常 / 043
第 8 章　神奇的第六感 / 056
第 9 章　因为年轻,才可以犯错误 / 065
第 10 章　证券销售与自我推销 / 074
第 11 章　我最珍贵的财富 / 088
第 12 章　华尔街不乏骗子和奸诈之徒 / 099
第 13 章　新上司和新朋友 / 106
第 14 章　我成了公司的合伙人 / 116
第 15 章　成为客户最信任的人 / 132
第 16 章　遭遇骗子 / 144
第 17 章　1907 大崩溃 / 154
第 18 章　哈佛来的新同事 / 163
第 19 章　汽车行业的先驱 / 173
第 20 章　无人可胜的华尔街 / 180
译者致谢 / 223
English Transcript

第 1 章　我的家在哈佛大学对面

瓦尔特·巴杰特说过:“要想改变长期以来的习惯并不容易,它所带来的精神上的痛苦,要比肉体上的任何疼痛都大得多。”每当我认真地回忆起自己的人生经历,特别是在公司创建过程中扮演的角色时,我总是想起这位《经济学家》杂志知名编辑说过的这句话。

我不喜欢对自己的经历夸夸其谈。我也从不标榜我的情感经历或者为成功所付出的任何努力。我喜欢我的客户,他们也喜欢我。一直以来,我的工作就是跟各种各样的客户打交道,我和客户之间关系融洽,这让我的事业蒸蒸日上。既然我向客户兜售的是我的服务,那么,我就得全身心地为客户服务。对于自身或工作之外的任何事情,我都不感兴趣。这不是因为我不善交际,只是,既然我的事业占据着生活中最为重要的部分,我就必须习惯于这种思维模式——时常关注我的客户,没时间顾影自盼。

首先,要想进入经纪人行业,必须学会自我推销。任何人都必须明白——用其所有换其所需。这是分分钟就能做到并且可以做得最多、做得最好的事。当我说到,我向客户兜售的是我的服务时,我确信我的观点是完全正确的。然而,我知道我更在乎结果,为了更快捷、更有效地得到我期待的结果,股票的操作技术也进入了我的视野。

其实,我对玩乐十分在行,也非常爱玩,我享受所有的娱乐活动。但是,没有什么娱乐能比工作给我带来更多快乐。我并非天生的工作狂,也不喜欢自杀性的工作方式,因为这有悖人伦,更谈不上效率。但我必须承认,工作的确给了我最大的乐趣。事业就是我最好的娱乐。工作对于我来说,就是最好的休闲方式,当然它也是我的衣食父母。

一个人来到这个世界,必须确立自己的人生目标:尽自己的最大努力。在我看来,尽最大的努力还包括要尽量赢得周围人的尊重。纵然你在银行里有大笔的存款,又能怎么样?作为有钱人的优越感可能会让你沾沾自喜,可是,与受到跟你打交道的人的尊重和喜欢的舒适感比起来,哪个才能带给你真正的快乐呢?我个人更喜欢后者。也许你想知道,我是怎样把业务做大、获取丰厚回报的吧?其实,这里可没有什么秘密,只有客户的满意度才能带给我滚滚的财富。这才是我建立信誉的基础,和资本运作的作用比起来,信誉才能让我把事业的蛋糕做得更大。就在上个星期,我的高级合伙人巴恩斯先生还在说,他做生意就像在打高尔夫球。如果他喜欢玩乐,那么他的同伴必须和他志同道合,意气相投。我拥有优秀的客户群。我珍视他们,他们也对我不离不弃。

短短45岁的生涯,有25年我都是在华尔街度过的。这一带几乎所有的金融家和工厂的高级管理者我全都认识。说实话,挣钱,是这些人共同的人生目标,没人可以免俗。人人都渴望实现自己的目标,渴望成功,而这里——华尔街,成就了他们的梦想。他们在客户需要的时候提供恰当的服务,客户为他们的服务支付数额巨大的费用;多数情况下,他们就这样赚取银子,当然这不是唯一的挣钱途径。就像伟大的艺术家那样,他们以利他主义的精神忘我地工作,而他们的作品为他们带来了丰厚的利润。

我叫约翰·肯特·温。我的父母都是新英格兰人。温氏家族的第一代人来到美国时,正赶上哈佛大学建校。我家的家谱显示,我的祖先不是乘坐"五月花"号来到美国的那批人。在来到美国之后的1636年,温氏家族在剑桥买下了一个农场,这里正对着哈佛大学的校门。很久以前,这个农场成了一神论派教会的墓地,温氏家族的很多成员死后都葬在这里。

我的母亲来自肯特家族,肯特家族在美国最早的祖先是一位牧师,他在马萨诸塞州的桑德维拉工作。他的妻子名叫德博拉,他们共同养育了两个儿子:约翰和亨利。与此巧合的是,温氏家族的第二代也有一个名叫约翰的孩子。在我们的家族中,有很多人都叫约翰。我的祖先们不仅是新英格兰人,而且都是一神论派教徒。他们都以教书和当牧师为生。为了生存,他们工作勤勉,过着清贫的生活,却不惜重金把孩子送去读书、念大学。我是温氏家族的第七代哈佛大学的学生。

我的祖父是家族里唯一一个没有进入哈佛大学读书的人。他考上了著名的西点军校。他的父亲也就是我的曾祖父是一位牧师,但他与教会的会众关系不和,只好举家搬迁到了缅因州。他在这里教书,而他的儿子也就是我的祖父,则与本地一个乡绅的女儿结了婚。这位乡绅是一位皮革商和船主。神奇的是,他把这两个身份巧妙地结合了起来,他既能在广袤的陆地上建起一家获利丰厚的制革厂,同时,又喜欢在广袤的海面上驾船冒险,其乐无穷。他从自己的生意和爱好的运动中获得了双重收益。

我的祖父大约于20世纪30年代末40年代初从西点军校毕业。他被分配到特种部队,然后被派遣到亚拉巴马州的莫比耳。当时,那里还不通火车,我不知道他为什么不从纽约或巴尔的摩乘船去,而是选择了从华盛顿步行到莫比耳。每次我去南部时,都会情不自禁地想起这位老祖先和他的徒步旅行。他参加了墨西哥战争,战争结束后,他回到了缅因州。在这里,他又开始经营林场,生意似乎很红火,而且获利颇丰。

当时的森林资源还不像今天这么稀有,但他很有远见。他对树木有种天生的热爱,他买了上万英亩的土地,因为这些土地上生长着原始的松树、赤松和铁杉。他购买的大部分土地的价格都是每英亩10美分或15美分。在他购买的这些土地中,只有很小一部分土地的价格达到了每英亩1美元的高价,但这并没有给他带来任何经济负担,因为他买的大部分土地都很便宜。他购买的上万英亩的林场简直就像白捡的一样,这里有大片的湖泊和山脉,绵延上万英里,一直延伸到海边。他知道土地很便宜,所以他先买下土地,然后砍下土地上的树木出售,接着把土地全部卖出,最后,揣着鼓囊囊的钱包离开。

跟大多数的老缅因人一样,他一心一意地经营林木。他的事业发展到了宾夕法尼亚州,而后又扩展到了密歇根州,一直都是经营林木生意。他的事业版图最南扩张到路易斯安那州的海湾地区,最西到了加利福尼亚州的太平洋。林木是这些缅因人世代相传的财富。但是,我在此不是要讲述我的家族的林木传奇,而是要讲述我的家族史的一部分。在这个国家里,经营林场生意一直以来都可以赚很多钱。

我的祖父于1868年去世,我的父亲继承了他的衣钵。在1873年经济恐慌期间,我父亲待在缅因州的家中无所事事,幸运地躲过了经济萧条带来的巨大打击,但家中的日子过得紧巴巴的,在贫困难捱中,一家人盼望着经济恐慌的结束。但经济恐慌到底什么时候结束,谁都不知道,更不知道它会以什么样的方式结束。这场影响深远的世界性的经济恐慌已经全面爆发,没有人能预测接下来会有什么事情在等着自己。

一天,我父亲和他的哥哥(也就是我的亨利伯伯)的办公室里来了一位不速之客,尽管客人已经坐了下来,他们还是没认出他来,但显然客人认识他俩,还表现得相当熟稔。客人伸开双手,做出拥抱的姿态,径直走向他们。

"啊哈,孩子们!"他说,"看到你们两个气色不错,我非常高兴!从上次见面到现在,你俩没怎么变嘛!"

"您也挺不错哦!"亨利伯伯对他说。我的父亲随声附和道:"确实如此!"陌生人的身体看起来强壮结实。我父亲和伯父猜想,也许他曾为我的祖父工作过。因为在缅因州本地,几乎每一个伐木工人都在我祖父的手下干过活儿。而这些伐木工人人数众多,所以叫出这个人的名字对他们来说绝非易事。

"再次回到这个老地方,我可真开心啊。"陌生人继续说道,"我曾经发誓,丹·瑞安绝不再踏进波士顿一步,除非是回去看望老朋友。"

"丹,你现在在哪儿发财?"我的父亲问道。幸运的是,他还能想得起丹·瑞安,多年前他曾为祖父托运圆木。

丹答道:"我住在密歇根州。"他经营林场。"我现在经营五针松,生意还说得过去。顺便问一下,老乡绅在密歇根州买下的那块土地你们似乎没好好经营吧,是不是?"

"嗯,的确如此!"

"你们有没有继续经营的打算?"他问道。

像所有缅因州人一样,亨利伯伯习惯用提问的方式来回答问题。"这么说你想买这些土地喽?"他问道。

"要是你们愿意出手,我想把它们买下来。那么,我们怎样交易?"丹问。

“我们还得跟姐妹们商量一下。”父亲说，“你能先开个价吗？”

丹很高兴，随即就报了个价。我父亲和亨利伯伯回家去跟我的姑姑们商量。对于这笔资产，他们全都知之甚少。他们只知道大概的面积，还有就是当初祖父购买这块地时花了多少钱。他们从来没去过那里，也不知道砍掉这块土地上的树木能卖多少钱。他们只知道这是经济恐慌时期，经济形势每况愈下。也许林场的前景很令人乐观，但他们当时想到的就是应该面对现实，毕竟，密歇根州离缅因州那么远，而现金终究是真金白银。最终，家庭会议决定接受丹的报价，这个价格和祖父当初买这些土地时的价格比起来略有盈余。

父亲和亨利伯伯返回办公室时，丹·瑞安依然等在那里。他正跟几个以前碰过面的老前辈们闲聊，以此来打发时间。

“姑娘们怎么说，孩子们？”他问道。

“这块地卖给你了。”他们回答道。

丹·瑞安迅速坐下，马上掏出波士顿银行的支票，填上之前说定的金额。

“丹，你对这块土地很熟悉吗？”我的父亲问他。

“跟你们差不多！”他说。

“你也跟我一样从没去过那儿？”

“没错。”

“交易之前你不想先去看一下这块土地吗？你确定不需要提前了解一下吗？”

“那倒没必要。”

“为什么？”

“有这个必要吗？我觉得我比你更了解乡绅。别忘了，我曾在他的身边工作过12年。你们知道吗？不管何时，只要是你们父亲想买的东西，那都是我想买的。既然当初他看中了这些土地，现在我花这个价钱也就物超所值了。事情就这么简单。我住在那里，而你们却有千里之遥。所以请放心吧，买下这块地不会给我添任何麻烦的。”

就这样，丹·瑞安买走了我爷爷留下的这块土地，满意地回到了密歇根州。10年后，大约在1892年或1893年，应该是在世界博览会期间，我和父亲在芝加哥又遇到了他。当时我还很小,但过了这么多年,与丹的这次会面依然深深地刻在我的记忆中。在酒店的大厅,我们和他不期而遇。父亲把我介绍给这位老朋友。丹·瑞安说我长得很像老乡绅,他过去的老板。

之前,我父亲就断断续续地听别人说起过丹的情况。跟大多数密歇根人一样,他在木材行业干得很出色。曾经有段时间,报纸上竞相报道这些百万富翁们,他们跟石油大亨、钢铁大亨和军火商一样,名噪一时。

"听说你干得很不赖,丹!"我父亲说道。

"还行,我的孩子,还行。"他愉快地答道。

"我们卖给你的那些地呢,它们怎么样?"

"还行,我的孩子,还行。"

"很不错吧,嗯?"我父亲接着问道。

丹答道:"我曾经说过,乡绅精通林场生意,他是一位非常精明的人,事实证明,的确如此。"

我父亲笑了。

丹接着说:"可以说吧,你和亨利也都很精明。"

我父亲笑得更开心了。然后他问道:"那笔交易你挣了多少钱,丹?"

丹吞吞吐吐不肯开口。

"你不方便跟我说吗?"我父亲继续问道。

"不是,不是我不想告诉你,我只是有点内疚。"瑞安答道。

"这笔交易很糟糕吗?"

"没错,我从没想过要告诉你。"

"说说看,到底赚了多少钱?"

"你真的想知道吗?我想我在这块地上赚了2000多万美元。"丹答道。

"你说什么?!"我父亲非常震惊,忍不住大叫起来。

"我说过,我很内疚。"丹非常抱歉地说道,我父亲又一次大笑起来。

你觉得这个故事听起来怎么样?它还有续篇:我们公司在底特律的分公司就坐落于瑞安大楼内——这是美国西部最好的大厦。如今,纽约的证券经纪人——乡绅温先生的孙子,正对那位在缅因州为乡绅托运圆木的卡车驾驶员的孙子赞不绝口。这位卡车驾驶员为了经营林木,不惜举家搬迁,搬到了密歇根州。

在结束木材话题之前，我不得不再说一说另外一段插曲。就在去年，我们公司有一笔业务，就是向客户销售佩诺布斯科特纸张公司的1500万美元债券。你知道是谁在为这些债券做担保吗？是上万英亩的林场为我们担保的，每英亩10美元，价格是不是非常便宜？我们这样做的目的是想保证这些债券投资的安全。你已经猜到了吧？没错，这块土地就是我的祖父以1英亩10美分的价格买来的，后来被乡绅的子女也就是我的父辈们卖出换钱的那块地。它再一次被转手，不同的是，价格已经翻了10倍。我想，这样的事情只能发生在美国。

当年我父亲去加利福尼亚州经营林木生意时，我跟着他在海边生活了10年。在那里的生活我大致还记得，那时我整天想家。这是真的！尽管那时我还不清楚想家的含义是什么。然而，当我的家又一次搬到东部，住在我祖父修建的房子里时，我却觉得心满意足。这里是缅因州，我的家乡。对缅因州的热爱一直都在我的血液里。但当我去工作时，同样是离开了缅因州，我却不再想家。

第2章 我也成了哈佛的学生

到达埃克塞特之后，我就到剑桥上学。我是温氏家族中第七代进入哈佛大学读书的人。刚开始读预科时，我听从了父亲的安排，学习如何做一名好律师——尽管他本人学的是法律，却从未当过一天律师。但他固执地认为：不管一个人将来从事什么职业，学习足够的法律知识都不无裨益。更何况，我们家族与法律界渊源颇深。父亲的一位堂兄是最高法官，而我母亲的亲戚在法律界的地位也举足轻重。温氏家族有两位先生都在波士顿的律师业享有盛誉，而肯特家族也不甘落后，有两位肯特先生都是波士顿律师行业的佼佼者。所以顺理成章地，假如服从家族的安排，我就只能选择攻读法律专业。然而，还没等到第二学年的学业结束，我就决定要放弃学习法律。我不想步父亲的后尘，而家族的林木生意也根本激不起我的任何兴趣。

我深信我热爱缅因州，这里的一切都让我着迷：礁石嶙峋的海岸线，苍郁茂密的森林，明镜般静谧的湖泊，高耸林立的山峰，贝壳沙滩和深邃的峡湾无不令人向往。然而仅仅作为度假的地方，它深深吸引着我。曾经离开过它的怀抱时，我一度非常想家。但要像祖辈父辈一样在那里工作、生活直至终老此生，这不是我的理想。那里是我的家乡，我的家族世代生活在那里，但我的办公室不会在那里，这一点我坚信不移——尽管我十分热爱这里苍郁的森林——我的祖父和父亲，特别是在密歇根州那位曾经为我的祖父托运圆木的卡车驾驶员瑞安都靠这个赚了很多钱。

可是我很清楚,我的性格和经营家族生意所需的性情格格不入。你可能不知道,要想做成一笔林木交易,你至少得花3个月的时间。在此期间,你得一次次地出差,去探访买主和卖主,巡查货源,寻找所有权凭证,然后办理其他手续,这些事情都不是一蹴而就的,需要花费大量的时间和精力。而我——一名股票经纪人,买卖任何一笔价值100万美元的证券都用不了3分钟。更何况,学习法律于我,简直味同嚼蜡——法律学没有任何可以吸引我的内容。尽管法律的哲学精神和政治精神造就了无数的成功人士,但这些法律哲学和法律精神却打动不了我。于是,我把我的想法一股脑地告诉了我的父亲,这当然让他很失望。尽管我也为此难过了一阵子,但我依然坚持自己的主张,因为我清楚地知道:我没有法律头脑,我不喜欢法律工作。连喜欢这个职业都做不到,我怎么可能在这个职业上获得成功呢?

我和父亲谈论这个话题时都冷静而理智。我对职业有自己的看法,一个人应该尽最大可能地干好自己的本职工作;当初选择职业的时候,就要选择自己最喜欢的工作。假如一个人生来就不喜欢棒球,你能期望他成为一名真正出色的棒球手吗?在我20岁时,我还没有发现一个人的职业和其他事情有什么不同之处。如果一个人不愿意为自己的职业付出最大的努力,怎么可能达到事业的顶峰呢?假如你的工作和你的志趣风马牛不相及,你会甘愿为此付出全部的心血吗?众所周知,你前进时需要克服的摩擦力越小,前进的动力就会越大,成功就会来得更快。我在办公室里也注意到了这一点。一直以来,我都特别关注公司的那些办事员——随着公司业务的蓬勃发展,我们需要更多、更优秀的人才来担任一些非常重要的职务。而从公司内部员工、我们熟悉的人以及我们认可的人中选拔这些人才,是理所当然的。

人们常说,商场如战场。在商场中你会发现,一个高智商的人赢不了那些有商业直觉的人,后者最终会成为成功的商人。只有那些有商业头脑的人才能发现商业中的乐趣,他们享受这些乐趣的体验和一位天生的高尔夫球手享受打球时的乐趣别无二致。我们要求所有的员工都能胜任自己的工作,否则就自动走人。当然,也不是所有的员工都堪当重任。我们注意到了,有些员工总是提前到办公室,直到下班前的半个小时依然忙忙碌碌,至少没做回家的准备。

一直以来,我都坚持自己的理念:事业就是比赛。但我不会把办公室的工作带回家去,当天的工作没干完我从不觉得寝食难安。我一直坚持打网球和游泳,我还喜欢看橄榄球和棒球比赛。但我更明白一点,没有任何娱乐或运动能跟我对事业的热情和执着相提并论。在我看来,我的工作如此引人入胜,值得我付出全部的心血和热情。

毕竟,股票经纪确实令人神往。那么,停下来想一想:股票经纪人事务所经营的到底是什么呢?首先,它经营的是各种各样的生意,我指的是,对于一名股票经纪人来说每天都有各种各样的交易等着我们去处理。我们"生产"各种证券——钢铁公司、煤炭公司、铜矿公司、石油公司、汽车公司、专利医药公司、食品生产公司、口香糖公司、香水公司的证券,全都是我们经营的商品。不仅如此,我们还可以经营外国债券、铁路和工业债券、国有和私有债券等。我们对自己要交易的东西全都了如指掌。可以毫不夸张地说,我们是交易专家,我们的交易与每个人的生活息息相关。华尔街经营的交易是所有的交易,这里的交易才是世界性的交易。

其次,就是人际交往。每天,我们都要跟形形色色的客户打交道。这些客户个个事业成功,业绩不凡。每个人说起自己的成功经历或者人生故事时都眉飞色舞,滔滔不绝。不管是年轻人还是中老年人,不论他们是大学毕业生或者只是小学学历,也不论他们的父母受过良好的教育还是不曾进过学校大门,这些人本身都品质卓越,所以他们总是可以从多数普通人中脱颖而出。事实上,和我们公司打交道的这些商界精英在自己的生活中也都很睿智,大多数时候他们做出的决定都是正确的。他们来到我们的交易所,支付给我们一定比例的佣金,就可以买卖证券、处理债券的全部事务或进行10万股的大宗库存股的交易。

身为当今时代的佣金经纪人,我们有自己的工作目标:让投资者能够做生意。就在上礼拜,我们还在与一家钢铁公司洽谈债券事宜。我们可以把他们公司的债券卖给我们的客户——我是说,卖给公众,有个人投资者、风投机构、商业资本家、工薪族,当然也有保险公司和商业银行。我们通过出售这些债券来获取利润——从这些商业活动中我们提取微薄的、合理的佣金,而这家公司可以把债券卖得的资金用于扩大经营规模、提高营业额或者招聘更多的员工。利用这些资金,钢铁公司可以挣更多的钱,而那些债券的持有者可以在钢铁企业的利润中分得一杯羹。

如今,就连那些收买人心的政客也都向公众解释,佣金经纪人通过交易提取利润的业务是合理合法的。作为经纪人,我们本不该备受责难,因为是我们在保障公众投资的这些债券的安全性。在销售这些债券之前,我们自己至少要确保它们的可靠性。为此,我们煞费苦心。我们需要组织相关专家来研究那些发行债券的公司,分析它们的经营状况、高层决策、人员分工,还要探讨他们的创业史,预测他们未来盈利的空间,并最终形成分析性意见。我们从不认为这有悖道德。这不是在挖掘隐私,因为我们要对客户负责,我们要异常谨慎地对待它,理所当然。只有我们的客户在投资中可以得到回报时,我们的公司才能发展,才能挣更多的钱。假如我们不讲诚信、玩忽职守,或者由于我们的无能导致客户赚不到钱,他们还会继续和我们合作吗?所以,我们的经营理念就是尽最大可能地让客户满意,这也是确保公司长盛不衰的唯一方法。

一家众望所归的证券公司应该能够和任何别的拥有精明商人的著名公司相媲美。我们当然希望公司能长盛不衰。众所周知,华尔街的确有许多骗子和不值得信任的人。可是全世界的各个角落、每个国家、每个城市、每条街道不是都有骗子吗?操控幕后交易的股票投机商、巧舌如簧的律师、草菅人命的庸医、垃圾食品制造者及嫁祸于人的政客也都是骗子。但是公众已经习惯性地只是挑剔华尔街。

华尔街到底什么样?其实,在这里买卖证券和商品的人士都是这个伟大国家的商界精英,他们进取向上、勤俭节约,他们融资的目的是为了扩大再生产,也许是修建铁路,也许是扩建钢铁工厂,也可能是钻探油井,或者精炼石油,开发矿井,研发功能更齐全、价格更低廉的汽车,或者生产更廉价的电力等。如果没有华尔街,高度工业化、科技化甚至富有的美国就是空中楼阁。哦,我指的不是传说中的华尔街和虚伪政客口中的华尔街,而是实实在在的华尔街。当然,我和大家也有共识:华尔街是鼓动民众快下赌注、成就一夜暴富传奇的地方。如果你想以小博大、以你微薄的资本去冒险的话,华尔街就是首选,法律也不能禁止民众的投机心理。事实上,离开投机,任何商业交易都无法进行,当然也不可能有什么商业交易。

其实,我们长篇累牍地讨论经纪人事务所的经济功能,完全是多此一举。衡量一个国家的经济是否繁荣的标准之一,就是看它的投资环境,因为我们的幸福感取决于经济的繁荣。如今的经济体系使华尔街成为投机者的首选。就像你买钢铁或焦炭要去匹兹堡一样,去华尔街买卖证券是顺理成章的事。

可能你会感到困惑:华尔街由哪些精英组成?华尔街人都来自哪里?华尔街人和在其他地方工作的普通人有何不同?是什么原因造成了这些不同?

我认为,华尔街应该成为这样的一个地方:在这里,你可以找到从事证券交易、棉花交易、生产交易和其他任何你需要的交易的人,而且连美国最好的银行、顶尖的人才和一流的公司也都准备随时为你服务,他们随时准备着为各种各样的商业交易提供金钱并从中赚取利益。

华尔街人来自哪里?来自这个国家的每个州、每个市、每个县。早些时候,我们交易所的一个朋友不厌其烦地列出了顶尖证券交易公司的合伙人名单。通过这份名单我们发现,90%的华尔街人都来自纽约以外的其他州。我们公司的合伙人就分别来自于新罕布什尔州、马萨诸塞州、密苏里州、马里兰州、缅因州人、新泽西州、宾夕法尼亚州、密歇根州、伊利诺斯州和印第安纳州。我们的这12个合伙人中没有一位是纽约本地人。所以,典型的华尔街人就是典型的美国人,证券经纪人的商业就是国家的商业,而非纽约市的商业。

抱歉,我扯得有点远了。咱们继续我的职业这个话题。在大学读书时,我不算是个好学生。针对这一点,我的大学同学几乎众口一词:和众多踏实勤奋的同学比起来,我更能钻空子。至少在挑选课程方面我独具慧眼,我总是能敏锐地找到那些容易通过的课程。我选了《闪语》这门课[①],但我的500位同学,几乎每个人都选了这门课。经过精挑细选我选中了《神学院的历史》这门课,获得了优异的成绩。当我注意到这门课程的优势时,连我在内仅有12名学生选择这门课程,可到了第二年,选择这门课程的学生就有357人。当年我的一位同学如今成了我的竞争对手,他逢人就说,我最擅长的就

① 闪语是古时米索波大米亚(Mesopotamia)、叙利亚、巴勒斯坦和阿拉伯这片广大地区民族的日常用语。

是在交易中捡便宜。

我一直对政治经济学有着浓厚的兴趣。在我们的大学时代,学校还没有开设现代商业及财务方面的课程。当时如果设有这样的课程的话,我必然会选,那样的话,我现在会发展得更好。可是没办法,我只能现在再回头去补习这些课程。尽管没有这方面的学位不至于让我寝食难安,但我仍然在努力学习这些知识,还获得了学位。

所以我一直强调,在大学学习的政治经济学和历史对我的事业大有裨益,在我成长为一名证券经纪人的道路上功不可没。一天又一天,我的工作都是处理商业事务,跟各种性格的人打交道。不同的名字,不同的时间,形形色色的人,相同的业务。历史真是一本最好的教科书,即使我自己的经历不能应对种种情况,可是先人的经历——历史却能给出答案。

从哈佛大学毕业时,我的商业资源比自己期望的要丰富得多。除了完成大纲要求的课程之外,我还参加了很多社团活动。我大学四年的同窗帮我养成了建立良好的人际关系的习惯,我和他们一直保持着密切联系。

一般来说,不管一名大学毕业生将来从事什么工作,他在大学里与同学相处的方式和待人接物的态度,对他踏入社会后的工作和同事关系都影响颇深。我很高兴,作为一名证券经纪人,我在交易所与同事一直相处融洽,与我在哈佛大学和我的同学相处的感觉如出一辙。我不想妄自菲薄,也无意鼓吹自己,我只是想说这种感觉很好,想必你也会有同感。

大学毕业时我还清醒地认识到:我可以不知道自己想干什么,但我一定得知道自己不喜欢干什么。

在获得哈佛大学的学位后,我衣锦还乡。有一天,我突发奇想:是否应该来一次远足呢?这会对我的身体大有好处的。好身体是谋生的基础。我邀请堂兄和我一起去冒险,这是我期待已久的。没有向导,没有现成的旅游指南,带上20英尺的独木舟和生活必需品,我们就出发了。沿着河流逆流而上,我们划过印第安人的部落,穿过夏普伦湖和鹰湖,顺流而下来到圣约翰,然后我们返回新不伦瑞克省。在此期间,我们像印第安人一样过着原始生活。堂兄负责做饭,我负责打下手。作为厨师他很称职,而我对打杂则得心应手。

这次美妙的远游让我们受益匪浅。当我结束远航返回家乡时,一封邀请函飘然而至:有人请我去剑桥负责棒球票和秋季比赛的财务工作。工作报酬是100美元的现金,还可以让我优先进入大学。要知道,在社团活动方面我很有一手,再说,安排比赛并分配球票也的确算是一份工作。

11月底完成了最后一场比赛后,我决定不再回家。我想在波士顿找份工作。我给父亲写了一封信,告诉他我的计划而不是征求他的同意或者建议。我知道,他一直都在等我的信,因为我早就告诉过他,我不想在班戈终老一生。他回复我说,我可以做自己想做的任何事情。他没有给我任何建议,因为我们一直彼此理解。父亲一直坚定乐观地相信温氏家族的智慧和温氏家族的迅速行动精神。在我离家工作的这些年里,每年春天和秋天他都会来看望我。

第3章 我找到了第一份工作

11月30日我开始找工作。离开暂住的酒店时，我毫无头绪。我只知道：要想顺利地找到工作，必须睁大双眼。

我从远处眺望着波士顿业务办公室的大楼。当我发现自己的事业就在这些事务所里时，我觉得连它的外观都那么引人注目。我热切地希望着，在这些办公大楼里能有一间属于我的办公室在等待着我的到来。这里的每一个数字都让我痴迷，也许我的办公地址就是它们中的某一个，谁能预测未来呢？我期待着好运能早点降临到我的头上。在此之前，我只能怀揣梦想，脚踏实地地继续找工作。

当我在波士顿的金融街上漫无目标地走着，胡思乱想着自己的第一份工作会是什么的时候，上帝眷顾了我，机会从天而降——我这样说是有原因的，并非我才智出众，也不是我的哪项业绩有了回报，仅仅是因为我有一个著名的母校——哈佛大学，就像我们温氏家族的前六代其他成员一样——事实是，我碰见了我在哈佛大学的同学霍华德·阿博特。

这么说吧，大学，是这样一个地方：在大学里，你的经历就是你的所有同学的经历，你的兴趣就是他们的兴趣，他们关心的事情就是你关心的事情。4年来的第一个秋天，霍华德没有和我一起度过。之前的几年，我们都是在哈佛的校园里，一起度过10月和11月的。毕业典礼之后我们就没再见过面,所以分别后各自的经历对彼此来说都是新鲜的。我们不想拉家常,霍华德急于告诉我他的新鲜事,而我正好也有相同的想法。

离开大学后,他在一个事务所找到了一份工作,整个夏天一直都待在那里。但好景不长,厄运降临——他生病了,医生建议他立即离开波士顿,因为这里的气候对他的病不利。刚开始他只是得了感冒,久治不愈后,被专家诊断为肺结核,他被建议到阿迪朗达克山脉去休养。

"运气糟透了!"他说,"那次,我失去了一切。"他是说他生病的那段时间。可事实上他还很年轻,年轻本来是很好的一件事。

我表示赞同:"确实如此!"

"他们对我还不错!"他继续说道——他是说他的老板。"但我也不能期望人家会一直给我留着位子,等着我病愈,再回去继续工作。这次休养可能需要一年或者更长时间——"他停顿了一下,他不想说出"两年"。他希望自己运气好点,不会生病那么长时间,事实上他也真的没有生病那么久。有时候,缄默不语也有好处。

"运气确实不太好,'蜘蛛'!"想到了他的病,我对他说。联想到自己的现状,我问他:"你到底干的什么工作?"我心想,这份工作一定不赖,看看他为辞掉这份工作的痛苦就能明白。

"我在一家经纪人事务所工作。"他表情沉重地说。他不得不放弃这个工作,他的痛苦外人如何知道!

我马上联想到,经纪人事务所就是证券交易所。在那里,恐慌瞬间发生,瞬间消失,一夜暴富或者一贫如洗也都是几分钟的事。报纸上报道的那些经纪人都非常富有。任何人能够进入这个行业都是非常幸运的事儿。这样一想,我比任何时候都替霍华德·阿博特难过。一直以来,他都是骨瘦如柴的,又细又长的腿更让他显得形销骨立,所以我们就给他起了个外号叫"蜘蛛"。他空出的可是个黄金职位。但就我来说,要是在这种情况下产生了接替他的职位的想法的话,就有点太自私了。一方面,我非常同情他的不幸遭遇,另一方面,我又急于接替他的职位,这不应该是我的行事风格。我如果这样做,不就等于密封了他的厄运吗?如果有一天他的身体痊愈,霍华德想要返回波士顿重新工作时,却发现公司的大门已经对他紧闭,这样的结果会让我更难过。尽管我正在找工作,这样做也是不道德的,这必须是也只能是霍华德的工作。

就在此时,幸运女神居然敲门了。这得再次感谢霍华德,本来我一直纠结于顶替他的工作和道义的冲突而无法开口,是他的体贴和关心把我从这种困窘中解救出来。他问我:"杰克,你现在在干啥?"

"没干啥,我正在找工作,"我简短地回答,神情忧郁。"什么工作都行。"我闷闷不乐地补充道。

"那你为什么不考虑接替我的工作呢?"他说得很干脆,显示出"蜘蛛"的本色——他本来就是一位热心肠的慷慨人。我顿时思绪万千。他显示出来的这种本色不正是菲利普·西德尼爵士过早显示的本色吗?——勇敢、高贵、亲切、善良但也短命。残酷、无知的死神总是喜欢眷顾这类人。

"你确定他们会同意我顶替你的工作吗?"我有点担心。

"今天早晨我才去递交的辞职申请。放心吧,他们会同意的,干吗不呢?!"他好斗地嚷嚷,满是关爱和责备——他是一位真正的朋友!

"但是我对经纪人公司的业务一无所知。"我期期艾艾地指出这点,情绪低落。

"刚开始不都是这样吗?"他说。

"你看我,从没像现在这样,这么快就学会了这么多的知识。""蜘蛛"显然已经掌握了经纪人业务的奥妙。

"噢,既然这样,我就搏一把吧。到啥时候才能知道结果呢?"我问他。

"越早越好,就趁现在!"他依然热切而干脆。

我俩手挽着手,一起往他就职的经纪人事务所的办公室走去。能够帮我找到工作让他很兴奋。他一直笑容满面,一路上喋喋不休地回忆着我们在大学里的美好时光。可怜的老"蜘蛛",不幸的人!才20岁,他就已经生活在过去了!

经过了一座又一座大楼,穿过好几条大街,我们一起来到位于邮局广场的德夫林·利奇菲尔德公司——今天的布兰森·巴恩斯公司。

"蜘蛛"陪着我走进办公室,好像我是威尔斯王子一样。老实说,这里根本算不上一家公司,办公室狭小而肮脏。这家公司的经营状况不算太好,于我,却有着重要的意义。它标志着我的人生迈开了划时代的第一步。

他向他的老板老德夫林介绍了我,作为他的老同学——他真诚地向老德夫林担保——我很能干,至少能抵他本人三个。他说我学习速度一向很快,一直是班上最优秀的学生之一。当“蜘蛛”像一位绅士一样为我做宣传时,我觉得十分心虚。同时,我开始意识到一个残酷的现实,就是当我面对我心仪已久的事业时,竟然没有任何准备。而老德夫林只是看着霍华德频频点头,然后他再回头看我,面无表情。最后他犹豫了一下,问我:“你愿意来这里工作吗?”

“非常想,先生!”我诚恳地答道。我愿意付出我的全部来向他证明我多么渴望拥有这个工作。

“那好吧!”他说,“但是不知道你是否介意——新手的薪水有点低。每周只有3美元,你还愿意干吗?”

“愿意效劳,先生。”我让他放心,“能得到这份工作,我很荣幸。”和薪水比起来,工作对我更重要。我非常清楚,对于像我这样没有本行业或者任何行业的从业经历的人来说,每周3美元的报酬已经是最高奖赏了,更何况我还可以在这儿学习很多知识。再说我还年轻,我有足够的时间来重新审视自己的价值。当时我能做出这个决定非常明智,因为我知道我的父亲会给我必要的生活补贴。

“你什么时候能上班?”德夫林问我。

我答道:“现在就行。”

“很好!”他点点头,好像表示祝贺。“祝你好运!霍华德,你带他随便走走,顺便把他的工作职责告诉他!”

“乐意效劳,德夫林先生!”“蜘蛛”说。他停顿了一下,继续说:“再说一次‘再见’吧,德夫林先生!”德夫林先生站起来,跟“蜘蛛”握手。

“再见,霍华德!祝你好运,我的孩子!我想,改变一下环境,去阿迪朗达克山脉休养一段,你会恢复健康的。加油,我的孩子!我们等你回来,霍华德!”

看来这位每周薪水3美元的前任办事员深得这个老头儿的赏识。我觉得这也合情合理。霍华德·阿博特的老板有什么理由不喜欢这位98级的哈佛学生呢?

“蜘蛛”带我来到另一间办公室,这里是记账员和办事员的办公室,他向大家介绍了新同事后,开始给我介绍工作要点。我的新工作就是办事员。

我猜,“蜘蛛”肯定喜欢他的这份工作。教育的好处之一就是让人学会服从,让你在干活时毫不抱怨。受过高等教育的人在被分配干体力劳动时,会欣然从命,而一位没有教养的人则可能会说,老板雇他不是让他来干体力活儿的。

“蜘蛛”和我告别时,满脸笑容。能够介绍我来接替他的工作——每周3美元的薪水,他非常高兴,好像他为自己人留住了好运。

那天,我在办公室干的第一件事就是清洗墨水池,然后开始收拾桌子。离开办公室时,我感觉自己得到了一份真正的男子汉的工作。证券经纪公司是我一直梦想进入的地方。尽管具体它有哪些业务我还不知道,但这里的环境让我很满意,公司交易的商品更符合我的口味。我有理由相信:尽管现在我对这个行业还一无所知,但以后我一定会全部掌握它的。我想,对于渴望工作的人来说,喜欢自己的第一份工作应该是自然而然的事,至少在工作的第一天应该这样。只要能穿上这条裤子,谁还会在乎裤子是否合身呢?对我来说,这种兴奋意味深远。

第4章 我跳槽了

每天早上8点,我就早早地来到了办公室。我把办公室收拾得井井有条,整理好办公桌,换上新的记事本,检查一下笔管上的笔尖是否是新的,最后把墨水瓶装满。总之,我把办公室的所有琐事全部干完以后,大约是9:30。然后,客户们陆陆续续开始进来。10:00交易开始,舞台的大幕就拉开了。我忙着把所有的证券转账,将股票和债券交给客户,总之各种跑腿的活儿都是我的。我印象比较深刻的是一位名叫大卫·布瑞顿的客户,他是一名著名的慈善家,他对别人和蔼可亲,对我却很苛刻。我经常要给他交付股票。通常在我等另一位办事员时,他就会狠狠地责骂我。我不知道我到底做了什么错事,值得他用那么尖酸刻薄的话来骂我——或许是因为我迟到了?我一头雾水。我只知道,一见到报章杂志报道他的事迹时,我马上就能想起在我的面前,他表现出的恶魔般的那一面。

每次回忆起在德夫林·利奇菲尔德公司的那段经历,我都不禁莞尔。那段经历对我来说意义非凡。当一个人可以笑谈过往的时候,必定对那段经历心存感激。事实上,在初到这家公司的很长一段时间里,我都不知道自己在干什么。我每天做的都只是踏踏实实地听从差遣,然后领取薪水。别人让我干什么,我就干什么。我没有很快地弄懂这个行业的经济学,对于我和办公室的其他人为什么要做某件事更是不得要领。我永远不会忘记,这段工作经历教会我的宽容精神。我常常要容忍我们公司的办事员的错误，哪怕他们是因为不明白该做什么才犯的错。我觉得他们跟大学里那些高分低能的人没什么两样。你知道的，商界精英往往是那些在大学里拿不到高分的人。人生不怕犯错，品质和性格才更重要，特定的潜质和良好的习惯尤为重要。当然，过不了多久，那些初出茅庐的办事员也会认识到自己的不足，自然要想方设法地从各种途径来提高自己，当然这一切未必能短时间奏效。因为没有人喜欢不胜其任。其实，我说的这一切都是我自己的亲身体会：在这里提高自己业务素质的同时，我还学会了另一样重要的商业潜质，那就是才智和耐心。

我认为，要想成为一名优秀的证券经纪人，你最好从这个行业的最底层做起。即使是与证券经纪技术毫不相干的事儿，我也都要认真地做。呵呵，你知道吗？从前我一直对老板唯命是从，事无巨细，例如给他拿剧院的戏票这些事儿我都一丝不苟地去执行。看上去这就是我全部的职责——在德夫林先生的办公室学习做经纪人业务。我想说的是，从那时起，我就深刻地知道，假如我想在这个行业终老此生的话，那么最好能脚踏实地，妄图寻找捷径往往得不偿失。在大学里投机钻营也许还不算坏事，因为你只是为了顺利毕业，然而，在社会中可不是刚好及格就能赢得成功的。

客户是经纪人的上帝。我第一次与客户打交道发生在德夫林先生住在乡下的时候。这位老先生喜欢往返于乡下和工作地之间。像所有的双城生活者一样，他是家里的采购员。有一天，他带着夫人的需要修改的紧身内衣来了。我二话没说，赶紧把老板娘的内衣送到紧身内衣店去。作为已婚男士，德夫林先生对这些事经验丰富。他要求内衣店立刻就开始修改这些内衣，等我第二天给店里打电话时，德夫林夫人的内衣必须改好。我的上司服从他的上司的命令，又把他的上司的命令传达给我，我马上把这些命令原封不动地传达给内衣专家，以便于他及时把内衣修改合身。然后他通知我说，我可以去取这些内衣了，态度非常肯定。听他那意思，如果不把这些内衣拿走，恐怕我别想回家。

等我去取内衣时，已经是第二天了。当然，我结婚之后，也为妻子干过这些事。但不幸的是，就像我们难以准确地把握楔形文字一样，那位经常为双城生活者提供服务的紧身内衣专家竟然不能准确地把握时间。尽管事前我一再提醒他，他也信誓旦旦地向我保证已经修改合身了，并且还通知了我——但德夫林夫人的内衣并没修好。那天，我和他都交不了差。他居然让我再等一天，说他会尽快把它们改好，还要求我再打电话给他。我真不记得自己说了什么难听的话，但他居然从柜台后面走出来，使劲地捶打着柜台，开始大声骂我。尽管他的个头比我大，但看着他跟我说话时的恶劣态度，我还是忍不住揍了他一顿。一群妇女尖叫着从后面的工作间里跑出来，大声叫唤"警察，警察——"，我没理她们，转身离开了。

我只得回到公司，去给老板交差。我说，怕德夫林太太会失望，所以，我在内衣店里大发脾气了。他问我怎么回事。我就把事情的全部经过告诉了他。

他听了哈哈大笑，然后他告诉我说："别担心，杰克！明天你再去取吧。要是明天我还不能把这些内衣带回家，德夫林太太一定会宰了我的！"说着还扮了个鬼脸。当时我并不知道，其实在那个时候，他的业务已经很艰难了。

第二天没等我上门去取，内衣自己被送到了。因为大清早就有人把它们送来了。

我的老板利奇菲尔德先生把我叫到他的私人办公室，对我说："小伙子！你知道吗？因为你，我们失去了一个最大的客户。"

我很诧异，但没有惊慌。我只是不解地望着他，看得出来，他不像是在开玩笑。我不由地问道："噢，不，先生。怎么可能？请告诉我怎么回事？"我想，会不会是我把哪只股票交付错了，尽管我非常细心地一再检查过。

"干得不错呀，小子。被你丧心病狂地狠揍一顿的那位紧身内衣制造商还记得吧？他是咱们的老主顾，这家伙一直把他的不义之财投资给咱们。多年来，他一直在咱们这里投资，他的生意稳定发展。但他今天通知我说，我们再也别想从他那里拿到一分钱的生意了。"

"我很抱歉，先生！"我回答道，看来我来之不易的这份工作行将不保。

"我也是！"利奇菲尔德先生用理解的口吻说。

"好吧！你知道我夫人怎么说的吗？"德夫林先生打断了我的胡思乱想。

"什么？"

"她说，最好让杰克到她的裁缝师那里问一下，他们答应过上周就完成的套装做好了没有?”

“但你不应该对他大打出手,杰克!”利奇菲尔德先生接着说。“你知道吗?我初入此行时也练习过拳击的。当客户无理取闹地责备我问我为什么不让他们在恰当的时机做正确的事情时,我并没有对他们大打出手。为什么呢?拳击让我学会了控制自己的情绪。去参加一场业余重量级选手的对抗赛吧,小伙子!”

说到最后,他自己也忍不住笑了,我依然继续干我的工作。我不知道这件事有没有教会我自我控制,但我相信,随着岁月的流逝,最终我能学会管理好自己的情绪,这对我认识事物会大有帮助,包括给别人讲道理。

在德夫林·利奇菲尔德公司的办公室,我工作了10个月。那一年,我们公司的业务非常繁忙。汤姆·罗森经营的铜矿潜力巨大,波士顿的所有证券经纪人公司都持有他们的股份。众所周知,铜业股份是波士顿的专长。波士顿投入巨资开发密歇根州的大型铜矿,然后又把大把的钱投进蒙大纳州及其他地方的铜矿。同时,它们还不忘投资电话业务——波士顿的金钱无所不能,无孔不入。

在日常工作中,我自然而然地结识了这一行的很多人,有勤务员、邮递员、与证券相关的办事员等。有一天,我在哈佛大学读书时的一位朋友告诉我,说他的公司里有一个职位空缺。他们需要一位证券办事员,每周的薪水是15美元。

你知道,我在目前这家公司每周只有3美元的薪水,这点钱支撑不了多久,我一直是靠着父亲补贴的钱维持生活的。还好我有一位富有的老爸,同时我有一种想法,这是个饿不死的好行业。然而,15美元就等于说,我的薪水将增加4倍。只有傻瓜才会放弃数额这么巨大的加薪。当然,我考虑的不单单是钱。决定是否接受这份工作并没有花费我太长的时间。

于是我马上去见德夫林先生,把这份新工作的情况和我的决定告诉了他。他也认为这是一次很好的跳槽机会。看上去他很高兴,因为他也认为这份工作真的对我很有好处。他也不像是急于甩掉我的样子。因为他的公司里的其他员工都比我的资格老,每个人都在这里工作很长时间了,而且所有人都堪当重任。公平起见,他不可能破格提拔我。他催促我马上去瑞德公司工作,最好不要耽搁了。后来我才知道,他曾经致电瑞德先生,热心地夸奖我说这个年轻人资质不错。

瑞德公司的办公室在一楼,地方很小,而且装修陈旧。公司的办公室分别位于一楼大厅的左右两侧。前边面对大街的部分是合伙人的私人办公室和客户接待室,那儿有一块很大的黑板,后边是办事员的办公室。那时的瑞德公司可没有现在这么气派。如今,瑞德公司有自己专属的办公楼。尽管瑞德先生已经退休了,但瑞德公司仍然是波士顿最顶尖的证券公司之一。

这里才是我学习业务的最好地方,因为瑞德先生非常能干,他的公司经营得风生水起。那些不同个性的客户给我留下了深刻的印象。已故的哈兰姆·W.米勒是我们的星级客户之一,他也是新英格兰最为优秀的资本家之一,创办了好几家有名的公司,他名下所有公司的证券都交给波士顿证券交易所来进行交易,他最中意的经纪人就是瑞德先生。事实上,瑞德公司的其他客户也都很不简单,喜欢每天读报纸的读者说起他们来都是头头是道。他们的成功吸引了我,我的目光马上盯住了与成功的证券经纪人打交道的那些人。平生第一次,我告诫自己,证券经纪人应该和他的客户彼此了解。

瑞德公司在纽约有自己的联络人,一个叫道林,另一个是唐纳森。他俩都是纽约证券交易所的成员,唐纳森还曾担任过纽约证券交易所的主席。瑞德公司和他们的办公室有专线电话联系。通过这些专用电话,我们可以得到最能洞悉市场行情的专家提供的第一手资料,而那些不了解证券市场的游戏规则的纽约同行的观点经不起任何考验。那些出类拔萃的成功经纪人成为造就华尔街的一切力量的中流砥柱。无论那些下流的报刊怎样抨击华尔街及其交易方式,我都不太在意,但他们对道林和唐纳森先生的人身攻击,却让我怒不可遏。我常常坐在电话接线员的旁边,监督他给对方发送指令,然后等着整理他们发回的报告。想到电话线的那一端发生的事情,我开始意识到,尽管经纪人行业并非起源于波士顿,当然也不会在波士顿终结。这种想法犹如当头棒喝,及时地唤起了我对此行强烈的兴趣,而在德夫林办公室我从未有过这种感觉。随着我对经纪人行业的各个阶段的不断了解,我的从业念头也越来越坚定。当然,我也不可能一下子就全部学会所有的东西,这一切都要求我要像个新手那样加强学习。

只要唐纳德先生到波士顿来,就会到瑞德公司来与瑞德先生会面。在这里,所有人都仰望着他,口水流出来都不知道咽回去。我不知道我们到底崇拜他的哪些方面,也看不出他有什么不同于常人之处,但我们就是坚信:唐纳德先生不是普通人。我曾经以为,也许是因为他担任过纽约证券交易所的主席,所以,他的魅力和威望才与众不同。事实上,尽管大大小小那么多的交易需要他操心,他仍然是一位非常优秀、彬彬有礼、和气友善的绅士,正直诚实,衣着得体。后来,随着我对他的了解的不断加深,我越来越崇拜他了。但是,那时他是公司的老板之一,是纽约那样的大都市强大和神秘的象征,他的形象代表着知识、力量和财富,我只可以远远地仰望着他,却不愿意上前去跟他打声招呼。我不希望自己给他留下不良的印象,好像是瑞德公司把我塑造成了一名精于世故的势利小人似的。事务所的日子虽然枯燥乏味,但我们这群年轻、健康的办事员就像重建家园一样,把后面这些装修陈旧的办公室重新装扮得漂漂亮亮的。我们还准备了一个棒球,老板不在公司、业务不忙时,我们就一起打棒球。

我记得我们经常邀请一位客户到后面的办公室来,她总是喜欢待在客户接待室里。这位女士精通证券投资业务。她通过一个可靠的系统来做交易,而且总是稳赚不赔。她的系统还可以购买电话股票,你知道,这可是波士顿才有的一项业务,独此一家,别无分号。每隔两三个月,这位女士就会准时出现在办事员的办公室里,一举买进十股 ATT 公司的股票。后来,因为这家公司的业务稳定发展,她买的这些股票的价值翻了三番。尽管一直在买进,从不卖出,她也没有赔钱。这是她唯一的、仅有的乐趣,她明白自己在做的事是对的。她总在恰当的时机买进股票,只要手头有钱,她就买进 10 股,然后把它们压入箱底,长期持有。

要知道,每股股票的价格是 140 美元,买这十股股票的佣金不过才 1.25 美元。后来有一天她突然发现,只需向瑞德公司支付 1.25 美元,就可以买到价值 1400 美元的股票,这划算得近乎不可思议。一想到刚开始投资时,她总是给合伙人支付更多的服务费时,她就后悔不迭。当她发现这些待在前面办公室里的傻瓜们竟然不为金钱所动时,她就真心情愿地把这微不足道的 1.25 美元佣金交给了那个帮她处理交易的男孩。通常,她会交给他一张 5 美元的支票。所以每次这位慷慨大方的客户一走进来,总是有一大群办事员一窝蜂似地等着为她服务。与微不足道的佣金相比,这群年轻人彬彬有礼的热情服务更让她备受感动。我有幸为她服务过两次,这位可爱的女士给了我5美元的小费。

公司的业务蓬勃发展。我深深地知道,对于一个想在经纪人行业奉献终生的年轻人来说,前途似乎一片光明。每天我都给自己打气:这是属于我的行业。我跟其他人一样,为了竞争一个好的职位,与别人暗暗较劲,默默地奋斗在普通的工作岗位上。就像一个一味朝着北方前进的年轻人一样,谁也不知道自己的明确的目标在哪里。当然,出现这种现象也很正常。当你找到自己的特定目标时,一切都会改变。只要你对自己从事的行业有了充分的了解,那么随着时间的推移,机会自然就会不期而至。然而对我来说,这个改变来得是那样地猝不及防。有一天,我们正在后面的办事员办公室忙碌时,一个人跑进来说,J. P. 摩根正在前面的办公室。大家都十分激动,迫不及待地冲到了前面,只为目睹一下这位当时在美国金融界最有权威的人士的尊容。不巧的是,我们看见的J. P. 摩根根本不是老摩根,而是他的儿子小摩根,在华尔街,杰克·摩根跟他的父亲一样闻名遐迩。

我们都很失望,尽管他是一家庞大的金融帝国的继承人,但他的名字和出现与我们的期待却大相径庭。我突然醍醐灌顶,这位含着金汤匙出生的人,来自于纽约的黄金帝国。在那里,所有梦想成为大人物的人都在拼命地投资赚钱,用自己的智慧和胆略运转资本,构建属于自己的伟大而有意义的财富帝国。这就是属于伟大的摩根的纽约——只有立足于那里,证券经纪人才能获得巨大的成功。

在瑞德办公室——我立即暗下决心——只要能把足够的证券经纪人行业的基础知识和基本技能学到手,我马上就到纽约的经纪人事务所去工作。这就是我全部的梦想。梦想能否实现,就看我自己的努力程度了。纽约是一个令人奋进的战场。在那里构建黄金帝国,无论如何都会比在美国的任何其他地方更快一些。从那天起,我就给自己定下一个目标——在纽约拥有一家经纪人事务所。

这时已经是19世纪的最后几天了。我第一次参加工作时,社会大环境差强人意:经过几年的困难时期,整个国家的经济开始复苏。我们经历了1893年的经济恐慌,接下来的几年是铁路破产管理时期,整个国家千疮百孔,各个行业百废待兴。布赖恩支持的自由铸造银币运动造成的困难波及了全美,只有少数美国人幸免于难,没有直接或间接地受到影响。我们的一些客户常常给我讲述他们经历过的可怕时期,还有差点要了他们的命的1896年大饥荒。一些头脑冷静的商人对我说,他们要把所有的财产全部都变卖成现金。如果皮尔里斯·利德因为他的黄金十字架演说而当选美国总统的话,他们就会带头去英格兰定居。

麦金利当选之后,事态开始逐步平息。然而,谁能预言未来呢?普通人既看不到我们的经济在复苏,也看不到复苏前的一点曙光。大众只知道商业过去已经恶化,现在正在转好,自由铸造银币的危险已经过去。因为国外短缺农作物,我们的农作物身价倍增,欧洲人掏出成千上万的美元来买粮食。在1897年的夏天,大自然的"化学将土地、太阳的热量和农夫的汗水变成了一堆堆的黄金。"

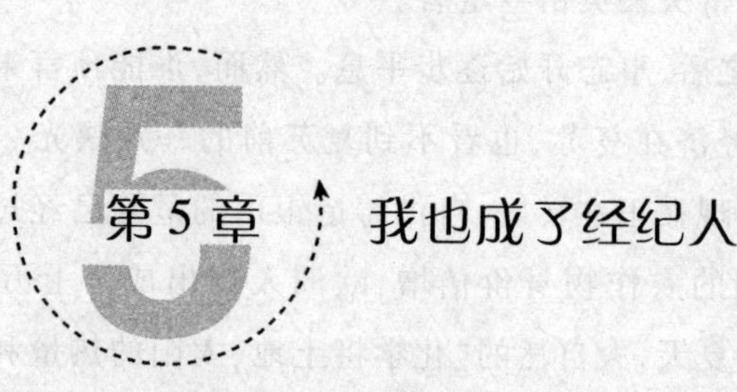

第5章 我也成了经纪人

尽管证券和债券业务有了大幅增长，经纪人公司的业务量却没有相应地增长，而经纪人公司的繁荣则是几年以后的事。一个显而易见的事实摆在所有人的面前：那时，纽约证券交易所最强有力的对手是波士顿的证券交易所。在正常情况下，瑞德公司一天的业务量是3000股股票，佣金收入不过区区375美元。但在公司业务做得最出色的时候，业务量剧增至1万股股票，佣金的收入随之增长到1250美元，当然这也是公司业务最繁忙的时候。在此期间，每一个办事员都有大量的工作要做，因为大部分客户的交易量都维持在50至100股之间。

铜矿类的股票是大多数客户的首选。众所周知，尽管铁路已经度过了破产管理时期，但公众依然对铁路类的股票心有余悸，新发行的重组后或重整的铁路股票依然无人问津。艾奇逊铁路公司的股票每股售价是10美元，联合太平洋每股也不过15美元，但他们依然门前冷落。在20世纪30年代，没有人愿意买通用电气的股票。

而在波士顿，人们只做两件事，一是投资好的股票，二是投资各种矿业股份。我进入瑞德公司时，市场正处于投机和投资时期的博弈时期。汤姆·罗森就是在这个时期开始发达的。他对证券市场的技巧一清二楚：支付一点儿广告费在报纸上做广告，并通过代理商和电报将新闻发送给全国各地的经纪人公司。他深谙此道，所以他常常与投机商们进行大大小小的各种访谈，一并送出的还有那些印刷精美的大型日历，日历每一页的显要位置都印着证券市场的格言。这些格言通俗易懂，往往一语道出证券市场的精髓，因为罗森对这个行业有着很深的造诣。

在瑞德公司的办公室里，我的业务能力快速提升，从证券交易员的职位上扶摇直上，一直晋升到了保证金交易员，工作内容是负责查看账户的情况。工作的时候，我需要一眼紧盯着证券报价机上的价格，另一只眼则紧盯着客户的账户结余。在恐慌期间，工作就更难应付，当时瑞德公司只有我一个人是保证金交易员。而现在，仅仅在纽约，我们就聘请了6个保证金交易员，公司每年向团队的主管支付1万美元的报酬。而这个团队主管每周只需要工作4个下午，最多不过5个下午。当然，遇到市场状况不好时也会有例外——从早上9:00开始上班，他得工作一整天。也许下班时已经是满天星光了。我在瑞德公司做保证金交易员时有很多工作要干，现在我们的保证金交易员团队的主管则要负责25000个账户的交易情况。

在我做保证金交易员的那些日子里，最不堪回首的经历就发生在1901年5月9日的“北太平洋恐慌”那天。与往常不同的是，那天我起了个大早，提前赶到办公室去上班，因为头一天晚上就有风声说，飓风“黑色星期四”将于第二天降临。实际情况是，我们的情况固然很坏，而纽约的情况则比波士顿更糟。整个交易市场内人声鼎沸，乱成了一锅粥。因为行情记录带要比实际交易延后20分钟，所以对于像我这么可怜的保证金交易员来说，你可以想象会忙乱成什么样。每轮到一个账户，我都不得不从头开始，重新计算。没有人来给我帮忙，因为办公室里的正常工作都被这个意外完全打乱了，所有人都忙得一塌糊涂。我找不到一个人帮忙。

就这样手忙脚乱地干了几个小时后，我自作主张，决定给每位客户都发一封追加保证金的电报——不管他们的账户是否需要。我当然知道向客户收取追加保证金时他们会有什么反应，特别是在他们看来，直到最后一分钟，你也不应该请求帮助。但我顾不了那么多了。这是保护瑞德公司免受损失的唯一办法，这也是我的工作，只有这样做我才能避免因焦虑而发疯。当我把所有事情都处置妥当后，没有人发现我的错误。那晚，我们在办公室熬了个通宵，一直忙着计算保证金和亏损，然后大家一起去附近的一家饭店吃了顿早餐。

当时没有人敢提钱的事,因为大家都知道,一旦有人提起,所有人肯定会为此而争论不休,所以,大家彼此心照不宣——既然事情已经到了最坏的地步,股价已近跌至谷底,哪里还有什么秩序可言呢。不一会儿,我就听说前面的办公室里发生了一个故事。谢天谢地,在我们办公室里没有人卖空北太平洋股——当这只垄断股在全美国的所有交易所的售价都是1000美元时,瑞德先生想起多年前,他曾为老朋友亨利·霍尔买过一些北太平洋股。亨利·霍尔先生已经去世了,他的遗孀仍然是瑞德先生一家人的朋友。尽管瑞德先生确实很忙,但他还是及时地给她打了电话。

"安妮,"他说,"你手头还有我们为亨利买的北太平洋股票吗?还是已经把它们卖出了?"

"哦,还有!"她答道,"我没有卖掉。"

"你确定是北太平洋吗?"瑞德先生又问了一遍,因为公司里还有其他的女客户。

"是呀,几天前我查看抵押时还看到过这些股票呢。"

"股票现在在哪儿?"

"就在我家的保险柜里。"

"很好!"瑞德先生说,"假如我是你,我会立刻把它送到我们公司的办公室来。"

"怎么了?出了什么事?"

"就在这会儿,它在纽约的售价是每股1000。"

"1000什么?"霍尔太太问道。

"1000美元!"瑞德先生说,"如果你打算交易的话,我希望你能快点,安妮!"

"天哪!要我自己亲自拿来吗?"

"我不管你想什么办法把它拿来,但关键时刻我必须留在公司里,我需要把这些证书进行备案,你知道吗?我真的不敢冒险,安妮,请你快点!这只股票可能挺不了多久了。"

"好的,好的,我马上就把股票从保险柜里拿出来。你就只要这些东西吗?"

“对。你家一共有两三百股吧？”

“多得多，一张证书上面是500股，另一张上面是100股。”

“天哪！赶快，安妮！”瑞德先生大叫道。然后，办公室有人催促他，所以他就放下电话去处理别的紧急业务了。

在紧张中，瑞德先生忘了霍尔太太的600股北太平洋，它们花了亨利·霍尔先生18000美元。但是几天后，霍尔太太来他家吃晚餐时，他想起了这件事。

“噢，顺便问一下，安妮，你到底咋回事？星期四你没有把股票送来我的办公室。是不是你发现你家没有这个股票？”

在她没把证书带来之前，瑞德先生就已经做好了卖掉它的一切准备，他能断定这只被垄断的股票的价格会暴跌。现在他很高兴，他处理得很安全。

“呵，那倒不是！”霍尔太太答道，“我家还有这个股票。”

“看在上帝的份上！你为什么不把它送到公司呢？你明明答应过的！”

我听说，霍尔太太非常富有，手头有25万美元的资产。

“你还记得吧，那天天气很差，还下着毛毛雨。”她说道，好像在解释原因。

“你为什么不卖掉北太平洋呢？要知道每股1000美元呢。”瑞德先生问道。

“算了吧，我说我不想出门行了吧？再说了，股票上的1000美元也不是什么大额资金，所以我待在家里，没有到你公司去。”

“并不是大额资金！”瑞德先生大叫道。“你知道吗？你有600股。”

“那又怎么样？”。

“好得很！你的600股股票本来可以卖60万美元。但是现在它没了。这就是你的损失。”

“什么？”霍尔太太尖声大叫。

“没错，就是这样！”瑞德先生冷冷地说。

当然，事实上，尽管霍尔太太的股票不可能每股都卖到1000美元，但是以每股500美元的价格卖掉它们还是很容易的。从此以后，只要有人提起那些跟随他一起做交易的女士们，瑞德先生就把这个故事作为最好的谈资拿出来，反复讲述。

每个人的一生中都会遇到很多事，表面上看是门板都挡不住的好运气，它们既不是你辛勤劳动的成果，也不是你的工作能力的报酬。我不知道我在瑞德公司的工作老板是否满意，但我可以告诉你，我被提升了好几次，但我一直都在后面的办公室工作。

现在经纪人公司的员工可以分成两类：一类员工是书记员，职责是保存账目、记录、进行交易和接受订单等这一类事务；另一类员工则负责处理业务，被称为业务员，他们是公司的"生产端"。没有第一类员工的良好配合，任何一位交易员的工作都无法顺利完成，这种关系就像军需部队和战斗部队的关系，没有军需部队做后盾，战斗部队就谈不上任何战斗力。正如拿破仑曾经说过的，部队可以匍匐前进，但战争是战士打赢的。在商业战场上，经纪人公司的战争就是进行交易，业务做得好的人就会得到最大的回报。要想取得更好的业绩，他必须比记录员和制表员付出更多的努力。他必须比别人更有进取心，他的哪怕一丁点的失误都会导致业务的失败，功亏一篑。正因为他肩负更多的责任，所以他才能挣更多的钱。

当我弄明白这两种员工的差别以后，就开始朝着业务员这个目标努力。我当然知道，应该从基础业务学起。我也清楚，我不仅仅是在学习业务，我根本就是在积累自己的财富。而当一个人知道自己的财富在不断增长的时候，再艰难的任务他也会想办法克服的。当然，这里边也有个人利益，我的愿望就是为公司挣更多的钱，只有这样我自己才能多挣钱，看到自己判断正确、办事果断，获得成功、具有价值，我感到十分开心。

可是，我还是没被从后面的办公室提升到前面的办公室去——那里属于合伙人和客户手下的积极能干的那些人。直到1901年的夏天，我的辛苦付出依然没有任何回报。我的身份还是保证金办事员——几个待在后面的办事员之一。在7月和8月的暑假里，为了顶替那些休假的同事，我们只好轮流加班，而我顶替的是一个记账员的工作。天气热得如同炼狱，为了凉快点，我把袖子挽了起来。我认真地登记着账簿。尽管我的书写不够漂亮，我本人也不是一流的记账员，但我依然熟练地在弗雷德·贝克那本漂亮的账簿上挥汗如雨。

仲夏的一个下午，瑞德先生到后面的办公室来检查账目，这是他每天的必修课。他是一位一丝不苟的商人，富有经验，谨小慎微。

他盯着我不小心弄脏的那页账，刻意地加重语气，对我说："温，毫无疑问，你是我见过的最差的记账员。"

我有自知之明，所以我一点也没觉得伤心。我知道我应该承认这点，所以我说："瑞德先生，对你的看法我深表赞同。"

他狠狠地盯了我一眼，想确定我是不是在故意找茬，其实我已经尽力做到用尊敬的语气回答他了。我的话让他感到很困惑，他马上问我："你刚才是什么意思？"

"您说我是您见过的最差的记账员，我不否认。我当然知道自己不是写字工整的记账员的料。我从不期望自己有记账员的天分。如果我在这家公司最终只能做一名记账员，那么，我现在就可以辞职。"

"真的？"他说。看得出来，他是真正地生气了。可我自己知道，如果我在这家公司还有梦想的话，那就是我不想再做一名记账员了。

"当然会的。"我态度坚决，"我的理想不是做这种工作的候补队员。我想给公司创造更多的价值，而不是在这儿做一名记账员。"

他盯着我看了很长时间。我却很高兴，因为我终于把自己的想法上达天庭了。等了一会儿，他没再说什么，就转身离开了。我继续回到我的记账簿上，尽量不让出汗出得黏糊糊的前臂再把它弄脏。我的心态比以前积极得多了——记账没我想的那么差。

第二天，瑞德先生一上班，就把我叫到他的私人办公室去。我一头雾水：股市还没开盘，保证金的情况良好，业务依然枯燥，一切都很正常呀，老板这么早就召见我所为何事呢？

没有任何开场白，他开门见山地说："温，我希望你到前面的办公室来工作。我们的一些账户要交给你打理。"

就这么多！

"非常感谢你，先生！"我感激涕零地说。

可是，从他的沉默中，我能判断出我的薪水没有改变。即便这样，这次的变动也是一次提升。我终于可以到期待已久的地方工作了。

在前面的办公室里，我学到了更有价值的经验。瑞德先生精明能干，他是波士顿最成功的证券经纪人之一，为自己和客户都挣了很多的钱。然而，他的健康状况却不容乐观。在他的私人办公室里有一张宽大的沙发，每天下午他都要在那里午睡一会儿来恢复体力。和不睡午觉比起来,恢复精神可以做好更多的事情。在他午睡的时候,要是有些客户想见他一面,我就必须想出些谎话来搪塞他们。我不得不告诉他们,他不在公司。当我们的大客户坚持说,他们不介意在他的私人办公室里等他时,如何想办法拦住他们,让他们在外面等待又不得罪人,确实得花些心思。有时候,一些客户坚持要亲自把订单交给瑞德先生,我就只能告诉他们这不行,如果瑞德先生同意,那么,不管是瑞德先生还是像我这样的无名小卒,脑袋里想的都是一样的,都在想着如何买卖特定的股票。从前的经纪人工作不像现在这样轻松,有大量的办事员和合伙人帮助打理业务。在那个年代,再多、再琐碎的工作他们也都是自己身体力行的。像处理订单啦,随时与客户保持联系啦,他们都事必躬亲。打高尔夫球或开汽车的时间就别想了,最后离开办公室的往往是老板。

第 6 章 客户接待室的快乐时光

在瑞德公司的客户接待室里，我度过了一段快乐的时光。至今，我判断证券市场的走势时，我仍遵循瑞德先生的方法。由于初入此行，在如何判断市场交易的走势上，我一窍不通。从某种意义上说，一种普遍的看法认为，投资证券交易就是赌博，所以，我并不关注证券市场的投机性，商业交易永恒存在的那部分属性——投资方面，才是我真正关注的内容。想要探讨人类的本性，证券经纪公司的客户接待室是最好的地点。在这里出入的人，动机都很单纯。这比真正的教学有趣多了。这里的人通过投资好的股票，预测市场向上或向下的趋势来挣钱。交易原则亘古不变，改变的只是不同时代人们对于某件事的不同态度。

也许你也听过一种说法：当时，波士顿这座城市因为是投资和赌博的市场而名扬四海。我所有的老师都没教过我如何催促人们去赌博。当时我曾经想过，现在仍然这样认为，跟其他任何事情比起来，能让我的客户赚到钱才是最重要的事。我深深地懂得：要想留住我的客户，挣他们的钱，首先得让他们挣到钱。

和所有公司的客户接待室一样，出入瑞德公司那间客户接待室的客户，性格千差万别。即便这样，这些客户们的性格之间也有相通之处。他们共同的愿望和相同的利益让他们看起来更像近亲，好像是同一个家族把他们培养成了这样的人。从前,我每天都能见到出入瑞德公司的那些交易者,尽管现在我已经忘记了他们中大多数人的名字,但他们那些鲜明的各具特色的性格,却依然鲜活地保留在我的脑海里。我记得有一个家伙,人们都喜欢叫他的外号——“爱迪生”,因为他喜欢搞些小发明。应该说,他这个人很有头脑,非常聪明,他在自己的投资领域——我想是电力方面,得心应手。因为他不是我主管的客户,所以他的私生活我知之不多,但他在出入瑞德公司的所有交易者中非常引人注目,很具代表性。对于交易的首要原则,他运用娴熟。也许有些人会说,听他讲解证券投资的哲学对自己的炒股作用不大,因为他本人对此也知之甚少。假如单靠牢记别人制定的规则进行交易的话,他早就被市场吃掉了。如果市场交易的走势趋于呆滞,此时有朋友向他请教,询问他的看法时,他会简短地回答:“不要在呆滞的市场上出售!”看上去,他比詹姆士·R·基恩更有智慧。如果活跃市场的分红率出人意料地有所提高时,他会在认真观察研究后宣称:“所有的利好消息未必都很可靠!”4月,当所有人都看到股票在下跌时,他却引用爱迪生·柯马克的话,告诫人们:“千万别出售那些还长在树上的树叶!”对于证券交易中该做和不该做的任何事情,他都能引经据典地给出合理的解释。我知道,他一向自信,一直以来他都认为自己才是交易所里最有智慧的人,正因如此,他才能成为最出色的交易者。人们通常认为,总能找到很多颇有见地的格言来证明自己正确的人,必然能发挥他的聪明才智。可事实上呢,他唯一的麻烦就是自己经常做明知不正确的事。他最精通的交易首要原则诚然伟大,但他对此的实践却是最糟糕的。对于这些相同的股票交易原则,他都烂熟于胸,但他总是坚持不遵守这些原则,而这样做的结果往往会让他破产。

他总是“定期破产”。平均起来,他每年都会破产三次。每次破产后,有一段时间内他会销声匿迹,而几周后,他又杀回市场,重新投资。他常常向大家解释说,他这段时间太忙了,一直待在家里,搞了不少发明,创造了很多专利。

我们都确信他没撒谎。他的确是一名货真价实的电力专家和伟大的发明家。美国海军现在还在使用他发明的一些设备。他用心钻研,这无需成本,发明出专利,然后把这些专利卖给通用电气和西屋电气公司,然后攥着一大把出卖专利赚回的钞票,返回证券交易所的办公室继续投资,继续破产后继续发明专利。通常,他每天上午 9:30 会到我们公司的办公室来,阅读所有的新闻和财经报道后,开始规划自己当天的投资活动。他会一直待到下午 3:30 左右。在此期间,他喜欢发发牢骚,分析市场为什么会有这样的走势,或者没有那样的走势。他是鲍勃·吉恩的特殊客户,鲍勃最擅长的就是跟来我们经纪人事务所的那些行为古怪的客户打交道。鲍勃说,“爱迪生”先生在 6 年的交易时间里总共破产 14 次,每次破产后他都会休市几周,然后带着他认为能创造利润而又符合市场交易规则和交易定律的新颖观点,当然还有足够的资金返回交易市场。看上去他的收入不菲,因为他总能顺利地卖出自己的专利。

这个家伙对别的任何事情都不感冒。他的生活中只有发明和投机。他靠发明挣钱,而靠投机花掉发明挣来的钱。曾经有一次,有人试图说服他投资一些好的股票或者购买一份养老保险,却无果而终,“爱迪生”先生断然拒绝了人家的好意。“爱迪生”先生不在乎穿着和家庭,他按自己的意愿,随心所欲地生活,他搞发明创造犹如探囊取物,但在投机市场上却总是一错再错。从瑞德公司辞职几年后,当我问起发明家“爱迪生”时,鲍勃告诉我,他还在继续着自己的老路——发明,投机,然后破产。

当然,我们也同样拥有这样的一些客户,他们痛恨犯错,所以才从不犯错。我是说,去掉那些不明就里的某种神秘原因导致的错误,他们这类人的亏损很小。他们的性格中的荣誉感、改进的希望和先天性的固执成就了他们的霸业。任何一家经纪人事务所里都有他们这类人的身影。瑞德公司的办公室中就有这样一个家伙。他曾经告诉过我,多年来他一直在进行证券交易,却从未遇到过滑铁卢,他压根就不打算赔掉一分钱。我觉得他不像是在夸大其词。我发现,他喜欢用不多的一点钱进行稳妥的投资,至少,在我们公司的办公室里,他做的每次交易都非常保守。他也是鲍勃·吉恩的客户,一般来说,他从不短线卖出,而是长期持有。他买进的股票总是持有相当长的一段时间后才卖出,从中他挣了不少钱。即使他购买的那只股票的行情不好,他也会坚持长期持有。他可能会一直持有这些股票很多年,期间也许还会经历破产管理和资本重组,哪怕他不得不为此支付重新评估的费用,也在所不惜。直到现在,他还持有一些赚钱的股票。很多次,他都因为投资多种不同的股票赚了大钱,也遇到过持有某只股票多年一直亏本但最终却卖了个好价钱，赚了大钱的幸运。事实上，他在所有交易中的失误微乎其微，几乎可以忽略不计。因为他很保守，偶尔失误也不过是从投机账户里拨出一两美元去买入或者卖出。他的故事耐人寻味，是他的耐心和固执给他带来这样丰厚的回报，连他进行交易的细节我都记得很清楚。我们曾经尝试过，想告诉他更好的交易方式，如在暴跌开始时止损卖出，然后将所有的资本用于投资新的交易，但是我们的努力徒劳无功，他从不听取别人的建议，他只听从自己内心的声音。因为他无法接受哪怕一丁点儿的损失。

我记得还有一位米德尔顿上尉，也很有意思。通常情况下，他几乎一言不发，也不理会任何人，只要他一开口说话，就会对别人讽刺挖苦，冷嘲热讽。但这不影响他成为一名很成功的交易家，我在瑞德公司工作期间，他在炒股业绩方面一直遥遥领先。他喜欢请教别人的看法，但只是在某些时候——当他无法判断市场交易的走势时，当这位最成功的交易家不知道该怎样交易时，米德尔顿上尉就会询问他的客户朋友们的看法。他在房间里四处走动，询问每一位客户对市场的看法，请教别人对市场的下一步走势如何判断。他认真仔细地记录着每个人的答案，如果他记录的这些观点反映出大多数人都赞成的方向，他则会做出与大多数人的判断相反的交易。很显然，他认为大多数人都是错的，理由是那些大多数人总是在赔钱。一位资深的经纪人坦言："对你的客户下注，然后就能挣钱"。这就能解释一些证券投机经纪人长期待在此行的原因。实际情况是，至少在瑞德公司的证券交易办公室里，米德尔顿上尉赚的钱比亏的钱要多得多。

我觉得，任何一个人群集中的地方都是研究人性的好地方。我在瑞德公司的客户接待室里学会了很多价值连城的知识。通过学习怎样应对经纪人的客户，我认识到不精确概括的危险。在繁荣时期，我在纽约看到过狂赌的客户，尽管我们公司没有这种类型的客户，但我们公司的客户确实是各具特色。

我记得，曾经有一位年轻人，他拿着一位老客户的推荐信找到我们的。据他说，他知道柏林顿最新的内部消息。他还振振有词地说，他知道纽约的一些银行家准备在公开市场大肆买入这家公司的股票，以此来操控大盘。这家铁路公司的总部位于波士顿，这些传言并没有得到他们的证实。但这位新来的客户坚持相信这个消息，他在每股价格为 125 美元左右的时候购买了100股伯林顿。这花光了他在银行的全部积蓄。当我把购买报告交给他时,他欣慰地长出了一口气,好像他一直在担心会发生什么事,最终影响他买不到这只股票似的。

买到了这只股票后,他就多了一个习惯,喜欢每天的12:30左右准时出现在我们公司的办公室。我猜这应该是他的午餐时间。此时,真的如他所说,詹姆士·J·希尔正在公开市场为大北方和北太平洋的账户疯狂购买伯林顿。

然后,该股票开始上涨。它一路攀升,先是涨到130美元、140美元、150美元,在此期间没有任何下跌。在还没有涨到170美元之前,我们很清楚地知道这不是牛市,而是幕后暗箱操控的结果。这位100股股票的持有人每天都会来看柏林顿报价板上的报价,从未落下过一天。我常常跟其他客户一起谈论这位精明的年轻人,但他从不参与我们的讨论。每次他在这里就只干一件事——紧皱着眉头,死盯着报价板。

那天,这只股票的价格飙升至180美元。我讨好地问他:"这次涨了50多美元,是吧?"

他点点头,厉声说道:"嗯,它还会继续涨。"

"您真的这样看吗?"

"当然,一定会的!"他说。

他说这话时的腔调听起来很不舒服,好像他的双手正在举着什么很重的东西似的。但我不想跟他计较,他很精明,一直长线持有这只股票,每股他已赚了55美元的利润。很快,他就离开了。那天下午,我碰巧跟鲍勃·吉恩谈起了这件事,我把大家对这个年轻人的看法告诉了他——这位年轻人带着伯林顿的内幕消息来到我们公司,一直冷静地看着它上涨,却从不考虑止赢卖出。

"你觉得他是一位非常聪明的家伙吗?哼哼!"鲍勃说。

"难道他还不够聪明吗?"一位客户问道。

"好吧,先生们,"鲍勃一字一句地说道,"我承认,你们的看法是正确的。六个星期以来,你们不是一直都在羡慕这个家伙的胆略和利润吗?好了,先生们,说实话吧,他早就以每股127.125美元的价格卖掉了他的100股。事实上,这只股票他只持有了46.5个小时。"

"可是他每天都来看伯林顿股呢。"一位客户反驳道。

"我可是正派人,没必要骗你们。"鲍勃说,"而且,我从不嘲笑他的精明,一次也没有过。想想看,当他看着不断上涨的价格,设想着假如自己没有太快地卖掉股票,就可以在这群聪明的交易者中获得声望,大家想想就会知道,每天他是在怎样的煎熬中度过的!"

还有一个教训我也不会忘记。我靠自己的努力拿下的第一批客户中,有一位是别人给我推荐的牙医。他听说我在一家证券经纪人公司上班后,除了谈论市场交易外,就不再关心别的任何事了——包括我的牙病。看来他每天都看报纸的财经版,而且对自己看见的每一个字、每一个观点都奉若经典,他喜欢根据这些理论来判断市场走势。

他告诉我:"我想知道的就是真相。按照真相买进或者卖出,你就不会做错。把专家建议和所谓的预感留给傻瓜吧!这是我赌赛马的方式——状态良好。我自己就是自己的情报员,我的信息是直接有效的,因为我只接受官方数据。"

他告诉我,他已经炒股很多年了。他说,在大多数公司的办公室里,专家们总喜欢大肆吹嘘,给客户提出这样或那样的建议,既然经纪人专家对自己推荐的股票这么信心十足,他干吗不听取自己的建议亲自去操作,赚取上百万美元的财富呢?只要你的判断正确,你自己购买股票挣的钱要比帮外人购买股票挣的佣金多得多,因为每100股才收12.5美元的佣金。所以,他得出结论,任何经纪人的分析和建议都是无稽之谈,对炒股没有任何意义,至少收效甚微。他告诉我,他已经换了两三次经纪人了,因为他们老是干涉他的操作,不让他按照自己的判断来挑选赚钱的股票。他们常常自以为是地给他提出反对的意见,让他对自己的选择心生疑虑,从而影响他的判断。可是他们连随时给他传递最新的报价消息都做不好。而他的工作性质决定了他不可能抽出几分钟时间,跑出去到经纪人事务所去看股票报价。

我没有说话。因为我没法说话,此时,我的嘴里含着他放置的一块橡胶牙套。随后,他又问我能不能做到随时给他传递最新的报价消息,如果我可以做到,他就准备在我们公司开一个账户。他不是指全部股票,他说的只是他自己长期或短期持有的股票。我觉得他在给我钻牙时有点心不在焉,他的钻头伤到了我,所以我轻哼了一声。

等我可以再次开口说话时，我告诉他，他要求经纪人做的任何事我都可以帮他干，只是下次他再给我钻牙时，别再伤害我就行。

他果真在我们公司开了一个户。他的理论总是与众不同，他相信，首先要大面积撒网，这样才能捞到更多的鱼儿。他认为自己应该购买很多种股票。事实上，除了一两只活跃的股票他持有的数量还算可观以外，他持有的别的多种股票的数量都很少。我得常常给他打电话，告诉他股票的波动以及他想知道的任何数据，以此为他提供优质的服务。

有一天，我们听说了一个坏消息：整个交易市场将进入熊市。我马上打电话告诉他，让他最好快点过来，因为有些专业板块的股票已经开始大幅暴跌了，我觉得他手头的股票可能会和剩下的那些股票一起下跌。一个因持续走低而变得活跃的交易市场带给经纪人的是更大的工作量，而且我还需要为其他更多的客户提供服务。所以我对他说，尽管我非常愿意给他传递最新的报价消息，但我坚持不了多久了，因为我已经很尽力了，毕竟我不是他一个人的专职顾问。

“但我现在走不了，我的椅子上还坐着一个病号呢。要是现在停下来，我的麻烦就大了。你就告诉我吧，钢铁股票怎么样了？”

我问他是否需要设置止损位。但他大叫着说“不”。他说，等钢铁股票跌到一定价格时我再告诉他也不迟。如果这只股票真的跌到这个价格的话，他会告诉我怎么做的。

后来，市场持续低迷，越来越疲软，钢铁股票终于跌到我的牙医之前说的价格了。我记得是每股40美元。于是，我再次给他打电话。

“怎么样？”他问。他知道我明白他的意思。

“39.85美元！”我说。他买进这只股票时，每股是42美元左右。

“什么？钢铁39美元？！”他大叫道，“我马上过来！”然后匆匆挂掉了电话。

他的诊所离这里有六个街区之遥，但我好像感觉，我挂掉电话后还不到30秒，他就到了我们公司的办公室。他累得气喘吁吁，说不出话。我指着报价板让他看——股票全线下跌。

“全部卖掉！”他气呼呼地说。

我冲出去下达他的交易命令。我一直很忙，等我拿到他的交易报告后，我才返回他那里。他仍然在研究报价，而且面带微笑——卖掉股票当然给他带来了一些损失，可是股票仍然在持续下跌，幸运的是他及时地卖掉了这块烫手山芋，所以他很高兴。除了赚到钱之外，不亏本也能给人带来愉悦，特别是在其他人全都倒霉的时候。

当他在我们的办公室里闲逛时，市场交易引起了他的学术兴趣。我问他："你的病人怎么办呢？你把他扔在椅子上，自己跑出来了吗？"

"把他扔在椅子上？根本不可能！他一听见我说钢铁股 39 美元，马上就去威尔德公司的楼上买入了 1000 股。是他把我推到这座大楼来的，一下子推出了 20 多米远。"

第7章 巴恩斯公司：这家公司不寻常

进入经纪人行业学习两年多以后，我成了瑞德公司的客户业务员。很早以前，我就觉得证券经纪人这个职业不错，而纽约则是这个职业发展得最好的地方。我的记账业务已十分熟练，从现在起，我要开始在前面的办公室，学习如何为公司直接创造利润了。不管怎么说，成功的商业交易主要靠成功地拿到业务来实现。过去我常常设想，如果机会来临，我应该干点什么。我从来不愿坐等机会，我喜欢自己把握自己的命运。所以，当机会真的降临时，我很清楚接下来该干什么。我开始大量阅读我能够找到的一切关于纽约证券经纪人的任何资料，包括书籍、报纸文章、杂志故事以及所有的这类资料。我时常留意倾听客户们的心声，一些长期进行交易的老客户很喜欢给我讲他们从前的交易经历。你知道的，前车之覆，后车之鉴，学习借鉴别人的经验对一个人的成长至关重要。更何况，老客户的记忆中那些不为人知、不见经传的财经故事要比已经报道出来的更丰富、更真实，你想挖掘这类故事，只有一个渠道——当事人亲口说出来的才更有价值。通过倾听客户们的心声，我学到了很多东西，不仅有市场信息，我还更多地了解了客户本人。通过一个人对新闻事件和其他事件的反应，你可以更好地了解这个人。他的观点、他的学识、他的成功经验和失败教训、他曾经在交易中遭遇过什么骨铁卢等，所有的这一切对于一个必须了解自己客户的经纪人来说，都是必修的功课。而从年轻人的身上，我也可以了解到他们的观点。他们喜欢对同样一件事各持己见，尽管这些观点不够成熟，但也并非一无是处。每个交易员都会有一些不太成熟的客户。我逐渐认识到：没有必要的理论知识做支撑，对成功的渴望会使希望变成空想；失去理智的控制，人会莫名其妙地恐惧。无所不在的贪婪，会使人对显而易见的事情失去应有的判断。

刚开始时，我并没有意识到这些。但是，从调到瑞德公司前面的办公室开始，我才真正看到了新工作的意义：我向客户销售的是我的服务和见识，所以，我讲的课程必须深入浅出，因为客户的需求一点儿也不神秘。我常常觉得庆幸，只要我肯努力学习，就可以梦想成真，包括薪水、理想，还有我最喜欢的工作。我的耐心不像我自夸的那样人人称赞。我从来没有在目标明确的道路上奋力奔跑过。以前我没有设想过在纽约的工作，缺乏耐心的缺点对于我在瑞德公司的工作非常不利。在剑桥的哈佛大学上了四年学，又在波士顿的德夫林公司和瑞德公司干了三年多。我知道有很多人都认识我。经纪人行业要求的业务能力上，我至少已经把巴奇霍特说的经纪人的行话掌握得滚瓜烂熟。所以，仅凭只言片语，老板就可以很快地把我归类，并准确地判断我的价值。波士顿固然是学习行业知识的好地方，但我从没忘记过，纽约才是我要大展宏图的地方。

每年我都要回缅因州的老家度过两周的假期。老实说，我不知道还有什么地方比缅因州更好，更适合度假。我这样说，不是因为我是缅因人，我去过很多地方，所以我对此确信无疑。

待在老家度假时，我无所事事，只是最受父亲欢迎的客人和他的儿子。和每周15美元的经纪人事务所办事员的日子比起来，在家里的日子要舒服得多。坦率地说，在我还是学徒的时候，我常常从家里拿钱花，尽管不是很多，但这些钱却可以帮助我渡过难关。我觉得，索要补贴和接受补贴都非常简单，当然每次我都坚持不要太多的补贴。后来，当我手头宽裕一点并开始存钱，日子也过得舒适以后，我开始把这些钱还给父亲。只要我能肯定自己不是在挥霍，就不会过于节省，我只是想吃得好一点儿，住得舒服一点儿。当我还在中学、大学期间包括在波士顿工作时，我也有一个习惯，总是及时把每一分钱都还给父亲。我喜欢这种感觉。不是别人要求我这样做的，我自己认识到必须这样做。除了父亲，我从不向别人借钱。我也不想欠父亲的钱，这不是钱的事儿。这么说吧，当父亲拿到我还债的支票时，他非常欣慰。而在我把还债的支票寄给父亲时，我同样也很欣慰。父亲去世时，把他所有的财产都留给了我。当然了，我是家里的独生子，但我干得也还不错。现在我是公司的合伙人，我挣的钱足够自己开销了。可是我理解父亲的真实想法。

那年夏天，在缅因州的北方，我偶遇了一位名叫瓦茨的人，他现在是波士顿一家银行的主席，我现在所在的这家公司与他的银行关系密切。他的弟弟叫汤姆，当时在布兰森·巴恩斯公司供职。我当然了解这家公司，这是一家声名显赫的经纪人公司，业务量比瑞德公司大得多。但最开始真正吸引我的，是我听说他们在纽约有一家分公司，这足以表明他们的业务做得非常好。多年以来，他们在纽约至少有两个联络处，有时候是三个有名的证券交易事务所。瓦茨先生说，巴恩斯先生曾经告诉过他，他们为这些公司保留了大量现金余额，假如其中一家公司倒闭，布兰森·巴恩斯公司就会受到重创。所以，布兰森·巴恩斯公司最终决定在纽约开一家分公司，自行处理票据交换业务。而布兰森上校和巴恩斯先生都不愿意去纽约生活，于是他们吸纳了新的合伙人约瑟夫·威廉姆森先生。公司在纽约证券交易所给他买了个席位，让他负责纽约分公司的工作，威廉姆森先生也是董事会的成员。每天他都非常忙碌，波士顿总部通过电话传来交易的命令，而他则负责执行这些命令。

我听说的布兰森·巴恩斯公司的所有信息都令人向往。听了瓦茨先生的话，我马上就产生了一个想法。于是我问他："他们公司在纽约的业务多不多？"

"什么意思？"

"威廉姆森先生也在纽约开展业务吗？还是纽约办公室只是波士顿命令的简单执行者，仅仅负责清理股票呢？"

"我了解他们的情况。假如他们在纽约有业务的话，他们的业务也很难做。不过我不太肯定。我记得我弟弟汤姆没有跟我提起过这些。"

"我迫切地想知道这些信息。"我告诉瓦茨先生。

"为什么？"

“因为我想在那里找份工作。”

“你觉得在那里能拿到业务吗?”

“早在一年多以前,我就有了这样的打算。”我告诉他,“如果他们派我去那里开展业务,我肯定能找到一些业务。我不在乎周薪、月薪或年薪有多少。众所周知,只有业务才能带来业务。当你手头有点儿业务时,想再拿到更多的业务就比较简单了,而当你手头一无所有时,要想得到更多的业务,肯定会困难一点,更加费时、费力。这一点我很清楚。我还知道,在全美国要想找到大量的证券业务,纽约才是最好的地方,纽约也是值得为之奋斗的地方。现在我正在做这样的努力。”

不知道是我的言谈举止给瓦茨先生留下了好印象,还是他本来就乐于助人,也可能是因为我俩一起打网球时产生了友谊,总之,他当场就热切地承诺说:“等回到波士顿,我就向布兰森上校介绍你。我会记住这件事的。”

“太好了,瓦茨先生!”我说,“谢谢你,太麻烦你了。”

“我很乐意为你效劳,杰克!”他让我放心,看得出来他是真心的。

于是,我马上说:“可我仍然觉得,如果你能替我写一封信,把我推荐给上校的话,也许事情会更好办些。你看呢,瓦茨先生?”

“那倒用不着,布兰森上校正在家乡竞选市长。他答应要在那里建立工商管理局。他言出必行,从不树敌。他肯定能当选,以后他会把时间都花到那里的市政大厅里,履行他竞选时的诺言。他不是一个半途而废的人。”

我从不怀疑丹·瓦茨会高兴地向布兰森上校介绍我,也许某天他碰巧想起这件事,也许一有机会他就会跟上校谈起我,但无论我怎样急切地想要得到这份工作,我都不会忘记一个事实:人们在假期中产生的友谊,在城市氛围里维持不了多长时间,因为城市生活需要付出更多的辛苦和时间。假期里,当你和陌生人一起露营、航海或捕鱼时,为的是休闲和开心才待在一起,而不是为了生计。在这三天里,不管是在森林中还是在船上,你都可以直呼陌生人的名字,他愿意为你干任何事,是因为他知道你也会为他干任何事,你突然发现,你的同伴和你已经成了患难与共的老朋友。在一起待了两周后,你是达蒙,而他是皮西厄斯。假如你们碰巧在危险的情况下认识,不管那危险有多么轻微,你们都会成为患难与共的好兄弟。

但是几周的城市生活后,每个人都回到了自己的正常轨道上,达蒙早忘记了皮西厄斯姓甚名谁。所以,我能想到的万全之策,只有带着丹·瓦茨先生的推荐信去找布兰森上校。我拿到他的推荐信后,曾经叮嘱丹·瓦茨,记得给他的弟弟汤姆说一声。我对汤姆有过一面之缘。我在午宴时曾经遇到过他和他的同事,他们是别的经纪人事务所的办事员。

到了城里后,我首先找到了我的一位堂兄,让他给布兰森上校写了一封推荐信,他是一家大企业的老板,和布兰森上校的关系很好。我觉得去见布兰森上校找工作时,带的推荐信越多越好。所以,只要见到一个熟人,我就问人家认不认识布兰森上校,只要人家说认识,我就让人家给我写推荐信。可是我发现,瑞德公司的很多人都认识他。于是,我更加热切地想去纽约的布兰森·巴恩斯公司工作。

等我到布兰森·巴恩斯公司,面见布兰森上校时,我一共带了7封推荐信。那时,尽管巴恩斯先生是董事会成员,可是证券交易所的事务忙得他脱不开身。

我无法准确地描述我对布兰森上校的第一印象。这个人后来不仅成了我的老板和尊敬的高级合伙人,并且他还是一位友好、忠实的朋友,他给我和成百上千的人树立了榜样,激励着我们不断前进。现在我对他有了充分的了解,所以对他有了深厚的感情,但我还是无法描述我第一次跟他说话时的情景。我只记得,当时我对他既无敬畏之心,也无厌恶之情。因为我立刻就看出来了:他友好、精明、认真、和蔼、敏锐。这家公司里那些和我交谈的人全部向我展现了他们的内在魅力,丹的弟弟汤姆·瓦茨,一个聪明的年轻人,也在其中。那时他是上校办公室的办事员,现在是我们的合伙人之一。

我把推荐信递给布兰森上校,他认真地阅读了每一封信。读完这些信后,他抬起头看着我。尽管知道了他的很多朋友同时也是我的朋友,他对我也没有比之前友好一点儿。

“我能帮你做点什么,小伙子?”他问我。

我想到了丹·瓦茨先生,他热情地支持我去纽约为布兰森·巴恩斯公司工作。于是我说:“他们都推荐我来布兰森·巴恩斯公司找工作。”

“哦,你一定弄错了!”布兰森上校遗憾地说。

“没错,先生!就是这家公司。”我肯定地说。

“可是,我亲爱的孩子,现在,我们的员工比业务还多。”他笑着说。

跟皱着眉头比起来,他的笑容让希望变得更加渺茫。但我没有看他,也没听他说话。那时,我心中只有一个想法:我必须到纽约去,那里有业务,布兰森·巴恩斯公司是这个世界上最有可能拿到业务的公司。一年多了,我一直想去纽约,我选择的公司就在这里。

上校似乎看出来我没有接受他的意见。于是,他又重复了一遍,“嘿!我说的是真的,现在我们的帮手比业务还多。”

“我身不由己,布兰森上校。我不在乎薪水有多少,我只是想为您工作,这是一家我愿意为之服务的公司。我想在这里锻炼自己。我了解你们的一切。等您慢慢地了解了我,我也学会按照您的方式去工作时,我想去您在纽约的办事处工作,在那里为您开辟新的王国。您有多少帮手并不重要,您也不用担心我会花您的钱。您想给我多少工资都行。我确实想为您的公司工作,现在就行。”

当时对上校说的话我记得很清楚,因为对我来说,这个场合至关重要。后来布兰森上校反复跟我说,当时我真的脱下了外衣,四处打量着他的办公室,想找个钩子把衣服挂上去。可是我记得没有。我记得我一直等待着,直到他再一次开口。

“你想什么时候开始工作?”

“马上!”我一边说一边本能地摸摸上衣的第一个纽扣。但布兰森上校摇了摇头。

“再等等吧,小伙子!”他说,“现在我们真的不缺助手。”

“纽约也不缺吗?”我问。

“不缺。”

“您确定他们能处理好那里的所有业务吗?”

他有点犹豫,然后说:“我们当然愿意发展得再好点儿,那样就可以聘请更多的帮手。现在我正在竞选索尔海姆市的市长。等竞选结束后,你再来找我吧。如果我成功当选,就会经常不在办公室,巴恩斯先生也许能给你安排一个职位。不过,我可能竞选不上。”

“好吧,布兰森上校,我衷心地祝您心想事成。不管您的竞选结局如何,我都希望能来工作。祝您好运,先生!”我说完后,就准备离开,这时,他叫住了我。

"等一下,握个手吧!"我和他握了握手。我感觉自己全身的血液都往上涌,因为我脸红了,而他笑了。

后来,他几乎全票当选。我听说只差了6票,他差不多得到了全城的每个人的支持。而这几个人可能是民主党,住在那里还没到半年,他们很少与当地人来往。全票有几千张,看得出来,塞缪尔·亚当·布兰森就是人们已经期待了多年的那种人。

竞选结束后的第二天早上,我就去了他的办公室。他不在,但他留下话说,下午他会来办公室。

12:05,我再次返回到他的办公室时,他已经在办公室里了。那个年代,你想什么时候见证券经纪人公司的老板都很容易。

"下午好,布兰森上校!祝贺您!"我说话时神态自如,就像来见他就是例行公事,然后就准备回到隔壁房间的桌子前一样。

"谢谢你!你是约翰·温先生,对吧?"

"没错,先生!谢谢您还记得我。现在您当选了,我已经做好为您工作的准备了。"

"真的吗,嗯?"

"真的,先生。我一定要来这里工作!"

"你会像热爱其他工作一样,热爱经纪人业务吗?"

"这个行业很好,先生,我就是为这个才想来布兰森·巴恩斯公司学习的。"

"你很欣赏我们,对吗?"他笑了。前所未有的政治胜利带来的满足感让他想幽默一下。

"我详细地了解过贵公司。了解得越多,来这里工作的劲头就越大。10天前,我来拜访您的时候,带了这些推荐信。因为我想确定之前打听到的公司的情况是否属实。还好他们所言不虚,先生,我迫切地希望您能雇用我。"

"听你这么说我很受用。但我还是担心那件事,我们的帮手比业务多。"

"我对您说过,我的薪水不会让您发愁的,我也不想在这里工作,我想去纽约工作。"

"为什么?"

"因为纽约有业务等我去做。业务在哪儿,我就去哪儿。因为我希望我可以做很多的业务。"

"但是你在那里谁都不认识啊!"

"您说得没错,先生!正因如此,这样的工作才更富有挑战性。我认为纽约的证券市场发展得很快,美国的所有人都想尽快到那里去。我要在大家蜂拥而至之前就已抵达纽约。"

"你认为我们的财富也在那里吗?"

"我就知道一件事里——业务在那里。业务在哪儿,财富就在哪儿。"

"你一直都是这样认为吗?"他的笑容有点儿诡异。

"当然了,先生!"我回答道,"我们想做的业务就在那里,如果我可以拿到业务,公司就可以挣到钱。如果它不是别人想要的业务,别人就不会拿走我拿到的业务,对吧,先生?"

那时我还年轻,看上去不很成熟。我说的话有点年轻人的冲动,上校可能觉得我过于自信。他盯着我看了一会儿。这么说吧,布兰森上校友好、和蔼,集世界上所有的美德于一身,慷慨、大方,但不乏精明——犀利、敏锐和明智。他的合伙人巴恩斯先生告诉过我,"山姆·布兰森总是一丝不苟地完成自己的分内事。他做得最彻底的事情就是做好塞缪尔·A.布兰森本人。"

他看着我,无疑,他是在估量我的价值。可是,我太急于得到纽约的工作了,他大概能从我的脸上看出这一点。

"温!"他严肃地说,"我们同意雇用你。目前,我们正在扩展业务,我也知道,要想得到业务,就得找到称职的人。"

"这正是我想说的,先生!"我回答道,"这正是我要迫切地来这里的原因。"

"你什么时候可以开始工作?"

"马上,先生!我回去告诉瑞德先生后,就会马上回来。瑞德先生不会觉得不便的,先生。"

我回到瑞德公司办公室去见老板。我告诉他说,布兰森公司准备雇用我时,他说:"杰克,你马上就去吧,留在那里对你有好处。"

这是第一次,作为老板的他直呼我的名字。瑞德先生为人和善,不过他的健康状况不太好,可是他从不动怒。多年前他从业务运作中退休,现在我们已经是很不错的朋友了。

于是，我回到布兰森先生那里，告诉他，我已经对瑞德先生说过我的情况了，瑞德先生让我放下所有事情，马上赶到布兰森·巴恩斯公司来。布兰森上校笑了，我们又谈了一会儿。我向他坦白说，如果布兰森·巴恩斯公司在纽约没有办事处，我肯定不会主动来这里应聘。尽管我的调查已经证实了，如果要我在波士顿的证券经纪人公司中选择一家，他的公司也会是我的首选。我从不拐弯抹角，作为一个男孩，以后是一个男人和证券经纪人，我有自己的工作原则：最安全的做法就是尽快地做事，最有效率的做法是直截了当地做事。我一直保持着跟布兰森上校第一次谈心时的习惯，他也根据自己的经验估量着我的价值。我不知道，他想从我这里了解什么或者怀疑什么。他的说辞是，我从没给过他拒绝我的机会。

直到第二天，我才见到巴恩斯先生，他整天都在证券交易所里忙忙碌碌。一见到他，我就喜欢上他了，我加倍肯定自己找对了地方，找对了人，所以我主动把自己捆在了他们的战车上。我能这么快地得出这个结论，不是因为布兰森·巴恩斯公司在过去的15年里经营良好，而是因为两位合伙人谈论业务的方式吸引了我。

我想你可能注意到了，在我第一次跟新老板谈话时，我清醒地认识到：与业务带来的利润相比，布兰森上校和巴恩斯先生更关注业务本身的成功。利润很高的业务固然皆大欢喜，但更为重要的是，所有的业务都应该正当可靠。公司和员工都应该维护交易的正当性，而交易的可靠性则要通过完善的方法维持公司与客户的良好关系来保证。我们能够给予客户的，不单是握手和愉快的问候，公司总要坚持原则：不忠诚是朋友关系的致命伤，当客户犯错时，我们一定要及时地给他提出合乎常规的建议。公司的每个办事员和勤务员都应该首先想到公司和自己的利益，其次再去留心客户的利益，因为公司的成功和合伙人的未来都取决于客户的满意度。巴恩斯先生并没有对此做出什么特殊的规定，凡事他都让办公室的男孩们自己拿主意，所以他们都感觉自己就是将帅之才，就像伟大的拿破仑的普通士兵一样，你无须知道他们是怎样战斗的。这就是我们的工作方式。所以，当你准备衡量布兰森·巴恩斯公司的业务发展时，请务必牢记这一点。

第二天早上，布兰森上校把我叫到他的私人办公室。这是我到这家公司后的第一个上午。我和巴恩斯先生交谈完毕,他就去检查公司的报价板了,然后,我奉布兰森上校之命,开始出去卖债券。其实,他明知道我没有那方面的经验,却没有给我提出任何一点建议。他故意这样做,自然有他的道理,因为公司有一大批的证券需要处理,这批证券是共和国铸铁管首批五厘息金的债券,而我必须给它们开发出一个市场。面对着这位从缅因州来却梦想去纽约给公司招徕业务的年轻人,布兰森上校没有给出一点销售建议,也不提示这位可怜的年轻人,实在不行还可以到后面的办公室请求指导或征询意见。他只是简单地发号施令,要我去做世界上最困难的事情——出去为别人挣钱,向完全陌生的人兜售我自己都一无所知的东西。

那时,证券经纪人公司的债券销售部门可不像现在这样条理清楚。那时的投资公司都有自己的销售员,他们往往直接向全国的银行家、财产托管人等销售债券。这些公司还有定期的邮购业务。证券公司却没有这样的专业部门,由波士顿和纽约证券交易所处理的债券订单,首先要分发给债券销售员。而债券销售不同于卖股票。债券的买家是投资者,一天之中买一次债券后,他们就不会再买或者再卖,下次再买就要等到手头有闲钱的时候了,所以,债券的购买者很少。而证券部门要做这样的现金投资业务,就掺杂了投机或半投机性质。所以,对于股票经纪人来说,兜售债券的业务是完全陌生的,要有特别的技术才行。

而我无奈地发现,老板强制性地交给我这个任务,却不教我这行的基本技术,所以,对我来说,这个任务的完成的确有点困难。所以,多说无益,埋头苦干才是正经,对于像我这样积极肯干却准备不足的年轻人来说,这项任务的意义非同寻常。我记不清刚开始我卖出去了多少,但最后我卖出的债券有好几百万。我只知道唯一的技术,那就是坚持坚持再坚持,努力努力再努力,一直努力坚持到任务完成为止。

继续刚才的话题——成为布兰森·巴恩斯公司的员工后我的第一次经历。布兰森·巴恩斯的经纪人事务所有一大批共和国铸铁管道的债券,我到这儿的第一份工作就是要销售这种证券。从公司的传单上,我找到了自己的销售点,在这里我了解到了这家公司的全部信息。我在布兰森·巴恩斯经纪人事务所的办公室四处晃悠,寻找各种数据,包括发行债券的这家公司从前一直在做的业务和预期的那些业务、公司的利润和固定资产等,这些都是债券的背景知识。为了卖给别人一些债券，我只好先卖给自己一些债券，这样就能强迫自己回答所有的问题。毫无疑问，在把债券卖给自己之前，我必须了解商品的一切信息。做好这些准备后，全副武装的我走出布兰森·巴恩斯公司的办公室，准备到市场上去大展身手，尽管此前我没有债券销售的任何经验。

我倒是真心想讲一个年轻人如何奋斗的故事，可是真的没有这样的故事。假如我的工作正在经受考验，那么，考官就是布兰森上校，我把去纽约工作的希望全都寄托在了他的身上。我来到大街上，没有任何人给我任何指点、指导或方法。离开哈佛大学3年后，我第一次自己选择了自己的事业，成败就在此一举。也许这是一次重要机会，但我真的不知道该何去何从。

可是，空想目标、展望未来都毫无意义。到了布兰森·巴恩斯公司工作后，我一直都在研究这个行业，需要掌握的知识我现在都有了，第一步走出办公室也做到了。第二步要做的就是暂停一下，看看道路，然后继续走。可我看到的只有拥挤的人群和高楼大厦。上前拦住一个个行人，不管三七二十一张口就向他们兜售债券，这很难办到，但是走进一座座大楼里，去见一个个房客还是可行的。既然如此，我就挑波士顿最大的那座办公大楼吧。它离这里有一个半街区，那里有最多的房客和最多的债券买家。要知道，这是在20年前，人们还没经过世界大战的教训，还没有购买债券的意识。

这座大楼位于波士顿的州街。我乘着电梯到了顶层。我下定决心，一定要走遍这座大楼的所有办公室。我的心中只记得一件事：我的事业危如累卵，我必须向布兰森上校证明，我是一位多么优秀的业务员。所以，我要付出十二分的努力，去战胜任何困难。于是，我不再空想任何问题，急切出击的信念激励着我——我要来这里销售债券。这就是我当时的全部想法！

我走进第一间办公室，这是一家小型的保险公司。尽管我很清楚，代理人挣的钱不比我多多少，但我还是要讲给他听。他对我很友好，但我一无所获。保险代理人不买我的债券，我一点儿也不觉得难受。我清楚地知道，我、我的债券和我的销售都没有问题，有问题的是他的钱包。

我一共走访了12间办公室，见到了那里的老板们。那时的商人们不像今天这样戒备森严，想见他们很容易。但是还是无人购买一点债券。在两个地方，人家断然回绝，这让我感觉自己就像书贩子，但我很快就摆脱了这种感觉。根据几天来我的研究结果,还有我对布兰森·巴恩斯公司的信任,我坚信这只债券是一项好的投资,价格合理、回报稳定,而我像这位与我交谈的年轻人一样都很出色。他销售别的东西,他销售的商品不比我的商品好多少。而且,和他一样,我的差事合法,我只是向他销售他需要的东西。只要我能卖出证券,我们公司就能挣钱,这就是我谋生的方式。与我交谈的这些人同样以自己的方式谋生。我没什么可担心的。所以,我只是坚持着,从一间办公室走到另一间办公室。我下定决心,绝不漏掉这座大楼里的任何一间办公室。

我敲敲一个办公室的门,可是我被人拦住了,人家不让我去见这里的老板。我一再向外面办公室的年轻女士保证,我有非常重要的业务要见老板。其实,我真的没撒谎。什么事都比不上见这个人重要。我已经在隔壁办公室打听到了,他是一位很能干的律师,是很多人和财产的托管人,他同时具有证券方面的专业知识。当时我并不知道他是那种久请不到的热门人物。

我终于获准进入他的私人办公室,开始向他介绍共和国铸铁管五厘息金的债券,没说几句,就被他打断了。

"你叫什么名字?"他突然问我。他困惑地皱着眉头,好像在想,你是怎样经过门口的看守人进来的。

"约翰·肯特·温。"我答道。我庄重地用全名回答,这种恼人的礼貌用语就像地狱的邀请书一样令人不快。

"你家是哪里的?"他继续问我,地狱的讲道词是这种过分的礼貌模式吗?

"缅因州的班戈。"我回答道,好奇地等待着地狱的判决。毕竟,我还年轻,阅历不深。

"哈佛大学64级的亨利·普伦蒂斯·温跟你有什么关系吗?"

"当然,先生!他是我的大伯!"我说。

"我们俩是同学,我跟他非常熟悉。"他伸出了他的手。

我马上用世界上最友好的方式握住了他的手,机灵地请他给我讲讲他和我的亨利伯伯在哈佛大学读书时的故事。他可真是一个精力旺盛的人!我当然卖给了他一些债券。

于是,我马上自我感觉良好,这得感谢我的亨利伯伯和他的哈佛64级。

你看,我的第一次销售没有任何技术含量,它却大大地激励了我。离开亨利伯伯的同学时,约翰·肯特·温已经成为一名更好的债券销售员了。

一整天,我就在那座巨大的华丽大厦里窜来窜去。一间办公室我都没有落下。等我离开这座大厦的大门时,我已经卖出了55张共和国铸铁管五厘息金的债券,每张债券的面额是1000美元。这比我设想的困难一点儿,却比我担心的容易得多了。看来这种活儿适合普通人在生活中经营。它告诉我,只要能把好东西推荐给别人,并且奉献出去,真的是一件令人开心的好事。为了继续保留这种欢乐,我只把它推荐给好人。

在我第一天拜访的这些公司中,也有一家证券经纪人公司。他们的业务做得不大,但我还是努力地引起他们的兴趣,我心想,哪怕以经销商的价格卖给他们都行。可是他们没有买我的债券,而我们却成了朋友。后来我开展别的业务时,碰见过他们的合伙人几次。一个月后,我收到一封他们的邀请函。他们急切地想再次见到我。到了他们的办公室后,他们邀请我做他们的合伙人。我谢绝了,我说我要去纽约发展自己的事业。不过他们能这样做,我真的很兴奋。这让我觉得自己这个债券推销员还不错。

我也经常顺便看望我的前任老板瑞德先生。他说,他从没见过布兰森上校,但他和鲍勃·巴恩斯先生很熟。

"你离开我的公司的那天,我写了个便条给他,说纽约非常适合你,杰克!"瑞德先生对我说。

我无法表达对瑞德先生的感激。他暗中做了这件事,他想帮我却不着痕迹。他写给巴恩斯先生的信确实有用。我和我工作过的每一家公司都建立了长久的友谊。不管我在哪一家工作,我都尽了最大的努力,不只是工作,我奉献给他们的还有我的善意和真诚,而他们也给了我很好的回报。我的经历表明,给予永远比索取更快乐。如果有人告诉你,不要把工作和快乐混为一谈时,他一定错了。工作应该是一种快乐。为了工作而原谅欺骗愚不可及。体面的人总是用正当的方式开展业务。如果一个人一直坚持做正当的事,他就永远不会后悔。

第8章 神奇的第六感

一个人的事业能否成功，主要看他是否选择了正确的工作和正确的公司。我一向工作努力，至少比大多数人努力，这样还不算真正的成功。让我感到骄傲的是选择这家公司的方式。可以说，之前我从没见过像布兰森·巴恩斯公司这样不同凡响的公司。

缅因州的一位老人曾经对我说过，成功的特殊合伙人关系，靠的不是财富和智慧，而是运气。偶然发生的某件事使这些特定的人相遇，他们各自的特殊品质会把他们联合起来，一起去建功立业。这样的伙伴关系不一定是朋友，却比朋友关系更牢固，每个人都可以判断出对方的价值，于是命运就把他们拴在一起。成功固然需要理由，而合伙人关系的形成却是偶然的。他以美孚石油公司为例向我证明他的观点。如果没有美孚石油公司，石油业不会发展这么快。三个创始人偶然相遇，然后聚在一起，他们三个人各有所长，可以取长补短，于是美孚石油公司诞生了，这就是洛克菲勒·弗拉格勒·安德烈公司。不是因为他们能够精炼石油和出售安全廉价的能源，才给公司带来了成功，而是三个人的聪明才智合在一起，每个人根据自己的特殊才能来处理特定的工作，既分工又合作的结果。

传说中，麦克金姆·米德·怀特公司也是这样。每个合伙人都是非同凡响的天才建筑师，每个人都独立负责自己的办公室，但是如果把每个人在美国建筑业中的影响——加起来,绝对没有他们联合起来组建麦克金姆·米德·怀特公司的影响这么巨大。每个合伙人都需要和另外的人一起,才能发挥出自己的聪明才智,组建的机构合力巨大,组建的公司的价值体现在各个城市。我举出这个例子的理由在于,他们本人也不参与商业事务,这样组建起来的公司不胜枚举。

布兰森·巴恩斯公司更是一个与众不同的快乐组合。虽然公司的发展是命运撮合的结果,可是这命运不同的两个人走到一起后却携手走向了成功。每个合伙人在合作之前的几年里都干了什么,这并不重要,合作后业务发展的数据才能说明问题。公司的精神让每个员工都引以为荣,激励着所有人的行动,成为我们进行交易的精神后盾。我们的公司能赚到钱,固然是因为我们工作努力,更归功于公司最初的两位合伙人——公司的创建者的工作,因为13位合伙人都是从这家公司的勤务员或办事员起步的。这两位高级合伙人的个人魅力直接影响了他们中的每一个人。这家公司就以这种方式撑起了自己事业的一片天空;这也是它建功立业的唯一方式——布兰森·巴恩斯公司的方式。并非因为我是公司热情的合伙人,才在这儿自卖自夸的。接下来我会证明,不管那些蛊惑人心的政客和一些别有用心的人怎么口诛笔伐,无端地谴责华尔街人,一位证券经纪人都可以把他的事业经营成世界上最令人尊敬的事业。

我们公司最初起源于巴恩斯·阿利森公司,这家公司的高级合伙人弗雷德里克·巴恩斯,是现任老板罗伯特·巴恩斯先生的父亲,多年来他与我们这个国家最伟大的一条铁路联系紧密,曾经是铁路总裁最信任的左膀右臂。我听说他是一位数学家和一流的会计专家。他有非凡的记忆力,踏实肯干,他总是根据公司的收入,进行分析预测,还因此赢得了很大的声望。可是有一天,与他有着二十多年交情的铁路总裁突然去世了,老巴恩斯先生决定另起炉灶。他的视力不好,所以,他就去了纽约和波士顿,找最好的眼科医生治疗。医生告诉他,5年内他有可能会完全失明。

于是,巴恩斯先生迅速地创办了一家证券经纪人公司,因为他了解证券业和证券的价值。公司起名巴恩斯·阿利森公司。另一位合伙人老阿利森是他的一位老朋友,也是公司董事会成员。巴恩斯先生负责办公室的日常工作,他是记账员、出纳员和客户接待员,就是说,他是办公室里唯一的员工。等股市收盘后，阿利森先生就回到办公室，帮助他的老朋友。

巴恩斯先生放弃了挽回视力的任何努力。他把自己年轻的儿子罗伯特叫到跟前，父子俩作了一次促膝长谈。他对儿子说："罗伯特，我快要失明了。我再也不能干审计账目的活儿了，这几年我一直在做的工作也干不成了，这些工作都会加剧我的视力疲劳，失明会来得更快。残酷的现实让我别无选择。医生已经下了结论，我的正常视力只能维持两三年了，所以，我唯一能做的对我们最有利的事，就是尽快进入证券经纪人行业。我把公司经营到目前这个规模，希望在我失明后它还能持续发展，当然我很怀疑这一点。我的时间太短，来不及看着它一步步发展壮大，我也没有本钱一开始就把它建成理想的规模。所有的这一切都要求我压缩开支。我们一起承担困难吧，罗伯特！好好想想我说的这些，儿子，我们改天再谈。"

罗伯特当场思考了一下，马上就对他的父亲说："爸爸，我只能为你做一件事，就是完全听你的。我恨不得马上就去工作。我可以省下你在我身上的所有开支，一切都会好起来的。"

此时正值春末。罗伯特正读高中的最后一年。

"那倒不用，儿子。你还是读完高中吧。要是秋天我们还没能力供你读大学，那就只能让你来工作。但不管将来如何，目前还是按照我们的计划办吧，这样就不会影响你参加哈佛大学的入学考试。"

几周后，罗伯特完成了他的高中课程。他也参加了哈佛大学的入学考试，很轻松地通过了考试。然后，他就去巴恩斯·阿利森办公室工作了。鲍勃（罗伯特的小名）认为，要是巴恩斯先生的新事业发展良好，有能力支付一些费用的话，秋天他还可以去哈佛上大学。

那年夏天，罗伯特·巴恩斯成了公司的勤务员和第一助手。他、他的父亲和阿利森先生一起干完所有的活儿。当9月不可避免地到来的时候，他告诉他的父亲，就算他的父亲认为自己可以管理一切，他也决定不读大学了。他要留在公司的办公室工作，帮助公司渡过难关。其实公司的业务量很小，客户的数量没有像巴恩斯先生希望的那样迅速发展。只有客户可以从公司挣到钱后，他们才会带来其他客户，但这需要假以时日，股市里不是每天都有好的交易机会。这样一来，年轻的巴恩斯就只能待在办公室，跑跑腿，帮助记账，做一切琐碎的日常小事。

尽管公司的成功不能一蹴而就，但是业务的扩展却要求公司不得不增加人手。一位新的勤务员来到公司，罗伯特的地位有所提升。公司的日常琐事交给新的勤务员打理，年轻的罗伯特开始做更多的办公室工作。随着时间的推移，罗伯特在能力所及的范围内学会了更多的经纪人的业务知识。他父亲的视力更差了，到了眼科医生推断的时间时，他真的完全失明了。再后来，巴恩斯先生就去世了。对鲍勃和公司来说，这无疑都是一个沉重的打击，因为老巴恩斯先生非常能干，见多识广。很快地，另一名合伙人阿利森先生也去世了。

年轻的罗伯特·巴恩斯当时只有22岁，被孤零零地留在这个世界上，没有更多的资本支持，他独自苦苦支撑着公司剩下的业务，而这靠的还是两位已故的创办人的熟人的支持。经纪人的客户不可能像遗产那样被遗留或继承——至少他们不会原地踏步。这些客户光顾公司与否，要看罗伯特·巴恩斯能否满足他们的要求和提升服务质量。年轻的鲍勃·罗伯特没有奢望留住所有的客户或者增添新的客户。一方面，因为两位已故的创办人的相继离世，公司元气大伤，他必须自己决定该做些什么。而在他这样的年纪，他只能向年长的、有经验的朋友请教。另一方面，鲍勃已经订婚了，结婚迫在眉睫，他还得考虑两个人的生计问题。

令人惊讶的是，他请教的这些朋友都建议他找一个人来公司入股。他们催促他去波士顿证券交易所购买一个席位，继续经营他唯一了解的这个行业——证券经纪人。这是他可以把自己知道的东西变成财富的唯一出路。他曾经跟我讲过一两次，在公司的业务开展得不好，达不到预期目标时，他就会沮丧地想，改行是否更明智一点儿，其他行业说不定可以更快地给他带来更多的回报。可是，他从来都没找到充足的理由来说服自己。放弃自己苦心经营多年的行业，而去追求另一个只有希望却一无所知的行业，他必须为此重新学习，从头再来，得等多少年后才有可能赚钱，他没有把握。所以，他决定还是继续经营老本行，毕竟任何行业的成功都需要时间。

他冷静地采纳了别人的建议。这个年轻人只有22岁，谦虚、严谨、诚实能干。看上去这个建议不错，他长吁了一口气，看来此生注定只能以此为业了。他觉得自己工作努力勤勉；接受的训练由那位一流的数学家和会计师父亲亲自言传身教;他的个人需求合理适度;熟悉这一行的方方面面;他为人诚实,勇于面对自己的目标。所以,他决定继续做一名证券经纪人。

于是,他借钱在波士顿证券交易所买了一个席位。他们卖给他的价格参照了纽约证券交易所的会员价格,后来纽约董事会席位的价格增长了5倍,而波士顿席位的价格却下降了不少。

他一直在寻找合伙人。塞缪尔·A.布兰森和他共同的朋友把他们聚在了一起。布兰森上校本来在巴尔的摩经营房地产,他的妻子是波士顿人,她一直渴望回到自己的故乡生活,因为她的父母一直都住在这里。而布兰森先生是佛蒙特人,既然不能在佛蒙特做生意,那么去别的任何地方又有什么不同呢?佛蒙特人在这方面跟缅因人很像,四海为家。布兰森上校和巴恩斯先生都很年轻,但都不乏理智。他们都可以冷静、公平、准确地衡量对方,很快地他们就成了合伙人。他们俩都说,一起成立公司后他们经常像兄弟一样商议公司的所有事务。很快地他们就发现,只要两人思想一致,一定能迎来成功的那一天。所以,只有凡事都是两人一致时,他们才拍板行动。如果两人对某个交易的看法背道而驰的话,这笔交易就被坚决放弃。我也问过巴恩斯先生,假如他的想法不错,他为什么不坚持自己的立场呢?我知道他办事仔细,判断力强,态度果断,也够自信。

"行啊!"他说,"假设他错了,而我对了,我坚持自己的立场。假设我没错?那好,山姆就会内疚,他会后悔从一开始就反对我。可是,我们是合伙人,在我看来,私人关系和相互之间的感情比什么都重要。我宁愿舍弃交易的利润,也不想让山姆有一丝的不安和后悔。商业合伙人的关系就像是婚姻。你的配偶不是天使,而是一个真实的凡人,你们的日子要一天天地过。为了彼此都生活舒心,你们就应该尽量减少摩擦。两人的意见一致才能不吵架。只要做得到,我绝不会让山姆难过,他对我也一样。因此,尽管我们已经共事多年,却从没发生过争吵,谁都没有发过火,现在你知道是什么原因了吧?"

两个人年轻时就这样和谐相处,他们现在还是这样相处。这是不是很神奇?

从公司开业35年以来,一共有13个人先后被吸纳为合伙人,每个合伙人都从布兰森·巴恩斯公司的办公室的勤务员或办事员干起,没有一个人是靠着购买资本入股才入驻公司的。

布兰森先生和巴恩斯先生两个人都是工作努力的人,从不容忍任何人的任何偷懒行为,但这并不妨碍他们成为大公无私、考虑周到的人。他们能够快速地发展赚钱的交易和高效的办事机构,靠的就是这个。他们深信,努力的工作、聪明的大脑和沉稳友好的性格总会有回报,商业成功的秘诀就在这里。商业生涯中,单单考虑赚钱远远不够,商业智慧的最高境界就是:通过提供物超所值的商品和富有价值的服务,舒适、快乐地赚钱,没有任何不快的感觉,这样的境界下,赚大钱是水到渠成的事。

一直以来,巴恩斯先生就是一名尽职的导师和称职的伯乐,手下的人能够成功总是让他备感自豪。他的称赞和吹捧,往往给他的某个办事员带来好运乃至成功。自从他和布兰森先生组建这家公司到现在,他们引入的13名合伙人中,有9个人从没有在其他公司工作过。这样一来,公司的业务就不会受到其他老板和其他因素的影响,他们也不知道,除了布兰森·巴恩斯公司的方式外,还有什么别的方式可以给公司带来更多的业务。

其实,你的医生、律师和经纪人就是分别照顾你的健康、权利和投资的人。你能否过上舒适无忧的生活,就看这三个人是否能给你提供合适的建议了。就像家庭医生一直关注自己的病人一样,开业伊始,布兰森先生和巴恩斯先生就潜心研究他们的客户。假如你的家庭医生只关心他的账单,那么,你肯定找错人了。你要找的是一名牢记希波克拉底誓言同时兼顾账单的医生。

入门伊始,我就注意到,公司的企业精神就是:只有客户赚钱,公司的业务才能挣钱。我说过,是布兰森先生雇用的我,而巴恩斯先生老爱喋喋不休,他总是重复一句话,这句话包含了他全部的交易哲学,或者说他的佣金策略。这句话包含着他的全部教导:

"方向第一,距离第二。"

这个建议耐人寻味,既可以让我们保持高度的工作激情,同时也可以让我们保持理智,避免做过火的事,因为每个渴望成功的年轻人都急于取得良好的业绩。这就需要给点激励。谁知道呢!假如把巴恩斯先生的建议用在任何行业,从开杂货店到编辑杂志,从生产鞋子到制作电影,不得不说,只要你希望可以为自己的事业感到骄傲,那么,这个建议在任何时候都会让你受用无穷的。因为这个建议包括了高质量生产和绩效的两方面因素。

从组建后的第一个月开始，公司就沿着良性轨道发展，而不是盈亏持平。巴恩斯先生一直强调，山姆·布兰森先生是全美国最细心的人。再能干的人，包括知名专家和他的合伙人，给他提出的商业建议，他也总要坐下来，仔细地推敲每一个词、每一个细节，直到得出自己的结论为止。他老是喜欢说，再细心的人，只要做的交易失败了，都算不上足够细心。他总是坚持亲自研究财务，自己保管账目，每天上班后就去拜访别人，给人提出建议，然后得到客户，留住他们并且乐此不疲。

为了帮助自己的父亲，巴恩斯先生主动放弃了上大学的机会，成了一流的场内经纪人。他生性沉默寡言，但思维敏捷，步履稳健，遗传了老巴恩斯先生的算术天分。短时间内，他就在交易所里声名鹊起。他具备成为好的经纪人的独特品质：他有第六感。通过观察人的面部表情，一个眼神甚至是身体其他部位的任何姿势，他就能洞悉这个人下一步的打算。对于一位经纪人而言，这是无价之宝。

我个人认为，真正优秀的经纪人天资聪颖，这一点绝不是后天培养就可以做到的。巴恩斯先生喜欢揣摩别人。只要他们有了麻烦，他的工作机会就来了，可他们从没识破过他。假如他手头有个购买订单，只要他一开始买进，那些人就会认为，这是巴恩斯先生设计好的圈套，目的就是让他们迷失方向，于是他们将计就计，利索地把巴恩斯先生想买的都卖给他，暗中却在合计着：等真正的订单下来，他开始出售时，他们要马上切断他的后路——市场，他们就可以赚上一把，拿回证券。假如他们试图揭穿他虚张声势的假象的话，他们就当面提醒他少买进证券。别的经纪人老是抱怨，他们从来都弄不清巴恩斯先生是否在虚张声势。对于别人的这些指责，他总是不置可否地笑笑，其实他从不虚张声势。总之，只要他是公司的场内经纪人，他就从来没失败过。

布兰森·巴恩斯公司创业之初，只有一个员工帕特里克·马洛伊，他是办事员主管、勤杂工、总勤务员和唯一的帮手。直到半年后，公司的办公室主任还是帕特，办公力量却增强了。公司新招进两名办事员分担了帕特的跑腿工作，而帕特则专注于帮上校记账。和年轻的鲍勃·巴恩斯对巴恩斯·阿利森公司的感情一样，帕特对布兰森·巴恩斯公司有着同样深厚的感情、同样程度的热爱，他竭尽全力帮助公司，处理自己力所能及的全部事务。

他踏实勤奋、志向高远，为人聪明、敏捷。在这里工作没多久，就有另一家公司找到他来挖墙脚，待遇优厚：更好的职位，更高的报酬，还有更优厚的待遇，就是他周六下午不用上班。这家公司出手阔绰，助手的薪水很高。而在布兰森·巴恩斯公司，帕特每天都要工作到很晚。他是一位狂热的棒球迷，假如他接受另一家公司的邀请，在播放九局比赛的赛事时段，他正好在家，就可以观看自己心爱的比赛了。可是，他拒绝了他们的邀请。他说他喜欢自己的老板，他确信他们会公正地对待自己，作为公司的办公室主任，他会首先得到他们的提拔；布兰森上校和巴恩斯先生注定会走向非同凡响的成功。10 年后，当布兰森·巴恩斯公司真的成为波士顿最好的经纪人公司的时候，帕特·马洛伊成了公司的合伙人。如今，他早就成为一位百万富翁了，而且在波士顿具有广泛的影响力。

公司的所有人都努力工作，两个合伙人、一位办公室主任、一位办事员和两位勤务员，都很敬业。布兰森上校负责记账，开展业务，巴恩斯先生负责执行交易的订单，然后等股市收盘后帮助布兰森上校记账。巴恩斯先生说过，他常常怀疑自己的业务能力，尽管他也非常崇拜自己的合伙人，但偶尔他还是会怀疑公司最终能否成功。他注意到，每天下午股市收盘后，别的经纪人都是很快就回家了，而且一到夏天，别人就都去打高尔夫、开车兜风和航海。

“山姆，”他对布兰森上校说，“我看，咱俩是不太精明吧。说不定，我们在其他行业会发展得更好，也许我们的能力更适合干点别的。别人都有时间去休闲，咱俩却干到 4 点还下不了班。我们的头脑肯定有问题。也许，我们入错行了，不应该当证券经纪人。”

“够了，鲍勃！”布兰森上校看着他的合伙人，真诚地说，“从现在开始，10 年后再说这个话题行吗？到时候我们再说：我们坚持从事这一行业，没日没夜，每天都在办公室待这么长时间是多么愚蠢的事情，行吧？”

好吧，10 年后，他们两个有钱了；再过 10 年后，他们都成了百万富翁；再过 10 年，公司名闻遐迩了。公司的办公实力由最早的鲍勃·巴恩斯、布兰森上校和两个打杂的勤务员发展到如今遍布各地的事务所和分公司，员工有六百来人的规模。当时,每天只要公司的业务不降到200股以下,他们就会兴奋得睡不着觉。如今,布兰森·巴恩斯公司每天都要交易4万股才能维持收支平衡,开展业务的成本和公司的发展一起增长。市场活跃时,多数时候可能连续一个星期,公司的工作日交易量都可以达到每天15万股到20万股之间,更大的交易量也是稀松平常的事。

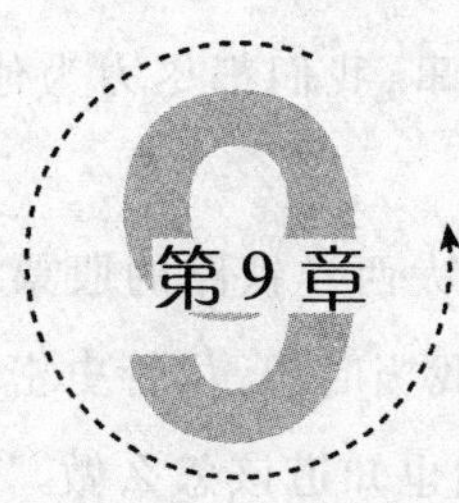

第 9 章　因为年轻，才可以犯错误

巴恩斯先生给我说过一件事，当时他反复纠结于自己和布兰森先生是否应该加入其他更赚钱的行业。他说："一个人一旦进入一个原本陌生的行业后，在刚开始的一定时间内，他会反复纠结于自己能否取得最终成功。他会经常怀疑自己是否具备驾驭那份工作的能力。当他已经尽了最大努力，而他赚到的利润却达不到预期的目标时，就会更加怀疑，因为他不知道自己在做的事情是否正确。就连我们的业务做得很好，早就过了收支平衡期以后，我还在怀疑自己是否需要改行，我考虑的是我们需要准备的资本，我们付出的努力，还有困扰我们的很多问题。我总觉得，和这么多的投入比起来，我们的资本回报率太低了。但我同时认为，摒弃我真正的资本才愚不可及，我唯一真正的资本便是我数十年时间的辛苦才积累出来的行业知识。"

"山姆却意志坚定，从不怀疑当初的决定。因为他的洞察力更透彻，所以他比我看得更远。尽管山姆·布兰森一再向我保证，我们最后会取得成功，我还是固执地认为我们入错了行。只要我感觉不到公司其他人的信心，我就看不到我们已经在成功的方向上取得的进步。而失去方向感和进取心的业务，注定会进展困难。"

"山姆唯一无能为力的事情就是，不管他怎样信誓旦旦地保证我们会成功，他就是无法把他的信心传递给我。我们公司有一家主要的开户银行，幸亏这家银行里一个没有教养的下属让我重拾了对公司前景的信心。跟生活中发生的所有危机一样,这件事说发生它就发生了,让人猝不及防。"

"当时,我们有位最大的客户,名叫威廉姆·史密斯,是东北和大西洋铁路的总裁。在他还是一名铁路工人时,他和我的父亲就认识了。我们公司为他的账户提供保证,只要是公司力所能及的事,我们都尽力为他做到了,有时我们还会为他的铁路提供服务。"

"我们为老史密斯先生持有一大批东北和大西洋铁路的股票,为此,我们还向业务来往最多的银行借了 50 万美元。我当时想,尽管史密斯先生出国去卡尔斯巴德了,可是我们有他的指令,我们也知道该怎么做。我们先部分持有这只股票,等到股价下滑到一定程度,我们就为他买进更多的股票。你想啊,史密斯先生拿到了一条双轨铁路的报价,怎么会不愿意掏 125 美元的价钱来买进这些股票呢?那样,他就可以拿到 51% 的绝对控制权了。可是史密斯先生拒绝了,他不打算卖掉自己的股票,除非其他所有的持有人都跟他一样,可以在同一价格上抛出这只股票。当时,股市的管理不太规范,小股东就像街头擦鞋童一样无足轻重。可是,高尚的史密斯先生不想让他的朋友们陷入困境。铁路方面在出价时拒绝包括小股东在内的所有股票,于是谈判就此暂时中止。"

"又等了很多年后,这条铁路再次资本重组,股价在 80 至 90 美元。由于这只股票的管理比较保守,史密斯先生是公司的总裁,以前他在这只股票的交易上一直很低调,可现在情况变了,为了保持在公司的大股东地位,增加自己在公司中所占的股份,他要求我们替他买入更多的股票。于是我们开始大宗买进这只股票,股价随之攀升到 110 美元,但还是比铁路公司内部转让给史密斯的价格要低 15 美元。"

"有一天,市场持续走低,但疲软情况不是很严重,我们却接到银行通知,要我们去还我们为此借银行的那笔 50 万美元贷款。山姆跟银行协商说,我们希望银行继续为我们提供贷款。我们的保证金充足,银行没有理由强迫我们去别的地方贷款。"

"银行行长威尔逊·豪斯脾气暴躁,在波士顿的金融圈内人尽皆知。新英格兰的所有商业圈内,到处盛传他脾气暴躁的趣事逸闻,去他的银行借钱的人都害怕碰到他。所以,我和山姆一直避免和他本人谈生意。我们,准确地说,是山姆,一直都是跟这家银行的一名下属做交易,这人名叫米勒德,你了解这种手中有那么一点权力的势利小人,那种嘴脸让听说过他的人无不嗤之以鼻,谁都不明白他怎么能在这一行混下去。”

“这个名叫米勒德的人告诉山姆,他希望我们能还清贷款。山姆问他为什么,他告诉山姆说,他觉得这只股票有被人暗箱操作之嫌,有人在故意抬高股价,贷款的风险太大,他言之凿凿地说,我们哄抬股价是有意图的,听人说是为了推动我们公司某个派系的高度投机才这样操作的。天知道他从哪儿听来的消息,而他却言之凿凿地声称,消息来源绝对可靠。”

“山姆坚决地否认了这些指控,声称这只股票的股价并不高。再说,我们给了银行足够的保证金,为了交易有足够的贷款,我们还给银行提供了比他们要求的更多的抵押品,现在我们只是大跌补仓,股价还在正常水平。当然,山姆没有告诉米勒德真相:美利坚合众国最富有的铁路总裁——史密斯先生对这只股票的开价已经高出现行报价 15 美元了。”

“山姆口才出众,他极力让米勒德相信:一个想捡便宜股票的人在故意栽赃陷害,说我们和公司客户的坏话,企图蒙骗米勒德先生做他的同伙。最后,米勒德先生不仅同意这次不收回贷款,而且还保证只要不出意外,绝对不再提还贷这回事。即便发生意外,他也会给我们充裕的时间到别家银行筹款。于是,山姆志得意满地回到了办公室。”

“可是第二天,通信中断前的半小时,我们却接到米勒德的最后通牒,说他要马上收回贷款。否则,他就出卖我们的保证金还有我们的抵押品。”

“这无疑是一枚炸弹!我们公司刚成立不久,没有充裕的资金。在那个时代的波士顿,仓促之间想从银行借到 50 万美元非常困难。平时,我们都是分别找各家银行借个 5 万、10 万的。”

“这个消息让我心烦意乱,我不知道,半个小时内我们能上哪儿筹集这么多资金来做我们的交易。我帮不了山姆,因为我必须待在交易中心的场内。看来,有人事前知道我们遇上麻烦了,因为这只股票的出价比前几周更自由,可是我不能离开,只能留在场内,继续按照史密斯先生的指令,规模性地买进。可是说实话,我又一次开始怀疑我俩继续从事经纪人行业的能力了,新的麻烦更让我疑虑丛生。”

“山姆气坏了。我从没见过他生这么大的气。米勒德答应我们后,却在最后一分钟对我们发难，简直欺人太甚。于是，山姆不得不做了一生中最仓促的一件事，马上去别的银行一点儿一点地借到了这些钱。就在我们准备把钱送到米勒德那儿偿还这笔贷款时，有人建议我们不理米勒德，直接去见那位脾气暴躁的总裁老威尔逊·豪斯本人。但山姆说，在我们做交易之前，让威尔逊·豪斯、米勒德和那家银行都见鬼去吧！米勒德做了这种事，他们难道不害臊吗？幸亏有别的六家银行的帮助，我们才还清了这笔贷款。”

“杰克，我坚持认为，这件事在我们公司通往成功的过程中起了更重要的作用。一方面，我们因此充分肯定了自己处理问题的应变能力。另一方面，所有的银行和经纪人事务所都听说了这件事，于是所有人都相信了：任何时候我们都可以尽职尽责地完成我们的工作。我们因此建立了良好的信誉。以前我不敢确定我们能做到的事，经过这件事后，我们更加自信了。”

“事情就是这样，杰克！困难总想吓唬你，阻碍你前进的步伐，但你不能让它得逞。顺便提一下，几天后，山姆碰到了脾气暴躁的老威尔逊·豪斯，令人厌恶的米勒德供职的那家银行的总裁。”

“‘我听说了你的贷款的事，究竟怎么回事呢？’他边问山姆边看着山姆，就跟山姆刚刚捡了他的钱包一样。”

“面对这种不公，山姆仍然从容镇定，他很直率地给老威尔逊·豪斯讲了这件事的经过。他已暗下决心，永远不再跟这家银行打交道了。但他没有发火，所以，老豪斯觉得他的抱怨也不过火。”

“‘你活该，布兰森！’他说，‘你干吗不来找我？你明知道我不会支持他这样做的。肯定不会！太差劲了！我觉得你简直愚不可及，有事不直接找我。太差劲了！这回你吸取教训了吧，布兰森？凡事都会遇到挫折，下次一定要坚持到底。记住了吗？’在山姆还没来得及说再也没有下次之前，老威尔逊·豪斯就暴躁地摇着头，走开了。还好，山姆没来得及那样说，因为不久之后，山姆找他谈一笔贷款时，老豪斯对他非常友好。后来，我们成了那家银行的大股东，山姆是银行的董事之一。”

“从米勒德身上我们得到了教训，人在年轻时，都会犯错；正因年轻，我们才可以不为犯错而羞愧；跟一个妄自尊大的下属谈生意有失明智，直接去见最高权威才是上策。不知你注意到了没有，我一直在观察我们公司的办事员有无自我膨胀的迹象。看到他们有抱负、讲效率，我很高兴，但他们必须避免米勒德那种人的华而不实。理想远大的年轻人最容易自负，而自负极具破坏性。”

我的高级合伙人就是这样一位明智的人。作为一位场内经纪人，他给你讲他的早期奋斗史的时候，你会发现他对未来的规划比你想象的还要深远。他在数学方面能力超群。我们聚在一起，探讨大批股票和债券的财务意见时，他总是负责研究会计报告，他自己说，和砖头、灰泥、工厂建筑物的面积和对机器的描述相比，数字可以更准确地暴露出一家公司的真实情况。

正是有了布兰森上校这样精力充沛的业务能手负责办公室，有巴恩斯先生这样能干的经纪人处理场内交易，还有可以注意业务中任何细节的所有员工的默契配合，公司的业务才能稳步上升。合伙人们一起研究证券、债券、交易和一般业务，大家集思广益，搞好服务，共商发展大计。成为有名的经纪人、拥有稳定的客户后，他们就提出更多、更有见地的财务建议；建议被公司采纳后，他们再推荐好的投资。

布兰森先生也给我说过，公司刚刚起步时，危机就一直环伺左右，而他们却懵懵懂懂地浑然不觉。

回首往事时，他告诉我：“不幸的是，我们最早的两次在财务公司上的商业投机都不太成功。也许是最初的成功让我们变得粗心马虎了，假如早期的成功没有那么顺利的话，也许我们会做得更好。我们的第三笔交易是买进一大批南方木材公司的债券。这种债券看上去挺好的。它的背后是成千上万亩的林场的支持，这家木材公司过去几年里的利润保障了利息的安全。我们先派了一位专家去检查他们的资产，评估木材和它们的价值，会计到银行核实了到签署之日为止的所有账目，波士顿的律师审查了所有的法律事务，当地一家享有盛誉的第三方公司也审核了他们的资格。一切工作准备就绪后，调查的结果令人满意，于是我们购买了这些债券，然后卖给了我们的客户。可是我们买进后，才发现我们的律师对南方木材公司的资格审查过于粗心大意。还好，我们只购买了 5 万美元。于是我们马上收回债券，自掏腰包承担了一切损失。对于那个时候的公司来说，这笔损失确实很大，比现在损失 100 万美元还要大得多。从某种意义上说，在这件事上我们是有失误；可是换个角度看，我们又没有失误。从此我们就形成惯例：自己核实每个步骤，自己做好每一次检查，自己派人更加努力地实地考察。我的习惯就是从那个时候养成的,不管是谁交给我们的所有提议,所有细节我都要亲自检查。”

“后来我们公司又犯了一个大错,有一笔承诺上百万的矿业交易被我们给搞砸了。在此之前,我们公司没有涉足过矿业领域,众所周知,波士顿以矿业证券享有盛名,纽约就逊色多了。所以,波士顿的投资大众在这方面颇有见地。他们知道,由波士顿资本发展起来的卡柳梅特·赫克拉和其他铜矿的原始投资者都发了大财,同时大众投资人也没有怨言。我们派出的专家提交的报告非常出色,所有的一切看起来都前景广阔,于是我们一头扎了进来,客户跟随我们一哄而上。你知道后来发生的事吧。那时,新英格兰的所有人都对布兰森·巴恩斯公司指手画脚:‘哦,看哪!难道他们不知道末诺里斯银矿的事吗?’事后我们统计了一下,我们公司和我们的客户在这笔交易上一共投入了几十万美元。看上去只要我们能够超级良好地管理,百分之百细心地呵护,就能避免像末诺里斯那样的损失,所以我们采取完全的业务控制。我们还派合伙人班布里治亲自去那里的矿井监督一切。这招致了一大堆的麻烦事,我们把这件事归咎于自己还有那些和我们一起投资的客户,在这个事件中,我们公司才是现金损失惨重的输家,这还不包括我们的商誉损失。现在末诺里斯公司开始支付红利了,我们公司的那些坚持持有这只债券的客户开始赚钱了。可是这已经过去很多年了,最终的成功无法弥补我们早期的损失,当然还有那些很快就卖出这只债券的人,他们的损失谁来弥补?这是第二个教训,教育我们不要涉足一无所知的领域。这件事我们公司的处置确实有失妥当,我们无权让客户为我们的错误买单。”

“第三次的失败更让人意志消沉,就是我们投资金属丝纺织机械公司的那次。一些朋友提议我们购买一家公司的一大批库存股份,这家公司刚刚成立不久,准备把出售股票的收益用来建立一家标准件工厂。他们的机器创意独具特色,任何有头脑的人对产品的销路和利润都深信不疑,而且最令人难以置信的是,他们可以节约五分之一的劳动成本,你知道,五分之一的节约就是股票20%的分红呢。所有的这一切看起来,它似乎都会变成第二个马金撒勒·利诺泰普。”

“在核对了所有要素后,我们买进了这只股票,很快,这些股票就销售一空。可是工厂建成投产之后,我们却发现他们的产品根本卖不出去,产品的销售量与我们的预期也相差甚远。总而言之，这些商品在到达消费者手中之前，产品结构必须做些改动，而工厂方面却逃避责任，不愿承担相关费用，尽管我们一再向他们提议，要求他们削减10%的生产成本，对产品做些改动无非是省下一年内新增固定设备的费用而已，我们的提议却遭到了他们的拒绝。于是，不可避免的事情发生了。这些产品无法销售，我们损失了一两年大笔的分红；我们得到的只有教训，这才是我们始料未及的。失望过后，大众投资人开始抛出股票，这只股票的价格一路下跌，布兰森·巴恩斯公司的商誉严重受损，因为公司的业务就是为了那些听从我们的建议来投资的客户能够赚钱而存在的。”

“最初这只股票卖出的价格是每股95美元，当分红变得遥遥无期之后，它的价格下跌到每股20美元左右。但是，为了我们的客户，我们只能力挺到底。如今，这只股票的股价终于和票面价值差不多持平了，还可以支付6%的红利。尽管如此，这还是一个很大的失误，我们公司为此付出了惨重的代价。第三个教训告诉我们，不要和一家没有经验的公司谈合作。我们必须用数据资料，多年的生产情况、销售和利润的财务记录作为决定的依据。鲍勃·巴恩斯总是对的，他一贯坚持查看所有的数据记录，绝对不靠估算未来收益来做决定。我们卖给客户的是股票，不是一堆碎纸烂片。所以，在我们销售证券之前，再怎么细心地检查我们的判断和经验也不为过，假如有一天，客户对我们的判断都失去了信心，我们的东西卖给谁呢？在我们要他掏钱交易时，我们总是说得天花乱坠，把一张纸片吹嘘成一流的商品，所以，我们再怎么提高我们的服务质量也不为过。假如我们一而再、再而三地犯错，我们的业务怎么可能经久不衰呢？我们的一次失误就足以把六次牛眼投资的功劳抵消了。”

这些故事说明，哪怕你是再仔细的人，一旦犯错，错误的后果也会很严重。医生也会犯错，但他埋葬他们；商人也会犯错，但他把负担转嫁给成千上万的消费者，但不是所有的消费者都天天光顾；律师的诉讼会失败，但他可以把过失推给法官、陪审团和运气。然而，经纪人却不能推卸责任，这是没有意义的，他的客户不会袖手旁观的。一旦经纪人判断失误，再去了解详情已经弥补不了损失了，所谓亡羊补牢，为时已晚。

在北太平洋经济恐慌时期，我还在瑞德公司的办公室担任保证金办事员。记得吗?在股票暴涨的末期,恐慌来临了。贷款都是无限量的,市场上的投资大众多如过江之鲫。然后,股票的价格到达预期水平,数不清的客户破产了,家破人亡;这次恐慌已经过去这么多年了,可经历过这次大屠杀的人还在心有余悸,刻骨铭心。在1901年4月30日,股市的总交易达到3281200股,这个数据一直稳居纽约股票交易所一天交易量纪录的榜首。这应该已经给每个人敲响了警钟:大家不是没有满仓,而是持股过多。只要有任何一丝不幸的风吹草动,那些比较胆小的持有者就会被吓坏,一场恐慌就会不期而至。只要有人开始抛售股票,股市要发生的一切就会像阿尔卑斯山的雪崩一样地动山摇。

当事的双方开始竞赛,都想夺到北太平洋的控制权,从而推动恐慌往深层发展:一方是J. P. 摩根和J. J. 希尔,另一方是E. H. 哈瑞曼和库恩·勒布公司。5月8日晚上,所有人都知道北太平洋铁路被垄断了,所以第二天开市时,只有让魔鬼来买单了。尽管佣金事务所都已做好了充分的准备,但看来一切的准备仍不充分,行情记录带的声音听上去就像拉响了的空袭警报一样刺耳。

股市大恐慌如期而至。5月9日早上,美国的每个人都急于卖出股票,没有一个人再想买进股票。巴恩斯先生在场内团团转,口袋里装满了各种人的各种各样的股票。卖单多如雪片,他本人无法完成,也请不到任何其他经纪人来帮忙,他们同病相怜,每个人的处境都同样艰难。对两美元经纪人的强烈的服务要求让他抓狂,他快要被那些人撕成碎片了。

布兰森·巴恩斯公司里的人对北太平洋不感兴趣,但是当巴恩斯先生听到有人大喊"北太平洋,700!"时,他觉得他该为他的公司和客户做点什么了。他立刻撕掉了手中攥着的那些没来得及操作的卖单,然后他拼命挤到电话前,通知公司的办公室,要求他们彻底拒绝接受任何更多的卖单。然后他挂掉电话,悠闲地站在旁,袖手旁观。他的看法是,就算某人控制了北太平洋,也没有谁会愿意在这样的价位上卖掉。当初狂热的经纪人花了每股1000美元买进了这只股票,等一些做空的客户恢复理智时,困境就会结束,整个股市将重整旗鼓。

实际情况是,当巴恩斯先生在市场内决定不再执行任何卖单时,恐慌还没有结束。大家手中持有太多的股票,变化又太突然,股市来不及迅速平静下来。卖单大量地涌入，连一些最好的股票也跌得很惨。特拉华·哈德森从165跌到105，联合太平洋从113跌到76，艾奇森从78跌到43，南太平洋从49跌到29，美国钢铁从47跌到24。活期借款的利率高达76%。似乎有偿付能力的经纪人事务所都从街道上销声匿迹了一样，股市就按照这样的数字一路下滑。然后，争夺控制权的两方终于休战，宣布北太平洋的空头们不必争得你死我活，完全可以就此了结。和解的条款宣布之后，股市再次重整旗鼓。没有来得及操作的那些卖单摇摆着开始上升，然后平静地满仓，卖家对差点儿造成的损失不寒而栗。当北太平洋从开盘时的170疯狂地上涨了830点之后，股市以190的价格收盘。

5月9日下午股市收盘后，巴恩斯先生回到办公室时，布兰森先生正在劝说那些客户，恐慌时期不该抛售股票。股市暴跌造成多数股价都低于客户的保证金，对于布兰森·巴恩斯公司的管理者来说，要担很大的风险。布兰森先生怎么舌战群雄让那些万分恐惧、近乎发狂的客户平静下来，没有发生暴动真是一个谜。

一切恢复平静后，巴恩斯先生才进到办公室，布兰森先生挖苦他说："今天一整天很忙，是不是，鲍勃？"他边说边笑，看着这位拒绝接受卖单的同伙。

"的确有一段时间。"巴恩斯先生答道。

"剩下的时间呢？"布兰森上校问道。

"我在思考，"巴恩斯先生冷冷地说，"假如银行家们没有提出解决方案，看你怎么办。那样破产的就是我们了。我们以后怎么办呢？"

"呃……"布兰森上校慢慢地回答，"我也想了一会儿，最终决定，当我们宣告倒闭的那天，我会像平常一样起个大早，来到城里，然后——"

他停了下来。他的合伙人好奇地提醒他：

"然后干什么？"

"然后再开一家新的公司，重新开始。除了这个，我们还能干什么呢？"

就这样，两个人创建了布兰森·巴恩斯公司。

第10章 证券销售与自我推销

20年前的一天早上，像往常一样，我正准备出门去推销我的债券，布兰森上校托人转告我，让我去见他一下。我猜不出他想见我是为了什么事。除了美利坚合众国铸铁管五厘息金的债券外，是不是公司又买进了其他的债券，而他又想让我去推销这种债券呢？

我来到他的私人办公室，他端坐在办公桌前。我问候他说："早上好，上校先生！"

他高兴地朝我点点头，然后继续去读手里的那封信。看完信后，他转向我说："早上好！"然后他用一种随意亲切的语气对我说："杰克，我们决定派你到纽约去。"

"真的？太好了，先生！"我喜出望外地回答。

"你什么时候可以动身？"他问我。

"明天早上我就能出发。"我答道。

要知道，我一直都在等待这样的机会，当然恨不得马上就开始新的生活。现在，这个机会终于来了，我的第一个念头就是，越早离开波士顿越好。唯恐自己稍有延迟，好运马上就会飞走，或者上校或巴恩斯先生改变主意。

"你看需要我给威廉姆森交代一下，打个招呼吗？"布兰森上校说。

我说："请您告诉他，后天上午8:30我会准时到达那里的。谢谢您，上校先生。您还有其他事需要吩咐吗,先生?”

“没有了,杰克。你可以走了。”他说。

我想,他本来还想再说些什么,但他终究还是什么也没有说,我也就没再说什么,就离开了他的办公室,继续回到自己的岗位上,又出去卖了一些债券。然后,我返回公司的后面办公室,跟我的同事们告别。既然是上校和巴恩斯先生两个人共同做出的决定,所以,我就没有跟他们告别。

第二天,我就坐火车到纽约去。到达那里时已近傍晚,所以我直接去了一家旅馆,准备好好休息一下,因为第二天我还得早起。迪克·惠廷顿、本杰明·富兰克林和其他英雄都曾经研究过,许多年轻人初次到达一个陌生城市时的亲身感受,而我根本没时间这样多愁善感,自怜自伤。此时的我踌躇满志,摩拳擦掌,庆幸自己终于朝着成功迈出了第一步。这一步可不是普通的一步,我这一步从波士顿跨到了公司在纽约的办事处。过去在波士顿的工作不曾让我志得意满,现在看来,我更喜欢享受纽约的年复一年的与波士顿相同的工作。

透过旅馆房间的窗户,我可以看到并感受到这个大都市在夜晚散发出的巨大魅力。我能够听见连续的低沉而沙哑的声音,这种声音融合了上万种噪声,这是只有在世界上最喧闹的城市才可以听得见的声音。这就是伟大的纽约,世界一流的大都市。尽管那时的纽约城狭小、破旧,但依然遮掩不了它作为国际化的大都市的魅力。那天晚上,当我瞥见了灯火辉煌的J. P. 摩根大楼时,我暗下决心:就让这个高级金融市场的神经中枢——纽约,作为我走向成功的战场吧。

和成千上万的人一样,我一头扎进了纽约,而纽约则以它博大的胸怀,毫无抗拒地接纳了我。它如同磁石一样,把世界各地的人吸引到了这里。投资者、消费者、买家、卖家都发现了它的博大精深——没有任何地方可以和这里相媲美;因此,所有阶层、所有行业的人们,实干家、梦想家、商业家、艺术家、经纪人、建筑师,还有骗子全都发现,这里才是他们推销自己的最好乐土。来到这里,他们才惊喜地发现,美国最伟大的城市同样也是世界上最伟大的城市,它是最伟大的意大利人的城市、最伟大的爱尔兰人的城市及最伟大的犹太人的城市。这里拒绝无所事事者,也不接受从不消费的悭吝客。世界上礼貌举止最糟糕的城市就是这里。在美国的所有城市中,它最不具有美国特色，它是一座最舒适、最繁忙、最慷慨、最无政府主义的城市。

所有的这一切我都全盘接纳，因为一直以来，我都向往这里的生活、这里的一切。从前它对于我，只不过是地图上的一个地名，一个从我所在地区的铁路到达这里的里程数字。而现在，我的梦想变成了现实。这座城市最吸引我的地方在于：我向往的华尔街在纽约，而世界上最优秀的证券交易所在华尔街，而证券交易所呢，又是约翰·肯特·温希望进行交易但还没有客户来光顾的地方。如今，通过自己的努力工作，我终于幸运地得到了自己一直梦寐以求的工作。我固然没有过高的奢望，但也绝对不会因此而降低对自己的要求。与幕后工作者比起来，尽管前台工作显得困难重重、富于挑战，但却比幕后工作更能令人心情愉快。我想，这就是我一直以来向往的一切。和你付出的辛苦努力相比，纽约会回报给心情愉快、工作努力的人更充裕丰厚的回报，这样的发现让我欣喜不已。

第二天，我起了个大早，这是我到纽约的第一天。匆匆吃完早餐，我开始浏览本地所有的报纸。从现在开始，我需要关注它们的所有报道，因为它们的报道包揽了眼前这座城市的一切，我将在这座城市建功立业。所以，我必须了解这座城市将要发生的所有事情。我更需要从这里了解我的行业信息。然后，我乘坐高架列车到了市区。我知道，今后在这里的生活不会像在波士顿生活那样得心应手，我认识那里的人，他们也都认识我。而这是一个全新的世界，不管是工作、环境，还是你见到的每一张面孔，全都是陌生的，一切都富有更大的挑战性。这种氛围是如此不同，清新的独具特色的城市的气息扑面而来。完全陌生的城市，跟从前完全不同的生活，但是，相同的却是工作，年复一年、亘古不变的交易工作。

布兰森·巴恩斯公司在纽约的办公室位于华尔街一栋老式的大楼内，从百老汇再过几个门洞就可以到达。大楼的入口谈不上豪华，大楼的墙上挂着的维多利亚中期时代的平面分布图指示我，布兰森·巴恩斯公司的办公室位于二楼。我乘坐电梯到了二楼，开始兴致勃勃地寻找自己公司的办公室。

但那里根本没有布兰森·巴恩斯公司的办公室！

于是我返回去询问开电梯的人，布兰森·巴恩斯公司的交易办公室在哪儿。

“18 室，”他答道，“穿过大厅，向右转。”

我遵照他的指示往前走。果真，在黑暗大厅的最尾端，一个毫不起眼的门出现在我的眼前，上面写着：

布兰森·巴恩斯公司

虽然这个招牌看上去很眼熟，我却吃了一惊。这就好像是穿着工装裤的庄园老板把磨石推向了雇工。初次来到梦想中的黄金帝国，它却给我留下这种破败衰落的印象，这无形中更激起了我的斗志，让我感到一阵难以描述的兴奋。我摩拳擦掌：必须有人来改变这些不利的破旧环境，必须让布兰森·巴恩斯公司在纽约的分公司成为繁华的主要办事处。很简单，必须有人来做这件事，做得越早，对大家越好。这个人的身份毫无悬念。我从一出生就认识这个人——这个人只能是我本人。

这绝不是自负。布兰森·巴恩斯公司派我到纽约这家位于黑暗大厅最尾端的毫不起眼的办事处来开展业务，就是期待我能拯救这里的一切，这就是我的使命。因为我还很年轻，我还从未设想过失败——难道我不能胜任我的工作吗？

于是我推开办公室的门，走了进去。那年，布兰森·巴恩斯公司在纽约的办事处只有一间办公室。一种铁质材料将办公室分成两部分，相同的铁板把四周的直角处隔成了格子间。第一个格子间归出纳员和股票办事员使用；另一个格子间归记账员使用；第三个格子间则归一位多面手使用，他负责电话总机控制板、莫尔斯电报装备、股票自动收报机和一张小办公桌。

这里的工作人员包括两个办事员和威廉姆森先生，当然，我还不认识这两个办事员。我知道总部已经把我要到来的消息通知了他们，威廉姆森先生无疑也在期待着与我见面。但我的新主管只是扫了我一眼，朝角落里的一张桌子点点头，说了一声：“请坐！”然后，他便打开早晨的邮件，开始阅读起来。他的英格兰式的思维方式让他喜欢对所读的内容逐字逐句地仔细推敲，这花去了他 25 分钟的时间。就在此时，一个勤务员和另一个办事员走了进来。

威廉姆森先生终于站了起来，走向我和我握手，然后说他很高兴见到我，然后他就急匆匆地告诉我我的职责，因为几分钟后他就要到证券交易所的大厅去工作了。通过英格兰式亲切而精确的描述,他把我的办公桌的位置告诉了我。这张办公桌被安置在办公室东墙的拱形壁凹处,位置很深,说是凹室一点儿都不夸张。我这才明白:一个人的办公桌居然可以摆在墙洞里。它的两边和前面都没有窗户,但那里却是威廉姆森先生宣布的我的办公桌可以摆放的地方。我痛快地接受了他的安排,毫无异议——这样,我就可以不必做太多的书写工作了。再说,办公室也真的没有其他的地方可以安置这张桌子。

威廉姆森先生没有表现得十分热情,不像是因为对我的到来不欢迎,看上去更像是要赶时间。20 分钟内只能做 20 件事情的人当然不会主动去做第 21 件事情。后来,当我们彼此熟悉,我开始了解并喜欢他以后,我才知道他是一个认真负责的人,即使那些本不该由他做的事情他也总是身体力行。我还知道,早在我离开波士顿的两周之前,布兰森上校就问过他:在纽约是否需要我的协助?威廉姆森先生马上就说需要。他急切地需要像我这样的人。而且他还好心地告诉布兰森先生,从他第一次见到我的时候起,他就一直密切地关注着我。

在告诉了我办公桌的位置之后,他又把我介绍给了其他两位办事员,并告诫他们,我是波士顿总部派过来开展本地业务的,办公室的任何琐碎工作都不要打扰我。然后他就离开办公室,前往证券交易所去执行波士顿总部下达的指令了。他们在这里没有拉到一位本地客户。威廉姆森先生总是 9:50 离开办公室前往交易所。等股市开盘时,他正好有 9 分钟的时间留在场内。

威廉姆森先生离开办公室后,我开始和办事员们交谈起来。公司在这里的话务员同样也是电报操作员和订单办事员。他叫乔治·威尔逊,在很多方面的能力都非常出色。我到达纽约分公司几年后,他离开了布兰森·巴恩斯公司,和另一位办事员比尔·古德温一起自立门户。威尔逊·古德温公司现在也是纽约证券交易所的会员单位,业务做得有声有色。乔治·威尔逊总是早上 8:00 就来到办公室,直到下午 6:00 下班离开,他一直负责管理电话。我时常听到他抱怨这份工作,对来自波士顿的那些激动的客户的愚蠢问题,他不是不断地发牢骚,就是诅咒他们。他已经习惯了整理所有的报告,准备所有的交易,另外解释这个或者那个尚不令人满意的订单如此这般执行的原因,他是一位非常擅长解释的艺术家,而且完全不会因为受到埋怨和抱怨而影响自己的情绪。

我再讲一件不可思议但却千真万确的事情。我不止一次地看见这个家伙在接听电话时,用左边的耳朵听电话的话筒的同时,还可以用右边的耳朵听莫尔斯电报机发送的执行股票买卖的订单。他居然能同时接听电话并记录电报信息。而且,他对同时分别传到他两个耳朵的数字也从不出错。他简直就是恺撒大帝的化身,一个人能抵得上五个优秀的秘书。

我们公司的业务蓬勃发展之后,乔治·威尔逊一直负责管理我们公司的电讯室。在他离开布兰森·巴恩斯公司,自己去创业的时候,已经有了25年的电报操作工作的从业经历了,处理起全国各地发来的电报他都得心应手。他是一个工作狂,酷爱工作。再繁重的工作量他都能一人承担,而且从不觉得这项工作与那项工作之间有冲突。他不仅能快速做完自己分内的所有工作,还主动找其他人的更多的活儿干。直到现在,我才发现,现在至少得十个人才能抵得上他一个人的工作量。这个与众不同的家伙不仅精通自己的业务,而且还善于存钱。在很早以前,他的合伙人古德温就是布兰森·巴恩斯公司的保证金办事员了,他可以同时管理很多保证金却从不出错。这项工作他非常胜任,在与我们公司的合作关系结束后,他与乔治·威尔逊合办了自己的威尔逊·古德温公司。

布兰森·巴恩斯公司在纽约的办事处还有一个非常优秀的年轻人布瑞恩,他负责处理办公室的日常事务,我非常喜欢他。他有个爱好,就是谈话的主题往往对证券业的未来充满信心,他打算专门研究它。除此以外,他根本不关心任何别的东西。他把自己所有的业余时间都用在了研究证券和证券买卖上。我到纽约分公司没几个月,他就辞职离开了,因为我们公司没有足够数量的证券业务供他研究。当他离开公司另谋高就时,我感到很难过,现在我感到更难过。和他在一起、听他谈论证券及证券买卖的有关话题,我感觉收获很多,因为他在证券事业上的宏图霸业,正是我在证券事业上的全部梦想。如今,这位热衷于研究证券和证券买卖的办事员成了全国最大的证券事务所的老板。布瑞恩对事业的热爱和工作的努力推动着他走上了成功之路;我指的是真正的成功,即有益的成就,而不仅仅是赢得财富。这些家伙的成功都绝非偶然。

我真正来到布兰森·巴恩斯公司在纽约的办事处的办公室工作之后，这里却没有什么事可让我做。公司在这里的体系跟我们在波士顿的体系完全相同，我估计大多数证券公司的办公室都采用相同的体系。我在办公室里不是无所事事地发呆，就是坐在那里干等，等着家具公司的人给我送办公桌，于是我干脆就去证券交易所看看。

证券交易所离华尔街的百老汇只隔几个门，差不多是穿过大街就到了证券交易所的入口。当我步行穿过华尔街到了布罗德街时，我丝毫没有感觉到它的威严，不过它的正面倒还不错。我站在那里，好像在思考什么重要的问题。就在此时，比尔·韦纳斯刚好打此经过，看见了我，于是他停下来，仔细地打量着我，这一幕我至今都无法忘怀。这同时让我也注意到了他。

"你好，比尔！"我说。

"你好，杰克！"我们握了握手。我在哈佛大学读书时，他也正在哈佛读书，比我高一届。当时他是全校最棒的网球手，我非常崇拜他。

"你在这里干什么？"他问我，"我以为你还在波士顿呢！"

"我以前的确在波士顿！"我回答道。然后我把事情的经过告诉了他。他也向我介绍了自己的情况。他的哥哥弗兰克是一个聪明绝顶的家伙，独立创建了一家业绩不凡的证券交易公司。除了做一名杰出的网球手和一位大众情人之外，比尔还非常聪明。所以，等他大学一毕业，他的哥哥就邀请他加盟自己的公司，协助他开展业务。就这样，比尔来到了华尔街，为他的哥哥工作了一两年，然后在证券交易所购买了一个席位，成为韦纳斯兄弟公司的合伙人。他喜欢这个行业，他在大学时就让我们钦佩的品质——好人缘，帮了他不少忙，因为他在纽约交易所的场内同样备受欢迎。

我说："你知道吗，比尔？我从未见过交易所里面的真实情况。"

"那么，你最好在你的记忆宝库里再加上一次更愉快的经历！"他轻松地说，然后就带着我来到参观者走廊。

这是一幅我以前从没见过的奇特画面。那天的市场并不算是特别活跃，但那里的一切还算得上是生机勃勃。从建筑上看，这个房间给人留下了深刻的印象。正是在那里，我第一次看到了自己最喜欢的职业中不可或缺的最主要的那一部分。下面的人在说话、摔下电话冲到张贴栏、用手势示意、大声叫喊或者将纸撕成碎片——这就是我打算奉献终生的职业的全部内容。他们在为来自各个证券交易公司、各个城市和各个州的人，也为华尔街的所有人买卖证券和债券。赌博者、投资者、冒险者、小偷、骗子、证券专家和受骗上当者，所有的男男女女、浮华众生，全都通过下面的这些人来买卖证券。买家和卖家在这个大房间里会面，他们就在这里的桌子上签署这些交易文件，而签署这些文件的人用这些纸再去换另外的一些纸。其中的一部分纸给他的拥有者带来一些权利——分享铁路、铜矿、有轨电车道路和糖厂的利润，而其他的那些纸则可在银行换成黄金。

这些人正在买卖着的是各种各样的资产的部分所有权。

肉眼看不见的推动力操纵着股票和债券的价格上涨或下跌，即使这些推动力能被人看见，也没有人能正确地理解它。商业世界的脉搏在下面的这个大房间里悸动，在我正下方的场所里跳动，在成千上万的办公室里跳动，而股票市场的自动收录机就是这些跳动的脉搏计。

“你看怎么样?”比尔·韦纳斯问我。

“太棒了!”我说，我希望他能看出我对他的好意心怀感激。

“杰克，为什么不让你的公司也给你买一个席位呢？乔·威廉姆森上了年纪，无论如何，场内你们公司至少得有两个人。”

“他不会给我买的!”我肯定地说。

“什么?”他不敢相信自己的耳朵。

“你知道我在想什么吗？我想认出威廉姆森在下面的哪里呢!”我问他。

“我可找不到。”

“告诉你吧，比尔。现在下面场内的每一家佣金事务所的这些场内经纪人都只是一个木偶，仅仅只是所在经纪人公司的一种工具。他可能是一种非常好用的工具，但他不能带来业务，他也不能开展任何业务。这不在他的职责范围内。他能做的只是走到电话旁，从办事处接受公司发来的命令，或者接收公司送给他们的小纸条。他被指定到确定的地方，完成被安排好的工作。他没有一点儿主动权。他向公司报告的只能是表象，而不是事实。公司的其他人收到他的报告后，再分析市场，并为客户提供良好的服务。场内经纪人根本无法创建宏伟的事业。”

“噢，不，不，他能!”比尔断言道。

“我的意思不是说，这里没有人既是出色的经纪人，又是敏锐的商业战略家和交际家。对于他们供职的公司来说,他们的作用举足轻重,但是场内经纪人仅仅只是经纪人。什么样的经纪人才是优秀的经纪人呢?我认为,就是那些可以自主决定该干什么的人。他会以比较低的价格购买某只股票或者能把某只股票高价卖出。事实上,有的经纪人把订单搞得一团糟,还可能会毁掉一切业务,然而,场内经纪人最主要、最基本的任务就是充当下属。他不能成为公司的主心骨,他的任务更多地倾向于成为军长,而不是总司令。"

"噢,原来你的看法是这样。但我知道,也有很多场内经纪人都是他们自己公司的老板。他们本人就是公司业务的主宰者。"

"我敢打赌,你说的那些人肯定都是一些此行的老人,资深经纪人!"我说。

比尔思考了一会儿,然后承认道:"噢,你说得不错,他们的确都是!"

"他们没必要亲自待在场内。他们只有待在自己公司的办公室里,他们的经验才能发挥更大的作用。和得到一名好的业务员或业务执行者比起来,得到20名好的经纪人更加容易些。"

"没错!"我承认,"我喜欢给别人下达命令,而不是执行别人下达的命令。"

"得了,别胡说。你都不知道自己在讲些什么。"比尔像兄弟一样告诫我。然后我们开始往街道方向走去。

"我当然知道自己想干什么工作。"我反驳道。

我俩的谈话到此打住,因为就在交易所的正门口,我们碰见了我在哈佛大学的同班同学吉尔伯特·格雷厄姆。我们相互握了手。我和吉尔伯特在大学里是非常要好的朋友,我想,见到我他一定很高兴,就像见到他我也很高兴一样。他邀请我和比尔去吃午饭,但是比尔有别的事儿去不了。而我则接受了他的邀请。比尔就此离开,但他答应我们晚上在哈佛俱乐部见面。

吉尔伯特在范特威勒信托公司的职位还不错,他叔叔是这家公司的总裁。我告诉他,我需要在某个银行开一个常用户头,我想委托他的信托公司来处理我的业务。他带着我,一小会儿工夫就把这件事儿办妥了。我在这个户头上存入了1000美元,以备不时之需。在波士顿的布兰森·巴恩斯公司我每个月的薪水是100美元,当我听从差遣来到纽约时,我每个月的薪水涨到了150美元。

然后我们一起到顾问俱乐部吃午饭。正当我们坐在桌子边等待上菜时,卡列布·普因正好打此经过。于是他停下来和我们握手。他也是我们的同学,这家俱乐部的副总裁,他那出名的父亲是俱乐部的缔造者和首任总裁。然后他也在我们的桌子边坐了下来,我们一起度过了一段愉快的午餐时间。瞧,又是哈佛!

卡列布·普因建议我加入哈佛俱乐部。我问他需要多少钱,他给我说了一个数字。入会费的价位不算合理,对于每月只有150美元的办事员来说,年费高得有点离谱,但是我毅然决定加入,因为我觉得加入这家俱乐部对我的事业将大有裨益。尽管这只是一个午餐俱乐部,然而成为这里的会员就代表着成就、兴旺以及成功的事业。我对自己的势利丝毫不感到羞耻。当你选择自己的圈子,奢望体会那种高高在上的感觉时,这是你必须遵从的常识。

我问这里的办事员:要想加入这家俱乐部,要等多久。因为我听说这里的生意十分火爆,候选人的名单相当长,不少会员在他儿子刚一出生时就为孩子做好登记了,要等孩子长到30岁以后才有机会被选入此列。

然而,普因告诉我:“明天我就让你加入”。他确实做到了。当我和吉尔伯特离开俱乐部时,我感觉纽约真是一个不错的地方。

我回到办公室,问了同事们很多问题,不然,我也找不到其他打发时间的办法,等到威廉姆森先生从行情室回来时,已经是下午3:30左右了。我俩进行了一次漫长而友好的交谈。在威廉姆森先生手下干活的这些年来,我们俩从未有过哪怕一分钟的不愉快。他是一位地道的新英格兰人,对自己的工作尽职尽责,但他的美德也害苦了自己。因为有很多本应该由工资更低的年轻人干的苦差事,他也都自己做了。

每天早上8:30之前他就来到办公室,然后去做那些本应该留给办事员的工作。9:50,他前往证券交易所工作,一直在那里待到下午3:00。尽管他只负责执行公司传来的命令,可是在交易所期间,他几乎一直不停地报价。那些交易过的证券的证书或者送到交易所由他签字,或者当市场不是很繁忙时,他再穿过几条街道返回办公室来签署。这些证书必须由公司的一名成员签署,而他是公司在纽约唯一的合伙人。

不管是10股还是1000股的订单,他都认真仔细地对待。他是一位守旧的英格兰绅士,从不探讨自己的职责,他只是不折不扣地完成自己的职责。账目的大小对于威廉姆森先生来说,就像头发的颜色或客户鞋子的形状一样一目了然。这位经纪人对自己的要求就是尽力做好所有的事情。

他一般在3:05开始吃午饭,3:30回到公司的办公室。然后他开始仔细检查当天进行的每一笔交易。他常常乘坐6:05的那趟火车回蒙特克莱尔,为了赶上这趟火车,他往往会在5点左右就开始为回家做准备。可是在离开办公室下班之前,他总能找到别的事情来做。我们一起共事的这些年来,他一次也没赶上过6:05回家的火车,好在他和妻子相亲相爱,关系和睦。从他那里我还得知,在嫁给他当老婆之前,她给他做了差不多9年的厨师。10年以来,每天他都早出晚归,正是他的敬业精神才让布兰森·巴恩斯公司可以为新英格兰的更多人提供更优质的服务,可这些人却未必欣赏威廉姆森先生为此而做的努力。在这样一个好人手下工作,我们自己享有的特权就只能是工作。

第一天我在纽约的工作完毕。离开办公室之后,我做了一个决定,我不能老是待在办公室里守株待兔,等着那些碰巧进来的人咨询业务,这样我永远不会有业务可做。我为什么不自己做主主动去寻找这些人,让他们成为我的客户呢?

当我在哈佛俱乐部与比尔·韦纳斯又一次会面并一起吃晚饭时,这个念头就又一次浮现在我的脑海里。在卡列布·普因立刻安排我成为哈佛俱乐部的会员后,我遇到过许多我认识的哈佛小伙子。那天晚饭后,离开俱乐部之前,我花了1个小时的时间来浏览这家俱乐部的会员名册,记录下我认识的所有会员的名单。挑选的范围从大学时期的七个班级开始。我在哈佛大学时认识的人,里边儿有很多人都比我的年纪要大一点儿。

之前我就说过,我发现自己是哈佛大学的毕业生这个事实对我的帮助很大。那天晚上,到我离开俱乐部时为止,我总共记录了317位校友的名字和地址。这就改变了我生活的世界的一切。纽约的早晨与傍晚的气氛就已经完全是两重天了。我不再是一个孤单的、不受欢迎的陌生人了。我是杰克·温,至少有两百多个哈佛年轻人和我一样居住在这个友好的城市里,他们就跟我在波士顿认识的任何人一样熟悉亲切。我不想详细鼓吹大学时代朋友的魅力,但我一定得说,在纽约生活和工作,身为一名哈佛人,要比在波士顿有用得多。你看,在波士顿,几乎每个你认识的人都是哈佛人。在纽约,情况就大不相同了。这里的哈佛人很少,正因如此大家反而更加热络。当大家在共同的大学里一起度过美好的青春时光时,大学时期的班级制度也许曾经阻碍过他们融入相同的团队和圈子,但这并不妨碍大家成为校友——大家都是哈佛人。我发现,现在大家叫他提姆的那个小伙子,在剑桥时,我总是叫他艾伦。等你习惯用名字来称呼对方,你们还拥有共同的回忆时,你就会感觉你的大学同学比从前读书时对你更加亲切。

我之所以这样说,并非是要向想成为经纪人的年轻人推荐我的母校。我只是将我事业的成功归功于哈佛的恩惠。身为哈佛学子,母校给我带来了足够多的极具利用价值的人脉。通过一位哈佛同学,我找到了我的第一份工作。通过另一位哈佛同学,我成了一名债券销售员。我在纽约的第一天非常精彩,因为我的哈佛同学在这里。作为一名业务员,最好的办法就是成为顾问俱乐部和哈佛俱乐部的会员。我并不是说我要利用这些俱乐部来索要业务,但是我相信自己已经拥有了最好的装备,所以我可以在选定的圈子中开拓业务了。

第二天,我起了个大早。6:00之后,我就再也睡不着了。匆匆吃过早餐、读完报纸后,我就动身到城里去。我比办公室的任何人都来得更早,甚至比威尔逊还要早,一般情况下他8:00到办公室来。我在麦迪逊大街找到了一套公寓,离中央车站不远。我的房间邻街,还在黎明前,牛奶车和卡车的嘎嘎声就早早地把我叫醒了,想睡懒觉既然不可能,所以我8:00就到了办公室。等待办公室的其他办事员的这段时间里,我开始研究《商业金融纪事报》的所有内容。我从不允许自己遗漏任何内容,哪怕是广告也不放过。这种对业务消息敏感的习惯,我一直保留至今。

到纽约分公司的第二天,我就开始尽力拓展业务。我带着记录的哈佛校友录到了城里。当威廉姆森先生去行情室走后,我开始给校友录上的第一个人,杰拉尔德·艾博特打电话,他不在。然后我继续有条不紊地、按计划有步骤地给我在纽约认识的每个人都打电话。我的手里天天都揣着这些名单,满脑子只有一个想法——我要继续跟这些人加深彼此的了解,尽管我们在剑桥曾经很熟悉。从哈佛俱乐部名册上抄下来的名单上,有317位校友，我一个也没落下。我一一给他们的办公室打电话。有一些人住在非商业区，当然，大多数人在城里工作。一些人就在华尔街上班，和我干的是同样的工作，有的人是公司的合伙人，也有一些人和我一样是雇员。而另一些人则在银行或者信托公司工作。

在我们的大学时代，我和名单上的一些人的关系亲密，但是目前的状况是大家都在同一个阶层，所有人都可能是潜在的客户，这就不能仅凭自己的喜好去交往了。我进行了大量的思考和规划，将几年来一直梦想的、有一天要到纽约发展自己的证券事业的伟大想法付诸行动。

我在最开始做的那件事——哈佛校友录给了我极大的帮助，它给我带来的成功比我想象中的作用大得多。首先，尽管刚开始我没有发展多少业务，可到了后来，这一切却让我拿到了更多的业务——因为它驱散了一个人在完全陌生的地方工作时深深的孤独感。当317位校友中的每个人都告诉我，说他乐意并期待与我见面时，我怎么能不感到精神愉快、心情振奋呢？我完全相信他们所说的一切，因为我那样渴望见到他们。我给他们中的每一个人都讲述了我来纽约的原因以及我想要做的事情。这时，他们中的一些人就向我承诺说，只要他们可以给我业务做，就一定会给我。而其他的人也向我保证，他们会时时刻刻地都把我放在心上。很多人给我写了推荐信，给我介绍他们正在从事证券业的朋友。哈佛，我的母校，真的帮了我大忙！我不需要向我的校友中的任何人证明我的诚实、勤奋或者工作意图。因为他们非常了解我、我为人处世的方式，还有我的性格特点。他们了解我，就像我也了解他们一样，他们清楚我的性格类型。因此，我不必向他们推销自己。

作为业务推销员，我尽最大努力地为他们提供布兰森·巴恩斯公司最好的服务。我只是简单地告诉他们，我来纽约要干什么，就像我只是告诉他们一次野营旅行或任何一次其他的人生经历一样。我知道，为了拿到1.25%的佣金，许许多多的证券经纪人会急于执行纽约证券交易所的命令。还有一个事实不容忽视，就算你是一位能干的、高尚的证券经纪人，你能够向客户提供的服务也只能和其他同样能干、高尚的证券经纪人一样，谁也无法超越别人。

既然如此，你就没必要反复纠结，到底自己能销售什么其他人没有的东西。恰恰相反,我时常反问自己,不管别人怎么做,我自己要向客户销售的是什么?答案只有一个——我能销售的只有服务。那么,我能不能提供比别人更好的服务呢?当然可以做到的,必须是这样的!至少我是这样想的。本着我一贯的行事风格,我坚持自己出去寻找需要我的服务的买家。我做这一切不仅心甘情愿,而且愿望非常迫切。我渴望有人让我为他付出我希望提供给他们的一切——全部的时间、精力和活力。我清楚地知道,只有向客户提供富有价值的服务,我才有可能拿到业务。而我能够保证提供的包括良好的服务、工作的能力、做人的诚实、做事的辛苦、勤劳与快捷。除了这些,我还有乐于助人的美德,我强烈地希望通过为客户提供服务来为我的公司服务。没有个人不适,没有时间损失,我总是尽自己的全力来做这些事,不受任何干扰。我知道自己可以做哪些事情,自己愿意去做哪些事情,所以,我从不需要任何人来催促。

而在客户喜欢听的建议及技巧方面,我却无能为力,我也无法给予任何人任何更有价值的建议和经验。而且,这不是布兰森·巴恩斯公司做生意的方式,也不是我急于向别人推销的公司理念。我做到了我希望做到的一切。我知道,公司拥有大量的资本,他们总是渴望做公平的交易,但公司缺乏在纽约和波士顿证券交易所里优秀的场内经纪人。我只是向别人销售如何操作成功的知识。没有任何东西能动摇我的理念或改变我的知识。

当然,我说的这些都是相对的。实际上,我并没有向我的潜在客户销售这些东西,我向他们推销的只有我自己,我向他们推销那些能获得业务的令人振奋的一切。我从我的老朋友和他们的朋友那里听到了太多的承诺,但却没有拿到一张实际的订单和任何业务。但是,这里面仍然有一种令人兴奋的东西和让你不自觉地去追逐的热情。当我发现我能向他们提供的,别的公司同样可以做到,但他们却会选择我的公司时,我感到非常愉快。当成功来临时,它便是竞争带来的甜蜜。

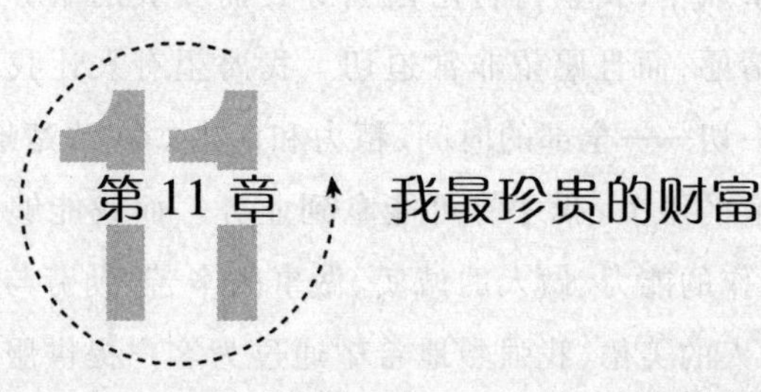

第11章 我最珍贵的财富

尽管我发现了纽约跟波士顿完全不同,但我一点也没感到惊讶和失望。正是由于我的哈佛校友们的热情引荐,我才可以进入纽约的一些办公室。进入这些办公室后,我会开门见山地说明我的来意,直截了当地介绍我要推销的股票或者债券。我不是一名靠口才去打动听众的职业说客。我不知道一位能说会道的演说家靠着滔滔不绝的讲解,能否说服那些铁石心肠的商人同意把他们的股票和债券交给他的公司代理。我只知道,我自己从不打算这样做。我只是给那些人解释,他们为什么可以选择我们公司代理他们的股票和债券交易。如果这些理由还不足以打动他们,那么,对于他们在我这里开户,我还是别再抱什么幻想了。

在波士顿工作时,当我前去拜会某个人时,他会让我随便坐,然后我们两个人就舒适随意地坐着,交流一下彼此在投资交易方面的看法,讨论是我卖给他的债券好呢,还是他自己购买电话股票或者选择其他当下流行的投资方式更好,到底谁的方式盈利更好。最后,我们都很开心,开始准备交易。不管最终的交易能否达成,可以肯定的是,在我们互道再见时,彼此之间已经建立了良好的私人关系。

但我在纽约的工作则完全不同。在进入别人办公室的瞬间,我就开始保持高度的清醒,时间就是金钱。纽约人从不浪费时间和你探讨他是否应该投资,或者应该投资什么,他只是简短地告诉你他希望做的或不希望做的事情。同时,在纽约,那些办公室的大门并不总对陌生人敞开,在波士顿那种属于同一个俱乐部的归属感在这里也收效甚微。事实上,尽管谈话双方都住在同一个都市,但纽约人给人的感觉好像总是拒人于千里之外,好像你不是住在纽约,而是住在十万八千里之外的另一个星球上的人似的,这一点与美国的其他城市完全不同。

我还发现,在纽约,生活中的礼仪不太重要。这里的人都有一副好脾气,却都不拘小节。但是,跟其他任何地方比起来,只有在这里我才能找到更多的业务。这种感觉妙不可言。在这里,金钱以光速快速地流动着,一方面,它更加快捷有效地、客观地实现它的流通功能;另一方面,一个人可能瞬间暴富也可能几分钟内就一贫如洗,对此,我有深刻的体会——从一个人到达纽约的那一刻,他就开始消费了。纽约的财富来自于你的每一次呼吸。纽约人并没感觉这有什么不公平的,他们乐于从你的每次呼吸中赚上那么一点儿钱。每天,有20多万人从世界的每个角落涌入纽约,到这里做生意或者寻欢作乐。他们来到纽约,疯狂购物,四处游玩,大把花钱,给纽约供应更多的钞票,让纽约的经济更加繁荣,他们不给萧条留半点儿机会。尽管它总是来去自如,当然来的时候居多。

现在摆在我面前的第一要务是,我来纽约的第一个月,没有任何斩获。两个月过去了,我依然一无所获。9个星期的努力拼搏就像竹篮打水,我的绩效记录依然是零。尽管如此,我却没有一点点挫败感。在此期间,其他的事务所频频交易,而我还没有给我们公司拿到一笔业务,可我并不觉得纽约已经把我打倒在地了,我告诉自己,我不会认输。一般情况下,每隔两周或三周,布兰森上校就会来纽约一次,查看我们分公司的业务开展情况。我从来不给自己的失败寻找任何借口。我只是向他汇报我正在干什么,还有我拓展业务时的工作方式,我还告诉他,到目前为止我一无所获。通常他的反应就是频频点头,看到他这样,我很开心,我对这种点头方式的理解是:“不错,继续努力!”就好像我很成功,已经斩获了12次牛眼投资业务似的。

我就这样继续一天天试图拓展业务,却一天天空手而归。尽管我不是那种喜欢在公共场所中缠着别人喋喋不休地推销产品的促销员,也不是巧舌如簧、口若悬河的演讲专家,但我从不认为自己是个胆怯的人。当时的感受我记忆犹新,那是一种沉重的失落感,我像那些出击三次却从未击中而被迫出局的家伙一样,因为不能为比赛、团队和胜利出力而感到羞愧。尽管我已经尽了全力,大可不必为此羞愧,但我仍然讨厌这种失败的感觉。和我当初踌躇满志的设想相比,起步阶段看来得花去更长的时间。年轻让我懊恼,年轻时你总觉得时间过得太慢。

到纽约后的第 10 周也很快过去了,我仍然两手空空,一无所获。有一天,我们办公室来了一个人,他问其中一个办事员,约翰·K·温是否在办公室。听到他的提问,我马上从办公桌旁站了起来,快步走向他,我伸出右手,热情、迅速地与他握手。你知道,我一直都渴望着获得业务,所以我已经养成了一种习惯,与我交谈的任何人都被我看成是潜在客户,哪怕是最随意的闲聊,哪怕他只是电车售票员、旅馆老板或者超市服务员。

这位陌生人的衣着考究,30 岁左右,一看就是有钱人。见到我,他也很高兴。他说,是我们共同的朋友山姆·希里安推荐他来见我的。

见到他来我很兴奋,我想表现出我有多欢迎他。我不会世故地掩饰我的欣喜。而他也开门见山地表示,希望他能为我做点什么,我当然明白我想让他为我做的事情是什么。他对我的热切表示理解,毕竟我来纽约没多长时间,我坦承他说的是事实,顺便告诉他我以前在公司的波士顿办公室工作,因为我知道布兰森·巴恩斯公司在金融界的地位举足轻重。尽管公司的老板不崇尚大肆渲染,但布兰森·巴恩斯公司的确有很多长项。我向他介绍了公司的很多情况,我的热情感染了他,他专心、热切地倾听我的长篇大论。我还向他保证,如果他同意我和我的公司为他服务的话,我将尽全力效劳,不仅为了他,也是为了我们共同的朋友山姆,因为山姆的朋友就是我的朋友,可以为自己的朋友效劳我在所不惜。

我们对山姆的看法完全一致,山姆在比照剧院售票,他说:“山姆是一个好人。”

“没错!”我说。

尽管他确信我无须别人提醒,这个友好的陌生人还是开始像个父亲一样给我忠告:各地的年轻人都面临同样严重的失业危险,华尔街的年轻人首当其冲,所以,所有的年轻人都必须保持头脑清醒,养成勤俭节约的良好习惯。他结束了自己的布道,得出的结论是:我需要购买 5 万或 10 万的人寿保险。他是美国最大型、最悠久、最优秀、最慈善的人寿保险公司的业务代表，他希望替我办理的险种是所有险种中最新的也是政策最优惠的险种。它是这家最好的人寿保险公司的智慧和财富的结晶，并且可以为投保人提供最优惠的条款。

一家人寿保险公司！

为了让他成为我的第一位客户，我殷勤地邀请他共进晚餐。一边想着去哪里吃饭，我一边暗中合计每月的保险费用，还有他能从中抽取的利润。唉，假如他能成为我的客户，哪怕只是偶尔购买几百股股票，对我的业务也是不小的帮助啊。于是我告诉他说，我当然希望自己有能力从他这里购买更多的保险，但不幸的是，我来到纽约后的工作还没有一点儿进展，我不知道目前的工作和收入将来能否确保无虞。我的意思显而易见——在我可以给他业务之前，我自己要先拿到一笔业务才行，也许他能给我介绍一位从事证券交易的朋友或客户？

而他一再向我保证：可以为我提供最优惠的条款和服务，并叫我不必担心费用。但我告诉他，对我来说，最保险的办法是：我的保险代表把他那些有证券服务需求的朋友介绍给我，这样，我才能保住我的工作和收入，然后才谈得上勤俭节约的习惯，同时也一起保障我的保险费用和我的人生。

我说的这些话让他有点儿不快。但是猛然间，他一下子面露喜色，就好像看见了他的业务提成似的，他兴奋地大叫："哦，我想起来了，我还真的认识这么一个人！"

我马上伸手去拿我的帽子。

"他对自己现在的经纪人的服务很不满意。"他继续说道。

"你能联系上他吗？"我问道，摆了一下脑袋，示意他一起出发。当时我的表现的确有点急于求成。

"我忘记他的联系方式了。"他答道。

"那么，只能咱俩一起去他的办公室了。你能帮我引荐一下吗？"我提出建议。

"好的，快点！我们现在就走！"他说。

我们马上离开了我的办公室，我们两个人都兴高采烈、志得意满，好像都看到了拓展业务的机会一样。

他朋友的办公室在约翰街。他的业务主要是进口高合金锭钢,制造特种工具。我示意保险代理人让我和他的朋友单独待一会儿,他会意地表示要离开一会儿,然后就走开了。

我向这位高合金锭钢的进口商介绍了我知道的一切证券交易知识,最后我终于成功地说服他成为我们公司的客户。他把自己的账户从沃尔科特·哈里斯公司转到了布兰森·巴恩斯公司。他是我在纽约发展的第一位客户。现在他仍然是我们公司的客户。但我却没有买那位介绍我们认识的保险代理人的任何保险。在我的钱包略有盈余之前,他再也没有来拜访过我。我想,也许他早就改行了。

令人奇怪的是,万事开头难。一旦我搞定了第一个客户,其他的客户就自动上门了。我不知道为什么会这样奇怪,但现实就是这样令人欣喜。第一位客户带来了其他的客户,难道说证券经纪人的业务就如同饭店或医师的业务一样,靠的是口碑相传吗?需要说明的是,我的第一位客户并不是通过我的哈佛校友的介绍,也不是由我本人的朋友介绍来的。

我继续猎取我的客户。我并不在乎我的每一次出击捕获的是松鼠还是大象,只要我能把斩获的猎物带回布兰森·巴恩斯公司纽约分部的办公室就行。能拿到我的第一位客户,靠的全是运气,或者说是我大面积撒网的前期准备,给我的工作带来了一点点起色,但是我的业务进展速度仍然非常缓慢。为了更好地开展业务,我养成了自我激励的习惯,每天我都督促自己更加努力,只有这样才能保证自己不会灰心丧气。威廉姆森先生是个大忙人,在我正在进行的业务方面,他也没有任何个人经验,我也不想让他为此操心费神,办公室的其他人也帮不了我。有一天,我跟威廉姆森先生聊起这些事,他真是一个友善的人,他表示也很同情我的遭遇,并给我提出了颇有见地的建议。从此以后,我就养成了每天下午股市收盘后跟他聊天的习惯,对于他的指教我非常重视。当我成为布兰森·巴恩斯公司的合伙人之后,我们仍然保持着这个良好的习惯。我正在干什么、我打算或希望去干什么,他总是第一个知道。我一直认为我的合伙人们是世界上最友好的人,他们对我的态度就像兄长,让我的工作成为乐趣,我再怎么感激他们,也不为过。

但是,我的工作能力不能只从我的业务主管那里学习,尽管他英明而且友好。很久以前,我就意识到自己的商业见解非常狭隘;我知道的内容与自己需要的内容还有很大的差距;就我已经掌握的那点知识来说,也不是很精确,所有这些对我的工作的实际帮助,作用有限。能够清醒地认识到自己的不足对我的事业大有裨益,我知道有两个途径可以使我的交易理论更加全面,也更能提高这些交易理论的实用性。其中最好的途径就是实践。实践出真知,我的业务经历就是我最好的老师。但是,这个途径对于个人成长来说,过于缓慢且成本昂贵。另外一个途径就是学习别人的经验。在分析交易技术和研究交易走势方面,学习别人的经验可以让自己的业务能力突飞猛进。但是我觉得这些还都不是最快的,提升最快的方法要数向竞争对手学习。认识到这点之后,我马上开始行动。而且我到现在还一直保留着这种学习方式。我可以坦白地承认,没有哪一天我不去研究竞争对手在干什么,没有一天不跟他们交流,没有一天不去学习他们的经验来提升自己的业务水平,你看,我就是这样的愚笨。如果有一天当我发现,自己已经失去了学习的能力,再也不能从他人身上学到什么的时候,我会马上主动从业务岗位上退下来。

像比尔·韦纳斯这样的朋友我有很多,他们都效力于其他的经纪人事务所。我非常享受每天和他们一起度过的那些时光。多数时候他们都很忙,顾不上陪我说话。但是,偶尔他们也会抽空陪我,我就好好地利用这些难得的机会和时间来向他们学习。学习业务知识,那同样也是我的业务的一部分。从他们那里,我学习到了很多关于股票和证券的知识,这些知识都很快成为我快速提高的工作资本。每天都有进步的重要性,完全不能和增长本身相提并论。这些忠诚热心的朋友把我介绍给其他经纪人事务所的更多人,我继续向这些新朋友学习。我知道自己没有理由获得任何赞誉,但我知道,在向别人学习的过程中,我获得了很多乐趣,这种感觉和普通人发现自己的兴趣得到了满足时的心灵感受别无二致。对我来说,学习业务然后从中得到回报,这种感觉就好像自己拿了双份工资一样惬意。日后,我用成功地收购某些公司回报了自己的公司。如果不是早期从各家经纪人公司的朋友那里学习了这个行业的某些应用原则,如今想成功地做这些事,又从何谈起?你永远无法预测什么时候你的知识会发挥作用,我却能够肯定,假如没有这些知识我们必须支付的评估费用会有多高!

每天我都去朋友们的办公室串门,并且乐在其中:如果我整天足不出户,老是待在自己的办公室的话,有些事情永远没有发生的可能;我指的是,我可以从其他经纪人那里拉生意。在纽约,有很多佣金事务所都在投资波士顿的股票,我给自己布置的任务就是让他们痛痛快快地把这些业务交给我们公司来做。假如他们已经把它交给了波士顿的其他事务所,我就会请求他们把这项业务交给我们做。果然,当他们真的需要某类订单时,都会选择我们公司。没过多久,我们的往来业务量就大幅提高了。这些业务回报丰厚,同时还为我们更好地了解纽约的其他证券事务所提供了依据。

在寻找客户的过程中,我的经历算得上丰富有趣。我的同班同学伦纳德·杜菲在他父亲的公司工作,那里紧挨华尔街。作为家里的独生子,他正在学习如何管理家族事业。伦纳德迫切地希望能帮助我。有一天,当他和父亲在顾问俱乐部吃午餐时,他看见我独自一人坐在桌子旁。于是他就把我叫到他们身边,把我介绍给了老杜菲先生。他坦率地告诉他的父亲,我是他的好朋友,所以我应该得到他们公司的一些业务。当然,这位老绅士非常疼爱自己唯一的儿子,大伙心中的好小伙伦纳德。他愉快地微笑着,向我购买了 500 股的股票。

能够拿到他的订单,我高兴得说不出话来,自然而然地,我把这份订单看成了我将来要发展的很多大单中的第一份。我想,我应该乘胜追击,说服他在我们公司开一个账户,看在伦纳德的面子上,杜菲先生肯定会答应我的。我真的有点儿喜出望外,就好像发现了一位每天每个小时都交易多次的客户,当然得排除星期天和节假日。而杜菲先生是一位相貌威严、身份高贵的老绅士。为了伦纳德的面子,同时也是为了我自己,我必须非常谨慎。

因此,我先对他表示万分感谢,决定用我的稳健和保守来打动他。我严肃地问他:“杜菲先生,你希望用保证金来持有这只股票呢,还是只是认购它?”

可是,当我看到杜菲先生盯着我看的眼神时,我的血液都变冷了。很明显,这是一个暴躁易怒的老家伙。看到我惊恐的眼神,他更加变本加厉了,用一种让你感觉身在北极的寒冬深夜的语气冷冷地说道:“年轻人,我已经 65 岁了,从商也已经 45 年了,我的一生中还从没想过要用保证金来买什么东西呢。”

“噢,不,先生!”我吞吞吐吐地继续征求他的意见,“我没想到您会这样想,先生!我这样问,只是为了——"

"噢,是的,"他粗暴地打断了我,"只是为了发现我是否真的有钱给你。"

"哦,不是这样的,真的,杜菲先生。根本不是钱的问题,先生!"我真诚地否认。

"不是钱的事儿?好吧,小伙子,这只股票每股现在大约是101~102美元,500股就是5万多美元。对于一个老家伙来说,这可是一大笔钱!"

"我相信,你这样做只有好处没有坏处!"我想他的说法更加证明了我的无知。

"既然不是钱的问题,那就是你的问题。你肯定希望我在余生中成为一个股票投资者。"他怒视着我。

从内心说,我当然希望如此,他可是我当时仅有的四名客户中的第四位,但我还是违心地否认:"不是这样的,先生!不是这样!"

令我惊讶的是,他开始大笑起来。他咆哮时,我们周围其他桌子上的客人开始看他,现在他开始嘲笑这些人犹豫不决的微笑:他们本应该听到这个笑话,可惜错过了,只得装模作样地露齿而笑。

最后,他说:"年轻人,把股票和账单一起送到我的办公室来吧,我给你开张支票。看好了,你现在正在抓住一个大机会。"然后他离开了。

我的感觉好极了,马上飞速回到办公室,立即下了订单。那天下午,当股市收盘的时候,我把这件事情全盘告诉了威廉姆森先生。他也大笑起来,然后,他告诉我说,据最保守的估计,杜菲先生的家产绝对不止1000万或1500万美元。他可是纽约最富有的人之一呢。

然而,我所做的这一切可不算犯了什么致命的错误。因为20多年来,杜菲先生坚持不时从我们这里买卖股票。如今他已经65岁高龄了,全部家产的价值已经超过了3500万美元。每次在街上或者在顾问俱乐部吃午餐碰到我时,他总是加大嗓门,用最高的声调叫我:"喂,杰克,你现在能做客户等级评估了吗?"我就老老实实地回答:"可以。"他就会接着问我:"你是不是还在说服老年人购买保证金股票呢?是不是还在想着拉我做你的保证金客户呢,杰克?"

我总是默契地配合他开玩笑。我告诉他,这是我准备付出一生为之奋斗的宏伟事业。于是他再次大笑起来。幸运的是,他的名字一直留在我们公司的客户名单上。

还有另外一位同学也帮了我大忙，我对他的感激无以言表。一天，我去他的办公室串门，这次串门对我和我的事业都影响深远。和我一样，他也从事经纪人行业，但他们主要做债券业务，而股票业务不多。他问我："杰克，你知道艾奇森公司要发行一些新债券吗？"

"我不知道。"我答道。

"那么好吧，我告诉你吧，他们准备组建一个大财团，负责承购债券的有关事务。你们公司为什么不考虑加入这个财团呢？"

"我会尽力争取的。"我马上返回办公室，立刻跟就波士顿总部联系。布兰森上校不在公司，但是巴恩斯先生在那儿，我把艾奇森债券的事情告诉了他，并把我的看法也告诉了他。我认为我们应该加入那个财团。不出我所料，他同意了我的建议。他本人就是"铁路通"，了解所有的铁路。他十分看好这个行业，而且他也得到了可靠消息，这家公司的确是要出售一批新债券。

挂掉电话之后，我马上就去了那家财团的代理银行。这家银行在业界很有名气，我要求会见他们的经理。他们把我带到他的办公室后，我作了自我介绍，告诉他，我们公司很想参与艾奇森债券的业务，我本人也非常期望得到这笔业务，我希望它能够成为我们公司的业务。你知道，我的工作就是获得业务，业务和客户才是我的衣食父母。

他看了我一眼，沉思了一下后，他温和地问我："所有的债券业务你们都能做吗？"

"不，没有那么多！"我坦率地承认道，"但我们可以代理艾奇森债券。我们对铁路的前景充满信心，所以我们对它的管理也一样有信心。"可能这不是我的原话，但基本表达了我的意思。

"好吧，"他缓缓地说，"我们还没有商定这些债券的最终价格。等几天再说吧，等我们公开发出财团信函时，我们会公布详情的。"

"谢谢你，先生！"我说，"布兰森·巴恩斯公司准备买进10万美元的债券。"

就这样，从我这方面说，这件事算是已经解决了。接下来要做的事情就是想办法把债券卖给我们公司的客户了。也许，这位经理从我的这张缅因脸上看出了我的担心，因此他非常客气地问我："你觉得，贵公司在加入我们这个财团之前，想不想知道艾奇森债券的价格呢？"

"我们很想听听你们对价格的判断。为什么不呢？"我问他。

事实上，我就是那样想的，因为这家伟大的银行在这件事上有最高的决定权。这些银行家们非常精明，也很谨慎，即便如此，我还是希望能够为布兰森·巴恩斯公司拿下这些债券。而这位银行家只是微笑着频频点头。然后，我站起身，与他握手告别，告别前我特意提到我的母校，告诉他，我是哈佛大学的哪一级毕业生，我还提到了我认识他们班的哪些人。

最后，我们真的拿到了10万美元的债券，然后我恪尽职守，尽最大努力向各个阶层的人们推销它们。这是我第一次在纽约进行这种尝试。当时，我们已经获准出现在这家伟大银行的财团名单里了。

债券是回报稳定的投资。为了尽快推销这些债券，我跑遍了所有的银行、信托公司以及很多的私人办公室。在一家银行，我见到了他们的副总裁。我跟他聊了一小会儿，他不仅有礼貌地听着，还表现出相当大的兴趣。我想最愚笨的人如我，判断自己是否已经打动了听众还是很容易的。当我们的谈话结束时，我确定我给他留下的印象还不错。看来我的游说已经打动了他，他就要购买我的债券了；这同时还说明了一种可能：今后我还可以卖给他更多其他的债券。又一位新客户！一想到这些，我不由得喜形于色。

正当我内心打着小九九，希望他主动问我他可以买多少艾奇森债券时，他却问我："你叫什么名字？你是哪家公司的？"

我赶紧告诉了他。

"你来纽约多长时间了？"

"6个月零8天。"我答道。

"好吧，约翰·肯特·温先生，"他愉快地说，"我们这家银行跟代理那家财团的银行有密切的伙伴关系，我们自己也加入了那个财团。事实上，我们才是这个财团的发起人。"他非常和蔼地说。你可以体会到我那时的感受。"我想你可能不了解这一点！"他继续说道，好像是在道歉，"非常抱歉，浪费你这么多的时间。其实在我同意你给我介绍的时候，我早就已经知道我们可以支配的债券的所有数量了。"

"好吧，先生！"我说。我只能如此说："道歉的应该是我。其实是我占用了您很多时间。我只能说，我非常抱歉，先生。”

“你无须道歉。说实话，你的确打动了我。假如我们自己没有加入那个财团，我肯定会在你这里买一些艾奇森债券的。我确实是这样想的。以后，只要你喜欢，任何时间你都可以来这儿跟我聊天。我愿意为你做任何我能做到的事。我了解你们公司，我还认识你们公司的一位合伙人，我对他给予了很高的评价。再说一次，我很高兴见到你，约翰·温先生，你可以在你需要的任何时间给这家银行打电话。”

然后我们握了握手，以最好的感觉告别。这就是对我意义重大的友谊的开始。回忆这件事是我弥足珍贵的财富。

这个人的名字叫亨利·P. 大卫逊。

第12章 华尔街不乏骗子和奸诈之徒

如果我想证明投资者对证券经纪人的看法有失偏颇，我们就必须追溯到上一代或者上上一代经纪人从业的那个年代。那时的人们总爱听信传说，经纪人的财富总是与他的客户的不幸成正比。这种说法是人们从过去的每次暴跌中猜测出来的，投资者那一星半点的保证金最终落到了经纪人的腰包里，他们把股市的暴跌称为经济萧条。出于不同目的的人对股市的上涨或下跌抱有不同的期望，所以从第一次股市暴跌开始，人们就开始肆意地诅咒华尔街。伪善的传教士在圣坛上大声斥责它，蛊惑民心的政客在立法大厅里严词谴责它，梦想一夜暴富的人则咬牙切齿地诅咒它。

其实，现在和从前一样，客户的损失都是自己交易不慎招来的。来华尔街投机的人如果妄想从无到有一夜暴富却不愿意赔掉一分钱的话，从财务管理的角度看，他就是在自杀。赛马场上赌输的人就没想过去责怪裁判和职业赛马骑师，即使有时候真的是他们让低劣的赛马光明正大地赢得了比赛。但是，类似的这种幕后交易却很少发生在证券经纪人的身上。人们不去抱怨他自己的无知、贪婪或天生的愚钝，反而喜欢指责经纪人太过贪婪。

坦率地说，华尔街确实存在过一个不容辩驳的现象：某些经纪人容忍甚至鼓励客户超额交易，准许办事员向客户提供道听途说的建议，或者把不尽翔实的信息提供给客户。而优秀的经纪人却为这些不称职的经纪人的错误而备受责难。不过,在我看来,如今金融界的从业方式已经得到极大的改进了。

在我学习业务经验的过程中,我非常注重倾听我的竞争对手和前辈们的意见。从同一时期的人的从业经历中,我学到了很多东西,这些见识比我自己在业务中学到的要广博得多。我的老前辈的经历告诉我,华尔街的历史本身就是不断重复的,而且比大多数地方的反复更加频繁。拉里·利文斯通在他的回忆录中说过:

"我很早就知道华尔街没有什么新鲜事。那里永远也不可能会有什么新鲜事,因为投资的历史就跟大山的历史一样年代久远。如今证券市场上发生的一切,早在很久以前就已经发生过了,并且将来还会继续发生。我从来不会忘记这一点。同样我还记得的另一件事就是,证券交易市场里发生的所有事情,它们发生的时间和发生的方式,都可以帮助我把成千上万人的经验变成自己的财富。"

我很幸运,有一次巧遇了威廉姆森先生的一位朋友,他是一位不久前才退休的资深经纪人。他喜欢喋喋不休地抱怨,华尔街发生的变化有多么不幸。对这个老家伙来说,要让他改变习惯是很难的。毕竟,琐碎的日常事务给生活机器增添了有力的润滑剂,股市中的奇迹也因此频繁发生,通常变化的只不过是大盘震荡重组后的不同名称而已。

我向他请教从前的华尔街怎么样。他用老年人那种从容不迫的、悠然自得的语气开始讲述。作为一个在交易所场内执业了30年一直必须快速说话的人来说,他现在的语速好像过于缓慢了。我想,可能是年龄的关系吧,他记忆中的画面需要一点点地拼凑,才能连接起来。

他说:"当年我第一次来到这里的时候,华尔街还不像现在这样招人嫉恨。那时,这里没有任何高楼大厦,中午人行道的两边也没有科尼岛拥挤的人群造成的交通堵塞。你可能不会听到纽约非常完美的满口赞誉,金融街的街道也没有现在这么过分拥挤,街道上更没有那些年轻的男男女女在那里搂搂抱抱。只有大批大批的办事员!老板的工作都很轻松。他们雇用成群的办事员和女人们来做业务,而他们自己则优哉游哉地去打高尔夫球。如今情况不同了,连他们自己都说,我们要是还像从前那样工作,想完成当今的工作量是不可思议的事。"

“这就是现在和从前的不同之处。唯一不变的只有三一教堂依然矗立在华尔街的最前端。墓地还在那里，墓碑还是老样子。正是这些永恒的纪念碑，激起了梦想一夜暴富的那些人的邪念，他们认为传教士所讲的一切虚无就是在交易中赢得比赛。而事实上，天下没有免费的午餐。”

“如今，从前的财务部分局依然巍然屹立在华尔街，但旧时的化验办公室的门脸已经消失了，海关的办公室也不见了。那时的华尔街，大部分建筑都是一排又一排灰色的老房子。尽管如此，依然难掩它作为世界上最富宗教色彩的城市的本色。这些建筑样式古老，高高的门廊，楼梯上锈迹斑斑的铁栏杆，幽深凉爽的地下室都引人遐想。尽管那时的华尔街也是商业区，但却不像如今这些巍然耸立的办公大楼这样令人压抑。那个时候，商业交易场所全都位于居民区，纽约的国际性特色还没有显现出来，但它已经颇具美国特色了——尽管不算繁荣，却更具居家特色。”

“你知道，单就人口而论，纽约是个小城市，但它的优势在于它兼容并蓄的胸怀。一个人不费吹灰之力就可以认识本行业的所有人。我认为，华尔街的氛围比非商业区更加友善，因为即使那里的每个人就住在交易市场的对面，他们也都和我有着相同的愿望，我们都希望能够正确地判断市场交易的走势。我的哥哥一直在做皮革生意，过去他常常谈起沼泽地的氛围，在那里做生意的所有皮革商人和睦相处，他们就像和睦团结的邻居。你可以到隔壁去借一包糖，或者一勺盐。共同的利益把他们连接成一个利益共同体，他们所有人就像中世纪时期的行会一样团结。而在华尔街，人人都变得像狗一样，为了自己不饿死，不惜吃掉他的同伴。尽管没有人赞同自相残杀，但是为了金钱，为了一己之私利，他们却都要强词夺理，找出种种理由来证明自己行为的正当性。行业内的竞争就像是一场足球赛。每个人都全力以赴，都想赢得比赛。只要裁判看起来不算太野蛮，就没人会用麻醉枪对付他。因为大家目标一样，不是拿取就是给予，所以每个人都心安理得。当一位绅士发现一个机会后，生怕被别人抢了先，所以他往往会先下手为强，即便会因为抢走了别人的钱而内疚一阵子，但只要有可能，下次他还会这样做。那时，我们每天去办公室都要花很长时间，要么乘坐公共马车，要么就是公共客车，可是，至少我们还是人，还拥有主动权。而现在，你们乘坐地铁电车，只需花几分钟就到了城里。可是，你们只是供人驱使的两只脚的牛！”

“我们拥有某些东西,而你们则拥有另外的东西。你们郑重其事地推选出商业道德委员会,你们还装腔作势地制定出各种各样的条条框框来防止公众的抗议。每件事都被这些规则约束着,所有的这类事情都不例外。然而,经纪人自己的团队精神怎么样?还有没有?它到哪里去了?毫不客气地说,你们都成了唯利是图的商人。你们已经不再关心你的经纪人兄弟的遭遇如何了。在我们那个时代,曾经有一个会员兄弟去世了,证券交易所的主席用交易的槌子在他的墓地上重击了三下,缓慢而有规律的重击代表着丧钟。此时,在纽约证券交易所里,所有的声音和活动都蓦然停止了。猛然间的安静令在场的500人都惊呆了,这是一件多么不可思议的事情啊!空气中充满着死亡的气息。对金钱的追逐、对蝇头小利的争夺和买卖股票的交易,一切活动全都停了下来,所有人都摘下了帽子,为他默哀。我们静静地矗立在那里,用心倾听着与我们一起做过交易、一起吃肉喝酒、一起开玩笑、一起争吵、竞争了数千次的朋友离开人世的告别钟声。可怜的比尔!我们都为他哭泣,但哭泣可不会持续一小时。几分钟后,交易的槌子再次敲响,激烈的喧嚣、声嘶力竭的叫喊、蝇头小利的争夺甚至连打架全都在一分钟内复苏了,所有的一切都比间断前更加大声、更加激烈。但是,至少我们都情真意切地说了句‘可怜的比尔!’。但现在呢?好吧,你死去吧、你被诅咒吧,这跟谁有什么关系呢?这就是你的经纪人兄弟跟你的关系!唉!回忆从前,这个习惯让人伤感。如今,你们都太忙了,没有时间说‘可怜的比尔’了。设想一下:假如一天之内有三个经纪人相继去世的话,你会失掉三个几分钟!这些时间你已经浪费不起,哪怕只是十分钟或者三分钟。可是,你们却拥有很多这样那样的委员会,制定出很多新的禁止做这事那事的规则。”

“在我们那个时代,只要你顺着华尔街走一圈,就会看到有人跟小城镇的店主一样,就站在门口,每个门口站的都是固定的那帮人,渐渐地你会像了解你大学时的同班同学一样了解他们。事实上,在那个年代,来华尔街的每个人你都认识,因为他们多数人都是你的老主顾。就跟现在一样,你会遇到形形色色的人,只是那个时代,人与人之间的关系比现在更加亲密。他们当中的有些人老是出现在报纸的头版头条上,有些人的名字人人都耳熟能详。在哪里都能找到下面这种人,因为受到了记者的揭发,报纸上不再出现他的名字,直到最后,事实证明他是有罪的,他自己跳河自尽,事情才算平息。”

“在地下室的办公室里，有各种各样的经纪人：黄金经纪人、证券经纪人和债券经纪人等。在那里，他们曾经进行过一些背着交易所的地下买卖。我曾经多次看见英国人走进这些地下交易办公室，里边的人都在干着同样的勾当，每个人看上去都像是过路者。他们急匆匆地走进来，直截了当地说：‘哦，我想买一些伊利铁路的股票。’”

“‘好的！伊利 38。’”

“‘哦，好的！给我来 10 股。’经纪人就拿着 10 股伊利股票的证书走到他的后面，偷偷递给这些英国人。一般情况下，跟正常的交易所出售的股票比起来，地下交易的经纪人会多得半个点的佣金。”

“你可能会认为我在夸大事实，但这是真的。那个时候，英国人通常直接从‘利维坦’来，‘利维坦’的吨位大约是 5000 吨。他们来到华尔街，先是看看热闹，然后在 1 点钟购买伊利，交易的时间从不更改。这好像是一个全国性的习惯。几天前，我跟一位巴尔的摩来的投资银行家交谈，他非常机智，容易相处。他给我讲了一个故事，这个故事是他的律师告诉他的，与他公司里的一位伦敦客户有关。这个客户从一位巴尔的摩的亲戚那里继承了一些财产，这位亲戚同样也是这位银行家的客户。由于某些原因，造成了遗嘱和财产之间的复杂关系，律师有责任去仔细检查死者过去几年的收支账目。你知道吗，先生？律师竟然多次看到同一笔相同的账目。账目如下：‘伊利铁路年度损失，1348 英镑 9 先令 6 便士。’”

“这就是当时英国人对伊利铁路的看法。而现在我们的国际投资业务则完全不同了。”

“我年轻时，很多黑市交易都是在街边上公开进行的，尤其是在那些街道宽阔的路段，有很多最早的、真正的路边市场。股票交易所的场内交易 3 点钟收盘后，路边市场的交易才刚刚开始，这样的交易通常持续一个半小时左右。这种补充性的交易市场，业务量有时大得惊人，差不多能赶上我们在场内交易的业务量总和。某种程度上，人们聚集在那里就像是在赶大集，人人都知道这个市场的存在。小煎锅一样可以煎大鱼。这里的大多数常客都是‘老相识俱乐部’的成员，他们常常都用姓名代号来相互称呼。股票行市自动收录机的确在社会的各个阶层都起到了很大的作用。不管什么时候，只要我来到华尔街，都有可能听到有人大叫 JG，JG！'，抬头往上看，就能看到精彩的一幕：一位分享佣金的经纪人紧紧追赶着一位小个子男人，这位小个子男人皮肤黝黑，眼睛明亮，留着黑胡子，这就是有名的杰伊·古尔德，他是暗地操控华尔街的最伟大的天才之一，国家遭受财政危机时，丹尼尔·德鲁曾说他是一位险恶的金融大鳄：'他的触摸就是死亡！'他非常富有，在股票市场上，他可以翻云覆雨，行踪诡异。假如你想见他，和他说话，你只要大叫一声'杰伊·古尔德'！伟大的杰伊·古尔德就会在下一个街口等你。"

"那时股票行市自动收录机尚未问世。股市报价靠的是人与人之间的口碑相传。经纪人把报价告诉一些人，这些人把报价写在便笺上，分头去各个办公室传抄，或者让人们相互传抄。这些从经纪人那儿拿到最新股价的人，便是便笺报价员。通常他们会走到你的身旁，把抄有股票价格和名称的便笺推给你。他们就是'会走路的全自动报价机'。带着便笺跑——他们常常称之为流程——没有自动收录机那么快，但是，由于把股价告诉便笺报价员的经纪人都很谨慎，所以也没人怀疑他们报的价格是否真实。便笺报价员的薪水由经纪人事务所支付，费用从他们带给经纪人的所有业务的佣金中提取，100 股提取 1 美元，现在的术语叫做分享佣金。由于股票行市自动收录机的出现，再加上便笺报价员阻碍了流动灯和交通的发展，所以，证券交易所最终取缔了这个行业。"

"交易所的另一边则完全不同。在新街这边的房间，他们称之为宽室，而在宽街那边的房间，则是著名的长室。场内用栏杆围起来，外面的人每年要支付 50 美元年费，才被允许站在栏杆旁边，小声地将他们的订单直接告诉在栏杆的另一边的场内经纪人，也有一些人会钻空子，整天站着栏杆，却从未掏过一分钱，然而，交易所却认为所有人全都支付了 50 美元的年费。街上最大的事务所的老板从来都不会高高在上，你经常看到他们亲自在场内操作订单。即便这些百万富翁事必躬亲，勤奋工作，被人看见了也没什么，他们都很坦然。"

"现在我们看到的完善的佣金行业在当时还欠发达。客户接待室里设有黑板，这是必不可少的，那时也有投资公司，他们的业务范围包括对股价波动进行打赌，所以抢在别的客户之前得到信息就很有必要。直到 1901 年或 1902 年，当时的经纪人还在争先恐后地往办公室里安装报价板。"

“那时候,经纪人工作令人心情愉快。虽然不乏骗子和奸诈之徒,但这些人各行各业都有,不会成为经纪人行业的主流。不正当的交易手段在过去某段时间曾经大行其道,但是现在它已经没有存身之地了。不过我坚持认为,从前它的普遍性造成的后果也没有今天的后果那么严重。为了营造更好的行业道德氛围,改善保护性策略的理论体系,人们往往指责证券交易所的老会员是恶棍和凶手。其实呢,现在也好,过去也罢,所有的损失都是由客户自行承担的。像选择好的医生、好的屠夫或好的珠宝商和铁路一样,客户有权利自由地选择好的经纪人,怎么选择则完全由客户自己决定。”

“当然,通过操纵市场来牟取暴利的过程在当时也备受大众的推崇。每个人都企图暗箱操作。从雅各布·利特尔和丹尼尔·德鲁,甚至早在内战以前,他们就开始这样做了。当然,德鲁、菲斯克还有古尔德,他们操作伊利铁路,对抗甚至像老康文多尔·温德比这样可怕的对手,这在现在是行不通的。我还记得加尔文·布赖斯和山姆·托马斯将军联手炒作美国棉油的经典案例。”

“已故的糖业公司的 H. O. 哈维迈耶靠炒作自己的股票达成了自己牟取暴利的心愿。你应该记得,在这些案例中,主要的受益人和主要的受害者都是投资者。然而,在当今这种局面下,妄图通过操纵市场来牟取暴利的人不像过去那么多了,要想做成这件事也没那么容易了。我听说,传说中,有手段、有胆略、操控股市成功的那些人,没有任何旧的操纵纪录可以与一个石油巨头的专长相提并论。”

第 13 章 新上司和新朋友

我早就知道布兰森·巴恩斯公司派出了得力的人，负责纽约分部的业务。这个人就是乔·威廉姆森——我的新上司。和我在交易中赚到的那点钱比起来，他的友谊更让人心情愉快。在我走向成功的路上，他的友谊举足轻重，他的作用无可替代。但是，要想详尽地描述一位优秀的主管如何让自己的下属发挥最大潜能，却是不容易的。从我刚到纽约开始，我就十分喜欢威廉姆森先生，他有着典型的新英格兰性格。尽管他从来都不说是否喜欢我，但前不久，我证实了这一点：他对我非常信任。

有一次，有一笔我努力了很久的交易泡汤了，我对此非常懊恼。他安慰我说："别担心，杰克。不管别人怎么看，至少我十分信任你，我知道你已经尽力了。但对你正在做的这些事，我爱莫能助，我只是看到了潜在的危险。"

看得出，他不像是在开玩笑。我就问他："什么危险？"

"如果什么事你都能一蹴而就的话，你就会脑子发热，妄自尊大。"

他的话让我忍俊不禁。一笔让我费了好大劲的交易刚刚失败，我的上司却忠告我不要自满。这是多么及时而又意味深长的忠告呀！

每天下午股市收盘后，我都会跟威廉姆森先生一起，讨论我们纽约分公司的业务。这已经成为我们的惯例。最终我们达成共识：应该向波士顿总部上报我们的工作内容，包括办公室的每个人在每天的每一分钟所干的每一样工作。我们的工作高效、快捷、准确。我们从不抱怨:为什么要求我们完成的工作其他人却完成不了?我们从不推诿,从来不说"我们不可能更好地完成这项任务"。我们什么都不解释,只是身体力行。我们总是竭尽全力,专注做事,并且我们对自己的工作成绩也很满意。为了达到这些目标,我们做了很多工作,尽管之前纽约分公司从未这样做过:我们尽力说服纽约的客户把业务交给我们来做。我们在工作上所做的一切努力,布兰森·巴恩斯公司在波士顿的总部都看得清清楚楚,所以他们决定为我们全力提供服务,尽管我们在纽约本土的业务增长速度没达到预期的那么快,但纽约人在布兰森·巴恩斯公司波士顿总部的投资业务却在稳定增长。这就是人类的本性,我们为客户提供的优质服务给自己招致的却是无尽的烦恼。哪怕仅仅是因为我们工作上的一点点延迟,或者我们支付的交易订单的价格上差了0.125个点,都会让我们在波士顿的客户抱怨不迭。他们也许忘记了,要不是我们对工作孜孜以求,他们根本不可能从经纪人那里得到绝对可靠的消息,或者听到什么有用的建议,因为他们本来就从没想过要求完美。可是我很懊恼,波士顿总部似乎还不知道自己公司的威廉姆森先生是纽约证券交易所最好的场内经纪人,我也没有意识到:仅仅作为一名公司的办事员,布兰森上校和巴恩斯先生不可能让我知道威廉姆森先生是布兰森上校和巴恩斯先生最亲密的朋友及最信任的合伙人。这些都是很久以后我才知道的。

我认为,我和威廉姆森先生已经成功地建立了一个机构,这个强有力的机构的建立,极大地提升了我们发展业务的能力。认识到这一点之后,我们就有了更加坚定、更加强大的动力,推动着我们去争取发展更多的业务。正如我一直认为的那样,发展业务的唯一方法就是拼命地追逐业务,我本人一直坚持这样做。为此,我改变了公司的办公室体系,建立了一种更有效率的办公体系,当然,我自己主要负责拓展新业务。

多数经纪人事务所都会受到陈旧传统的影响,认为只有持有巨资的大客户才是最重要的。我们公司也不能免俗。谁都喜欢大额账户。一天,有人问我,为什么华尔街一直津津乐道那些泄露内情的暗箱操作者,认为是这些人随意抬高或降低股票价格,精心策划一次次的股市震荡来操纵市场的?好吧,我向他解释,有关"他们"——那些暗箱操作者的神话之所以广为流传，经久不衰，是因为我们听到了太多滥赌的赌徒一举挣得上百万美元的意外之财的暴富故事，我们看不到或者不愿看到成千上万的人凭借完美的操作交易去逐渐积累财富的故事。我指的是全面地了解情况之后运用常识买卖股票的那些人。人们都梦想一夜致富，却都不肯脚踏实地地正当交易。

我依然坚持，自己最在意的仍然是大客户。毕竟，旧的传统喜欢大客户是有原因的——通常，他会比有钱的人更加富有。他在自己的行业里出类拔萃，他靠身上的那些能够令人成功的品质来赚取财富，有了这些品质的人在任何行业都能创造不菲的价值。一个能力超群的人，既然可以在自己的行业赚取上百万美元，那么所有人都巴不得与他做生意。因为他凡事都有主见，行事睿智果断，他遇事喜欢自己拿主意，而不是东问西问。他需要知道的只有翔实准确的信息，只要他得到这些信息，自己就会做出正确的判断，选择最有利于自己的交易——也就是说，他自己就可以像一个优秀的经纪人那样进行交易。

跟这种聪明人打交道，不需要我过多地解释，我要做的，只是提供详尽的数据，他自己就可以得出明晰的判断，及时采取果断的行动，赚取丰厚的利润。这种客户勇于担当，果断干脆，从不拖泥带水，怨天尤人。偶尔他也会赔钱，但他永远不会失去理智。总而言之，大客户在各个方面都卓尔不群，气势非凡。假如他见识浅陋，就不可能在自己的行业里顺风顺水。

不过，凡事都有例外。就像赌场上有一窍不通却能赢得满堂彩的幸运儿一样，交易场上也有全凭运气的百万富翁。有的有钱人并不见得比别人有头脑、比别人学识渊博或者比别人在决策时更有魄力，但由于他们有雄厚的资金支持，所以交易时他们底气充足。我说的大客户不包括他们。

小人物更麻烦，这是我的经验之谈。他跟那些理智的大客户完全不同。他不想知道真相，他天天时时都在忙着打听小道消息。他总是自作聪明，打听想要买卖的股票的内幕消息，然后不管自己是否看好这些股票，只管跟风买进或卖掉某只股票。如果经纪人给出的建议收效很好，即使每百股需要付给经纪人 12.50 美元的佣金，他也觉得不在话下。因为这些股票上升 10 个点，他就能赚到 1000 美元，而经纪人的佣金不会因此多收一文。而他呢？却可以因此而沾沾自喜，四处炫耀：别看我是外行，我的炒股技术却很高明。一旦交易失手，他就会把经纪人的佣金忘到九霄云外，两眼通红地盯着自己赔掉的400美元或500美元。其实,不管他是赚钱还是赔钱,经纪人的佣金早就从他的荷包跑进了经纪人的腰包。

如今,现代化的证券事务所都设有数据部,负责收集数据,做出分析,然后及时为客户提供详尽准确的信息。这些信息,主要包括收支的官方数据、交易情况的分析等。我们公司的客户都能准确地判断自己该不该交易,应该怎么交易。我们从不散播不负责任的小道消息或市场流言。当股票上涨时,我们会及时地给客户提出切实可行的建议。如果客户不采纳我们的意见,他完全可以自己决定如何交易。如果他接受我们的建议,就会对自己该做什么、为什么这么做了然于胸。

人们喜欢问我什么是投资原则。在我看来,买卖股票和债券跟买珠宝、鞋子或皮草一样,需要精挑细选,所以,最重要的投资原则就是要选择一位诚实、守信的证券商,让他告诉你交易的真相和数据,然后经过你自己的思考,自行决定买进还是卖出。所以,选择证券商要像选择医生或屠户那样,慎之又慎。

我第一次来到纽约工作时,把方方面面的事都通盘考虑了一遍。我也有过失误——我有点急于求成,把一些本不应该考虑的事情都考虑进去了。当我四处碰壁、走投无路时,我居然将希望寄托在哈佛俱乐部的名单上。当我发现我们纽约分部可以办理更多的业务,这些业务比我们现在经营的业务更有价值时,我开始执着地追逐大客户。举个例子吧,有次我听说布兰森上校跟温思罗普·C.罗斯很熟,我就开始往他的办公室打电话,至少打了15次。扫兴的是,每次都是他的秘书接电话,好像罗斯先生日理万机似的。罗斯先生的交易面很广,各种各样的股票都能引起他的注意。当时,他正专心处理一笔大交易,这笔交易是由布兰森·巴恩斯公司波士顿总部经手的,他把自己一大半的时间都花在那笔交易上,所以我便向公司高层建议:最好由布兰森上校跟他直接交易。哪怕我天天给他打电话,打10年都没关系,当务之急就是让他快点在我们这里开户。我不在乎谁能拉到主顾,我只在乎能否拉到主顾。我个人的业绩是否增加也不重要,纽约分部的业务增加才是最重要的,何况罗斯先生一直都在交易。

罗斯先生是新罕布什尔州人,新英格兰的每一条电车路线都有他的股份。他在华尔街所有的大型经纪人事务所都设有账户。我想,既然他可以对别的事务所都友善慷慨,我们就没理由放弃他。他刚刚在韦斯科特·布莱恩公司购买了1万股股票,这家公司是当时华尔街规模最大的事务所之一。然而,这么大的交易量在韦斯科特·布莱恩公司眼里简直微不足道,因为这家公司的客户都很富有,百万富翁多如过江之鲫,其他所有事务所的大客户的人数加在一起,也没他们一家的大客户的数量多。

在我的一再要求下,布兰森上校跟罗斯先生通了电话。众所周知,上校口才很好,所以他总能心想事成。除了口才好之外,他能凡事顺遂的另一个原因就是:因为上校自己愿意为别人做任何事,所以每个人都心甘情愿地为他做任何事。因为谁都不会拒绝一个让你无法拒绝的人。

只要上校通知我,让我给罗斯先生打电话,我就马上行动,一一照办。这次,我获准去面见他。我对他说,我们已经做好了准备,让他在波士顿和纽约都享受布兰森·巴恩斯公司提供的最好的服务,就是不知道我们能否获此殊荣。当时他的确在波士顿的公司总部进行了不少证券交易,总部也为他提供了大量优质的服务,所以我说我希望他能给我们纽约分部更多的业务。我说过,他的交易面很广,在纽约证券交易所的六家公司里,他都是股票策动人,他喜欢大批大批地交易这些股票,连那些他无法控制的股票也从不放过,所以争取到这个客户会给我们带来滚滚的财源。

也许有些人想知道,我们事务所的经营策略这样保守,而罗斯先生又这样嗜赌,我们为什么非要给他开户呢?保证金业务危险又无章可循,这样的账户对经纪人事务所来说不够安全。其实,这是大家的错觉,保证金业务和其他业务没啥两样。种瓜得瓜,种豆得豆。只有那些热切地追逐业务的事务所才能得到更多的机会。只要经纪人经验丰富,判断准确,那么保证金业务一样不会失手。

对此,我有自己的亲身体会。我们公司在保证金业务上的坏账还没有在市政债券上赔得多。十几年来,在保证金业务上我们赔掉的钱不到10万美元。我们拒绝任何客户做小额的保证金交易。只有自己安全才能保证客户交易的安全。我们公司一直坚持一个原则:保证金的标准不能降低,只有这样我们才能留住业务和客户。即使急于得到保证金,我们也不会放弃这个原则。这样做的另一个好处就是可以避免向银行提供更多的抵押品。我们会敦促客户按照我们的规则进行交易,以此来保证自己和银行的权益不受损害,所以银行方面也就放心了。

证券经纪人经常跟银行打交道。我的高级合伙人的观点是:最好服从银行贷款的条款,为了一点蝇头小利去跟人喋喋不休的做法愚不可及。与我们到处奔波去筹钱比起来,多给银行0.25%的费用又算得了什么呢?我们公司一般把保证金的标准维持在银行贷款的30%左右。有些事务所为了跟同行抢业务,不惜把标准降到5%。我们公司绝对不会这样做,这样至少保证我们自己不会亏损。不管是经营证券投资、纺织品、鞋子、服装或百货,资金不足和经验不足都是美国的商业失败的主要原因。

温思罗普·C.罗斯是我们纽约分部最大的客户。我们从他那里赚到了可观的佣金,而他从我们公司得到了最好的服务。我们为了留住他这样的客户,必须向他提供合乎心意的服务。他是一个非常精明的千万富翁,和融资不同的是,他对公司的资金运作技术运用自如。他这样的人一般都不受约束,就是正常的催缴保证金都会引起他的反感。VIP客户更喜欢享有比别人更多的特权。

1907年,金融危机来了。什么事看上去都太不对劲,大家都不明就里,所以都有点措手不及。股市刚开始崩盘时,曾有一位自作聪明的经纪人向大家解释:因为某人想赚一美元,可他没赚到,于是他只好卖出股票。其实,早在崩盘的几个星期前就有消息说,罗斯先生已经辞去了一家银行的董事会的主席职务,而且他还是这家银行最大的股东。人们言之凿凿地说,罗斯先生已经失去了对银行的绝对控制权,传说中罗斯先生嗜赌成性。华尔街的经理们争相传播这些流言,而罗斯先生在这次危机中却毫发未损。

我们都明白,罗斯先生财力雄厚,所以我们才有钱赚。我们坚持公司的保证金规则。既然我们公司的规则正确,那么任何人都必须遵守。假如每一次交易你都讲特殊性而违背规则的话,那就等于说,在这不愉快的5分钟内,这个规则根本就不存在,那么这个规则的制定还有什么意义呢?所以,规则不容更改。

罗斯先生一直持有大量的新罕布什尔电车的股票。他非常看好这只股票。他在这只股票上曾经操作过好几次,这只股票也让他赚了不少钱,此举还曾因此引起股市轰动。

而我们公司在纽约的分公司替罗斯先生持有大量的新罕布什尔电车股

票。但不幸的是,大盘越来越虚弱,这只股票的价格逐级下滑。很快,罗斯先生的保证金就跌至我们的底线。换成是其他人,我早就通知他追加更高的保证金了,但对于罗斯先生,我却犹豫不决。以前我们从来没要求他追加过更多的保证金。这些有钱人一接到追加保证金通知,就会暴跳如雷。他们喜欢用自己的信誉担保,假如你要他们自掏腰包,哪怕是从保险箱里掏出点儿金边证券来,他们都一毛不拔。仔细想想,和信誉抵押、银行存款抵押比起来,还是现金和股票变现更快。

股市持续走低,形势依然严峻,我只得鼓起勇气给他打电话。我给他打了无数次电话,可是接电话的人就那几句话:罗斯先生出去了,罗斯先生在开会,罗斯先生在开董事会。总之,就是不能来接电话。

我无计可施,最后,我只得忐忑不安地来到居民区。我很清楚:这次,我们真的可能要失去这位 VIP 客户了。不管我用多么委婉的方式来下达追加保证金的通知书,都会惹恼他。可是为了在瞬息万变的股票市场上站稳脚跟,我们公司的业务必须遵守规则。所以,我必须要求罗斯先生追加更多的保证金。

我很快就到了罗斯先生的办公室,他的女秘书真是非同寻常,偶尔她会出现在一些大财阀的办公室里。尽管她不像 H. H. 罗杰的秘书那么出色,记者和金融作家对她也知之甚少,但这些都不妨碍她对罗斯先生忠心耿耿。事无巨细,她全都替他打理,包括打发掉那些前来讨债的债主。

我朝她礼貌地鞠了一躬,自我介绍说:“我是布兰森·巴恩斯公司的约翰·温。我有事要见罗斯先生。”

她看了我一眼,眼睛里饱含着所有年龄的人的一切智慧,像是经过了 3000 年的凝结一样,能够洞悉一切。

她听到了我说的每一个字,却故意漫不经心地问我:“什么?”似乎她什么都没听到,以后也什么都听不到似的。

我尽量口齿清晰地说:“我想见罗斯先生,”同时准备穿过栏杆,进入大门。

“不行!”她冷冰冰地说。说完她就不再理我,开始假装埋头工作,随手翻翻报纸,这些报纸显然是给像我这样前来讨债的人打发时间准备的。

我发现通往里边办公室的门开着,所以我提高了音量,大声说:“麻烦你通报一声，告诉罗斯先生，布兰森·巴恩斯公司的约翰·温有重要的事找他。”

让我恼火的是，她继续看她的报纸，根本不理我，又看了两分钟后，她才抬起头。她看着我，好像很为我伤感似的，依然干脆地说：“我很抱歉，不行！”

“为什么不行？”我问道。

“因为你要见他。”她无奈地对我摇摇头，同时好像也是给自己摇头——她觉得会因此而受到普通人的指责。所以她又温和但依然坚决地解释：“他谁都不见。”

“任何人？”

“任何人！”

“为什么不见？”

她的回答更加礼貌，就像是福音一般：“他不见任何人。”

“怎么了？他的眼睛出问题了吗？”我问道。

“不，他的眼睛很好。但是他不在办公室！”她一点儿也不恼火。

这更让人忍无可忍。我告诉她：“我一定得见到他。我给他打过电话，但是打不通。所以，我只能自己来见他。”

“我很抱歉。”她叹气道。

“如果他不见我，他一定会后悔的。”我依然坚持。

“我很抱——”

“看着我！”我大声打断她，“不管怎么样，我都要见罗斯先生！我知道他就在办公室。我不相信他不出来吃饭。他能绝食多长时间，我就能绝食多长时间。我就坐到这儿，一直等到他肯见我为止。我得跟他谈谈，哪怕一小会儿都行。就算耗上整个夏天，我也会坚持到底的。”

我环顾了一下四周，找到了一把椅子，我还看到附近有个电话亭。于是我走到电话亭，给办公室的办事员打电话。然后我回到罗斯先生的私人办公室门前，对着那扇开着的门，高声说：“我刚给我们公司的人打了电话。这一个星期他都会给我送吃的和喝的。我会一直坐在这里等着罗斯先生。”我拿了一把椅子，放在罗斯先生的私人办公室门前的栏杆处，背对着那位女秘书，坐了下来，做出一副等人送饭的样子。我的第六感告诉我：她在盯着我。

这是真的。

就在这时，传来了一个男人恼火的声音："你想干什么？"

我转过身，罗斯先生就站在门口。

"我来是要通知您：您的账户需要追加15万美元的保证金。"

"你们不需要这个。"

我依然礼貌地说："不，罗斯先生，我们当然需要。您应该知道，这是公司的规定。"

"罗斯先生，我不想给您找麻烦，我只是希望您能把需要追加的保证金交给公司。"我做好了与他交火的准备。

他挥挥手，想赶我走，也许他觉得我像个小孩一样，一根棒棒糖就能打发。他很不耐烦地说："我现在很忙。这件事随后再说。"

"罗斯先生，能够为您管理账户我们很荣幸，但是您的账户情况不容乐观。"

"我说过，现在我不想说这事。我还有很多其他事情需要处理。"他转身走回自己的私人办公室。

"罗斯先生，"我追着这位VIP客户说，"如果我们拿不到您那些股票的额外抵押或现金，我们将清算您的账户。"

"我看谁敢这样做！"他大叫道。

"真的吗？那咱们就走着瞧！"说完后我站起身，准备离开。为了引起他的重视，我又大声说："您还有足够的时间来处理这件事。如果您不珍惜目前的机会，我们只好卖掉您账户上的所有股票！"

然后，我返回自己的办公室。我知道，我们可能会失去这个有利可图的客户，但我们必须保住公司的利益，只有这样做，对我们的其他客户才是公平的。我必须坚持我们的保证金原则。于是我口授了一封保证金通知单，通知罗斯先生在星期四上午10点之前，往他的账户里追加额外的保证金，证券或现金都行，不然的话，为了降低风险，我们只能在星期四清空他的账户里所有的股票。

从那以后，我们再也没有得到他的任何消息。所以，威廉姆森先生毅然卖掉了罗斯先生全部的新罕布什尔电车股票。我们公司没有丝毫损失，但股价在星期四却下跌了40个点。这时，这只股票已经变得一文不值。罗斯先生的其他股票和债券我们也都这样处理了。

星期五上午，罗斯先生给我们公司的办公室打电话。本来，我觉得他会大吵大闹，或诉诸法律，没想到他先给我道歉，说在他的办公室不该那样对我说话。但他还坚持说，我可以更友好地追讨保证金，在他还没有回复我们卖光他的账户的信函之前，我们不该清空他的账户。至少应该通知他一声，给他点时间。他没有任何抱怨。

金融危机来了，罗斯先生首当其冲，成了大恐慌的受害者。他过于张扬，交易面太大，所以，当危机来临时，即使他资金雄厚、消息灵通，败局也已经无法挽回。他的股票全军覆没，他的破产经历成为华尔街的历史教科书，再加上报纸的大肆渲染，他的名字成了不祥的象征。

从前，我们拥有罗斯先生这样的大客户的时候，各种各样的小客户很少。如今，我每天都早早出门，给我的朋友和朋友的朋友们打电话，四处寻找新客户。当时我还年轻，随时都充满激情，但业务发展的速度仍然太慢，太不理想。我对自己的进步很不满意。对我来说，发展业务就是一场与自己的竞赛，不论进步多快，我都不能停滞不前。找到客户等于比赛成功得分，这比胜利本身更意味深长。我每个月只有150美元工资，而我为公司创造的利润要比这高得多，即便这样，我对自己的业务还是不满意。

第14章 我成了公司的合伙人

一天下午，我的一位密友来办公室找我，他是一位债券经纪人。威廉姆森先生在市场交易中心还没回来，而我刚从那里回来，我想看看那里有没有什么事值得我特别关注。只要我不去城镇的非商业区拜访客户，每天我都坚持去市场交易中心几趟。

我的这位债券经纪人朋友名叫克拉伦斯·克拉姆，我们不仅是哈佛大学的同班同学，在埃克塞特也是同班。大学毕业后，他在一家投资经纪人公司工作，这家公司主营高级债券，他也因此成为债券方面的专家。

另一位哈佛同学布兰登·唐纳修和他的叔叔一起经营事业，他们创办了汉弗莱·唐纳修公司，专攻债券。在我来纽约工作的几年之前，布兰登·唐纳修邀请克拉伦斯·克拉姆成为合伙人，克拉姆成功加盟了他们的公司。他们公司的债券业务经营得风生水起，在新成立的事务所中声名鹊起。如今，他们已经迈入美国的成功人士行列了。

克拉姆来找我，是因为他和布兰登已经决定要进军股票行业。在此之前，他们必须找个人来负责这块业务，不约而同地，他们都想起了我。在哈佛大学时，我们一起读书，他们当然了解我是什么人。在哈佛俱乐部，我经常碰到他俩一块儿。无论我们在哪里相遇，作为老同学，我们都会开怀畅谈。

克拉姆告诉我,他和布兰登已经商量过了,他们希望我能加盟他们公司,成为他们的合伙人。他们的公司发展很快,而我——他们相信——可以做得更好。对于我能够发展他们的股票业务,他们信心十足。自从那天我们在哈佛俱乐部见面,他们知道我来纽约的目的后,他们就开始密切地关注我。

克拉姆告诉我的这一切让我既高兴,又吃惊;既让我兴奋不已,同时,我也更加困惑。这是我千载难逢的一个机会,一个可以成为自己老板的机会,这就是说,我可以自己做主,干些大事。但这同时意味着,我不得不因此离开布兰森·巴恩斯公司。有人赏识我,我固然非常高兴,但令我更加不安的是:我在布兰森·巴恩斯公司的工作还没完成。成为汉弗莱·唐纳修公司的合伙人和收入的增加固然可喜可贺,但半途而废,现在就离开我尚未完成的工作很难让我开心。

克拉伦斯·克拉姆一定看出了我内心的矛盾,所以,他就像兄长一样对我说:"好好考虑一下吧,杰克!别着急!我们公司期待你的加盟。我们彼此了解,就像是一家人。咱们一起创业吧。"

这时正好是股市收盘的时间。没过多久,威廉姆森先生从股票市场交易中心返回了办公室。他看见我正和克拉伦斯·克拉姆聊天,几个月前我向他介绍过我的同学,所以他就朝我们点点头,算是打招呼。然后他坐回自己的座位,开始浏览我放在那里的备忘录。平常的这个时间我会走过去,坐在他旁边,我们一起讨论一天的工作,商议第二天准备干什么。看到威廉姆森先生回来,克拉伦斯很快就离开了。而我并没像往常那样走到威廉姆森先生身边,因为我还在迟疑,不知道该怎么对他说,而且,我还没决定怎么做。

正在我举棋不定时,突然听到威廉姆森先生叫我:"喂,杰克,怎么了?"

"您什么意思?"

"我就是这个意思。到底出什么事了?"

"您怎么会认为我出什么事了?"

"谁看不出来?!"他答道。

"您怎么看出来的?"

"你在房间里走来走去,双手插到口袋里,脑袋耷拉着,自从你来到这个办公室后，你还从来没有这样过，所以，我自然就知道一定是出了什么事。事情既然发生了，我当然希望知道是什么。如果你是我，你不是也会这样做吗？”

他就像我的父亲一样，声音和蔼，但我却听得三心二意。我在想我的老同学克拉伦斯和他说的一切，就在此时，我的思路戛然而止。他的问话把我拉了回来。我不由得自言自语起来。

“要是克拉伦斯没来见我，该多好啊。”

“那不很好吗？”威廉姆森先生问道。

“一点儿也不好，简直糟透了。”

“杰克，他跟你说了什么？”他像兄长一样问我。

我觉得我更加依赖他了。放弃这家只有一间办公室的公司，到另一家蒸蒸日上的事务所成为正式合伙人，这些想法在我的脑海里翻来覆去，我却一点儿也不开心。如果我接受克拉伦斯的提议，我就再也不能天天见到威廉姆森先生，不能天天和他一起交谈，聆听他的每一句话，同他一起计划和工作了。

“他想让我成为他们公司的正式的合伙人，”我对威廉姆森先生说，我说得好像很委屈。“您说，我该怎么办？”

威廉姆森先生没有马上回答我，他站起来，走到我站的地方。他专注地看着我，眼神既不友好，也不敌对。他说话的声音含糊不清，既不冷淡，也不热情。

“温！”他不像平时那样叫我杰克，“在员工的去留问题上，布兰森·巴恩斯公司从不与别的公司恶意竞争。你可以自己做决定。”

“决定什么？”我问道。

“决定你喜欢跟谁工作。”他答道。

“好吧，我会决定的！”我说。

停了一会儿，他问我：“你得花多长时间才能决定？”他有点好奇。

“明天吧，明天我会告诉您结果。”我说。和每天向他汇报工作的感觉相比，我觉得自己离乔·威廉姆森越来越远了。

“很好！”他说。在这位布兰森·巴恩斯公司在纽约的常驻合伙人看来，这个话题可以结束了。停了一会儿，他兴致勃勃地说：“杰克，明天晚上我们一起吃晚饭吧!”

“不行!”我说,“明天我们一起去哈佛俱乐部吃饭。我们一起从这里步行去,好吗?”

“好的!”乔·威廉姆森先生说道。

可是,第二天我很忙,一直到下班前都没顾上跟威廉姆森先生说话,他也一样很忙,也没顾上跟我说话。下班后,我们一起去了哈佛俱乐部吃晚饭,我点了这里最好的菜。我们不谈业务,就是闲聊。坐的时间越长,我的心情就越轻松。

吃过晚饭,喝完咖啡后,他问我:“杰克,你很高兴吧?”

“还行!”我回答说。

我突然觉得威廉姆森先生城府很深,他打扑克一定得心应手。此刻,他的表情高深莫测。我觉得他的脸就像一面黑幕,根本读不出内容。

他面无表情地盯着我,不带一丝感情,停了好大一会儿,他才问我:“你想好了吗?”

“想好了,”我说,满脸稚气地望着他,等着他的下一次提问。

他没让我多等,继续问我:“感谢主! 你准备怎么办?”

“我还是留在布兰森·巴恩斯公司比较好!”我坦率地告诉他。

他的脸色马上缓和下来。注意到了他的变化,我也很开心。第一次我感觉,原来他这样信赖我,我也这样信赖他。

他向我伸出手,我马上与他相握,他更加用力地紧握着我的手。然后他用不容置疑的口气说:“小伙子,明天跟我一起到波士顿去!”

他瞪着我,好像在说:敢不听话,我就扭断你的脖子。我笑着说:“好吧,咱俩就要一起旅行了,可您看您现在这个样子,都不像您了。”

后来我才知道,当时他已经跟布兰森上校和巴恩斯先生讨论过我的事了。他把自己跟巴恩斯先生的谈话内容给我描述了一遍,情节大致如下:

“明天我要到总部去,我希望你俩在办公室里等我。我有非常重要的事情要跟你们说!”威廉姆森先生说。

“什么事那么重要?”巴恩斯先生问。

“我们就要有一位新合伙人了。”

“什么? 你说的这个人是谁呀?”

"杰克·温!"威廉姆森先生说。那时,我到纽约还不足一年。

"这可有点儿突然,是吧?"巴恩斯先生温和地说。

"是有点突然,但是却迫在眉睫。就在昨天,有一家新成立的、发展迅速的事务所邀请他入伙,而且这家公司的其他合伙人都是他的同学,他们都是关系密切的老朋友。我看咱们早就应该主动给他提供提升的机会了。其实我们早就应该想到,他会有这样的要求。同意优秀的员工辞职就是自杀。所有公司都不会这样做。我告诉杰克,在员工的去留问题上,布兰森·巴恩斯公司从不与别的公司恶意竞争,我让他自己做决定。幸运的是,杰克说自己会留下来。他表示要继续为我们工作,而我们却没给他任何承诺,这对杰克不公平。所以,我强烈地建议咱们公司吸收他做合伙人。"

"你再考虑一下吧,在我们吸收他做合伙人之前,是不是应该让他再历练一段时间呢?比如说,再锻炼一年?"

"我觉得这样不行。我们再等下去,对我们自己能有什么好处吗?"威廉姆森先生说。

"我们当面谈吧!"巴恩斯先生说。

"好吧,我明天到总部去!"威廉姆森先生说。

我当时并不知道他们的这次会谈。

就这样,我和威廉姆森先生在第二天去了波士顿。走进总部办公室的时候,我忐忑不安,生怕公司的哪位合伙人会表扬我,毕竟我没有接受克拉伦斯公司的高薪聘请,而是选择了留下来。我很惭愧,因为我的动机很简单,我喜欢原来的工作,不喜欢新工作,我纯粹就是为了自己开心。可威廉姆森先生却没有多愁善感。

他直接把我带到布兰森上校的办公室,没有开场白,他开门见山地说:"山姆,没必要召开股东大会来决定杰克的事,多等一年是毫无意义的。你本人就能代表所有股东来做这个决定。"

布兰森上校点点头,威廉姆森先生就离开了布兰森上校的办公室,留下我跟公司的老板待在一起。我不知道会有什么结果等着我。我一个人胡思乱想:也许我会升职?

从前每次布兰森上校跟我说话时,总是面带微笑,但这次他却没有笑。他非常严肃地说:"杰克,你在纽约干得很出色,我们对你的工作非常满意。"

“上校先生,能得到您的肯定,我很荣幸!”我说,“我做得还很不够,与我对自己的要求还有距离!”

“你现在做出的这些成绩,我们已经很满意了!”布兰森上校说,“威廉姆森觉得,公司应该给他在纽约的工作减轻一点负担,他想让我们吸收你做公司的合伙人。我们决定同意他的要求。”

我顿时目瞪口呆。一时之间,我思绪万千。我觉得,我应该向上校表示感谢,并承诺我将尽最大努力来工作。听我说完自己的想法后,布兰森上校笑了,主动伸出手来跟我握手。然后他把我在公司占的股份告诉了我。他还说,以后的每个月,我都可以从自己的账户里预支500美元。他告诉我的这些权益并没有让我特别激动。我开始思考:现在我也是老板之一了,我是在为自己工作了,以后我该干什么、该怎么干。思考的结果就是我得比以前更加努力地去发展业务才行,工作之余还可以兼顾我的业余爱好,不用再担惊受怕。

离开上校的办公室后,我执着地找到了威廉姆森先生,把我对于工作的设想全盘告诉了他。我知道,是在他的建议和坚持下,我才成了布兰森·巴恩斯公司的合伙人的。

威廉姆森先生正在跟巴恩斯先生的秘书奥斯瓦德·埃尔默聊天。我一下子冲到他面前,紧紧地握住了他的双手。

“你做到了,老伙计!你做到了,老伙计!”后来他们告诉我,当时我几乎是在歇斯底里地叫喊。我冲动地想拥抱他。我真的这样做了,威廉姆森先生本人和我一样高兴,可你知道他怎么说的吗?

他看上去很不耐烦,对我说:“小伙子,我看咱们该回纽约了!”

当天晚上,我们就坐着火车回纽约去。我估计,我会激动得睡不着觉。事实上,我压根就没睡。一大早我就起来了,刮完胡子后,就等着威廉姆森先生,他刚从卧铺车厢的洗漱间里走出来。

“早上好,威廉姆森先生,”我说,“我想,我们将——”我开始准备长篇大论。但他像交警一样举起了一只手,做了个停止的姿势,他不想让我再说下去。

“瞧你,杰克!”他干脆利落地责备我,“以后别再这样了!”

“别再什么样?”我满腹狐疑地问。我真的不知道他在说什么。

“你现在是我的合伙人了,在公司我们就别再相互叫先生了。我俩彼此直呼其名好啦!”

他的年龄比我大很多,过去我也经常跟他聊天,可是他是我的上司。尽管只有我们两个人在场,我又非常喜欢他,但在我眼里,他依然是上司。

“我怎么能叫您的名字呢?!”我反对说。

“为什么不能?!”

“这样做不对劲。”

“你现在不再是公司的办事员了,从合伙人的角度说,你用不着对我用尊称,我也不再尊称你。我们现在可以成为很好的合伙人了。不,是合作伙伴。以后叫我乔! 记住了吗?”

“我得慢慢地适应一下!”我说。

“记住以后就这样叫。现在说吧,你刚刚要说什么?”

“您为什么要求布兰森上校和巴恩斯先生吸收我做股东呢?”我问他。

“你真的想知道吗?”他问。然后他开始微笑地看着我,那种友善的、短暂的、微妙的、新英格兰式、有充分理由的微笑让我如沐春风。

“当然是真的想知道,”我说,准备听他幽默诙谐的回答。可是,他回答我的问题时,脸上的表情却非常严肃。

“杰克,你可以认为是我信任你。我相信你对我说过的那些话。你是一名可靠、勤奋的员工。如果你能戒骄戒躁,一定能做成不少大交易。我注意到,当我在办公室坐着监督你的工作时,你不会自负;可是,在我离开办公室,没有人坐在那里监督你而你又需要提醒时,你可能就会好大喜功。”

这是他第二次警告我不要骄傲自大。

“你真的发现我身上有这个毛病吗?”我问他,心里开始紧张起来。

“我不是说你以前有这毛病,”他说,“但难保你以后就没有。我只是就事论事,如果你想把我们的业务或其他业务做大的话,必须避免这种风险。”

“应该不存在这种风险吧!”我肯定地说。但他摇摇头。

“杰克,一个人取得成功时,危险就开始环伺左右。他会在成功后产生骄傲自负的情绪,把自己的成功完全归功于运气,认为自己是个了不起的人。这对我们经纪人来说,是致命的弱点。你会记住我说的这一点吗?”

“我永远不会忘记的!”我向他承诺,到现在我还没忘记他说这些话时的

语气:“你最好别忘!”

我当然不会忘记。我忘不了我向他汇报投资问题时他是怎么回答我的。曾经有一次,我们的一位客户问我哪些股票或债券是最好的投资项目。我告诉他,这个问题不能随随便便地回答。首先,这个问题包括的范围很广。但他坚持固执地问道:“我想你在证券方面一定有一些经验和研究,是吧?”

“还行吧!”我答道。

“好吧,我们假设你是专家,你觉得在布兰森·巴恩斯公司的保险箱里,哪些证券才是最好的投资项目呢?你应该能回答吧?”这位客户说。

我说:“我得慎重地考虑一下才能回答您的这个问题,因为我不可能记得我们公司经销的所有证券。我们公司经营很多种证券,您也知道,我们公司是证券包销集团的会员单位。”

“我说的不是这些。我是说那些你们不公开出售的证券。”这位客户解释道。我只得告诉他,我要去看看我们的保险箱目录以后再给他答复。

那天下午,我告诉乔·威廉姆森先生,这位客户让我很为难。没想到他的反应还挺大。他表情凝重,这让我很惊讶。因为乔是一个幽默的人,很少板起脸来训人。他思维敏捷,眼光犀利,总是能一眼看穿接近他的人,不管这个人是在投资古老的银器、债券、油画还是房地产。他好像可以未卜先知,总是能洞悉别人想做的事和人家想说的话。

“杰克!”他缓慢地说,“我们公司最好的投资就是那些我们买进之后没有达到预期效果而我们又卖不出去的那些证券。公司为此蒙受了巨大的损失,我们把这些卖不出去的证券保存下来,就是想时刻提醒自己要牢记这些失败的教训。所以对我们来说,这些卖不出的证券就是不错的投资。自己持有这些亏损而不是转嫁给客户,我们得到的是什么?假如我们把亏损转嫁给客户,我们损失的又会是什么?想想看,你会明白我们这样处理这些亏损证券的原因的。”

和乔·威廉姆森先生的另一次谈话我也记忆犹新。本来,我不能把这件事告诉任何人的。可是,为了表明乔·威廉姆森先生属于哪一类证券经纪人,我只能把它公开。

成为公司的合伙人以后,在一定范围内,我有权改变办公室的力量和体系了，从前，尽管我有过这些想法，但从没考虑过把自己的意愿强加于公司。在征得威廉姆森先生的同意后，我们公司增加了一些新员工，我也按照自己的想法对办公体系做了一些改革。在这个只有一个房间的办公室里，我们已经待了很长一段时间了。而我们现在的业务做得还不错，已经有能力换一个宽敞点的办公环境了。我敢肯定，办公环境和办公设施的改善会给公司带来更多的业务。

在世界上最有名气的办公大楼里，我们找到了一套不错的办公室。威廉姆恩·布朗公司曾经在这里办公，现在这家公司规模扩大了，这里已经适应不了他们的要求。他们只好把它转租，我们出的租金也很低。

与狭窄阴暗的旧办公室截然不同，我们的新办公室可谓富丽堂皇。里面有很多巨大的柱子支撑着所有的楼层，办公室的天花板很高，这个地方给人的感觉更像是一家银行，而不像是一家名不见经传的经纪人事务所。和我们事务所的规模比起来，我们的新办公室过于华丽，尽管它的房间并不多。

可以这么说，在成为公司的合伙人之前，我一直积极地开展业务，成绩斐然——从我刚到纽约的那一天算起，到我成为公司的合伙人为止，我已经给公司带来了50多万美元的保证金，现在我比以前工作得更加积极。跟从前一样，每天，我都和威廉姆森先生一起商量业务上的事，但现在，我们又多了一个好习惯：每天我俩都一起讨论年度计划，不再像以前只是探讨每周计划。我们切磋、探讨最终形成决策，制定措施。研讨结束后我就四处奔波，为实现我们在会议上制定的计划不遗余力。我们一直不断地提升公司的服务水平，力争为我们在纽约和波士顿的客户提供更好的服务，从而稳步提升公司的业务量。

在银行事务所的名单上，我们公司的地位显赫，可在投资证券的交易商中，我们却榜上无名。在波士顿的时候，我们公司时常经营一些商业活动来推出一些新公司，但这些冒险事业并非大获全胜，布兰森·巴恩斯公司的威信也曾因此受损。失败并不可怕，坚持才会胜利。那些和我们一样坚持的客户最终挽回了损失，有的还赚取了更多的利润。

有一天，一位和我关系很好的银行家找到我，他建议我们公司来承包东切斯特·森德电车公司发行的票据。这家公司发展得不错，急需现金来购买新设备。因为时间紧促,来不及发行对自己公司更加有利的债券,所以只得发行票据融资。其实这家公司业务发展得很好,信誉也不错,多年来,他们一直按时支付股本的红利,它完全有能力支付票据的利息。再说他们发行的票据也不多,只有500万美元,每年为此支付6%的利息。我的那位银行家朋友认为,如果我们96买进,98卖出,我们公司可以不费吹灰之力卖完所有的票据。

这个建议听起来颇具诱惑力,从500万美金中赚取20%的佣金是那样快捷、安全、容易。我完全赞成这个提议,这是成为公司的合伙人之后我的第一笔交易。于是,我返回公司的办公室,和乔·威廉姆森先生一起商量了这件事,我还着重谈了自己的想法。然后我们给波士顿总部打电话,简要汇报了这件事,他们也深表赞同。几位合伙人一致要求我去波士顿总部,和布兰森上校、巴恩斯先生详谈此事。他们最终决定让我继续跟进。

于是,我们公司承保发行了东切斯特·森德电车公司的年息6%的票据,开始了我们的销售工作。98美元的价格卖得很慢,我开始紧张起来。在波士顿公司总部的办公室,我们有很多经验老到的客户,但总部卖出的票据并不理想,成交量还没有我单凭一腔热情卖出去的多。看来,投资者并不像纽约人那样了解电车公司。而我们纽约分部现在要做的,就是努力寻找愿意交易这些票据的人,或者只能长期占用这笔资金,这样做可能每年会得到多于6%的回报。

在哈佛俱乐部,我碰到了我的老同学克拉伦斯·克拉姆,我们一起聊天的时候,我透露了我的担忧和焦虑。他认为我太缺乏耐心了。他说,投资票据的人和股票交易者大相径庭,所以作为经纪人,我应采取完全不同的营销技巧。过了两天,我在财政部分局又碰到了他,他还在记着这件事,问我有没有找到应对的办法。“还是老样子,”我郁闷地回答。我心里很不痛快。

“杰克!”他说,“我把这件事告诉了布兰登。你们公司根本没有可以快速地解决这件事的部门。现在如果我们公司把你们剩下的票据全部买下,96.5美元的价格你能接受吗?”

10天内我们只卖出了100万多一点的票据。这让我信心大失。现在,有了老同学的援手,我能够快速地把剩下的票据处理掉,公司又不赔钱,我何乐而不为呢。可是为了稳妥起见,我告诉克拉伦斯,我要征求公司的意见，我会把合伙人的最终决定告诉他。我迅速返回到公司，把汉弗莱·唐纳修公司的提议告诉了乔·威廉姆森先生。

“如果你为这些票据忧虑和担心的话，”他说，“这件事你自己做主吧，我没意见。不管怎么说，你没给公司造成任何损失，在这件事上我们没赔钱。”

我给波士顿总部打电话，把我和乔·威廉姆森先生的想法告诉了布兰森上校。他的答复是，照我和威廉姆森的想法去做对公司来说就是最好的选择。因此，我接受了克拉伦斯的提议，把接近400万美元的东切斯特·森德电车公司的票据全部卖给了他。除去广告费和其他开支以后，按96.5美元的价格交易，我们公司只赚了很少一点儿钱。

汉弗莱·唐纳修公司在销售票据方面的确经验丰富，他们也有与此对应的部门。我们的票据卖给他们后，他们做的第一件事，就是把票据的价格从98美元抬高到99.5美元。现在所有人都知道了，这些票据供不应求。不到一周时间，他们就以均价99.5美元的价格把这些票据销售一空。我很纳闷，98美元我们卖不出去，别人卖99.5美元却能很快就宣告售罄。为了减轻我的痛苦，克拉伦斯把这件事情全都告诉了我。他不是在幸灾乐祸，因为他过去、现在都是我的好朋友。

事后，我和乔·威廉姆森先生讨论了那笔交易的每个阶段和所有细节。这家年轻的经纪人公司曾经对我赞不绝口，邀请我做他们的合伙人。现在人家却接手了我们无法处理的票据，并在很短时间内高价卖光，整整比我们的售价高出了1.5美元。他们轻而易举就能完成的事情，我们却举步维艰，这就是我们的失败之处。而失败的根源在于我们的办公体系，我们的办公部门的设置有待改进。我和乔不得不思考如何建立我们业务的分销终端。既然我们已经决定了，就应该马上着手，付诸行动。

改进分销终端的最好办法就是争取找到更多客户，也就是说，需要让更多的投资者听到我们的意见和看法。而要想增加客户的数量，唯一的办法就是在公司设立更多、更细的各个分部。我们开始探讨这个问题的解决方案。

我们没打算在所有的大城市都成立分部，却希望在这些城市都发展我们的客户。不管他们以前是我们的客户，还是其他经纪人的客户，我们都准备把他们网罗在我们的门下。基于这种设想——我们既想获得客户，又不打算增设分部,那就只剩下一个途径——我们应该发展电汇客户。我和威廉姆森先生决定,除了继续开展常规的股票业务之外,加上发展电汇客户这项业务。公平地说,我们希望发展所有的业务——良好的、公平的、熟悉的业务。现在我们的办公环境已经改善,人力资源得到了加强,我们决心开展这项业务。电汇业务可以帮助我们负担一些管理费用,因为一开始交易,客户就得付钱。

不管是我,还是乔·威廉姆森先生,只要听说哪里有经纪人放弃了纽约的联络处,正在寻找经纪人为它代理纽约证券交易所的业务时,我或者他就会毫不犹豫地跳上火车去寻找这个客户。我的一位朋友是一家银行的副总裁,听说我们现在的情况后,建议我去辛辛那提面见洛林·吉普森先生,听说他们正在寻找纽约的联络处。我一共跑去了四趟,他们才最终成为我们公司的电汇客户。场内的一位经纪人告诉乔·威廉姆森,弗吉尼亚州里士满的罗伯逊公司已经与普因兄弟做了多年的业务,现在普因兄弟已经从华尔街退休了。乔·威廉姆森几次奔波下来,罗伯逊公司成了我们的客户。在希普曼·布朗成为我们的客户之前,乔·威廉姆森接连去了华盛顿五次。所有的这些公司都是纽约证券交易所的成员,他们只是需要有一家经纪人公司来替他们执行订单,扫除障碍,最终替他们完成交易。我们付出了很多努力,最终成功地开拓了公司在各个城市的电汇业务。

我们一直放眼于公司未来的发展。这是我毕生追求的工作目标,乔·威廉姆森和我一样热情地为这些目标忙碌地奔波着,我们两个都相信:布兰森·巴恩斯公司繁荣的日子终会到来。也许我们看不到具体的目标在哪里,但我们依然执着地计划未来。总有一天,我们公司的业务量和承销量会大力提升。我们不会再把本来可以自己处理的业务的利润转让给其他事务所,例如,以前我们曾把东彻斯特·森德电车公司年息6%的票据卖给汉弗莱·唐纳修公司。我们会有这样的顾客、客户和买家团体,他们非常乐意接受布兰森·巴恩斯公司的投资意见和建议,在布兰森·巴恩斯公司购买各种股票和其他证券。

尽管讲述我们如何保障公司的电汇业务的细节会花很长时间,但我还是忍不住想讲述两个成功的例子。

首先是巴尔的摩。说到这里,就不得不再次提到我的母校——可爱的老哈佛大学。一开始我就说过，我的大学友谊对我的事业起了很大的推动作用。

我的同学丹·卡林顿住在巴尔的摩，我和他是非常要好的朋友。丹是C. C. 卡林顿的独生子，C. C. 卡林顿先是在皮革出口业大赚了一把，后来开发房地产，又让他的财富增加了3倍。他去世后，给丹留下了价值1800万美元的遗产。因为卡林顿先生很精明，在他去世前不久，正赶上繁荣的高峰期时，他果断地处理了大部分不动产的所有权，从而获得了如此大额的现金。

丹·卡林顿是百万富翁卡林顿的唯一继承人。他是一个普通的、健康的家伙，喜欢享受人生，深受同学们的欢迎。他是同班同学中结婚最早的人，他的新婚纪念日就是毕业典礼的晚上。然后他出国去度蜜月，在国外待了大约一年。他回到巴尔的摩后，在马里兰州自己的畜牧场里畅享快乐的时光。在那里，他饲养了大量的克立牛和达累姆牛，我记不清是哪一种牛了。他同样也是班级同学中第一个有孩子的人。

丹没有经营太多的商业活动。他的父亲一直独自打理所有的业务，因为他热衷于这些，包括等价格达到一定的水平时，及时地出售价值100万或200万美元的房地产。

当C. C. 卡林顿去世时，丹发现自己拥有1800万美元和两个儿子。他觉得自己应该为儿子做更多的事情，而不是只留下不动产。这个问题很重要，更难以解决。深思熟虑后，他得出一个结论：他的责任不是给儿子留一大笔钱让他们挥霍，而是应该给他们留下一大堆事业来做，因为事业能让人忙碌而且创造价值。为了给儿子挑选20年后的事业，他广泛考察了各行各业，终于得出结论，他认为最好的选择还是投资银行业。他花了很长时间研究这个问题后，最后成立了D. N. 卡林顿银行公司，同时养育两个幼小的儿子。他在纽约证券交易所购买了一个席位，开始壮大自己的产业，认真得就好像要靠它来养家糊口似的。他做得很成功。他的判断力很强，又有很多本钱，他的主要目的就是留给儿子们一份值得骄傲的事业，这样他们就会一直干到老。我常常想，丹的动机是典型的美国人的想法，让儿子们成为对社会有益的成员、良好的公民和商人，他们会考虑完成更有价值的事情，而不只是增加巨额的财富。他本来可以不必工作而坐享其成，他的儿子们也可以不必工作却照样享受人生。但是，他的工作是为了他们，他们工作也是为了他们的儿子,他们的儿子的儿子也同样可以不必工作,除非他们的父亲履行对社会的职责,捐出全部财产。

就这样,我去见丹。见到我他非常高兴,我们抓紧时间履行惯例,谈论哈佛大学以及共享联名账户的日子。然后我们谈论离开哈佛后的生活。那晚,我在他家里吃了晚饭。第二天,我们带着孩子,开着汽车去了他的畜牧场,我们一起享受了一段愉快的时光。

他告诉我,他的业务发展很不错,他考虑着要在纽约哪家信誉比较好的经纪人那里开一个电汇账户。他有一位朋友理查森,是首都国家银行的第一副总裁,他给他写了封信,让理查森给他推荐一家信誉好的经纪人公司。

"你需要的就是这些吗?"我问。

"没错,我今天早上收到了回信。"他告诉我。

"你没必要给理查森写什么信,"我告诉他,"我本人就可以给你推荐这家经纪人事务所的名字。"

"理查森给了我三个名字,"他说这话时,表情凝重,就好像他在考虑选择哪个外科医生一样。

"布兰森·巴恩斯公司就是你的最佳选择!"我干脆地说。

"好吧,杰克!"他板着脸说,"我一点儿也不惊讶,你说得没错,因为理查森首先提到的就是你们公司,然后才是其他两家。"

他看上去非常严肃,我不由地跟他开玩笑,嘲笑他的表情。我知道,这家伙在这个行业所做的一切,包括这一切产生的成果,都是要留给他的儿子们的。于是我们握手成交,我拿到了他的账户。丹的账户增长很快,因为这家伙在股票和债券上的交易量都很大。他是个好人,品德高尚,为人可靠、睿智,在他的故乡,他备受人们的喜爱和尊重。

在返回纽约的路上,我在费城停了下来,因为我想去见我的另一位同学鲍勃·怀亚特,他也是一个千万富翁的独生子。鲍勃的父亲非常有名,鲍勃哪里都不能去,因为他是小罗伯特·怀亚特,所以每到一处,他都担心人们会认出他来,然后每个人都会谈论老罗伯特·怀亚特。每个人都会盯着鲍勃看,甚至在餐厅里站起来,看这位伟人的儿子怎样吃生蚝。鲍勃的父亲就像是一百家公司的总裁,所有的银行家对他也都很熟悉。于是,他进入菊花行业,这让那些真正聪明的人们对他刮目相看。他收集了世界上最好的菊花。日本天皇曾经三次给他授勋，因为老怀亚特每次都会送给他各种各样漂亮的菊花新品种。

鲍勃不在意能否进入煤炭、钢铁、铁路或天然气等行业，尽管他的父亲对这些行业非常感兴趣，投入了大约3000万美元。而鲍勃的特长是数字，他的头脑善于分析数字，并能从中找到决定性价值的乐趣。在他看来，证券研究就像鸭子天生会下水一样，与生俱来。在父亲去世后的一年内，鲍勃成了美国最富有的单身汉，他决定进入银行及经纪人行业。他在费城和纽约的证券交易所购买了席位，成立了罗伯特·怀亚特公司。他不愿意再过游手好闲的生活了。

我从宽街车站给他打电话，问他有空没有。他说："你正好能赶上吃午餐。马上来吧！"

我马上就去找他，他把我带到他最喜欢的俱乐部吃了一顿丰盛的午餐。

我在聚会和足球比赛上见过他。聚会和交谈总是一件愉快的事。他了解我，我也了解他，我们彼此熟悉。在我眼里，他只是鲍勃，我的老朋友；在他看来，我就是杰克。我们从大一开始就这样了。10年过去了，我们的友谊一如开始时那样纯洁无瑕。

我和鲍勃一起回到他的办公室。准备离开之前，我对他说："鲍勃，我希望你能在我们公司的纽约分部开一个电汇账户，请你把你的一些业务交给我们做。"

"好吧，杰克！"他说，"我在这里的一家事务所开了电汇账户。你不知道，我们在这方面的业务量不多，金额都不大。"

鲍勃是个好人，我非常喜欢他。我敢肯定，他的事业会取得巨大的成功。我从没看到他失败过。他有头脑、资金雄厚、人脉丰富，还有成功的决心。他属于建设性类型的人，和他的父亲一样属于同一类资本家，见解广博、敢作敢为、坚持不懈、脚踏实地。和这样的人做的生意就是好的生意，而且和自己喜欢的人交往也是一种乐趣。

因此，我对他说："好吧，鲍勃。听我说，如果你在我们事务所开一个电汇账户，我们会先让它空一年，我不会要求你做任何业务。如果到了年底，你发现我们没有为你提供任何优质服务，我们就注销你的电汇账户，然后我和你一起吃午餐，咱们俩的感情不会因此受到任何不良的影响。"

“杰克,你说的真是这个意思吗?”他认真地问我。

“当然! 如果你同意,我可以给你写个书面保证。我真的就是这个意思!”我肯定地对他说。

“那好吧! 就按你说的,我就在你那里开一个电汇账户试试!”

我们真的这样做了。如今,在拥有十多万居民的宾夕法尼亚州的每个城市,鲍勃都设有自己的办事处。这些办事处的所有股票业务都是我们公司在做。此外,他的公司在纽约也有一个办事处,负责处理他的债权投资业务,但是这个办事处的股票业务也一直是我们在做。他和丹·卡林顿经常来纽约出差,他们总是顺道来看望我。他们可以在我们公司免费吃饭,我们公司给他们的感觉就像是他们自己的家。他们就像走进自己的办公室一样,进入我们的房间来查看自己的账户。他们认识我们公司的每一位办事员,就像认识他们自己的办事员一样,他们还直接用名字称呼大多数办事员。我们之间的私交从没改变过。我真正想说的是,什么事情都比不上和自己的朋友做生意更令人高兴。能做这些业务,我常常为此庆幸。

第 15 章 成为客户最信任的人

要想准确地描述我们公司业务的日益增长的过程并不容易,这个过程缺乏引人入胜的戏剧化故事。我还是从我的商业生涯中最精彩的地方说起吧。从我来到纽约的那一天起,我就努力地为布兰森·巴恩斯公司发展业务。当我成为公司的合伙人后,我仍然努力工作,为公司揽到了更多的业务,只有维持已经得到的业务这件事让我十分为难。我更喜欢永久性,我希望我的客户都能成为公司的永久客户。然而,要想成功地留住这些客户,必须深入了解他们更深层次的需求,并坚持不懈地与他们经常正式照会。我负责处理公司的办公室业务,乔·威廉姆森则负责管理业务的行情交易。大约有 7 年或 7 年多的时间里,我一直坚持亲自签署所有的股权证书。后来,公司的规模迅速发展,业务量不断加大,我才不得不让办事员代理签署这些证书。每天我忙完工作,出去吃午餐时都已经是下午 3 点多了。在日常工作中,事无巨细我都身体力行,连那些本来应该交给办事员去做的事,我也会关注每一个细节。每分钟我都要接电话。我不是期待为此受到表扬。坦率地说,过去的 10 年里,每年我的休假都不足 10 天。一直到 1914 年证券交易所被迫关闭时,我才享受了 10 年来的第一次长假。那也是因为我无事可做了。

我们公司的业务干得很不错。我和威廉姆森成功地留住了每一位客户——留住客户关乎布兰森·巴恩斯公司的信誉问题。我们从不提倡过度交易。过分扩张、交易面太宽的客户很少能保本。只有保护好客户的利益，我们才能保住公司的利益。我们坚持要求客户足额缴纳保证金，所以在通常情况下，我们公司的客户遇到股市暴跌时，很少有人卖光全部股票。在那个年代，股票暴跌时有发生，每次暴跌时的情况都很残酷。

人们为什么要跟证券经纪人做生意？因为他们喜欢这个人，他们信任他，他们相信他的能力，归根结底就是：因为他能使自己的钱增值。如果跟一个人做生意可以带来心情的愉悦和丰厚的利润，谁不喜欢跟这个人做生意呢？一个外行人要想买100股美国钢铁，他会发现有很多经纪人事务所都在交易别的同样利好的股票。所以，没有必要刻意强调，买卖100股钢铁股票的效率，任何一个经纪人都能做到。但是，如果他要买卖的是10万股钢铁股票，那就另当别论了。有些事他就不得不慎重思考了。作为投资者，客户应避免负荷过重，结算单应及时、准确地汇报给客户本人，应该有足够专业的办事员来处理股票的交易事宜。而证券经纪人的日常效率体现在办公室里严谨的作风上。办事的组织和办公部门应该充足专业，各部门的人员应该充分了解自己的行业。当他认识到个人和公司的成功都取决于拥有成功的客户时，他还算足够聪明，而那些仅仅注重眼前利益的经纪人则是傻瓜。我个人感觉，世界上最令人讨厌的事就是跟那些目标错误的年轻经纪人打交道，他们只是把佣金当成自己的奋斗目标。他们总是认为：就像青少年期刊的订阅名单会不断变化一样，经纪人事务所的客户名单也会经常更新，新客户必然取代老客户，每3年就会全部换完，因为你的工作对象在成长。第二件令人讨厌的事就是听到那些外行的不实言论，他们觉得为了那一点点的佣金，所有的经纪人都不惜骗人，劝诱着他们的客户过早地交易，或者频繁地交易。

几年前，当通货膨胀来临时，证券经纪人行业并没有出现取消合同的行为。取消合同的行为全部是其他行业的商人——批发商、生产商及中间商干的，各行各业的人都在这样干，不少人因此倾家荡产，这样做完全是不道德的。但华尔街除外。在美国的商业史上，通货膨胀的过程总是被人看作是最声名狼藉的章节。可是，却没有人在这时把不履行合同义务的人称为骗子。可是，这种事如果发生在华尔街，要是华尔街的任何经纪人事务所做过任何半途而废、有违道德、取消合同的事,恐怕我们这些愤怒的市民们早就把证券交易所的大楼夷为平地了。

我已经说过,由于我和威廉姆森先生坚持不懈的努力,我们公司的业务迅速发展,蒸蒸日上。尽管这个行业单调乏味,可是我们一直努力工作,力争为客户提供最好的服务。从前我没有在华尔街看到过什么激动人心的故事,现在也没有。大众都被人误导了,在他们眼中,华尔街是一个血腥的战场,开枪人射出的子弹是美元,中弹的伤者流出的血是黄金。公众看到做交易的证券经纪人和经纪人事务所,就像看到了专门宰牛杀羊的屠夫和屠宰场。传言中的华尔街,兄弟反目成仇,处处是交易的阴谋,金融暗杀的手段毫无约束——人们为了在交易中获胜,不惜一切代价。为了利益,成千上万的无辜者被冷酷无情、追逐利润的贪婪屠夫残忍地宰杀,传说中的“他们”就是华尔街普通员工的化身,这是公众最喜欢的主题。我承认,我很喜欢戏剧,而著名的戏剧家却喜欢华尔街,他们总是用最高超的技巧来表现股票赌徒的狂热和冷酷无情,最常见的剧情就是破产的商人猝死在经纪人事务所里。让他崩溃的是经纪人事务所里的股票行情自动收报机,因为他从收报机上看到了自己的末日。与此同时,另一个赌徒则成了幸运儿,他一步窜到收报机前,狂喜地看着自己挣到的成千上万美元,然后冷漠地踢开脚下的那具尸体。其实,这些情节完全是文人荒谬的想象,但是公众对此却趋之若鹜,津津乐道。这样的情节真的很富有戏剧性!但那都是很久以前的事了,不明真相的公众现在还在相信这种事情。

我时常跟华尔街的人们闲聊,当我们谈到舞台上那些与华尔街有关的戏剧时,我总是向他们请教戏剧中讲述的那些华尔街故事是不是真的,他们就会不厌其烦地历数每次经济恐慌中发生的浩劫以及相关的数据,这些恐慌带来的实际损失不亚于一场飓风造成的毁坏。而且他们还告诉我,戏剧中的华尔街故事在证券经纪人事务所里并不经常发生。华尔街的证券交易所共有1100个会员,大多数人都有自己的办公室,在每个工作日,他们一般从上午10点开始工作,会一直干到下午3点,每周六是从上午10点工作到中午12点,日复一日,年复一年,他们的工作从不间断。这样长的工作时间包含许许多多个瞬间,一年中就有成千上万个瞬间,但这些瞬间中却极少有舞台上的戏剧讲述的那些悲惨的瞬间。前辈的经纪人同行告诉过我,真实的故事发生时可没有一点儿戏剧性,所以也比不上戏剧那么有趣。他们常常给我详细地讲述那些意想不到的损失或收获。例如,1901 年 5 月 9 日的大恐慌,股市大盘全线崩溃,股市暴跌的程度和范围史无前例,闻所未闻。在此前的空前繁荣之后,大恐慌突然来临了,投资大众都过多地持有股票,那时的持股数之大创下了历史之最。而经济衰退也突如其来,这种衰退并不是由北太平洋的垄断造成的,当时美国两家顶尖的银行恶意竞争,都想购得对北太平洋的控制权。很多投机者一哄而上,竞相做空这只股票,每股的售价高达 1000 美元,其余的股票也都出现了不同程度的下跌,差不多都下跌了 20 ~ 50 美元,利好股票与利差股票全都蒙受了巨大的损失。在这样混乱的市场里,什么不同寻常的事件都有可能发生——突然之间,赌徒的所有赌金都在华尔街蒸发不见了,这可没有蒙特卡罗海滩、棕榈海滩或艾克斯莱班那样富于戏剧性的精彩。

所以我坚持认为,证券市场发生的任何事都不能和大的投资项目相提并论,比如铁路的传奇和其他的大的交通体系的选址和修建等。我曾经听到过一次对话,是华尔街一家最大规模的佣金事务所的 VIP 客户对公司的老板说的:

“你们这些靠股票行情自动收报机吃饭的华尔街专家呀,天天都喋喋不休地讨论股票的亏损和利润。你们总是说,重大的事情和意想不到的事情都是巧合,都是戏剧性的意外,你们知不知道股票上的亏损造成了多少人的悲剧?你们这些经纪人戏剧家老是义正词严地劝说那些投机失败者,账面利润的消失途径完全合法,请你保持希望破灭后的尊严。你们最喜欢的幕布上沾满了太多的血泪,即便这些血泪在你们看来完全多余,于事无补。可我总结出来的教训就是,假如市场走势不幸被我言中,我马上就会按照高雅喜剧的思路来思考我的股票交易。假如我不幸判断错误,不幸亏本,我只能迫使自己复习前人的教训,或者要求自己退出股票交易市场,去过没有经纪人的生活,除非我想在下半辈子继续做经纪人事务所的客户。”

“我在华尔街已经待了很多年了。一直以来,我都是在经纪人事务所内进行交易的。在我经历过的事情中,只有一件真正戏剧化的事情依然记忆犹新。我经历过三次繁荣时期和九次金融危机,认识过成百上千的经纪人和客户,不需要我特别留意,在这里我耳闻目睹的,都是华尔街式的戏剧在这里起起落落,这里的普通人都可以看到这一切。”

“这起事件发生在1917年2月1日,这个日子深深地刻在我的脑海里。德国无限制潜艇战票据于1月31日股市收盘后向公众发行。在第二天早上10点之前,任何一家经纪人事务所都急于判断当天的市场行情走势。显而易见,股市将会全面下跌。牛股、熊股及中性股概莫幸免,但是大家对下跌的程度却各持己见,大家只有一个共识:情况一定会更糟糕。”

“当时我正在谢尔登·普拉蒂公司进行交易。这件事情就这样发生了,我既没有做多头,也没有做空头。这件好事能落到我的头上,并非我有多聪明,而是我的运气好。在此之前,我就抛售了所有的股票,因为我决定去南方休息一段时间,所以没有随身携带股票行情自动收报机。可是我仍然知道,证券交易所的末日到了。出于好奇,我动身到市场交易所去,希望能够帮上那些雇员们的忙。”

“我到达那里还不到5分钟,就看到办公室的每个人都在做多头。不用刻意打听,要想了解这些很容易,因为客户的表情就是最好的广播,好像在传达交易的任何消息。我没有记录,所以不能准确地告诉你详细数据,反正每家经纪人事务所里的每个账户都损失惨重,亏损的数据惨不忍睹,也无法统计。没费什么周折,我就发现了拉塞尔·萨尔蒙持有5000捆五月棉花及1000股伯利恒钢铁,伯利恒钢铁前一天的售价高达422美元。他绝望地问我会发生了什么事。我只能无言地紧握他的双手,沉默着。这位拉塞尔先生是我最喜欢的好朋友,我不能亲口宣判一位朋友的死刑。这还不够,昨天德国无限制潜艇战票据向公众发行的消息传出后,他整晚都在担惊受怕,破产的恐惧把他折磨得脱了人形。如今,白昼来临,他好像重见光明,急切地想和人说说话。”

“我没法用言语安慰他。可是我已经意识到了潜在的危险,我决定要分担他的焦虑。于是我生气地皱起眉头,果断地对他说:‘千万别当傻瓜!’”

“‘嗯!’他厌烦地说。”

“‘你是不是因为胆小才这样忧心忡忡呢?’我想劝他放宽心。”

“‘你才是傻瓜!’他背对着我,恶狠狠地说。他太痛苦了,我的安慰对他根本没有任何作用。”

“‘你赌什么?’我故意激他说。他转过身,狠狠地看着我,好像恨不得马上杀了我，然后他示意我看他的上衣和肩胛骨之间的污点。我开始计算他的损失，五月棉花和伯利恒钢铁两只股票都会遭受重创。也许是受到他的悲观情绪的影响吧，棉花持续下跌，可能是100美元，也可能下跌了200美元。伯利恒钢铁可能下跌了20～30美元。拉塞尔不是百万富翁，股市暴跌会让他破产。如今他最擅长的只剩下咒骂了。情绪激动时，他会把声音提到最高，而且说话也变得结结巴巴。因为担心，我开始密切地关注他。”

“空气中充斥着躁动和不安。人们可以清楚地认识到，黑幕已经拉开，彩色的探照灯已经亮起。你能听见，或者你可以想象你能听见，这些幽灵交响乐团开始演奏低沉的音乐，在场的人们都能听见，但却不能同时听见这些可怕的声音。并不是我想象力丰富，而是只有我可以理智地思考所有的这些事情。我的看法是，强烈的情感源于人们精神释放的需求，现场的人们都感觉到自己的心跳已经不听使唤了，完全是在跟着别人脉搏的跳动而跳动。当1000人的脉搏一同跳动时，什么稀奇事都可能发生。在所有的大众心理现象中，我最好奇的就是这些——它不仅仅是大家的群集本能或者从众心理的特殊表现。我还清楚地记得，1901年5月8日的晚上在瓦尔多夫咖啡馆，北太平洋危机前夜的情况也完全相同。”

“在约翰·谢尔登公司的客户接待室里，四五十个人都满怀恐惧，这些相同的恐惧源于相同的原因，所以连大家心理上的震撼都是相同的。这样对你们说吧，所有这些颤抖着的灵魂的臭气都传进我的潜意识系统里。只要还待在那里，我的心中就只剩下一个念头：快点沉入水底。我不知道最坏的结果会是什么，但是它一定会来临的。每当有人声音沙哑地说话时，我都差点举起手臂，试图捂住耳朵来躲避这些声音。我确信，那里的每个人都已经口干舌燥了。”

“10点钟！跟平时一样，就在10点钟，股票行情自动收报机开始无情地发出滴答声，它们发出的叮当声此刻显得如此刺耳。没有一个人说话，人们都在专注地倾听。自动收报机的声音在他们看来，完全可以反映市场行情的强弱，十次会有十种不同的结果。”

“好在现在情况变了。我清醒地知道这不会是我的葬礼了。我用不着和他们分担共同的恐惧了，我是一个旁观者了。但我仍然紧张地关注着拉塞尔，判断着他接下来要干什么。一个人就要与他半生的积蓄分离了，这个无情的手术他会怎样来做呢？这可不只是在经济上给他大放血这么简单。”

“拉塞尔面朝着报价板。报价机已经报完了6只股票的价格，我看到他深深地吸了口气。然后，他又不祥地叹着气。”

“他仍然没有看到自己持有的两只股票的报价，他双眼通红地盯着红头发报价员的双脚。报价板前有两个报价员，红头发的那个离拉塞尔更近些。有些客户离我很近，我清楚地听到那些人紧张的呼吸声。围在自动报价机附近的人们开始骚乱，发出了各种各样混乱的声音和咒骂声。办事员在房间里快步如飞，跑来跑去。每次停下来跟客户说话时，办事员们都是匆匆忙忙地低语，好像在断气前，他还有很多话要说似的。那天早上，所有的客户都挤在约翰·谢尔登的办公室里，我从没有在这样狭小的空间里看见过这样多张这么痛苦的脸。我还注意到，连他们痛苦的表情都一模一样。我发现这些人的嘴里都嘟嘟囔囔，口型完全一样，我也知道他们为什么会这样——他们都是经纪人的客户，全都蒙受了巨大的损失，但所有人都竭力装出若无其事的样子。相同的遭遇、相同的痛苦、相同的虚荣及相同的面部扭曲！”

“突然，拉塞尔朝我走来。我知道，他想说点什么。他张了张嘴，想说点什么，可最终却什么都没说，就把嘴又闭上了。然后，他朝着我摇了摇头。从他的脸上我看到的只有困惑，他犹豫不决地陷在痛苦中无法自拔，他的表情告诉我，他就要像上个世纪的传奇中一个下定决心要自杀的人那样，正在选择是溺水还是跳楼。接着，他又回转身，重新面对着报价板。他仍然不时地摇晃他那耷拉着的脑袋。他好像在自言自语地说服自己‘不！’”

“我不明白他为什么要一直摇晃他那耷拉着的脑袋。他依然在盯着那个红头发报价员，不过他看的是他的脚。我灵光一闪，知道了他一直摇头的原因：拉塞尔·萨尔蒙在这家事务所持有5000股五月棉花和1000股伯利恒钢铁。报价板上显示这两只股票都惨遭暴跌。五月棉花股的报价在报价板的最左边，伯利恒钢铁股的报价在最右边，靠近股票自动收报机。”

“可怜的拉塞尔，已经知道了致命的打击就要降临到自己的头上了，却不知道先看哪个死亡通知单才好。”

“当时的情况是，五月棉花每股比前一天下跌了500~600美元，这样一来，可怜的拉塞尔仅在五月棉花上就亏损12.5万美元。伯利恒钢铁前一天每股的股价是 422 美元，现在下跌到了 363 美元。他的 1000 股伯利恒钢铁又给他带来 5.9 万美元的损失。这就是说，拉塞尔的账户亏损快有 20 万美元了，这已经让他半瘫痪了。命悬一线，多恐怖啊！"

"'上帝啊！'有个男人在股票行情收报机旁边大声叫道，拉塞尔·萨尔蒙闻声不禁后退了一步，好像有人用烧红的烙铁轻轻地烫了他一下。"

"对可怜的拉塞尔，我深表同情。我明白，现实要比我担心的更残酷，所以我抢先大声地读着棉花的报价，然后再读伯利恒钢铁的报价。随着我的声音，拉塞尔深深地吸了口气，一阵急促的喘气后，他把胸腔里储存的所有的叹息全都释放了出来，好像他的整个灵魂都缩小了似的。我读报价板的声音吸引了他，他向我走来，可我感觉他就像没看到我一样茫然无措。所以我马上对他说：'这些股票下跌后还会反弹的！'"

"'这些股票还会反弹的！'他机械地跟着我重复，好像我在命令他相信我说的话，而他只有乖乖地顺从的份儿一样。然后他勇敢地面对报价板，大声地读出来：'犹他铜矿，98.625！詹姆斯！'"

"他着急地朝着詹姆斯·伯恩斯点头，这家伙一直大批长期持有犹他铜矿。这只股票才下跌了 12 美元左右。拉塞尔犹豫不决，到底该到哪边去寻找死亡通知单的问题依然困扰着他，这就是我在华尔街看到的唯一一出戏剧化的故事。"

有一天，我到一家俱乐部去，跟亚历山大·达纳·诺伊斯聊起了华尔街的戏剧性时刻，他是《纽约时报》最著名的财经编辑，在华尔街的经历比我的更丰富。他微笑着告诉我："很多年以前，我记得是在伦敦，人家邀请我发言，回忆自己亲身经历过的在华尔街或其他任何地方发生过的最具戏剧性的故事。我有点为难，思考了一会儿，然后我认定，最具戏剧性的故事非 1884 年格兰特·沃德公司的破产莫属。你应该听说过，在全国范围内它引起了多么巨大的轰动。首当其冲的债权人把它称作最糟糕的破产。这场破产引起了突如其来的恐慌，一家银行和一些银行家们卷入了耸人听闻的丑闻之中，这件事还牵扯到了公司的特别合伙人格兰特将军。格兰特·沃德公司的格兰特先生是将军的儿子，小尤利塞斯·S. 格兰特。"

"格兰特将军在当时是最负盛名的依然健在的美国英雄。美国内战结束时，他是美国军队的总司令，当过两任美国总统，在公众中享有极高的威望。尽管他的政治对手千方百计地寻找他的错误，可全国的大多数公民都记住了他对国家的巨大贡献。”

“格兰特·沃德公司破产的消息传来时，报社派我前往华尔街进行报道。这件破产案能够登上新闻头版有两方面的原因：其一，这是一场糟糕的破产；其二，因为公司与格兰特将军有关系。”

“当我到达格兰特·沃德公司的办公室时，我发现那里早已经被人围得水泄不通，客户、债权人、经纪人和其他各类人等，所有人都急于知道自己账户的情况。现场人声鼎沸，所有的人都声嘶力竭，办事员和送信员气喘吁吁地出出进进。”

“我尝试着想进入内部办公室，这得越过那个拦住所有人、不让人们进入内部办公室的那个员工，我知道股东们、代理人和他们的律师们正在里面开会。成群的债权人在我的身后拥挤着，大喊大叫着。我能清楚地听到各种声音，人们都在发出怨恨破产的言论和通常遇到这种情形时司空见惯的各种声音。”

“突然之间，一切喧闹声都停止了。出人意料的寂静突如其来，在这个时刻，就算是一场爆炸引起的震惊也只能退避三舍，我也大吃一惊。转过身来，我发现骚动的人群在撤退，还自动地让出一条路来。我正好看到一位身材矮小、体形魁梧的人径直走了进来，没有任何东张西望。他没有跟任何人说话。我不知道人群中有没有人敢跟他说话。至于他是谁，大家都心照不宣。”

“当他穿过默不作声的人群时，所有人都把帽子摘了下来。在尤利塞斯·S.格兰特遭受的更大的悲剧面前，每个债权人都觉得自己的一点损失、自己的个人委屈全都烟消云散了。这个人曾经宣布：‘除了无条件投降……没有其他条款可以接受’，他是阿波马托克斯之战伟大的胜利者，两任美国总统。作为美利坚合众国的普通公民，他的那次成功地环游世界更是史无前例的旅行。毫无疑问，这次格兰特·沃德公司破产事件的主要受害者就是他。喧闹瞬间的寂静、破产受害者的脱帽敬礼和债权人对破产者的深切同情，所有的这些都大大超过了我能回忆的最戏剧化的其他故事。”

诺伊斯先生的讲述给我留下了深刻的印象，这是我的那些同行经纪人讲述的证券故事望尘莫及的。这才是真正的华尔街戏剧！第二天，到办公室后，我把诺伊斯先生给我讲的故事告诉了彼得·班尼特，他是华尔街的记者主任。那次破产他同样记忆犹新，他说："格兰特·沃德公司的办公室位于百老汇街98号。我记得，当时，我的上司得到小道消息，说格兰特·沃德公司即将破产。消息给人的感觉好像破产未必会真的发生，倒更像在预言发生的一种可能性似的。人们都在传说，菲尔迪·沃德接到通知，对方要求他支付一些贷款，而他却早就把支票给了某位谄媚讨好他的银行家，而问题的关键在于，银行是否会支付这些支票。总而言之，格兰特·沃德公司马上就要破产了。"

"我飞快地冲到他们公司的办公室，我的前面已经挤了很多人了。我走过去，问这些人们到底发生了什么事。所有人都不知道，我只得朝老板的私人办公室走去。就在这个时候，将军的儿子巴克·格兰特走了出来。我们彼此都很熟悉。所以，他第一眼看到我的时候，就知道我为什么要来这里了。我用眼神向他提问，他对我点点头。推开人群挤过去，我靠近了他，他也向我走来。在我想开口了解详情之前，他说了一句话，这句话我终生难忘。在那样一个重大的日子里，他见到我这个报社首席记者时，只是简短地对我说了句：'我现在要去工作了！'"

"那次历史性破产就这样不可避免地发生了，在各种耸人听闻的情节中，破产者——格兰特·沃德公司的老板巴克·格兰特说的这句话，深深地铭刻在我的记忆深处。"

悲剧发生那天，我的一位密友就在现场。他把自己的亲身经历详细地告诉了我。当时有一位不知姓名、至今还逍遥法外的魔鬼，妄想炸掉摩根大楼。整个街区的人行道上，血流成河。

"炸弹在检验办公室前边爆炸时，"我的朋友告诉我，"我刚好从比弗走到新街。我猜，爆炸是在证券交易所自己挖的洞里发生的，因为爆炸蔓延到了整个华尔街，所以我撒腿就跑，想早一点到达那里。在交易大厦的拐角处，我碰到了一位刚从里面跑出来的经纪人。他的帽子也跑飞了，眼睛瞪得大大的，嘴唇发青，惊慌失措。我一把抓住了他的胳膊。"

"'怎么了？出了什么事？'我迫切地想知道是怎么回事。我感觉身边有个人停了下来，靠在我的胳膊上，等着听那位经纪人的回答。"

"'我不知道，我什么都不知道！'那个经纪人结结巴巴地回答。他的全身都在瑟瑟发抖。‘那里成了人间地狱！’”

“‘你是说场内吗？’”

“‘没错！他们都被腰斩了，到处都在流血。天知道到底死了多少人！’”

“‘上帝啊！’陌生人叫道，从我们两个人中间钻了过去，他的脸贴着我身边那位朋友的脸。‘我的天，太可怕了！你看见鲍尔温的尸体了吗？”

他给我讲这个故事，是想向我表明：激情在一个人的身体里占据支配性的地位时，戏剧性的故事就很可能会发生。我真的相信他讲的这个故事，故事的每一个细节都令人难忘，在这个世界上，相同的历史会反复发生的地方只有华尔街。我情不自禁地想起一首打油诗，他是我的一位颇有才华的朋友写的，他就是已故的查尔斯·亨利·韦布，他到达诺克罗斯一两天后，试图说服拉塞尔·塞奇放弃一些现金，差点没把拉塞尔叔叔气死。诗节如下：

门口的罐子

扔出炸弹，天花板破裂；

经纪人到了天堂。

明亮的大门闪耀着荣誉。

经纪人敲门——无力、无语、被炸碎了。

有人回应他的敲门声时，

他却问圣彼得：“圣保罗怎么样？”

尽管经纪人职业枯燥乏味，但你不能认为生活中缺乏令人兴奋的事情。而我最在意的是：真实的华尔街与传说中的华尔街大相径庭。赔钱固然让人恼火，但是不一定非要具有戏剧性。此外，你总是听说客户有多少的损失，但你从未听说过经纪人的损失。你时常听说，当保证金快要用光时，经纪人无情地抛售客户们的股票；但你从未听到过，为客户下注的经纪人变得一无所有的事。这不是商业的权宜之计，也不是受悔恨驱使，而是经纪人公司真诚地希望不名一文的客户朋友们能有机会东山再起。经纪人做业务不能感情用事，这不同于零售的鞋商、废旧品商人或家具厂；然而，由于某种原因，他应具有非商业常规的自律精神——就好像客户的破产就是他的过错一样。我本人就知道成百上千个这样的案例，在这些案例中，当客户没有保证金时，经纪人为他们承担了一段时间，就是为了给他们机会，让他们能东山再起。许许多多的大商人破产后能重新拿回自己的财产，就是受惠于他们的经纪人的慷慨。同行的经纪人们告诉我的这些故事,说明了一个规律:在很大程度上,是客户持有股票的方式造成了经纪人的额外损失。一个客户可能每年给一家经纪人公司5万或10万美元的保证金,顺理成章地,经纪人应该回报客户非商业性的行为。但是,如果你是服装批发商的客户,让他在你身上有利可图,假如你破产了,他可不会给你提供任何特殊照顾的。

所以我的看法是,各种各样的骗子最喜欢的目标就是经纪人。就拿我们公司自己的情况来说,我们曾经受害好几次,当然,不是所有骗子们的所有的尝试都能成功。埃德加·爱伦·坡曾经说过:"人类的独创性能否构成是一个谜,但合理地运用人类的独创性却无法来解开它,这尚可怀疑"。在我看来,没有人下定决心要保留属于自己的东西——我说的是能设计体系的东西,因为别人发现不了它的价值,人人都盘算着如何设法得到不属于自己的东西。换句话说,为了避免偶尔成为狡猾的骗子的作案对象,经纪人事务所几乎不可能不如此小心谨慎。有时候,是外人在进行诈骗。更多时候,这是内部人员作案。作案的员工可能多年来一直诚实正直,到了最后却晚节不保,误入歧途。谁能提防得了呢?

第16章 遭遇骗子

我想讲一些真实的华尔街故事,这些故事中的经纪人无不损失惨重。假如你认为我讲的故事不够精彩,那是因为骗子们行骗的手段越来越高明了,在搜罗到各种成功的行骗案例后,他们模仿这些方法,修改好满足作案所需要的需要,或者在细节上加以改进,这样行起骗来才能滴水不漏。而我们经纪人职业的软肋就是,我们要保证跟我们交易的客户的可靠性。所有的骗子想做什么生意时,都要先获得别人的信任,然后再去诈骗那些愿意和他做生意的人就轻而易举了。

曾经有一个女人,手里拿着一封第十六国家银行的推荐信,走进我们公司的芝加哥分部。这家银行位于密歇根州庞蒂亚克,当时还不是城镇,正在城镇化的进程中。在这封信的一开始,这家银行就说她是他们银行的老客户,在他们那里存了大量存款。在我们这里她开了一个账户。她给我们出示了一张银行的纸片,对我们说,位于她的家乡的银行了解她,可是,我们又能向谁求证她的真假呢?她像一位老练的交易者那样,知道在经纪人事务所里该怎么做。她从不多说话,也不主动打听小道消息。有时,她会在我们公司的芝加哥分部交易证券。一般是场外交易的证券居多,她喜欢用现金支付购买的证券,也会及时把她要抛售的证券交给我们,总之,她的一切行为都跟其他交易者一样正常,没有什么值得我们怀疑的地方。她从不出错,很快就成为和我们做交易的客户，我们还把她列入可靠客户的名单中。

不久，玻利瓦尔黄金成了高度投机的矿业股票，在纽约场外的交易非常活跃，每股涨到了 80 美分。那是 11 月的一个星期六——日期我记得很清楚，因为那天我刚好去纽黑文观看耶鲁与哈佛的比赛，那位贝克夫人给我们的芝加哥分部的办公室打电话，询问玻利瓦尔黄金当天的报价。我们告诉她，玻利瓦尔黄金每股 80 美分，她就下了订单，要求我们替她卖掉 1 万股。以前她也这样下过几次订单，我们替她卖掉的股票在她手中也总是现成的。鉴于以往经验，经理接受了她的订单，我们就按订单照办。我们以每股 80 美分的价格卖出了 1 万股。贝克夫人告诉我们的芝加哥员工，当天她就会把股票的所有权证书送过来。要知道，这天是星期六，中午 12 点股市就收盘了，到不了下午 3 点。

星期一我接到报告，芝加哥分部的办公室说，星期六他们已经为一位客户卖掉了 1 万股玻利瓦尔黄金，每股 80 美分，并且告诉我说，他们当天会把证书送过来。可是，我发现我们根本没收到这些证书，于是我给他们发电报，询问他们有没有把证书发送过来，他们却说还没有，经理正在寻找贝克夫人的下落。

玻利瓦尔黄金在星期一非常活跃，价格上升到了每股 1.5 美元。

我们的芝加哥分部的经理给酒店打电话，酒店方面说星期六下午贝克夫人就已经退房了。她已经回她庞蒂亚克的家了。他尝试过给她打电话，但是接线员却说庞蒂亚克根本没有这个人。经理又打电话问银行，银行的回答却是不知道她在哪里，他们只知道她不在家。

我们公司在芝加哥分部的经理马上坐上火车去了庞蒂亚克。真相很快露出水面，贝克夫人已经带着所有的行李偷偷溜走了。除了大吃一惊外，我们无计可施——没有客户，没有股票证书，人去楼空，一无所有。银行也很后悔，他们粗心大意地为一位女人作了担保，而他们根本就不了解她，现在问题出来了，却发现他们确实对她一无所知。

星期二，我们收到了公司在芝加哥分公司的经理的报告，知道了全部事实。那时，这只股票的售价已经涨到 2.5 美元了。就在这时，场外经纪人给我们发出责任通知，要求我们及时交付星期六那天我们以每股 80 美分出售的那些股票，他们已经大宗买进，要求我们支付差价。我们的答复是，我们正在为他们购买相同的股票。

星期三,玻利瓦尔黄金每股飙升至4美元。我们不得不委托一家侦探事务所追寻贝克夫人的芳踪,然后等待警察的通知。刚开始我们以为,我们只是被一个简单而巧妙的阴谋算计,被那个所谓的贝克夫人骗走了几千美元而已,可是现在我们开始怀疑这种看法了。

当时的场外市场不属于公开市场,跟如今的场外市场完全不同,它是一个不负责任的团体。那里有形形色色的所谓的经纪人,任何人都可以在那里进行交易。购买贝克夫人股票的经纪人大声叫嚣,要求我们支付那1万股玻利瓦尔黄金的证书,他们希望马上收到那些股票的所有权证书。他们威胁说,否则布兰森·巴恩斯公司就要承担所有后果。到那个时候为止,数据显示我们在这笔交易中损失了4万美元。但我们相信自己能对付这些骗子。在这出针对我们公司的骗局中,那个所谓的贝克夫人首先骗取信任后让我们卖掉股票,然后由纽约的一伙骗子趁机抬高这只股票的价格。作为一家享有盛誉的公司,布兰森·巴恩斯公司卖空了这只股票。显然,这伙骗子妒忌公司的名望,经过深思熟虑后精心设计了这场骗局,要求我们用现金解决这个问题。在他们看来,卷入的金额又不是很大,我们不会太在意的。

弄清真相后,我去了股市的场外总部,要求召见那些场外经纪人,他们在星期六以每股80美分的价格买入了我们玻利瓦尔黄金的所有股票。他们如约而至,我明明白白地告诉他们,我们已经找到了证据,可以证明这次股票交易是一场精心设计的阴谋,而我们公司是这场阴谋的受害者,而他们则是有意或无意地卷了进来。一个显而易见的事实是,这只最近疯涨的股票就是针对我们公司的,设计好了等着我们用现金来结算的。我们接到了全国各地的交易者的电报,他们都想买入这只股票,而且他们开出的价格都高于市场的价格。但是,我告诉他们,他们设计的这些陷阱吓不倒我们。我们公司不会给他们结算的,而且——我告诉他们——假如他们想通过法律途径来强迫我们结算的话,我们公司将非常乐意配合,我愿意配合他们去区里的律师事务所,在这件事上布兰森·巴恩斯公司会奉陪到底。我向他们保证,谁也别想从布兰森·巴恩斯公司拿走一分钱现金!

处理完这些事后,我返回办公室。第二天,玻利瓦尔黄金股票的价格开始下跌。很快,它就跌到了80美分以下,于是我们开始大宗买进玻利瓦尔黄金股，价格比我们替贝克夫人抛售的子虚乌有的一万股的价格低得多。谁都不敢起诉我们公司，我们公司也没有赔给任何人一分钱。

下面我要讲的这个案例就没那么幸运了，这一次我们公司的确赔了不少钱。这个案例和上一个的情节完全不同。有一天，有个人走进我们公司在波士顿的办公室，在这里开了一个账户。他往自己的账户里存了5000美元。当然，他也拿着一份马萨诸塞州某个小乡村银行的推荐信。隔三岔五地，他也交易美国钢铁、联合太平洋和其他两三种股票。他在办事员中人缘很好，很快地大家全都认识了他。就这样，他成了布兰森·巴恩斯公司在波士顿办公室的一位常客。

有一天，他走进布兰森·巴恩斯公司在纽约的办公室。我们全都认识他，也都知道他在我们公司波士顿的办公室开有账户。这一次，他给我们下的订单是，要求我们替他买入2000股祖尼锌业公司的股票，然后再以每股6美元的价格卖出。他还提出要求说，希望我们把替他购买的这些股票送到布兰森·巴恩斯公司波士顿总部，只要我们把股票送到那里，他马上就会去认购。其实，在我们执行订单的时候，也犹豫过，但我们最终发现他在我们公司的户头上有5000美元的余额，于是，我们不再怀疑他履行承诺的可靠性。我们天真地以为，股票到达波士顿后，他会按时支付购买这些股票所需的金额的。所以，我们就按照他的订单购买了这些股票，还及时地送到了波士顿的办公室。

可是，那位客户从此再也没有出现过。他们想了各种办法寻找他，但是他就这样人间蒸发了。公司找了一两天，他依然杳如黄鹤，毫无音信。我们不得不怀疑自己是否又一次上当了。于是，我们开始抛售这只股票，此前的怀疑变成了现实。这只股票的市场凭空消失了。我们一股也卖不出去，这就是说，我们在这笔交易上赔了7000美元。你看到了，这位所谓的客户比那位贝克夫人行骗的方式要狡猾得多。他首先骗取我们某种程度上的信任，让我们看到他的账户上拥有几千美元。另外，他的骗局能够得逞的原因在于，他骗的金额不多。他先行支付给我们5000美元，然后我们为他买入股票，支付给他的同伙12000美元。在他看来这是蛮公平的交易，谁让我们是经纪人呢？

这件事情发生后不久，他们又在史密斯·马特森公司上演了同样的骗局。史密斯·马特森公司的生意做得很大,在全美的各个主要城市都设有分部。一个骗子给芝加哥的史密斯·马特森公司下了订单,购买纽约的某只场外股票,史密斯·马特森公司把股票送往芝加哥时,却再也找不到这位客户了。但史密斯·马特森公司比我们公司聪明,在那个骗子逃跑之前就抓住了他。他们为什么能够行动那么迅速我们不得而知,但我却知道一个事实,史密斯·马特森公司在这个骗子的随身物品里发现了一封从纽约拍来的电报,上面赫然写着如下的建议:"试试布兰森·巴恩斯公司。"

其实,不是只有专业的骗子才不惜犯罪来诈骗证券经纪人。还有一个人经常写诗,他还把这些诗发表在我们这里最好的杂志上。由于诗歌行业不太受大众的欢迎,所以他决定转行做一位经纪人。此前估计他曾经仔细地研究过就业指南,所以他首先做了一名债券经纪人。可能是债券经纪人很难获得客户吧,也可能是他下定决心,要靠损害其他经纪人的利益来谋生,总之,事实就是:在精心策划后,他成立了一个小机构。那是他的第二步。

他在华尔街设有一个办公室,他按下面的方式操作:某天他来我们公司的办公室,购买了5种自由债券,认购后立即付钱。再过几天,他又来我们公司购买另外3种债券;我们向他交付债券时,他又如期足额支付债券所需的钱。一周以后,他又来购买了7种债券,又及时如数支付了这些钱,这一次的交易也还正常,没有出错。在其他的经纪人事务所里,他也是这样做的。他为什么要这样做呢?因为他发现我们的债券交易人很好对付,这是一个容易相处的家伙。有一天,我们的前诗人买了4种自由债券,留下话说让我们把这些债券送到他的办公室去。他买的这四种债券数额不是很大,我们就派了一个送信员去给他送这些债券。送信员误以为收到了应收款项的两张支票,实际上对方支付的一张是支票,一张是汇票。汇票跟银行支票表面看上去很像。银行支票上是3000美元,那张汇票上是1000美元。送信员合计一下,发现总金额没错,所以就给他留下了债券,带着支票和汇票回来了。跟往常一样,我们把这些票据交给银行。支票没有问题,银行如数支付了,但是当银行向他出示付款汇票时,这位前诗人、现在的债券交易商却告诉银行,他不能付款。于是银行只得正式通知我们结果,我们公司的人当然要去这位所谓的债券经纪人的办公室,找他理论。

“你太会糊弄人了!”我们派去的人说,“你为什么给我们一张3000美元的好支票和一张1000美元的坏汇票?”

“好吧!”改过自新的诗人说道,“你看,我只有很少一点儿的银行余额。我还得支付从查尔斯·帕克公司购买的那些债券。不过呢,在支付查尔斯·帕克公司的债券之前,费城的海利·弗莱明公司会寄给我一些支票,他们公司从来都是一诺千金的。可是我的问题是,出售这些债券的财产执行人的权利归属尚有争议。好吧,我对你说实话,我很羞愧地承认,我的银行户头里没有一分钱了,更别说1000美元,我给你们的汇票确实没法支付。请你们多等两天,到时我一定会支付这张汇票的。”说着说着,他就开始搜所有的口袋,最终搜出了大约107美元,他把这100多美元零钱给了我们派去的工作人员。他还信誓旦旦地保证说,几天后他会把剩余的钱款结清。

几天之后,诗人债券交易商的诺言依然没有兑现,所以,我们公司的办公室经理只得亲自前去,和上次的工作人员一样,他没有收回一分钱,却听到了另一个更催人泪下的故事,这位前诗人给他讲的倒霉故事和上次讲的同样的凄凉和让人信服,所以我们的办公室经理给他留了更多的时间。等我们公司再次催促时,这位诗人满脸泪水地来到我们公司,又给我们留下了35美元。

此后的某一天,我们公司的经理跟他的朋友一起聊天时,这位朋友在另一家经纪人事务所工作,他们碰巧谈到了这位前诗人。他才惊讶地发现,朋友所在的经纪人事务所也遇到了同样的事。于是他们开始联手调查,结果发现这个债券经纪人兼诗人至少欠了24家经纪人公司的钱。我们现在才发现,少量付钱是他在每个经纪人事务所交易的习惯,有时用小量现金,有时是支付小额支票,还有一次曾经发给大中央车站电报汇款单。我们发现,就用这样的手段,在不到一年的时间里,这位缪斯女神的追随者就从各个经纪人那里榨取了5万多美元,金额从500美元到3000美元不等。

他之所以选择把这项“荣耀”仅仅赏赐给这些经纪人事务所和公司,是因为它们生意兴隆,损失这样数量的小钱不会放在心上,即使发现受了骗,他们也不会因此而呼天抢地或请求区律师事务所帮忙。现在看来,他做的每件事都曾经请教过法律界人士,不时地支付一些小额款项是他的良好信誉的证据。唯一一位能够在不到一年的时间里把这位诗人欠的所有钱全部要回来的人是乔治·N·钱伯斯。他听说了这个老是使用汇票并拒绝支付的诗人的故事后,亲自跑到华尔街诗人的办公室去讨债。乔治·钱伯斯耐着性子听诗人讲完故事,当这位诗人又按照惯例开始承诺几天后支付时,乔治马上训斥他:"该死的家伙!我就知道你不会掏钱的!你真该死!我现在就知道一件事——我想揍你!"乔治真的揍了他一顿,这才要回了自己的750美元。

最后,诗人的这些罪恶行径被迫结束,因为他没有按律师的主意出牌。不知道是哪家经纪人公司终结了他的发财梦。他们派了一位精明能干的送信员,去给这位所谓的交易者送债券。那个小伙子把债券交给诗人,收到了诗人掏出的银行支票和一张诗人本人的普通汇票。但是,这个精明的送信员小伙子说:"这样可不行!你必须给我一张所有应付金额的保付支票,不然你就把我们的债券还给我,等你有钱后再来我们公司的办公室来取吧。"

诗人有点儿不知所措,也许,和大多数骗子一样,他实在是太缺钱了,他准备要不计后果地耍赖了。不管这个精明的送信员怎么坚持,他就是不肯给那个小伙子支票,也拒不退还人家的债券。那位精明的送信员报了警,这就是他的犯罪动机,于是区律师就把他送上审讯台,并且宣布他有罪。这位诗人现在待在州立监狱里。我猜,在那里他可以继续吟诗作赋了。

自从我来到纽约后,不知道碰到过多少骗子,他们行骗的目标就是想诈骗经纪人,我刚才讲的这些故事只是沧海中的一粟。每一种诈骗手段都很高明,让你防不胜防。不久前,桑普森制钢公司的一位高级职员从这家公司辞职了。这家公司在纽约证券交易所发行了证券。这位前高级职员随身携带了几十万的债券,一部分债券是授权发行的,但他仅仅卖出了三分之二。由于这位前高级职员在著名的桑普森公司声名显赫,以前的这种关系让他毫不费力地找到一些有名的经纪人,他委托他们来出售这些债券。可是,他偷来的这些债券还没卖完,就被警察抓走了,因为有一位经纪人事务所的办事员对他产生了怀疑。这本来不是什么大事,这位办事员核对了这些债券的序列号,给桑普森制钢公司的财务主管打电话询问,然后这位前任高级职员很快就被逮捕归案了。

还有利用相似的名义进行诈骗的行为也非常普遍。这些人通常抓住办事员粗心的缺点而使自己的阴谋得逞。本来，在每天的大量交易中，欺诈性的交易确实很少，经纪人的办事员想当然地认为，利用相似的名义进行诈骗的交易根本就不存在。前不久，我的一位朋友就因此损失了3000美元。有一位客户给他的公司下了一个订单，要求他们替他出售1000股考克林矿业公司的股票，他们照单执行了。然后朋友的公司也确实收到了证书，但是等他去交付这些股票时，买主却拒绝接受这些股票，因为朋友的公司手头受到的是考克林矿业集团公司的股票，它们根本一文不值。

在一家著名的西部电报事务所的场内，有一位天性聪颖、工作积极的话务员。他整天都在勤奋地工作。除了他自己的本职工作外，他还给公司介绍了三四位客户。总而言之，公司高层对他的表现非常满意。公司所有的人都在传说，这个年轻人前途无量。

没有人会怀疑他，交易场所内的这位模范话务员和任何诈骗的事情似乎都毫不沾边。但是，有一天，这位年轻人介绍进来的一位客户来到这家电报事务所的办公室，索要结算单。

"尽管我才交易过几次，可是我喜欢每月都收到经纪人发给我的月结单。"

"我们都是在每月月底给客户发月结单的，"他们告诉他。

"可是我从来没有收到过一张月结单！"他说。"这就令人奇怪了，是不是？"

这家电报事务所答应调查这件事后再答复客户，而且他们真的这样做了。调查的结果令他们大吃一惊，原来这位模范的话务员和这家电报事务所里的一位值得信任的订单保管员合伙干了这些事。话务员欺骗公司说，通过电话得到了客户的订单，然后他转给公司的场内经纪人去执行这些订单。然后他再把这些交易转告给他的同伙，也就是这位公司十分信任的订单保管员，然后把这些交易归到话务员引见的一位客户的名下。到了月底，话务员密切关注公司的结算，当每位客户的月结单出来，准备邮寄给本人时，他就到簿记部跟他的同事说，这张月结单的主人现在就在外面，客户在等着拿他的月结单。在这种情况下，簿记员当然就把他要的月结单给了他。

事情败露后，这位客户的账户显示他已经损失了4万美元，而话务员和订单保管员那时已经逃跑了。客户狂怒不已。他声称，每个月他只交易两次,每次都小有盈余,他可没有赔过一分钱。他要求立刻撤走自己的账户,坚持要求这家电报事务所赔偿他的全部损失。公司发现:没有证据能够证明这位客户曾经通过电话给这位话务员下过任何订单,也没有证据能够证明他曾帮助两位办事员逃跑。不过,一位合伙人对他说,要他再等几天,这家电报事务所会抓住逃跑者的。客户却态度强硬,他说,自己对于他们是否能抓住这两个年轻人不感兴趣,他就想马上要回自己的钱,最迟是周末之前就得给他钱。但是公司的合伙人拒绝了他的要求。

这家公司认为,两个办事员策划着损害公司的利益来做交易。如果交易成功,话务员会抽出一些现金给那个"客户",也就是那位"在外面"的朋友,或者通过给某个办事员抽成的方式,想办法进行套现,然后一起逃跑。他们一直没有抓住话务员。幸运的是,后来的某一天,那位订单保管员返回到这家电报事务所的办公室,坦白了整个诈骗过程,他说他只是一个工具而已,所有的事情都是那位客户策划的。如果赚到利润,客户同意三人平分。如果交易亏损,他就想办法让这家电报事务所相信,他从来没有下过这些订单。这件事的最终结局是,没有人被投进监狱。这家电汇事务所选择了息事宁人的办法,他们不想因为追究过去而搞得自己声名狼藉。如今这世道,又有哪家公司能防止这样的内部作案呢?

还有一个案例则是惠曼·韦斯特公司海滨胜地分部的经理的故事。他行骗的方法是利用休眠账户和静止账户提现。有些客户长线持有某些股票,他们希望这些股票将来的某天会上涨,那样他们就可以大把大把地赚钱。而在这一天到来之前,他们只是持有这些股票,满怀希冀。这位经理仔细地检查了所有这些长线持有者的账户,自己把这些账户上所有多余的保证金全都取走。如果这些账户需要追加保证金时,他就再为这些客户重新存入。就这样,靠着这种诈骗行为,他从公司套走了相当可观的一大笔钱。多年以来,他一直效力于这家公司,一直都是公司的可靠员工。最后,由于他与一位女人纠缠不清,只能出此下策。自从亚当遇到夏娃以来,一个男人遇到了坏女人时,哪个能够幸免于难呢?

曾经有一位客户,给柯蒂斯·贝尔公司的威尔明顿事务所的经理引见了一个人。这个家伙相貌俊美,善于辞令,他说他想在柯蒂斯·贝尔公司开一个账户。他还说,他喜欢在这里交易,宣称自己可以搞到某些股票的利好消息。他在公司存入了4200美元,表示一两天内会带着他所声称的好东西到威尔明顿事务所来。但他似乎忘记了这件事,再也没有出现在这家办公室。在他开户的两个星期后,威尔明顿事务所的经理收到了从英国的一个小镇寄来的邮件。

邮件到达四周后,这个人再次出现在威尔明顿事务所的办公室里。他向经理解释说,之前没有到这里来,是因为他的母亲生病了,他突然被召回家。现在老母亲已经康复了,但毕竟已年老体衰,母亲要求他放弃在美国的生意,回到英国去。老母亲希望儿子能陪伴她安度残年,作为孝子,他已经同意了。他现在返回威尔明顿,就是要来处理这些事务。他决定出售在美国的所有投资。既然他不能在这个国家生活下去,那就需要把自己在这里的所有的钱全部换成英国证券。关闭他在柯蒂斯.贝尔公司的账户也是顺理成章的事,不过,在销户之前,他要求柯蒂斯·贝尔公司帮他出售一些他以前买入的铁路债券。债券只有15000美元。经理同意了,让他把那些债券拿来,那人马上离开了办公室,说一会儿就会把债券送过来。他希望他们能早点卖出去,这样他才能尽快拿到现金,他想尽快回到他的老母亲身边去尽孝。

这是一个阴天,百无聊赖的经理没有什么特别的事,所以就在电话里跟纽约的合伙人多聊了几句,无意中提起这件无关紧要的事,说有位客户打算几分钟内发送一个订单,让他们代售价值15000美元的铁路债券。当这位客户拿着债券回到威尔明顿事务所的办公室时,他已经先发送了信息过来。经理已经下了订单,要出售这些铁路债券。一般情况下,没有什么周折的话,他们就会把订单匆匆送进场内,但幸运的是,刚才聊天中知道了这件事的合伙人想起来一件事,有媒体报道称这些铁路债券曾经失窃过。因此,他让威尔明顿的经理马上把这些债券的号码发过来。结果很明显,这些就是被偷的那些债券。这位客户在威尔明顿事务所的办公室开一个账户的目的,就是想让这里的经纪人为他处理偷来的证券。要不是他不走运而被抓了现形,他的阴谋就会得逞。他的确聪明,编了一个看似合理的孝心故事。他心存侥幸,不想赔掉自己的4200美元,所以他在这里没有做过一次交易。他从不冒险。

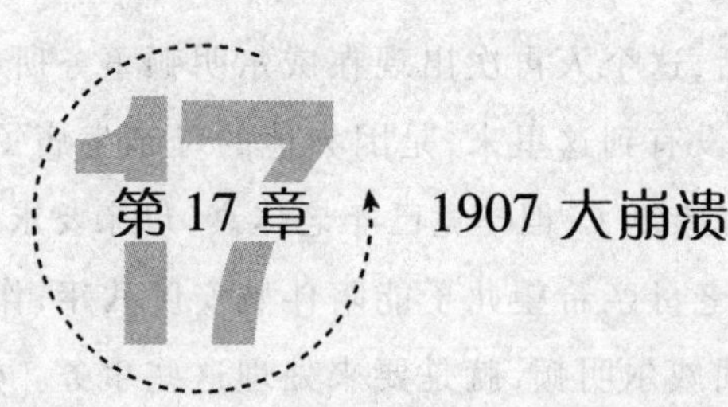

第 17 章　1907 大崩溃

1907 年的大崩溃对所有人来说，都是一场噩梦！我们公司也未能幸免。为了避开美国金融史上最残酷的这次华尔街大恐慌，我们能够想出的应对办法只有减少保证金。10 月是活期借款，接下来是银行紧缩银根，贷款利率高达 125%，即便利率这么高，也没有人能从银行贷出一分钱。经济形势持续恶化，就连支票上的银行存款要想变成现金，都要向银行支付额外的费用才行。还记得吧，我们曾经采用票据交易所的证书进行交易。这种交易形式早已过时，因为最终它会给投资者带来没有意义的、本可避免的破产。但这次历史上最严重的金融危机带给投资大众的是全国性的恐慌，大家对现行的银行体系颇有微词，强烈要求建立更为有效的银行体系。

当金融危机大行其道时，面对危机，我们公司采取的应变措施就是要求所有的员工都保持镇静，公司要时刻保持偿还能力，而且我们要求我们的客户也跟我们保持一致。如今金融危机终于结束，各行各业都百废待兴，只有股票行业门前冷落。新的问题又来了：已经没有什么人愿意投资股票了，我们该怎么做才能维持公司的正常运转呢？

金融危机之前，我们公司主要经营股票业务。在布兰森 · 巴恩斯公司的纽约分公司办公室里，几乎所有的客户都是股票交易者。看来，公司摆脱困境、增加收入的唯一办法，就是找到其他业务来填补股票交易的空缺。

自然而然地，我们选择了债券。假如投资大众——我们的客户——不再愿意投资股市，或者愿意投资股市却有心无力，那么我们只能另辟蹊径。为了做到这点，我们必须设法扩大公司的影响力。除了纽约和波士顿，我们应该考虑在全国范围内寻找喜欢投资债券的新客户。等到股票市场探底反弹后——我们对这一天的到来充满信心——我们再想办法让这些新的债券客户转行投资股票。其实，我们的身边一直不乏投机者和投资者，到处都有他们的身影，在某些特定的时间内，他们的人数会多一些，而在其他时候这些人的数量有可能减少一点。他们经常交换自己的身份。就像在一块地上种庄稼时，要轮流更换作物的品种一样，如果我们不能经营股票的话，我们只能另觅他途。市场繁荣、时机好时，所有的投机都可以说是好的投资；市场疲软、时机不好时，再正确的投资也会被看作投机。一般的投资大众都坦率地承认，如果他在这次交易中赔了钱，那么这次交易在他看来就是投机；但是，如果在这次交易中赚了哪怕一点点钱，他就会沾沾自喜地告诉你，他的投资卓有成效。

专家们善意地提醒我们，根据他们多年的观察，没有哪家事务所能同时做好股票业务和债券业务。他们这样说并非空穴来风，因为从来没有哪家经纪人事务所做过这样的尝试。众所周知，债券业务一直被少数几家专业的债券公司垄断着，它们在债券的业务方面可以说都是行家，他们全都有自己固定的客户群，比如前边我提到过的，我的朋友克拉姆的公司。我鼓动我们公司尝试经营债券失败的那次经历，我记忆犹新，我不想重温我们的失败——当然，我们都知道失败的原因，那是因为我们公司的办公体制还没达到出售债券的要求。可是我从未放弃过这个梦想，总有一天，在准备充分的时候，我一定卷土重来，要在债券交易上再试牛刀。

多数时候，朋友们的看法是对的。截至目前，没听说过有哪家事务所在股票交易和债券销售两方面能同时旗开得胜的，要想同时成为伟大的债券事务所和伟大的股票佣金事务所，的确不易。而且我也不否认，债券销售业务与股票佣金业务的确截然不同。但我坚持认为，大多数股票交易者偶尔也会购买债券。因此，我们只要做好一件事就行：从不同的角度接近他们。

说到股票，所有的股票交易事务所都在证券交易中心处理自己的业务。所以，如果某位经纪人找到一位客户，对他建议说让他购买100股的美国钢铁,那么,所有的经纪人都会到相同的地方去购买相同的股票。他们都收取那个人相等数额的佣金,在相同的时间点上支付相同的价格。顶多一个经纪人可能比另一个经纪人更有资本或者执行订单时更加小心谨慎而已。但是,对客户自身来说,从交易100股任何股票的所有经纪人中选择张三还是选择李四,根本没有多大区别,因为证券交易中心是一个自由市场。

而债券交易则要复杂得多,它和股票交易不同,选择哪个经纪人,区别相当大且至关重要。不同的事务所处理不同类型的债券,这些债券的价格不等,利息收入也不尽相同。和能够成功获得业务的股票经纪人比起来,专攻债券的经纪人必须在获得业务方面展示更多的独创性。债券业务旨在商品本质及其卖点。和股票比起来,债券销售更符合商品销售业务的特点。当然,现代的经纪人事务所必须具备足够的条件才可以处理所有类型的业务,买卖各种各样的证券。这就要求这些经纪人事务所经常保持与外地的联系。我们发现,假如我们公司准备进军债券业的话,就必须设立处理债券业务的独立机构。如今,我们已经把公司的所有员工分别定位为债券业务员和股票业务员了。

事实上,我们家族的创业史就是全美国的商业史。美利坚帝国的版图经历着不断向西扩张的过程,美国商业的扩张也同样如此。我的祖父一直经营松树业,从缅因州开始,他的事业逐步向西扩张到宾夕法尼亚州。接着,他又把经营的地盘从宾夕法尼亚州向西扩张到密歇根州。和他的父亲一样,我的父亲也经营松树业,他同样经历了自东向西扩展事业版图的过程。从祖父到父亲,我家的商业帝国从缅因州起步,依次到宾夕法尼亚州再到密歇根州,然后又由密歇根州发展到华盛顿州和加利福尼亚州,他们一直经营松树业,不断地购买大片大片的森林。只要那些松树还在一天天地生长,他们的财富就在日积月累地增长,而那些给他们带来滚滚财源的森林就在西部。

和我家族的事业一样,布兰森·巴恩斯公司的地盘也是自东向西不断地发展的。从波士顿的一家小事务所起步时,这家事务所只有两个合伙人和一个办事员,业务逐步发展后,他们又在纽约成立了一家经纪人事务所。公司的业务持续不断地蓬勃发展,为了避免因规模过小而影响业务,他们不得不继续向西扩展版图。一种普遍的看法认为,不管在什么地方,只要这里有繁荣的制造业存在,证券经纪人在这里就有利可图,这些地方包括从匹兹堡向西一直到芝加哥、托莱多及底特律的大片区域。从前,这个国家的所有的制造业都位于新英格兰,然后跟随美利坚合众国版图扩张的步伐,制造业的版图也逐步向西发展。现在,只要看一眼每件商品的制造商的商标或标签,我们就可以判断出它产自于哪里。作为一家典型的华尔街的证券经纪人事务所,我们公司的发展历程一直跟国家的发展步调保持一致。

在我们刚开始销售债券时,在东部的市场内,还没有哪家经纪人事务所愿意销售来自西部城市匹兹堡的债券。同样地,假如你不识相,非要勉强一位西部客户听你谈论债券的事的话,你会无奈地发现,还没等你说上三句话,他就会慢慢地离开你,即便他肯留下来听你说,他也一定会指责你。他会认为你把他当成了傻瓜,容易上当受骗,所以你才会跟他谈论这个话题。在他的眼里,你跟假钞贩子或金条贩子没什么两样。假如他手头有钱要做投资的话,他情愿选择投资房地产、农场、小麦或肉猪。如今,这种情况已经大有改观,西部客户大量地购买债券和股票已经不是新闻,芝加哥已经成了世界上最大的债券市场。

在1907年金融危机结束后,我们公司急于发展投资业务,来弥补投机市场不景气带来的损失。恰在此时,芝加哥顶尖的信托公司的总裁急切地希望我们公司与他合作,能够在他那里成立布兰森·巴恩斯公司的办事处。他本人就是我们高级合伙人的老朋友。他邀请我们公司进驻他的大厦,还向我们强烈地推荐自己公司里最能干的那位年轻人,让他来担任我们公司的办事处经理。他居然告诉我们,只要我们需要,我们可以随时调用他的任何一位办事员来帮忙。

他的建议来得恰是时候,我们欢天喜地地接下了这份大礼。我们公司在芝加哥的办事处从一开始,运营的成本就很合算。我们在那里聘用的第一位办事员如今已经成为备受公司重视的合伙人,现在他仍然在负责芝加哥的那个办事处。他的管理精明老道,这么多年来,不管股票市场多么不景气,我们公司在芝加哥的那个办事处从来都没亏过钱。而且我可以肯定地说,直到现在,我们公司在芝加哥办事处的业务盈利仍然非常丰厚。

随着我们在芝加哥办事处的成立,很快我们就在底特律成立了办事处。它的成立方式与芝加哥办事处的成立截然不同。一家资深的纽约证券交易所公司——辛普森·菲利普公司不幸破产,这家公司位于底特律的分公司也随之关闭,这里的办公室经理和客户业务员失业后,急切地寻找可以做业务的机会。辛普森·菲利普公司曾经在业界辉煌一时,这是一家高度投机的事务所,拥有数量众多的分部和办事处,他们的客户也都是追求时尚的高端客户。辛普森·菲利普公司招待客户的方式奢侈铺张,并因此而闻名遐迩。这家公司在纽约的一家分部位于城镇的非商业区,他们的办公室设在一家著名酒店的豪华套房内,他们公司还享有屋顶花园、女盥洗室以及各种奢侈品和令人满意的办公条件。

然而,所有的这一切都不重要,重要的是,辛普森·菲利普公司在底特律分部的员工都是非常优秀、正派的小伙儿。他们一向工作勤勉,渴望在能吸引客户的环境中工作。在听说我们公司已经在芝加哥成立了一家办事处后,他们就一起来到纽约,主动催促我们,希望我们公司能够在底特律也成立一家办事处。我们自己也知道,底特律的发展前景很好,因为它是全美制造业的中心。于是,我们决定先下手为强,在其他经纪人事务所还没行动之前,就在那里建立我们公司的分部。我们暗地调查了那两个年轻人,最后决定在那里成立一家分公司,而员工方面就不用操心,直接聘用辛普森·菲利普公司以前的这两位员工就行。而他们也发现,布兰森·巴恩斯公司和他们以前工作过的那家公司完全不同,他们曾经为那家抱负远大的公司创下了辉煌的业绩。当他们克服了对经纪人事务所的偏见后,他们对我们公司更有信心了。底特律的商业越来越繁荣,公众的财富在快速地增长,我们公司在那里分公司的业务也迅速发展。如今,我们已经在那里建立了十几家证券交易事务所。

随后,我们相继在其他城市成立了别的分部,没有条件设立分部的地方则增加了电报联络点。目前我们正在物色新的地盘,希望拥有更多的客户。布兰森·巴恩斯公司应直接为更多的人服务,哪怕是通过电报系统,让其他经纪人转给我们的纽约或波士顿办公室来为客户服务,我们都乐于效劳。举个例子吧,曾经有一位年轻的哈佛毕业生来见我,希望能够在我们公司找份工作。他之所以这样做,是因为我们公司的员工中有很多都是哈佛大学的毕业生。我给了他一个职位,他真的成了一位非常能干的员工。他在我们公司工作了两三年时间。有一天,他告诉我,他的朋友邀请他加盟,人家已经为他在纽约证券交易所买了一个席位,期待着与他建立合伙人关系,然后在哈特福德成立一个办事处。他觉得这是他的人生和事业的一个良好的机遇。我当然建议这个年轻人接受朋友的邀请,鼓励他极力争取业务。他已经深谙我们公司的工作方式。他和他的朋友建立了合作关系后仍然工作努力。他们的公司一直保持与我们公司的电报联系,他们公司的业务发展得也很不错。他们是一支由最优秀的员工组成的团队,一直竭诚为客户提供优质的服务。努力的工作、熟练的业务常识和良好的脾气秉性都是他们引以为傲的主要资本,为他们业务的成功奠定了坚实的基础。

1907 年金融危机结束后,股票市场不景气,我们公司在全国各地成立了一些新的分部,增加了债券业务。我们的客户名单越来越多,管理费用也不断增加。我们只能比以前更加拼命地工作,这样的结果当然比入不敷出要好得多。对于所有的证券经纪人来说,1907 年都是一段很难熬的时光。

那年 10 月,银行贷款的需求量剧增,利率高达 125%。而到了 1908 年 8 月,贷款利率已经降低到 0.75%。有投资常识的人都知道,那时是买卖债券的最佳时机,这种时候不是股票的天下。当货币利率下降时,债券的价格肯定会上涨。因此,当我们看到活期贷款利率已经降到 1% 以下时,我们乐观地认为,除了股票经纪人的业务外,我们已经为债券业务做好了准备。

在此期间,我们积极地开发新的业务。在我们看来,积极地出售债券就是我们的新业务。自打公司成立以来,第一次,我们聘请了专职的债券业务员,这些业务员用他们的全部时间来销售债券,每天他们都出入于一间又一间的办公室,奔波于所有的大街小巷,不干别的,只是为了销售债券。而我本人也并不清闲,只要听说这家或那家大型的银行业务部要发行新的债券,就会马上赶去争取参与权。也许我说不清我们加入了多少家财团,但我清楚地知道,我不想让我们公司错过任何一家的债券代理权,这样的主动出击收益不菲。我在工作中所流的汗水要比激动的泪水多得多。我们的信念就是:我们要做到最好。当一家公司里所有的合伙人每天都工作 10 ~ 15 小时的时候,我们怎么可能不成功呢?

之前我就说过,在那个年代,要想向普通大众出售债券特别困难。对于像我们这样起初做股票业务半道才入手债券业务的股票经纪人事务所来说,更是难上加难。可以说,我们公司派出的销售人员就是在充当教育家的角色，他们要向别人传授的就是债券的投资知识。在我们的事务所里做债券业务这一块，他们是先行者。我们到处寻找新客户。我们公司以前的老客户，不仅仅是股票交易者，现在还成了投资者。我们不得不教他们如何扮演好新角色。债券和股票的卖点是截然不同的。我们告诉这些潜在的客户什么是证券。我的看法是，一位投资者应该掌握所有的证券知识，从而可以更灵活地选择投资方式。我们向投资大众传授的这些知识包括公司业务本质的全部细节、过去和现在的收入、管理的前景展望以及理论依据、债券的安全度以及其他的数据等。一般情况下，我们向客户介绍的往往有5~10种债券。我们的业务员滔滔不绝地讲解，然后把债券交给客户，再从他们那里拿到支票或其他的付款凭证，同时他还得面带微笑地答应，有更多的债券发行时会给他们打电话。

客户购买完债券后，通常会把债券放到自家的保险箱里，然后锁起来。他不打算再出售它们来赚取利润。他就是为了除去息票才购买的。他买这些债券本身就是为了在将来的某天给他的继承者一份大礼。所以，债券交易者买卖债券的心理和行为都和买卖股票的人完全不同。

如今，债券业务员都会在星期一带着利率6%的债券找到客户，星期二又带着利率7%的债券去见同一位客户。

“你把利率6%的债券卖出去，然后再买进这些利率7%的债券。”他得想办法自圆其说。他会告诉客户他建议客户将债券交换的原因，然后静候佳音。客户经过思考和认真细致的计算后，要么很遗憾地摇摇头，要么把旧的债券交给我们，然后再添加一些现金，然后我们再把这些合乎他心意的新债券交给他。

旧式的投资者消失了，他们成功地转变为债券的投机商。投资者往往一厢情愿地认为，新发行的债券的利率应该更有保障，而且涨价空间更大，因此，投资者购买债券的动机往往给交易注入了不安定因素。我们公司的债券的业务量急剧增加。尽管我们公司没有专攻债券，但在我们看来，销售6000万美元和8000万美元债券都稀松平常，因为有些事务所的销售额会高达上亿万美元。一些批发债券兼做零售的公司，每月的业务量几乎达到1亿万美元。当然，像J. P. 摩根公司这样的事务所只做债券批发业务，他们的业务量就更大了。

1908年,我们公司的债券业务发展得很不错。我们总是希望可以扭转乾坤,我们相信我们公司肯定能够破冰而出。我觉得,不是所有的美国商人都值得称赞,商业界的爱国主义并非易事。我们国家的历史教会我们应该期待什么。我们对于公司前景的展望总会超出预期。美国的乐观主义者常犯的错误就是还不够乐观。

如果1908年不是可以赚很多钱的年份,至少,它总可以把美国的营利机构加以改进和加强,为下一次有个好收成做好充足的准备。我说过,在我的工作中,汗水多于激动。但我可以自豪地说,看到我们的机构在工作方式和员工方面都得到了大力发展时,我感到非常欣慰。我们炒掉了那些不合格的员工以及不利于公司发展的员工,并把那些称职的、正派的员工提拔到更好的工作岗位上去。我们一直目光敏锐地关注着我们的员工的成长。我多么希望我们和他们就像家人一样,存在着心电感应,那该有多好。我们公司的管理理念是,布兰森·巴恩斯公司未来的合伙人和经理就在我们的办公室里,他们正在为薪水而辛勤工作。我们可以非常自豪地说,我们所有的合伙人都是从我们公司的员工中经过层层筛选提拔出来的。我们把这些人吸纳为合伙人,从来不是因为他带了多少雄厚的资本入股,而是因为我们赏识他身上具有的一切——精神、能力、知识和对布兰森·巴恩斯公司的忠诚。简单地说,布兰森·巴恩斯公司对合伙人的要求就是这些。我们认为,全心全意的工作方式才会带来成功,机构里的每个人都在为公司的公共利益而工作,高级合伙人招聘新员工也完全是从公司的公共利益出发。我们公司不欢迎喜欢开小差和爱发牢骚的员工。所有部门的主管刚进公司时,全都是刚刚毕业的办事员,我们为他们的进步感到骄傲。拥有这样的办事机构就是好生意,它让工作成为非常愉快的一件事。

那些喜欢存钱的办事员通常把节约下来的工资存在我们自己的公司里。我们向他们支付7%的年利息。他们再把我们支付的利息按月存入银行,因此,每年他们的工资实际的利息都高于7%。如今,仅仅我们自己公司的办事员在我们事务所的存款量已经远远超过了16万美元,当然这些都是他们勤俭节约的结果。他们是布兰森·巴恩斯公司的首席债权人,因为他们没有抵押品,也不曾在股票上进行投机,而只是将钱存在我们这里。对于我们公司来说,这样的融资方式是好生意,他们是我们自己公司的员工,不是唯利是图的银行家，我们是一家人。随着我们的业务量的持续增加，每年我们都会给员工们发奖金。他们和公司一起抓住了发展的机会。如果这一年公司的业绩特别好，我们就会给大家发更多的奖金。有时候，我们会多发两个月或三个月的工资作为年终的奖金。有一年我们给员工发的奖金高达60万美元。我们年年都坚持发奖金。有些年奖金多一些，有些年奖金少一些，但是从未取消过。

我自己就是我们公司在纽约办事处的第四个合伙人和芝加哥办事处的一个合伙人，因为我在公司的发展过程中立下了汗马功劳，还有什么事能比这个带给我更多的快乐呢？每个事务所的进步都要赶得上国家发展的步伐才行。我们公司就真的做到了这一点。我们也知道，我们的人员配备应该与业务的发展相匹配。你可能听人时常提起这个或那个“一人公司”。你也可能听说这些“一人公司”的某些令人兴奋的故事，但你最终会发现，那个人总会发生这样或那样的事情，“一人公司”早晚会关门大吉。

已故的J. P. 摩根是一家著名银行的老板。毫不夸张地说，他拥有公司的绝对控制权。然而，当公司由一个人控制时，那个人总是备受推崇，他的周围有很多优秀的合伙人。他选择他们，不是因为他们的资本，而是因为他们的能力和性格，因为这些品质正是J. P. 摩根公司一直都需要的。现在它仍然是世界上最伟大的私人银行。

第18章 哈佛来的新同事

与此同时,我们一直没有放弃在股票市场的努力。股票市场的周期性低迷一直挥之不去,缓慢下跌的股票价格让证券经纪人叫苦不迭。这些经纪人感到苦恼的,不是因为自己赚不到佣金,而是因为客户在股票交易中赚不到钱。他们时常自责:我努力工作的确可以挣钱,但我的工作与客户交易的兴衰息息相关。但是,有时候,那些客户的失败却是他们的自以为是造成的,尤其是他们的账户赔钱的时候,他们更是不理会经纪人的任何建议。

有一天,一些经纪人在午餐俱乐部聊起了他们各自的业务体会。大家达成了共识:作为经纪人,他们最害怕的不是股票市场的繁荣和萧条的交替,而是那些客户的自以为是,执迷不悟。

其中一位经纪人在美国历史上赫赫有名,他的名字在美国家喻户晓。他说:"你们谁能告诉我是什么原因?假如一位客户考虑了各种因素后买进了几只股票,现在出于某个因素的考虑,他必须减少手头股票的持有量,通常他卖掉的正好是那只还在继续上涨的股票或那只已经为他赚到了钱的股票。为什么他卖掉的正好就是他在买进时没有犯错的那只股票呢?我发现,每次面临这种选择时他们都会这样做。他们总是喜欢抛出好股票而持有坏股票。来我的办公室交易的那些客户都是成功人士,这些商界精英在贸易、生产和各行各业的各个领域中的经营都得心应手,他们都是精明能干、经验丰富的杰出商人。但是,一旦进入股市,他们却会不可避免地犯下莫名其妙的、不可原谅的相同的错误。”

“我经常问他们:‘假如你手头有两种商品,其中一种你随便给出一个价格就能很容易地卖掉;而另一种呢,就算你原价销售也卖不掉。你会选择卖出哪一种商品呢?你会选择降低利润,甚至赔钱把滞销的柠檬卖掉呢,还是把它们存起来,等到下一季节再拿出来卖呢?你在生意场上经验老到,在股票市场为什么要违背常理呢?’”

“大家应该都认识拉里·利文斯通吧,我们都认为他聪明绝顶,对吧?好家伙,他大量持有大麦股票,这只股票的确让他赚了不少钱,而他持有的棉花股票却赔了个底朝天。因为,别人的建议和其他人的错误操作搞得他稀里糊涂,摸不着头脑。每次他身体不好需要用钱时,他总是卖掉大麦却持有棉花,最后他终于破产了。他自己告诉我:‘你看,我破产了。我只是在玩别人的游戏。我老是听别人的话,抛出赚钱的股票,却持有赔钱的股票。一个老是违背成功经验却不服从市场规律的人就是傻瓜。’拉里·利文斯通在投资方面的其他看法也都很有道理。我不厌其烦地把拉里·利文斯通的这些话一遍遍地讲给我的客户听,可他们却总是屡教不改。”

“你说得太对了!”韦斯特·霍利电报事务所的老板欧内斯特·韦斯特接着说,“可是,还有另一类人的影响更坏,他们非常聪明,精于诈骗之术,因而更能保护自己。要是咱们有办法,干脆就别让这样的聪明人进入股市交易。但我们没办法,所以偶尔他们中间会有一两个人偷偷溜进办公室来进行交易。只要有他在,就会搞得每个人都很不舒服。和大多数自作聪明的人一样,他总是赔钱,然后就销声匿迹。我记得有一个家伙叫比林斯,他在我们公司的办公室开了一个账户。他是这样一种客户,他认为只要自己在股市里下一个订单,经纪人就会把他的订单的八分之一甚至四分之一全都偷走。他会一本正经地告诉你,你当然不会这样做,但股票专家就有可能这样做。咱们都了解这种人,到最后他们会抢先购买假的石油股票,然后抢在煽动者下手之前,就把这些假的股票倾销一空。我有一个习惯,总是让客户接待员把拉里·利文斯通的话,一遍遍地讲给他们的客户听。大家都还记得吧?几年前,拉里把他在我们公司持有的股票全部清仓,他的格言也在一天之内被所有的投资者广为传播。在他的回忆录中,拉里说:‘在我进行交易时,我不愿受任何约束。我必须利用一切机会来打败市场,我已经不再重视股票的价格了,仿佛股票交易就是为打败市场而生的。所以,交易股票时我完全随性而为。我认为自己应该抛掉某只股票时,我就不假思索地抛售。当我判断某只股票价格上扬时,我就不计后果地买进。这样简单地对股票的波动进行打赌,不是在做投资,完全就是在赌博,这和预测股票的上涨或下跌后做出抛出和买入的决定完全不同。这就是赌博和投机的区别'。"

"即便我们经常把拉里的格言挂在嘴边,但我们还是没能让这个叫比林斯的家伙明白股票交易的基本道理。有一天,他得意扬扬地来到办公室,看上去就像当选了国会议员或者认识了圣多明各大将军一样。看他那样子,我就知道,他又听说了某只热门股票的内幕消息。我由衷地感到高兴——尽管这不符合我们经纪人的从业原则,但是他的确应该经受一点点挫折了,虽然他不肯说明消息的来源。他要做的只有一件事:在小猪扭扭每股的价格为64美元时下单买入100股。本来我应该阻止他,可是,瞧他那志得意满的样子,我觉得应该给他点教训,所以我决定利用这个机会好好教育他一下。"

"天遂人愿,一切都照常规发展。股票价格开始上涨。接下来,股价一路飙升。小猪扭扭股票狂涨不止。"

"那天,小猪扭扭股票的价格上涨到140美元左右。比林斯下单让我们卖出,他一直催促着要我们在股票价格达到顶点时抛出,获利了结,然后提现。我已经忘记了当时这只股票的价格是多少,反正是有位经纪人建议他在那个价格上把这只股票卖出。比林斯的回答却是'不'。说实话,如果他可以不经允许自行交易的话,他绝对不会给任何人分一杯羹的,经纪人收取的几百美元佣金在他看来就是不义之财。现在这只股票价格上涨迅猛,我看得出来,他认为我们无法提供精确到一美元或两美元的市场价。"

"然后,这只股票开始下跌。当他取消第一次下的卖单时,股票已经下跌了一点儿,但下跌幅度还不大。我们再次建议他以当前的市场价卖出,他却不肯。他坚持说,那样的订单只会让经纪人潦草了事。大家都知道他话里话外真正暗示的意思。现在,这只小猪扭扭的价格下跌得更多,他降低了下限的标准,却仍然不肯给我们机会卖出,我们希望他能保住目前的利润,而他却干脆地拒绝了我们的善意。很快,小猪扭扭股票的价格飞速下滑,他干脆取消了卖单。在他取消卖单后，股票价格探底反弹，终于到了他最后给我们定的价格。看上去，小猪扭扭的价格恢复了上涨趋势，他订下的卖单的实际价格要高于报价。然后，这只股票的价格又开始下跌。刚好接近他下单的价格，还差一点。”

“此前关于这只股票的流言满天乱飞，各种谣言都指向同一个结果：在股市收盘之前，小猪扭扭股票被垄断了。第二天，该股停牌，他已经无法在证券交易所卖出这只股票了。最后，他只得找到其他经纪人，委托他们在柜台上帮他赔钱卖出这只股票，最终他在这只股票上损失惨重。我厌恶地告诉他，他活该倒霉。看到他倒霉，我当然幸灾乐祸，这个恶果是他自己的糟糕的交易技术造成的。我的愿望实现了，因为他疯了，关闭了在我们这里开的账户。我之所以讲这个故事，是因为我觉得这件案例很典型。”

“‘没错！’一家非常活跃的佣金事务所的老板接着说，他以前是我们公司的办事员，如今自己做了老板。‘我觉得，我最恼火的事就是，让那些客户抛出股票太难了，比让他们买入股票还要难得多。我在马隆·托宾公司的办公室当经理时，跟多塞特·多洛迈特公司的董事长很熟。他持有一大批自己公司的股票，在大萧条期间，他用很低的价格大量买入这只股票，大大地增加了自己在公司中占有的股份。经济复苏后，多塞特·多洛迈特公司签到了许多报酬丰厚的合同，上校董事长的股票变成了牛股。我了解他们公司正在做的业务，也了解多塞特·多洛迈特公司的前景及其原因，所以，我同样看好这只牛股，就建议我的客户都买入多塞特·多洛迈特。我们公司在价格还不到30美元的时候开始介入，一直买入该股，一直到股价高达50美元时我们还在买入。这只股票的价格上涨到大约55美元时，我仍然看涨该股。我的理由很充分，因为这正是它的价值，我就不信多塞特·多洛迈特公司股票的价格涨不到75美元。我信誓旦旦地说，我确实相信75美元就是多塞特·多洛迈特的稳妥价格。我忘记自己在这只股票上赚了多少钱。我就是一直看涨它。听从我的建议的所有人都赚了钱，那一刻，我的感觉那样愉快，那样开心。”’

“有一天，我的高级合伙人打来电话，让我去他的私人办公室，他告诉我一个消息：布兰恩上校开始出售自己持有的多塞特·多洛迈特公司的股票。我没有问他怎么知道这个消息的，也没问他是不是我们有上校的什么卖单。

显而易见的事实是，现在可以解释两三天前，这只股票为什么会有那么多大单。内部卖单是唯一合理的解释。布兰恩上校一向消息特别灵通，不管是在所有行业还是金融事务上他都神通广大，成为多洛迈特最大的个人持有人也并非偶然。”

“当然，我马上就想到了我的客户。他们都是很好的客户，这些客户总是这样，他们听从你的建议，愿意用自己的钱来支持你的观点，我开始担心他们是否愿意立刻抛出股票。一分钟也不敢耽搁，我马上从私人办公室冲到前面的客户接待室，开始了我的游说工作。被叫进高级合伙人的办公室的前一分钟，我还在大声叫嚣多塞特·多洛迈特的走势看涨，现在我得为自己的突然转变找好理由。”

“我走到这些好客户面前——他们都忠实地听从了我的建议，买进了多洛迈特。我坚定地对第一位客户说：‘比尔，把你的多洛迈特卖掉！’”

“‘你说什么？’比尔怀疑地看着我说。”

“‘你赚得已经不少了。抛掉吧！’”

“‘为什么？’他有点不高兴。”

“‘这样操作不对！’我说。我可不能告诉他实话。”

“‘简直是胡说！’比尔说，‘这样操作完全正确。它已经狂涨过了。现在卖出的话，我也赚不了多少钱。但是它会再次疯涨的。为什么？你今天早上不是还在说，你要等它涨到75美元的时候再卖出吗？’”

“‘可是现在，我改变主意了。’我说。”

“‘那你就赶快把主意变回来吧！’比尔说，‘你现在就走吧！’”

“我又开始跟第二个客户交谈，他几乎用相同的方式对待我，他们都对我的建议断然拒绝。我一个挨着一个继续游说。恳求、威胁、乞求甚至是辱骂，我把所有的招数都用遍了，可是所有的招数都不奏效。没有一个人愿意出售多洛迈特，我终于知道公司总裁为什么会这么干了。”

“就在此时，有一家新闻通讯社发布了一则公告。这则公告看似寻常，谴责空头猛跌，并预言说不计后果的空头将会产生可怕的后果。”

“‘好吧！’我的客户就像希腊唱诗班那样说，‘那就是市场疲软的原因。’”

“第二天，布兰恩上校给了我们公司下了一笔巨额卖单。新闻通讯社也在这天刊登了一位杰出的知情人士的惯例采访，这次采访的对象正是布兰恩上校本人。上校从技术方面讲解了这次交易的真实情况。他向多塞特·多洛迈特公司投入了不少钱，但多洛迈特的业务进展非常缓慢，他们没有任何东西可以保证股票的收益。当然，有些实情被他刻意隐瞒了，他并没有告诉公众，那天早上，他已经给我们下了一个订单，要我们从他的账户抛掉1万股。"

"好吧，这样一来，我可以继续重新开始我的游说工作了。我走到每一位客户面前，使出浑身解数，试图说服他们。除了真相我不能告诉他们之外，我把我知道的一切全都告诉了他们。事实上，他们也没有必要知道真相。他们已经赚了不少钱了，我希望他们能够在利润缩水前就能脱身。但是所有人的反应都一样，就是两个字：不卖。与此同时，股票的内部卖单巨大，进展也很缓慢。"

"最后，我无计可施，只得使出撒手锏，要求客户全额支付股票的保证金，通过这种方式，有几位客户被踢出局了。顺便说一句，从此我却成了他们生活中的敌人。其中有个人非常生气，竟然用污言秽语大声地骂我，整个办公室都能听见，所以我让他滚出去。我非常恼火，对着所有人发了一通火。我说：'看看你们这些傻瓜吧，你们也不算算你们认识我多少年了。以前，你们听从我的建议，哪个不是赚了很多钱？现在，同样是为你们好，我让你们卖掉一只股票，这只股票上，每股你们都赚了10～25美元的利润，你们却向我索要理由。我只能说：最好的理由就是我想让你们卖掉这只股票。行不行？当初让你们买入这只股票的人现在让你们获利卖出。现在知道原因了吧？你们不愿意听，那就别听。继续持有这只股票吧，一直坚持到老本赔光才好呢。但第一个咒骂我的人最终将会哈哈大笑！'"

"有些人已经认识我好多年了，他们聪明地猜到：一定是发生了我不便明说的什么事，所以他们都抛掉了他们手头的多洛迈特。但是，差不多有一半的客户还在继续持有这只股票。它下跌到35美元以后，没有跌后反弹，接着股票市场就进入了萧条期，股市全面崩盘，所有的股价都在下跌。多洛迈特跌到了20～22美元。大多数顽固的客户继续持有这只股票。随后，多塞特·多洛迈特下跌到10美元。这些家伙曾经在这只股票上赚了不少钱。"

刚才讲述的这些朋友与客户之间的故事，大多数经纪人都经历过。在金融危机结束后这些不景气的日子里，我们大家一同分享这些泪水和欢笑。这也是业务的一部分。我们公司一直在努力改进服务，电报联络点和分部事务所的增多吸引了更多的人和更多的客户。

我们靠销售债券吸引了投资者。为了说明债券的价值，我们向公众列举了大量的事实和数据。这个行业有一个历史悠久的习惯：给客户提出建议，承诺快钱和不劳而获。但是对于谨慎的投资者来说，这样做无济于事。很久以前我们就发现，应该在证券交易部门引进更好的行为体系。于是，我们开始逐步改进公司的市场信件处理程序，把它们和普通信件区别开来。我们公司在波士顿的一位合伙人想到了一个好主意，我们可以改进数据部的工作。这也符合公司的其他计划，可以改善公司的服务质量，而且可以为股票市场创造更好的时机。我们预感这个机会快要来了。

好运一直眷顾着布兰森·巴恩斯公司。那一年，有位自信的年轻人从哈佛大学毕业，他学的专业是经济学，而且他头脑灵活、善于分析、富有远见卓识。他喜欢目标明确的工作。他能洞悉一切事物的本质，常人无法想象这种非凡能力从何而来。大多数人的思维是直接思维，仅仅只是直接看见。而他的这种洞察力却不带任何偏见，他总是用一种与个人感情无关的冷静态度来对待表里如一或者表里不一的人和事。他确信，在将来的某一天，他会了解这些人和事的实质。

这位年轻的哈佛毕业生下定决心，认定自己在证券经纪人事务所会大显身手，跟在银行的工作比起来，这里的工作显然能给自己和老板都带来更多的收益。他用三周的时间收集了波士顿各种经纪人公司的数据，这是他的特长，然后找到布兰森上校的一位朋友为他写了推荐信。在推荐信上，他告诉布兰森上校说，他希望为布兰森·巴恩斯公司工作。

"你希望干什么工作？"上校问。

"我想为你的公司成立一个数据部。"年轻的塔利答道。

"你有什么准备吗？"上校问道。

塔利就把自己接受过的理论培训，大学时期在铁路、工业和社会学方面做过的社会调查等都告诉了布兰森上校。听完这位年轻人的陈述，布兰森上校愉快地说："年轻人，你的路子选得很好。等着看吧，不出10年，所有的证券经纪人事务所都会成立数据部的，他们都会据此给客户提供更加明智合理的建议。不过,现在开展这项工作的时机还不成熟。你看,现在的股票市场形势不好,公众对投资股票的信心正处于低潮期,像我们这样的佣金事务所都需要削减开支,现在如果成立数据部,我们就不得不考虑增加开支的问题。我希望你写一篇详细的书面报告,让我找到说服自己增加开支的理由。报告中要说明你做过的哪些准备对我们公司的业务会有帮助,同时,你要继续观察市场条件和情况,等你觉得更好的市场和业务时机已经成熟时,你再跟我联系吧。我希望我们能最先发现你的价值。”

年轻的塔利回答说,他自己还没有想过像布兰森上校说的那样考虑成立数据服务事务所,上校提出的要求实际上已经设想了未来金融界对经济数据服务的要求。不过,他回家后的第二天就写好了这份书面报告,包括他对此做过哪些精心的准备,详述了自己在大学时的研究主题对现代经纪人业务的作用。他在报告的最后说,他希望能够马上开始工作,因为他确信,既然最糟糕的情况已经出现了,那么股票市场行将复苏,公司的业务量很快就会有所提升。于是,他果真在布兰森·巴恩斯公司里得到了理想中的职位。

这次,公司要求年轻的塔利去见帕特里克·马洛伊。你应该记得,在1888年布兰森·巴恩斯公司成立之初,除了两位老板之外,马洛伊是唯一的办事员,公司所有的办公力量就是他了。靠着自己非凡的能力和对工作的热情投入,几年后他就荣升为公司的合伙人。对年轻的塔利的观点,马洛伊深表赞同,马上聘请他到公司来成立数据部。这个部门负责收集报告和出版数据,还被要求积极地参与分析工作,通过有效的数据分析,找出影响交易、商业和金融价值的所有因素,回答客户在投资和投机方面的所有疑问,给客户提出合理建议。

现在,塔利已经成为布兰森·巴恩斯公司的最受尊重的合伙人之一。我认为他是华尔街最出类拔萃的人物之一,说他是对国家做出杰出贡献的人物也不为过。

我们公司的数据部就是这样发展起来的。实践证明,数据部的成立不只是对客户们做交易非常有价值,而且它的工作对我们公司的业务更有价值。通过数据部对各个公司的调查,我们可以了解别的证券经纪人事务所关注的那些行业,全面地了解它们的整体业务,这些通过同一行业的其他公司反映出来的数据为我们提供了需要的事实和解释。毫不夸张地说,我们公司数据部的报告一直反复不停地充当着刹车的功能,为许多客户在交易上的过度热情减速。

当前,有一些设施齐全的经纪人事务所跟我们公司学习,也相继成立了自己的数据部。数据部正式开始运营后,向我们提供的这些数据像其他任何因素一样,有力地减少了股票投机的损失,让那些聪明人终止了盲目投入或者仅凭直觉买卖股票的行为。现在的股票交易者更像商人一样富于理性了。当然,没有谁能保证投资证券能百分之百地赚钱,但是,像过去那种仅仅依赖于道听途说就进行股票与债券买卖的交易方式已经过时了,这在今天是难以容忍的,这样的投资方式付出的代价太高。

一位广受爱戴的老朋友不同意我的观点,几年前他主动从业务上退休了。他在华尔街兢兢业业地干了30年,退休后的无所事事让他动不动就发脾气。有一天,他对我说:"我们公司的数据部也很优秀,通过数据部的工作,我们很容易为客户提供更多更有价值的信息。可是,我从没见过公司的任何客户去这个部门咨询过,也没有任何客户想知道我们公司是否拥有真正富有价值的数据,没有人喜欢让这些数据帮助他们做出交易的决定。不管是债券还是投资,他们都是这样的态度。可是股票的情形就不一样了,他们不想了解事实。有时候,特别是交易显示赔本的时候,客户总是热衷于打听股票的内幕消息。直到交易失败,他还是不会想到要去了解真相。他真正关注的是:设法找到某种希望或理由,证明自己购买那只股票是多么愚蠢。我发现客户基本上分为两种——聪明人和大傻瓜,后者根本不想了解任何数据和事实,他们只是想要找到一个在股票市场操作的借口,95%的股票交易者都是这样的人。"

我不得不承认,那是守旧派经纪人的观点。并不是因为我的朋友是愤世嫉俗的人,而是他没有认识到,情况已经发生了变化。如今,客户和经纪人都发生了变化。我把我们公司的数据部的起源告诉你,是想让你了解,为了应对注定会发生的这些变化,我们公司事前做了多么充分的准备。那个时候,商业正在变化,我们只能跟着它一起变化。我不能清晰地预见10年或20年后,我们可能会遇到什么样的难题,但我知道,我们不能总是原地踏步。假如我们想跟着国家的进步赚钱,就必须提前做好准备。这和成立新的、不同的办公机构来处理未来的需求不同,我们不能预测未来的需求,谁都不知道,未来具体会产生什么新的业务。所以我觉得,最好的准备也是唯一可能做的准备,就是在头脑中保持一种合适的状态。

准备工作在商业交易中产生的价值,和它在战争、实验以及科学研究中产生的价值同样重要。帕斯特是我们这个时代最伟大的人物之一,他曾经说过:“在各种可观察的行业中,机遇只垂青于那些有心理准备的人。”他指的是心理有准备的真正的科学研究员。“机遇”指的是如果你做好准备的话,意想不到的事情会为你提供前进的机遇;“有心理准备”则是指抓住你观察的现象的真正意义。

我们有理由相信,总有一天,我们必须做更多的新老业务。我们的头脑中一直保留着这个想法,当机遇“垂青”我们时,就毫不犹豫地抓住它。多年来的对于公司前景的展望,观察股票业务的崭新的、明确的数据,我们所做的这一切准备工作,都为我们迟来的红利立下了汗马功劳。

第 19 章 汽车行业的先驱

在 1907 年金融危机结束之后的前几年,我们公司经营的债券业务盈利丰厚。既然股票市场不景气,那么我们就把大部分精力用于发展债券业务好了。1910 年,我们公司第一次对汽车生产商的融资业务产生了浓厚的兴趣。这个伟大的行业方兴未艾,假如当时它不是处于婴儿期,那就一定是已经步入了青少年时期。因为金融危机造成的世界性的资金紧缺,新兴的汽车行业需要资金上的支持。在这一段时间里,有一个人一直都很引人注目。在我的记忆中,这个人的故事是至今依然健在的美国商人中最伟大的传奇。下面我就按照时间顺序来讲讲汽车行业的全部故事。

这个人是乔治·鲍德温·汤森。他是汽车行业的先驱,也是最早的能全面地、热情地抓住汽车行业的那批人的杰出代表。他有丰富而生动的想象力,这让他很容易为自己描绘的胜利而倾倒。毫无疑问,这个行业是机器工业时代的巨大机遇。他深信自己是幸运儿,所有行业的拿破仑全都这样自信。

汤森制造了一种汽车,然后开始进行广告宣传。每年他都会对这种汽车加以改进,然后成十、成百、成千地出售,最后,他终于成为一位成功的汽车制造商。他赚了数以万计的美金,然后又把赚到的所有钱投入到扩大生产上。他的事业迅速发展,但他对于汤森汽车已经取得的成功并不满足,所以他大批地买进其他广受欢迎的汽车生产公司的控制权，最后他把这些工厂组合起来，成立了著名的通用汽车公司。

在乔治·鲍德温·汤森的大力推动下，汽车行业进入了全面蓬勃的发展时期。因为这是一个新兴的行业，巨大的销售额给他带来了极大的利润，所以他继续不停地追加投资，大规模地修建新工厂，扩大旧工厂的规模。他的房地产、工厂、机器及其他无形资产的价值都上升很快，不久就达到成百上千万美元。这还不包括他从没计算过的有形资产。对于当时的他来说，资产的资本化无法实现。当时的银行根本不把这位年轻的天才放在眼里。尽管银行的信用调查员非常清楚，一些汽车公司正在挣大钱，但这个行业的利润是否可观，他们还是没有太大的把握。

乔治·汤森成了一位非常有钱的人。但是，他把所有的财富都投入到了他的汽车工厂中，当然这个行业回报给他的利润也相当可观。无论通用汽车公司什么时候需要钱，他都直接付给银行票据。而银行为了资金安全，总是坚持让汤森先生亲自把这些票据备案，汤森先生也总是乐于配合。其实，他在自己的产业里并不拥有全部的股份，但由于他对这个行业的未来很有信心，所以他还没有看到自己背负成千上万美元的票据债务的危险性。对于乔治·鲍德温·汤森来说，金钱不是万能的，只有当这些钱被拿来，用于修建更多的汽车工厂时，它才真的是金钱。

票据有一个不好的特点，就是在你手头拮据时，它偏偏到期。在 1910 年资金大饥荒的中期，通用汽车公司的所有票据都到期了。当时还没有联邦储备系统，我们已经对金融危机以及随之而来的金融、商业和心理等方面的麻烦习以为常了。

放贷的一方不愿意再更换通用汽车公司的票据，或许因为他们害怕坏账，或许他们也没有多余的钱。总之结果是，乔治·汤森被迫四处筹钱，到处寻找有胆识的人来为他的公司提供资金。他的公司的商业表现非常卓越。与任何行业相比，它显然比大多数行业都更能赚钱。这就像早期的电话行业，投资者认为这或多或少带有一定程度的赌博色彩。要知道，尽管这样赚取利润很安全，但毕竟有点不确定。这种新兴行业都没有什么历史背景可供参考，我们没有办法保证这些行业繁荣的永久性。然而，乔治·汤森对自己和公司的未来信心十足，这样就打消了一些银行家心里的重重疑虑，最终他说服了一家最著名的银行。这家银行不仅在自己的行业中出类拔萃,而且它的安全性也有绝对的保证。他们承保了通用汽车公司1500万美元的票据。从一定程度上说,是这家银行帮助通用汽车公司形成了财团。乔治·汤森就用这些钱认购了自己的旧票据,接着修建更多的工厂。

你应该还记得,那时哪里都极度缺钱。贷款的利息非常高。除了支付高昂的利息外,银行家还拿走了通用汽车公司优先股的红利和普通股。

请记住,是乔治·汤森自掏腰包支付的红利。也就是说,得到优先股和普通股是银行家财团竞相购买通用汽车公司的票据的诱因,这些股票全部是从汤森的个人持有股中划拨出来的。请注意下面这些数字,与这些票据相同的普通股后来每股售价卖到了1500美元。1910年的时候,这家公司为了筹集1500万美元举步维艰,12年之后,就是1923年,通用汽车公司的资产负债表显示它的盈余已经是1.32亿美元!盈余率仅次于美国钢铁公司和福特汽车公司。此时的通用汽车公司,即使不是世界上最大的汽车制造公司,至少也是美国本土最大的汽车制造公司了。

在那些经济不景气的年代里,我们公司非常渴望开展业务,于是这些票据就进入我们的视线。从各方面来看,这些票据都相当不错。我们有理由相信,我们可以让客户分享我们的信心,所以我们主动加入了通用汽车公司的财团。没费多大力气,我们就把这些票据及时地分派了出去。

这就是我们第一次对汽车公司的融资方式产生兴趣的过程。没过多久,索斯沃斯汽车公司的创办人、总裁兼最大的股东朱利安·T·索斯沃斯把自己公司的大批优先股出售给马丁·曼利公司和一些银行家,还提供相同数量的普通股作为红利。这些普通股最后每股售价涨到280美元,这个价格是以公司的收入为基础的。如今,即使为了融资,除了它的汽车之外,索斯沃斯汽车公司也不再出售任何优先股、普通股或任何其他的东西。

这些事件影响深远,对于以后布兰森·巴恩斯公司获得轰动一时的成功,成为现代经纪人公司起了很大的作用。另一件事发生在晚些时候。我坚持认为,不像小说家描写的那样,华尔街的生活既不是悲剧,也不是肥皂剧。坦率地说,我们自己眼中的华尔街人士,每个人的事业都富有真正的传奇色彩。

以豪威尔·斯图尔特公司为例。查理·豪威尔和杰克·斯图尔特本来是斯坦纳德兄弟公司的老板亨利·斯坦纳德的办事员，他们最擅长的就是经营商业票据。在老派守旧、管理严格的斯坦纳德公司的办公室里，他们的性格得到了很好的锻炼，全国商人和制造商的赚钱能力他们也都有。他们常常结伴外出，为斯坦纳德兄弟公司买卖票据，工作之便结交了许多朋友。纽约、宾夕法尼亚和新英格兰的几百家甚至上千家银行他们都很熟悉。他们都是正派、聪明的年轻人，工作努力，在斯坦纳德公司的业务干得风生水起。这一切都让他们雄心勃勃，开始计划着自己当老板。于是，他们开始为此存钱。等他们存足了本钱后，查理·豪威尔就在纽约证券交易所给自己买了一个席位。他们在这一行有很多的朋友和熟人，这些人囊括了批发商、零售商和银行家，所以这两位都相信，作为证券经纪人，自己一定能成功。他们计划经营自己最精通的商业票据方面的业务。假如他们错开那个特殊时期选择其他时间段自立门户的话，他们可能会马上取得成功。可惜，当时可怕的不景气和经济大萧条让华尔街人都很难赚到什么钱。

尽管如此，这些年轻人仍然努力工作，勇于开拓。他们坚信：即使是华尔街无人涉足的领域，回报的利润也是很可观的。通过报纸他们了解到，私人商业公司和有限公司拥有一流的信贷能力。它们可能会用优先股的形式卖给公众，红利一般定为7%～8%。他们的经纪人公司如果经手这样的交易，就会得到数量可观的各种佣金，假如优先股的发行得到股票行家的认可，佣金就能一直成为他们的收入来源。所以他们就把自己的经营目标定为：经销这些能挣大钱，却不为人知的好玩意儿。这就是一个把买方和卖方成功地聚在一起的案例。卖方和买方是具有利害关系的人，卖方总是不愿意分享他们的好东西，除非是需要筹集资金。对于买方也就是投资大众来说，他们不知道什么地方可以讨价还价。

像豪威尔和斯图尔特这些人，他们总是在机会来临之前就做好准备，等待机遇的到来，在别的同行还没起步的时候就抢先抓住机遇。他们老早就做好了准备，然后等待机遇降临，最终成为行业的领跑者。

一天，查理·豪威尔找到我。他说他给华尔街的每家专门发行证券公司的事务所都打了电话，但是没有一家事务所搭理他。他说："现在我只能来找你！"

"你为什么会想到来找我？"我问他。我对他的交易一无所知。

“首先,我知道你肯耐心倾听,会尊重事实,既不会害怕什么,也不会有什么偏见;其次,了解实情后,你会自己得出结论,无论之前是否有先例,你都会采取相应的行动。我觉得这是一个双赢的交易。我把事实讲清,你考虑后再告诉我,看布兰森·巴恩斯公司能否加入。”

“好吧,查理!”我说,“看得出来,你要说的事情不好处理。你也很清楚,我这儿的希望不大。不过,你的恭维真的有用。告诉我,你说的是什么交易?”

“好的,我会全部告诉你的。你听说过连锁店吗?”

“我听说过。据说有些连锁店的业务做得很好。管理得当的话,它们可以赚很多钱。”

“没错!你听说过P.P.帕尔贴吗?”

“这个名字很耳熟。似乎经常听说,但我不知道它的具体位置。”

“在大西洋沿岸各州,每个城市的蓝色商店前你都可以看到它,那里有5万多居民呢。”

“真的吗?”

“这就是我说的那笔交易。我们得到了P.P.帕尔贴1万到2万优先股的交易代理权,还拿到了同等数量的普通股作为红利。优先股的股息是7%。这家公司一直非常赚钱,从它们的成立之日起就已经开始支付股息了。我跟老帕尔贴先生多年来一直关系融洽。我已经替他卖了很多年股票了,四天前,他又把优先股的代理权给了我。可现在老帕尔贴知道,我们公司没有独立处理它的能力,假如有经纪人愿意帮我们的忙,我们就可以赢得这笔交易。你看,我一直为此奔波,可是我的一切努力都是竹篮打水一场空。”

我觉得这笔交易听上去不错。核查收入数据之类的事情手到擒来。我觉得我们有能力处理这只股票。这笔交易的盈利能力应该不错,还可以把我们公司的业务带入新的领域——证券买卖,显然值得一试。我们不是一直都在为这样的业务做准备吗?

“好吧,我本人非常愿意加入,查理!”我说,“但是,我必须征求合伙人的意见。在跟他们汇报之前,我需要和你一起核对所有的细节和数据。”

“当然可以!”他说。他急于搞定这笔交易,所以马上就回自己的办公室去取所有的资料,一个小时后他就把这些资料放到了我的办公桌上。

我和他一起仔细检查了所有的资料,我恨不得马上加入进来。我相信,这笔交易肯定能成功。我更加确定,迈开进入新的领域的第一步,我们公司会赚到巨额的利润,这笔交易会给我们带来新的收入来源。研究事实和数据花了我两天的时间。第三天,我给波士顿的合伙人打了电话。

我把帕尔贴公司急需融资的事讲了一遍。我告诉他们,我已经掌握了他们的业务情况和股息记录,之前我们公司就打算进入证券买卖的行业,我认为现在的这只票据正好适合我们加入。

然而,我的合伙人们可不像我那样爱激动,他们不想跟帕尔贴商店做任何生意。金融市场充满着不确定性,他们喜欢按兵不动。

我知道,再做争辩也是徒劳。我的高级合伙人都是精明能干的商界精英。尽管他们有时决定过快,但他们肯定有自己的好理由。但是,这一次,我觉得他们拒绝加入的理由有点儿牵强,至少没有像查理·豪威尔那样,让这个计划听上去很吊人胃口。所以,我对巴恩斯先生说:"假如豪威尔先生去波士顿跟你面谈,你愿意给他一次机会吗?"

"当然可以!"巴恩斯先生答道,他不仅是世界上最善良的人,也很公平。

第二天,查理·豪威尔就去了波士顿。他的讲解很能吸引人,是我见过的最好的推销员之一。没费什么劲,他就把自己的主张全盘兜售给了我的高级合伙人。他一介绍完情况,我的高级合伙人们就和我一样热情高涨了。于是,我们便告诉查理,我们同意和他一起做生意,让他赶紧地去告诉老帕尔贴,就说他已经找到了同业的支持,可以行使他的交易优先股代理权了。

我们获许核查了这家公司的全部业务。我们带去的专家检查了成百上千家 P. P. 帕尔贴连锁店,专业会计检查了他们的账目,审计员审完他们的财务报告后,我们发现,这家公司的整体业务情况比我们想象的要好。这样,我们的工作会比预计的容易一些。

在整个过程中,我们的专家报告非常令人满意,我们开始准备销售这些证券。在一个星期六,我们公司所有的事务所的销售员都来到纽约。他们开心地放弃了整个星期天,来参加帕尔贴公司举行的会议,讨论这家公司的前景并仔细地分析这些证券的好处。我和查理·豪威尔给我们的销售人员做了详细的讲解,所有的销售员全都了解了这个计划。从第二天起,他们便都热情地投入到初步工作中。

两天后，我们开始向公众出售 2 万股 P. P. 帕尔贴的优先股，每股售价 98 美元。购买优先股的客户享有优惠，每股可以购买四分之一股的普通股，普通股的售价是 25 美元，也可以全部购买 5000 股普通股。与此同时，我们公司还把这些证券列入了纽约证券交易所的上市证券名单中。

账目签署完的半个小时后，所有的帕尔贴公司的股票兜售一空。这次交易获得了空前的成功。

我格外高兴，我把布兰森 · 巴恩斯公司带进了一个盈利的新领域。豪威尔 · 斯图尔特公司正确地选择了融资的新领域，而我们进入了曾经持有强烈的怀疑态度的领域。通过证券交易所上市的那些证券，全国的投资者都会购买，他们生怕错过任何可以抓住成功的私人公司的股票的机会。他们相信自己购买的股票回报丰厚，希望通过提高业务和牛市让股票升值。我们公司在这次交易中赚了几十万美元，利润固然不菲，但它对于布兰森 · 巴恩斯公司的意义远胜于此。通过实际的经验，我们得出了结论，这些证券的市场潜力巨大。我愿意把帕尔贴连锁店事件的尾声告诉你：优先股已经失效，我们又发行了帕尔贴的新股票来代替旧股票。如今，帕尔贴新股票的售价飙升到每股 350 美元，而当初我们卖给客户的是每股 25 美元。实践证明，无论对银行家，还是对客户来说，这都是很好的交易。

豪威尔和斯图尔特这两个年轻人是对的，首战告捷之后，他们继续筹资开办其他的连锁店，同样获得了高额利润。在证券交易行业的这块领域里，他们堪称领头羊。除了拥有自己的想象力和勇气外，他们靠白手起家，赚得盆满钵满。他们的客户更不会后悔。在那样经济衰退的年份，繁荣时期还没到来，客户没有什么选择余地。然而，这为现在的证券市场提供了更丰富的活动方式。我们正不遗余力地参与到纽约州交易市场的各种各样的业务中来。

第 20 章 无人可胜的华尔街

在帮助豪威尔·斯图尔特公司售出了 P. P. 帕尔贴连锁店的两万股优先股之后,我们发现了一个事实,我们公司应该设立专门的机构,由他们负责向公众直接销售某些特定行业的股票。因为我们知道,私人公司的股票能赚大钱,它对投资者和投机者都有很强的吸引力,它面对的客户群分为两类——优先股的红利吸引投资者,投机者则会把未来繁荣的希望寄托于普通股的价格上涨。不管股票市场将来的走势如何,整个社会的商业是否繁荣,只有债券的持有人能得到固定的回报。而投资者关注的首先是自己的利润。优先股同样可以收到仅次于债券的固定的红利。而一般情况下,要想赚大钱则需要投资普通股。

从前,普通股一般都卖给了依靠自动报价机交易的投机者。一般来说,新上市公司靠发行普通股的新股票来增加公司的名义资本,这些资金也许只是公司创办人的期望值。1901 年联合钢铁采取的激励性手段就是经典案例。为了激发投机者对联合钢铁股票的兴趣,包销财团聘请了著名的经纪人詹姆斯·R. 基涅,由他负责兜售价值成千百万美元的新证券。他们频频出入于各家经纪人事务所,为各种各样的投机者提供经营保证金。和优先股的红利比起来,购买股票的人更愿意听到普通股的价格将上涨 10 美元或 20 美元的保证,他们喜欢以最快的速度卖出这些原始股。所以,当每股 55

美元的普通股卖出后，再以一股低于9美元的价格卖掉这些暴跌后没有售出的优先股，就是轻而易举的事了。随着国家经济的日益繁荣，股票的股本价值也同时增长。等到10年或15年后，这些虚股也蒸发掉了。

基涅的方法过于投机，我们公司对此兴趣不大，而债券的销售速度又太慢，对销售团队的要求也更高。比较起来，还是普通的经纪人事务所好管理一点。我们想到的好办法就是向独立的购买者推销盈利公司的普通股。不管是更冒险的投资者还是更保守的投机者，都会被我们吸引，参与到我们的业务中来。现在的问题就剩下找到合适的盈利公司了。而一些私人有限公司最有可能卖出全部或部分股票。豪威尔·斯图尔特公司出售P. P. 帕尔贴连锁店的股票，霍尔·弗瑞尔公司出售他们的低质铅砂所有权，而我们公司则从事常规业务。

1915年的一天，我的好朋友威廉姆·艾伯特·希克斯给我打电话。他是莫里桑尼亚国家银行的总裁，我们公司在他们那里开有账户。

"杰克！"他说，"等你不忙时，能不能抽几分钟时间，往我这儿来一趟？"

"没问题，我马上过来。"

"你要是忙，也可以明天来。我想给你讲个神话故事。"

你知道，希克斯为人一向沉稳低调，我跟他的银行有很多的业务往来。假如他想给我讲神话故事，那么这个故事必定意义重大，我怎么会不乐意听呢？听银行家讲神话故事的时间我还抽得出来。

"我马上过来！"我说。

"马上！"

希克斯挂断了电话。我猜，他一定在自己偷着乐，至少他刚才的声音给我的感觉是这样的。果然，当我走进他的办公室时，他还在咧着嘴笑。

我说："你在跟我开玩笑吧，艾伯特？"他马上严肃起来。

"杰克！"他郑重其事地说，"今天下午，有个人给我讲了一个天方夜谭一样的故事。我想了想，觉得你应该听一下。"

"很好！"我鼓励他说下去。

"你听说过乔治·鲍德温·汤森吗？"

"当然听说过，"我答道，"他曾经是通用汽车公司的总裁。我当然知道他，几年前为了销售他们的票据，我们公司加入了他们的财团。我听说，他后来被温特沃斯·霍普金斯挤出了通用汽车公司。”

“你知道的就只有这些吗?”

“就这些了!”我说。艾伯特·希克斯看上去很高兴,可能在想他能告诉我多少吧。

“好吧,你听着!要不是刚好知道这事是真的,我真的不会相信一个字!有人告诉了我他的创业史。他创造了奇迹——”

“到底怎么回事?”我打断他。

“这家伙赚了上百万美元,建立了庞大的产业帝国。听他畅想未来,就像在听幻想小说。他需要500万美元的资金支持,来支付一笔亟待完成的订单。弗瑞德·利德尔带他来见我。我建议他向华尔街的朋友们申请,或者向别家银行申请,可他却说,每当他跟银行家说起这事时都备受冷落,有的人甚至叫来了警察!”

“这是为什么呢?”我问。

“为什么?”希克斯先生重复道,这位银行总裁是一位激进人士。“为什么?因为他是汽车生产商呗。因为他的行业是新兴行业。这个新兴行业太嫩了。假如你手中掌握着成千上万的客户的钱,你却把这些钱都投入到还处于发展初期的新行业中,这就非常危险了。我当然愿意在合适的时间给他提供适量的资金,但不能经常这样做!”

我当然知道,希克斯先生是一位精明睿智的、目光远大的商人,但他同样持有银行家固有的偏见。当然,这是为了保障资金的安全。和投机成功的辉煌比起来,密切关注投资的安全性更为明智。希克斯的这种态度给了我一个启示:汽车行业一定会大行其道。不忘回顾过去固然没错,但展望未来更让人信心百倍,交通方式的改变给整个社会带来了革命性的变化,而我有幸能够看到一场革命正在进行时,为什么不给它推上一把呢?于是我说:“我觉得汽车行业的前景广阔,有一天它一定能够大行其道。人们生活需要它。毕竟它可以把你、你的家人、你们的行李一同快速地送到你的目的地。等你们这些银行家们也不再认为它是奢侈品时,每个人都会有一辆小汽车的。”

“你能这样想,我很高兴!”希克斯说,“那么,我就让乔治·鲍德温·汤森去找你了,他需要的数百万资金就拜托给你了。我给你打电话就为这事。

不管别人怎么做,我可不打算驾驶每小时只能跑30英里的汽车,我还是选择坐火车比较稳妥些。"

"我也一样!"我承认道,"可是,肯定会有越来越多的人把它当作必需品,而不是奢侈品的。随着汽车的机械部位的不断改进,它的价格会越来越便宜,最终,它会成为我们这个时代最了不起的发明!"

"好吧,好像汤森和你谈过这件事吧?"希克斯怀疑地问。

"从来没有!我希望他早点来找我谈这件事。"我说。

"要是这样的话,我们就一起去见弗瑞德·利德尔吧!他是汤森的老朋友,他一直盼着能有人给这位天方夜谭里的巫师筹集资金。说不定他已拿到了汽车行业所有的通行证,只剩下筹措资金这一关了呢。快点,我们赶紧去吧!"

于是我们到了纺织贸易国家银行。弗瑞德·利德尔是这家银行的总裁,我和他很熟。

"弗瑞德!"省去寒暄,希克斯先生直截了当地说,"给布兰森·巴恩斯公司的杰克·温先生说说,你的朋友汤森需要什么?"

"你好,杰克!"利德尔一边跟我握手,一边说。"我们这家银行一向礼貌待人,就是对其他银行的存款人也很礼貌。杰克,考虑一下吧。连汤森都对自己的克制力感到十分惊讶。他想扩大生产规模,需要修建新的工厂,为此就需要500万美元现金做后盾。他接到了一大批的小汽车订单。他就是有这样的能力,各种各样的人都愿意为他卖力地工作,而他的代理商自然也有办法吸引人们买他的小汽车。这批小汽车还没完工,他就又接到了更多的订单,现在他手头的订单量足够他未来三年内生产了。他计划着生产更多的小汽车,如果可以买到改进汽车的机械,就可以大大地降低成本。现在的情况是,假如他不再接受其他的订单,他认为自己完全有能力在两年内还清这500万美元。但是,他对银行融资很有意见。按照他的观点,一旦小汽车开始赚大钱,银行家们就会插手这个行业,那时他就完蛋了!"

"他会同意我们独立地审计账目、评估工厂、调查他和他的员工吗?"我问道。

"我觉得他会同意!"利德尔说。

"你干脆给杰克写封介绍信,让他跟你的天才谈一谈吧。"希克斯先生建议。

利德尔先生点点头,说:“好吧。我给汤森打电话,说你准备去见他。”

“可以的话,你就安排我们明天下午3:30见面吧!”我说。

利德尔先生马上给汤森打电话,帮我们安排会面的事。第二天下午,我就见到了这位大名鼎鼎的汽车生产商。他的办公室位于西街57号,离河不远。办公楼不大,楼下有个大会客室。大会客室的后面就是乔治·鲍德温·汤森的私人办公室,他曾任通用汽车公司的总裁,时任阿伦比汽车公司的老板,现在急需500万美元来扩大生产。我经过他们的汽车仓库时,看见那里有很多还没卖出的崭新精致的阿伦比小汽车。

与其说这里引人注目,还不如说这里彰显出了贵族气派。但是,这一切对我没有任何影响。如果阿伦比公司的业务值得我们介入,跟他们做生意我们有利可图的话,那么我何必介意人家做业务的地点或办公室的外观如何呢?

乔治·B.汤森正在等我,这位身材矮小的老板的前额突出。我把利德尔的介绍信递给他。他瞄了一眼信封,一个字都没看就放在了办公桌上,连忙热切地跟我握手。

“让你卷入这个麻烦我很无奈,”他亲切地说,“现在我们每年都生产5000辆小汽车,将来我们每个月的生产量都会比这个大。我不久前接到了一笔订单,大约有4万辆,这就需要更大的工厂来生产。我从不妄谈未来,未来自有其果。当务之急,我现在需要500万美元。我们会把这些钱全部用在工厂扩建上。我需要你帮助解决的就是这件事!”

汤森已经准确地向我陈述了事实。他的确是一位杰出人士,言谈举止令人信服。我被他打动了,急切地想为他筹集这500万美元。这个人的时间一分钟都浪费不起。耽搁他的时间就是眼睁睁地看着数百万的银子白白地溜走。

“你能赚多少钱?”我问他,时间紧迫,不必在初次见面的细节上浪费时间。

“今年能赚200万美元!”他肯定地回答道。

“真的吗?”

“当然!”他自信地回答。

我问他:"你想过怎样来筹集这些钱吗?"

"当然想过!我准备卖出公司的股票或债券进行融资,我再也不想要任何票据了。这也是我放弃通用汽车公司的原因,票据总是在你手头拮据的时候偏偏到期。我需要的是合伙人,而不是银行家。"

而这也正是我们一直在寻找的——一家合适的盈利公司。

我说:"你可以出售合适的普通股来筹集资金。"

"好极了!"他说,觉得事情就这样可以拍板了。"你看我们是不是应该抓紧时间?"

"那当然,可我必须先跟我的合伙人商量一下,然后才能给你答复。在告诉他们之前,首先我必须详细地了解你的公司。比如,我要检查你的账目和工厂,判断你的股票是否有价值,然后再确定我能不能把它卖出去。"

"没有问题,温先生。你说吧,需要我做什么这件事才能更快地办妥?"

"我们需要知道你经营业务的方式。这不仅包括制作成本单和合理保管账目的问题,我们还要调查贵公司的业务,这一切都是为了更好地卖出你的证券,因为我们必须向客户和合伙人介绍这些证券。所以,我们必须全面清楚地了解你的行业,特别是你的公司机构是如何设置的。如果我们找不到恰当的人来经营,我们宁愿不买制造厂;如果没有最能干的人才通过合适的设备来经营业务,我们也不肯扶持他们。我本人非常看好汽车行业和它的未来。"

听了我的一番话,他非常高兴。

"你什么时候也改变了看法?"他急切地问。

"那就很早了,1910 年我们公司加入财团,承保发行你原来那家公司的票据的时候,我就深受启发了。"

"嗯,是有这回事。当时我给以银行家为首的财团支付的费用过高了。算了,我不想再提他们。也许他们跟你是朋友,但就是他们这些人,让我不得不辞掉自己创建的公司的总裁职位,是我个人承担了公司经营的后果。我是公司的董事,但我却从没获准参加过董事会的会议。将来,我一定要再参加一次董事会会议,我要再次当选总裁。想让那天早点到来的最好办法,就是尽快地出售我的阿伦比汽车公司的股票。你知道吗,温先生?如今,汽车行业比世界上任何其他的行业都赚钱。这件事我知道得最清楚。因为我很早就进入了这个行业，挣了多少钱我自己知道。这么说吧，这个行业还没有起步呢！”

“可我常常听到人们在议论，说它已经饱和了。”我说。

“亲爱的温先生！”他非常诚挚地说，“什么时候这个世界上不再有男孩出生了，汽车行业才会饱和！”

我不由地笑了。他继续说：“多年前，也就是 1907 年，有许多汽车制造商在底特律的一家酒店聚会，一起探讨行业形势。全美国所有的汽车生产商都去了，大大小小都有。行业内最富有的公司的老板有点担心，觉得我们的生产速度太快了。有些人支持他的观点，觉得我们应该放慢速度，不然的话，我们的结局会很糟糕。”

“我反驳了他们的观点，我们的主要问题不是汽车生产得太多。大规模的生产会制造出更廉价的汽车，更廉价的汽车会吸引更多的买家。老戈弗雷第一个改变了态度，他问我，那年我生产了多少汽车。我要求他先告诉我他生产了多少汽车，我再告诉他。结果他不肯说。我强调说，要是在场的所有人都报出自己的产量就好了。只有一两个人支持我，多数人都不置可否，也可能是有这样那样的顾虑吧，他们不敢告诉别人。最后，我建议大家用酒店的信纸写下各自 1908 年以来的汽车生产计划，然后把所有数字相加，就能知道总量，这样就不会暴露任何一家的单独产量。大家真的这样做了，但是我敢肯定，大多数人写下的数字都是假的。我们把纸折成一团，全部扔进一个帽子里，老戈弗雷像洗牌一样把它们搅混，然后他和吉姆·兰辛将这些数字统计在另外的纸上。戈弗雷把单个的数字相加，口里还嘟嘟囔囔着。突然，他停下来了，脸色变得像粉笔一样煞白！”

“‘天哪！’他说着说着就倒在了椅子里。”

“‘怎么了，戈弗雷？’我一边问，一边站起来扶他，生怕他昏倒。但他却挥手让我走开。”

“‘这办不到！这办不到！’他喘着粗气说。”

“我坐回自己的椅子，问他：‘多少？’”

“‘这样我们大家都会彻底破产的！’”他接着说。

“要知道，他可是百万富翁，名下有最好的工厂，生产的高价小汽车广受欢迎！”

"'快点说吧,我们都等着呢!'"我说。

"'这样我们大家都会破产的!'他重复道。"

"'我们这里的有些人又不是第一次破产了。到底是多少?'"

"'25万美元!'他绝望地说,就像车胎扎上了钉子一样泄气。其他人的反应更糟。好像6秒钟内他们就要断气一样。"

"'哦,这样呀!'我说,'就这些吗?'"

"'我们都会破产的!'戈弗雷说。"

"'肯定会的!'吉姆·兰辛也说。据我了解,他的汽车业务3年内就赚了300万美元!"

"'肯定没事!'我说,'我还没听说过这样的蠢事呢!3年内我就要生产那么多小汽车!'"

"他们都觉得我疯了!这下好了,1908年的生产数字把生活中的一切乐趣都带走了,会议不欢而散。每个人都脸色发青、满心沮丧地回了家,除了我之外。亲爱的温先生!我差点看着他们的威胁得逞。如果不是你的那些银行家朋友,我也不至于沦落到这步田地。所以这一次,你要是能给我卖出足够数量的股票和债券,我就能扩大阿伦比工厂,我一定要打破这些数字的纪录!"

这话我当然相信,这就是他的风格。他继续说道:"温先生,我们一起来做这笔可以双赢的生意吧。你不会也认为我疯了吧?我对业务的估计已经很保守了。你知道吗?我完全彻底地了解这个行业。这个行业刚刚诞生我就入行了,我随它一起发展,我一直都经营着你们说的母公司——汽车的生产和销售。我的父亲一直制造货车,我的第一份工作就是制造货车。在我还是小孩时,他就离家去了西部。他希望自己的货车在繁荣的农牧地区能有很好的市场,因此他选择了密歇根州。货车需要的一切,那里应有尽有——木材、人力和市场。他制造了数不清的上等的农场货车。"

"我长大时,世界已经向前发展了,老式的低速车辆已经过时了。我不断地改进货车,把它改造得更加轻便,却仍然坚固,因为道路已经改进了。别的货车制造商都觉得我会破产,因为那些农场主都很保守,他们会坚持使用我父亲制造的老式货车,而我卖的却是轻型货车。当然,我发现我的轻便货车的市场非常有限。因为货车都相当耐用,替代品又品种繁多。我开始考虑转行。由于大规模轻型马车利润丰厚,又有市场,所以我就开始制造轻型马车。我最擅长的就是制造轻型车辆,通过制造新式车辆,我赚了不少钱。当时我生产的轻型马车就是我擅长的新式轻型车辆。这种类型正合美国人的口味。靠生产交通工具,我赚到了人生的第一桶金,现在我仍然靠这个挣钱。我一直在致力于把人类的需求资本化,力争满足他们快捷、舒适地旅行的愿望。”

“然后小汽车出现了,一开始它就得到了我的青睐。我从没想过它是玩具和奢侈品。我只是坚信,它一定能成功,因为它很实惠。我当然也很清楚,它亟须改进,这是大势所趋。它的出现宣告了我的轻型马车制造生涯的终结,这曾经是我从孩提时代起就一直喜欢从事的行业,但我没有时间多愁善感。我正忙于计划进入前景更为广阔的行业中去。”

“我欣喜地迎接它的到来,但我似乎无法让别人也接受它。我花了很多年的时间试图说服我的朋友,摆在我们面前的是大事业,但他们都建议我坚持轻型马车行业。我的员工都很不错,有一些为我工作过的工头和主管都在汽车行业挣了很多钱。”

“是吗?我刚知道。”我说。

汤森继续说:“他们都是好人,他们努力地为我工作,甚至比我自己还要努力。我们生产了很多、很好的轻型马车,但对于我和他们来说,原来的激情早已不复存在了。他们渴望跟着我一起进入新的领域。所以最终,我放弃了货车制造,转而进入汽车制造业。”

“我取得了老式尤里克汽车的制造权。它跑得很快,也很远,这就是它的全部优点。它的传动装置是老式链条,噪声非常大;所有部件都有瑕疵,10英里外就能听到老式尤里克发出的轰隆声;它的外观也缺乏美感,但它的生产过程可与好车的生产过程相媲美。我没觉得它的外观丑陋,当时我们自己就缺乏审美标准,昂贵的外国汽车的外观也就那样,我更关注它的速度、耐久性和一贯的可靠性。我明白,如果我希望我的汽车销路好,我就必须抓住这些东西。我永远不会忘记这一点,我的员工也不会,哪怕只有一分钟。控制好这些关键点以后,我开始制造汽车,而且开始改进它们。上帝知道,它有多大的改进空间!当时,我的大多数竞争者也都是这样的处境。我要制造的只是好车,任何一辆都得比别的多数汽车更便宜。”

“毕竟,这个问题并不新鲜。汽车只是代替现代轻型马车的最新式的东西,汽车越好,卖得就越多;卖得越多,就会越来越便宜。我只是一如既往地做我一直在做的事情。”

“我是对的。第一批尤里克汽车质量不好、外观丑陋、噪声很大,仅仅因为它是机动车辆,人们才来购买它。和其他汽车竞争时,我的汽车的价格合理成为优势。没改进机械前,我就卖出去成百上千辆。后来,我们改进了它的外观,它的销售量就增加更多。多年来,我制造的那些美观而坚固的轻型马车并非一无是处。”

“你会问我赚钱了吗?实话说吧,我没有想过。我整天头疼的是如何开发出更畅销的汽车。我要告诉你它的利润,你肯定不信。首先,改进汽车需要增加成本,于是就得提高价格,但是销售额会随着功能的改进而增加,这样一来生产成本就又降低了。人们都喜欢以合理的价位买一辆好车。我的汽车销售员见到我时,他们的眼珠子都要掉下来了,他们简直不敢相信自己的成功。”

“我了解我的尤里克汽车面对的客户群属于哪个阶层。我想挣更多的钱。所以我要面向更高层次的人,为他们生产更好的汽车。设计一款新车、做广告、打造品牌既浪费时间也需要更多的钱。不管是时间,还是金钱我都耗费不起,因为汽车行业正迅速发展,纪录不断刷新。我购买的只是德格拉斯特的工厂和它的良好声誉。购买一个品牌时花的钱,一部分等于用来做广告和打造品牌了。这样做可以让推销员少费很多口舌,在我这样时间宝贵的人看来,这很划算。”

“老温斯莫是德格拉斯特的总裁和大股东,他生产的一款汽车很不错。所有人,包括他的竞争对手都很喜欢这款小汽车。他对汽车着了魔,在设计和制造工艺上都很挑剔,但他的产量却供不应求,那些想买他的汽车的人只能去买别的牌子。老温斯莫却仍然固执己见,不肯为了满足需求而扩大生产量,所以我就买下了他在公司的控股权,更新了设备,多年来老温斯莫的工程师一直建议他这样做。我又买下了枫叶汽车公司的控股权,这家公司生产的汽车价位中等,而公司效益不太好,所以我买进的这家公司的股票价格都很低,比我自己重建一家工厂要便宜得多。我用同样的方法拿到了豪雷卡车厂的控制权。通过这些工厂的合并,我组建了通用汽车公司,温斯莫和豪雷两家持有新公司大量的优先股。”

“我们的汽车销量很大，很快就赚了不少钱。作为通用汽车公司的控股人，我发现，在此之前，我早就已经算是一位成功人士了！可是，只有我本人签署票据，银行才肯借钱给通用汽车公司。我并没因此担心，这个行业就是我的生活的全部。只要工厂的生产可以继续扩大，要我做任何事情我都愿意。但是我签署的票据却同时到期了，20年的票据同时到期无疑是极大的挑战。为了结清这些票据，我只好到东部筹集资金。”

“你帮忙售出的1500万美元的优先股和普通股的红利都是我用自己的股份支付的。我对这些事没有太在意，可是，那些以银行家为首组建财团的是银行，而不是制造商。他们认为公司应由他们自己的办公室来经营。他们把我称作空想家。而我则告诉他们，尽管我可以白手起家，但在理财方面却很低能。我享有肖恩汽车公司的买卖特权，当前你花10亿美元也买不到这个，而那时只需2000万美元。在纽约、波士顿和费城我都没有筹到任何资金。这是另外一个故事。同时，公平地说，我在自己的行业里也说服不了我的同行们，我们中没有人可以达到我们应该尝试的最大生产量。很长时间以来，我一直在大肆鼓吹大量生产的观点却做不到，反而让海勒姆·肖因此成了世界上最富有的人。”

“我就这样放弃了我最珍爱的宝贝。通用汽车公司正在大把大把地赚钱，而作为股东的我却从来没有获准参加过董事会的会议。假如当初我能够自己经营的话，这家公司肯定可以生产出更多更好的汽车，因为他们的汽车从来不愁销路。”

“现在听我说说，我是怎样创办这家阿伦比汽车公司的。我意识到廉价汽车占有最大的市场份额，而我最擅长的就是生产廉价的汽车。人们固然注重汽车的实用性，但他们更注重美观。于是我决定生产一些利润很高、外观不错的低价位汽车，这算不上什么经营秘诀。我要做的只是生产好车，改进特定工艺的同时提高它的性能，使它看上去更像高档汽车。我给它的理想价格在500美元以下，因此，最终我给它定价490美元。”

“给这家公司起名时，我颇费思量。我希望每个对汽车感兴趣的人一听到这个名字，就马上联想到好车，所以我就用资深赛车手路易斯·阿伦比的名字来命名，这个老伙计堪称高速公路上声名卓著的驾驶员。每个人一看到'阿伦比'这个名字,就马上会联想起路易斯年轻时驾驶时速100英里的进口车或者国产的昂贵汽车,一次又一次地刷新速度纪录,并以此赚钱的画面。而且我请路易斯做我的汽车的广告宣传。幸运的是,在我需要帮助的时候,我从前在轻型马车行业的老合作人都聚集到了我的身边,不费吹灰之力,我就请到了最好的工程师和设计师。我们一起为实现这个小小的梦想而努力,我们一直期待每年能卖出10万辆汽车。"

看到汤森皱着眉头的样子,我忍不住笑了。他也笑着接着说:"要是你觉得好笑,我就给你讲一些好笑的事。每年我们卖出25万辆汽车是轻而易举的事,可是现在我想卖出去的是30万~40万辆汽车。怎样完成这个目标,让我很苦恼。这么说吧,当前汽车的制造量只是未来5年内的制造量和销售量的十分之一。从前人们把小汽车叫作轻型汽车,可如今谁还再叫轻型汽车这个名字呢?这个称呼的变化就很好地表明了公众态度的变化。在你对汽车的认识还停留在到底该用几匹马把它拖回家时,它就只能叫作轻型汽车。人们对汽车的不了解使它成为奢侈品的代名词。可是如今,人们认识到它绝对可靠以后,它就成了必需品。"

"可笑的是,我的汽车有大批的消费者,我却无车可卖;我拿到了大批的订单,却没有生产能力。假如你能帮我筹到这笔钱,我就可以扩大工厂的生产规模,卖出目标数量的汽车,那么我就能挣200万美元。请核查我的账目吧,通过核查你会发现,我们真的拿到了大批订单。可是我再也不想通过票据借钱了,它往往在我手头紧张的时候到期。所以,我希望朋友们和客户都加入到我的团队中来,不管对我还是对他们来说,他们投进来的钱都是安全的。我期待着对汽车行业的未来充满信心的人都能为汽车行业的发展提供资金支持。"

我怀着极大的兴趣听着汤森的讲述,他的讲述通俗易懂。他的远见、勇气和明确目标打动了我。我感觉自己好像已经认识他多年了,而且一直以来都很喜欢他似的。此时,我的心中只有一个坚定的信念,其他的想法都不翼而飞。这不就是我们一直在寻找的机遇吗?我们一直在寻找一家盈利的公司的普通股来出售。尽管许多人都认为汽车行业还不够成熟,我还是认同汤森的观点,汽车行业必然会取得永久性的发展,布兰森·巴恩斯公司应该为这个最有前途的行业推波助澜。但在进入这个行业之前,我们还有很多事情要做。

“汤森先生!”我说,“我也希望这笔生意能做成。但是首先,我们要对你的账目进行审计,检查你的工厂,我们还会与你的员工联系,来确定你的组织类型,判断你是否有能力管理规模更大的工厂。我个人非常同意你的看法。把我自己的钱投入你的计划我也很乐意,你的计划很实在,绝不是巧言令色可比。但是,我现在是要引导客户用他们的钱来冒风险,所以我不能凭空相信任何人的任何话。我们准备评估你的工厂,对你的资本是否合适得出结论,从投资者的角度全面地看待汽车行业。假如我们的专家的报告证实了你的说法,我们就可以销售你的证券,我期待会出现这样的结局。所以现在讨论细节为时过早,我马上回去跟我的合伙人商量,只要他们同意,我们就安排人来检查你的工厂。你看行吗?”

“什么时候开始?”他简短地问。

“几天之后吧,到时我会通知你!”我说。

走到街上,我看了下手表,听汤森讲他的故事花了四个多小时。我讲述的只是其中的一小部分。这个故事引人入胜,和我从伯特·希克斯那里听到的故事相比,少了很多天方夜谭的神话味道。我一直坐在那里听他讲述,连雪茄都没顾上吸一口。

我抓紧时间给波士顿的合伙人打电话,把我的感受和看法告诉了他们。他们同意我继续跟进。我要求另一个合伙人和年轻的塔利加入纽约分部,塔利拥有非凡的分析头脑,一直负责公司的数据部。与此同时,我又从约翰·J·赖安公司聘请了一位专家、一位咨询工程师和一位行业审查员。

第二天早上,我出去打听乔治·鲍德温·汤森本人的信息。我先去拜访他的熟人,比如汉弗莱·唐纳修。汤森任通用汽车公司总裁时,他们曾为通用汽车公司销售债券,为汤森的新公司筹集资金,他们也是很合适的人选。假如他们拒绝,我应该了解原因。我去了他们的办公室。我和这家公司的老板关系融洽,尽管我拒绝了他们邀请我入伙的提议,可我们还是像当年还在哈佛大学读书时一样亲密无间。

“克拉姆,”我问他,“你怎么看乔治·鲍德温·汤森这个人?”

克拉姆犹豫不决。他吞吞吐吐地说:“无疑,作为汽车制造商他很能干,可他根本没有金融意识。”

“这很糟吗？”我问他，完全放心了。

“难道这还不够吗？”克拉姆反问。他一直在销售债券，在他们那个行业，非常重视公司的管理状态。

“我之所以来找你，”我解释道，“是因为他要求我们为他融资。莫里桑尼亚国家银行的希克斯和纺织贸易国家银行的利德尔介绍我们认识的。”

“我真心希望你们能够合作成功。他需要希克斯和利德尔这样的人为他掌舵。有他们的扶持，他必定能够成功。汤森是位具有远见卓识的、杰出能干的实干家。他的伟大的理想、体能、勇气和头脑都能让他梦想成真。但他在处理公司的财政方面却捉襟见肘。他的所有心思都花在扩大工厂、制造更多的汽车、赚取更多的钱来修建更多的工厂上，他就是为制造更多的汽车来赚更多的钱而生的。如果能跟你们这些人合作，他就会有挣不完的钱。可是最有意思的是，他对钱却一点儿也不在乎。”

“看来他是个好人，也许我们能成为朋友！”我说，“非常感谢你，老朋友！”

从克拉姆的办公室出来，我就到纺织贸易国家银行去见弗瑞德·利德尔。

“我见过汤森了，”我说，“我们准备去参观他的工厂，审计他的账目等。要是所有的检查结果都令人满意，我们就会给他筹集资金。现在，你老实告诉我你对他的真实看法。”

“哦，他的历史无关紧要，他本人才是最重要的。他靠制造轻型马车白手起家，然后进入汽车行业，成立通用汽车公司，被我们的银行家朋友夺走了管理权，现在正生产阿伦比汽车。这就是他的历史。他是一位天才，你得小心这一点。这个人书写了密歇根州的工业史。总有一天，他会让阿伦比汽车公司在华尔街变成大写字母。他来找我，跟我谈汽车行业时，我能做的就是不要把他带到保险库，不理睬他。记住，他对钱不感兴趣，他的花销比我这里的办事员还要少。不是因为吝啬，恰恰相反，他从没有想过钱，他心中装的就是汽车和客户。在他看来，成千上万美元和几十美元没有什么大的区别。”

“我觉得，汤森想多挣钱，是要买回通用汽车公司的控制权。他为阿伦比公司筹钱不假，但他肯定不愿因此危及自己的控制权，这点你务必牢记。

他一定可以把生产的汽车全部卖出去的,所以你别担心他的过度扩张。"

"因为他是一位极有天赋的人,所以我希望他能够成功。但往往就是那些天才才会让银行总裁短命。说说你自己对他的印象吧。"

"我的印象就是,我们可以和他做这笔生意。"我说。

"我知道你会的。祝你们双方都好运。你会看到他描绘的蓝图终将实现。"

"那么就让我们去替他筹集实现蓝图的资金吧!"我接着说,然后就离开了银行。

在返回办公室之后,我发现塔利正在等我。他已经开始了暗中独自调查。用他自己的方法,他和与汤森做过生意的所有交易者都取得了联系。报告证实了利德尔的说法。我们对此确信无疑:汤森能生产多少辆汽车,他就可以卖出多少辆汽车。这样我们只用考虑一个问题:我们会不会给这家由富有经验的成功人士经营的新公司融资?我自己的答案是肯定的。对于我们公司来说,这也是一笔好生意。多年来,我们一直准备介入这个领域。

几天后,我们的团队前往密歇根州。成员包括我,波士顿的一位合伙人,他是会计专家;年轻的塔利,数据部主管;还有来自赖安公司的工程学专家。

我们抵达底特律时已经是早晨,一队阿伦比小汽车停在火车站的站台上迎接我们。我问,这是干什么?汤森说,了解阿伦比汽车的最好方法就是从底特律到工厂的路上亲自驾驶它。这段路程只有60英里,路面也不够平整,汽车都是崭新的。

我、汤森以及汽车制造者约翰·马隆上了第一辆汽车。其他人上了由阿伦比公司的专职司机驾驶的车。汤森介绍说,他们的车曾打破赛车纪录。现在,这些阿伦比小车跑得飞快,就好像是著名赛车手路易斯在驾驶他们一样。汽车的底盘很低,路上遇到坑坑洼洼时,我们的脊椎很容易震颤。但乔治·汤森坐在我身旁,脸上堆着自豪、慈爱的笑容。无须更多言语,我们正在书写汽车的历史!

我们一行人来到哈德维克,阿伦比工厂就在这里。我们驾车来到镇上的汤森酒店,它以乔治·B的名字命名。就像乔治为他的阿伦比汽车感到自豪一样,哈德维克的每个居民都为乔治感到自豪。

酒店老板在前门热情地欢迎我们。他告诉大家,晚上酒店会举办特殊宴会,希望我们在这里住得舒服。他一直为我们忙前忙后。如果不是我太疲惫的话,我一定要尽情享受这一切。

我们把行李放在酒店后,就开始去参观工厂。我们检查得很仔细,看到了汽车的制造过程:组装、检验、拆卸及其他过程。专家提出问题,做好笔记。我们与工厂的工人一起吃午饭,他们的精神给我们留下了很深的印象。

晚上,我们参加了酒店举行的特殊晚宴。除了我们这个团队,汤森还邀请了经理、记账员和三四个员工,所有人都不赖。晚宴过后,我们参加了家庭聚会,客人有十几个哈德维克人,他们都是银行家和商人,汤森希望他们为阿伦比工厂出资。他们当然知道我们来这里的原因。

我们聊起了这起交易。他们对此都有各种各样的不切实际的想法,大多数人都没有把股票卖给公众的经验。我声明反对发行债券、优先股或票据,坚持认为卖出公司的普通股就可以很好地融资。就像汤森和他的哈德维克投资者那样,股票的买家会承担一定的商业风险;如果有利润,他们跟着分享利润。最后,我坚持我的立场,给他们解释:除了发行普通股外,其他的融资方式都行不通。

第二天下午,我们坐火车返回底特律,再转车回到纽约。拿着会计报告和工程报告,我和汤森开始谈起这笔交易。他本人不会卖股票,我们替他卖,他的观点也和我们有分歧,但他表示理解。因为他知道我们是公平的,所以他才肯让我们做决定。

专家的报告证实了我对工厂和汽车行业的看法。我们非常挑剔,坚持要得到所有的白纸黑字记录的精确事实和数据。我们要引导公众购买一家没有任何历史背景的公司的股票,客户们特别是那些商人们,可能会怀疑这家新公司的业绩。而我们以前在这方面的确有过失误,所以,我们必须避免在阿伦比的业务中犯错。我们期待这次业务能够成功,为以后众多的这类交易提供经验,而不是为了虚报世界上有多少钱。

直到完全确认了全部依据,我们才通知汤森准备着手交易。接下来就是谈判和讨价还价。汤森认为,将来的利润就像银行里的现金一样真实,所以他希望卖出股份应该得到更多的钱,他说的数目超出了我们对公众购买股票的能力的预期。而我们则邀请加入财团的其他事务所在价格、佣金以及各自加入的规模上各抒己见。

我们召开了一次次会议，但是没有结果。我只得把情况汇报给巴恩斯先生，他从波士顿打来电话，说他厌倦了这件事情，希望我放弃。在布兰森·巴恩斯公司看来，这里的碴子太多了。我说，我们已经投入了太多的时间和成本，现在放弃太可惜了，不如由他来纽约跟汤森和其他参会者商谈。他同意了，最终我们在第四次会议上达成了协议。

公司就要进行重组了。以前汤森和他的朋友每人持有每股100美元的几千股股票，现在我们要按照20万股无面值股票的基础，重新对公司进行资本重组。我们不希望任何人有新股票的股价等同于普通的100美元的想法。公众应该了解，这是一家繁荣的新公司，购买股票的任何人都能成为公司的合伙人，都是公司财产的所有者。汽车行业那些能干的、富有经验的人已经这样取得了成功。

汤森得到了10万股股票的持有权，其他小股东共持有32000股股票，而布兰森·巴恩斯公司持有68000股，每股65美元。我们打算卖出的价格是每股85美元。

汤森坚持认为，我们将股价定得太低。我向他解释，我们计划按这个价格卖给客户，是因为我们希望他们能够赚钱。而且，还有一个原因，我们宁愿卖出时股价是85美元，然后股价涨到100美元；我们不愿看到卖出时价格100美元，然后看着它一路下跌到85美元。他坚持认为我们不对，但我们依然继续坚持自己的做法。

我们组成了财团，以前与我们做过类似生意的事务所全都加入进来，不过这次财团经理是布兰森·巴恩斯公司。我们已经做好了准备，所以当我们最终以每股85美元的价格销售阿伦比汽车公司的股票时，我们没有丝毫恐惧。

你从未看到过这样的场面。广告刊登出去的那天早晨，场外交易市场开始交易阿伦比。股票刚刚开始发行，股价就迅速攀升，交易额巨大。我们都目瞪口呆。事前我希望我们的首次商业投机能够成功，但我没有想到它会这样轰动一时。当我们得到场外交易市场的报告时，我们并没有感到轻松。股票认购开始时，每股竞价是90美元。

但价格没有一直稳定在那里。认购完毕时，股票的卖价已经涨到每股

125 美元。想想看！当然，所有的人都给我们办公室打电话，都想知道到底发生了什么事，到底是哪里出错了。财团的其他成员和局外人同样一头雾水。我和朋友的谈话如下：

"喂，杰克！阿伦比汽车是怎么回事？"

"我不知道！"

"场外交易市场的卖价是 125 美元。"

"这个我知道！"

"你是说，当市场价是 125 美元时，你分配给我们的价格仍然是 85 美元？"

"没错！"

"为什么这样？"

"他们都疯了！"

"我们的卖价可以是 125 美元吗？"

"你想卖多少钱就卖多少钱！"

"85 美元我们还买得到吗？"

"这样做确实是忍痛割爱，但合同就是合同，我们给你们的价格是 85 美元，它就是 85 美元。"我告诉他们。

我有个好朋友，因为战争的原因，闻名于世，他亲自过来找我。在华尔街他以思维敏捷而著称。他希望我能做出解释。我不能告诉他真相。他万分不服地离开了。一个小时后，他又回来了。

"杰克！汤森和他的朋友们全都疯了。他们竞相抢购阿伦比股票，还把买到的股票留在自己手上。仅仅在 W. H. 罗伯兹公司，他们就买了上千股！我正好碰见丹·拉基，他采纳汤森的建议，成了这只股票最大的买家。通过与你们签订的协议，我自己买到了每股 85 美元的股票，可他盯着我说，他愿意在汤森身上下赌注。我觉得你应该给乔治·鲍德温·汤森打电话，问问他到底想干什么。在你不了解内情时，不能就这样把股票卖出去。"

我马上给汤森打电话，问他怎么回事。他的答案是："因为你犯了大错，竟然将我们公司的股价定成 85 美元。我只能给朋友们打电话，让大家都按公众的价格买入股票，他们都听从了我的建议。我自己考虑后，也买了一些，部分股票竟然要 92 美元才能买到。股价上涨得太快了，90 美元以下的价格都买不到了。杰克,你不了解汽车行业。看看股票你就会知道的!"

事情就是这样发生的。汤森把消息泄露给他的成百上千的熟人。他这么做不算是倾销。他的所有代理人都买入了股票。他们无须知道布兰森·巴恩斯公司是谁,他们只需要向所在地方的经纪人购买股票就行了,经纪人把预约单发给我们,再通过联络点发送订单,最后在场外交易市场拿到股票。接下来的事情便水到渠成了。

股票公开发行后,预约单超过了我们的预期。公众的预约总量有 40 万股之多,而我们只能销售 68000 股。等我们真正分配股票时,预约的客户只能拿到预约量的十分之一,只有那些预约量在 50 股以下的客户才能全额拿到他们订购的股票,因为我们想在最大范围内分配这些股票。

几周以来,这笔交易一直都是华尔街人士的谈资。这是我们公司最满意的一次交易。现在你明白了为什么我一直在强调,我们公司要为这类业务做好准备,我说阿伦比交易只是我们公司的首次成功,是因为以后还会有更多的这样的交易机会。

看看汤森后来的成就吧。最初他投入阿伦比汽车公司 20 万美元。5 年后,他用 10 万股股票换回了我们公司占有的股份。在随后的两年内,阿伦比汽车公司股票的价格攀升到 500 美元,汤森成了最伟大的工业创办人。创业之初,他就预言自己的 20 万美元能变成 5000 万美元。他的天赋让他可以高瞻远瞩,别的精明能干的商人看不到的东西他早就了然于胸了。

通用汽车公司现在仍然由银行家经营,他们负责提供资金。为了改进工厂,生产好车,他们卖了大批的债券融资。他们缺乏汤森对汽车行业未来前景的远见卓识。他们只是按照正常的商业原则经营汽车公司。汤森买入没有红利的普通股,还敦促自己的朋友这样做。其中一位退休的灯具生产商,是汤森忠实的追随者,他绝对相信汤森的天赋。在他七十多岁的时候,汤森汽车股票给他带来 5000 多万美元的财富。天方夜谭的神话?——这才是一个了不起的故事,是汤森的远见、勇气和坚持不懈的努力造就了这个神话。

神话的结局是,有一天,汤森在莫里桑尼亚国家银行举行了一次会议,会上他赶走了 5 年前赶走他的那些人。然后,他开始扩大规模,买进扩大生产需要的一切东西。我真想详细讲清这个故事的来龙去脉,但是它实在太长了！我只能告诉大家，他第二次被迫放弃对通用汽车公司的控制权时，我还依然沉浸在交易成功满足感中呢。尽管他在股市中亏损了1.2亿美元，自从股票市场开业以来，这是股市中最大的亏损，但他依然是百万富翁。一位非凡的人物！一份非凡的事业！

在阿伦比交易完成之后，珀西·托马斯又把另一个计划带给我们公司，他是举世闻名的棉花经销商。他是华尔街最聪明的人物之一。听他说话总是让人如沐春风。

有一天，他来到我的办公室，对我说："温，我看到了你在阿伦比汽车公司股票发行上取得的成功。"

"这是我们公司的一贯作风，"我说，"我们一直那样干活儿。"

但托马斯没有心情开玩笑。他严肃地说："和阿伦比汽车公司一样，我认识的一家公司也需要你的帮助。有一天，我跟他们的老板闲聊，发现他们确实急需融资。这是你的一次机会。你有专门的机构处理交易，在阿伦比交易中的声望可以使一切都易如反掌。"

"这是一家什么公司？"

"西部汽车公司。迪克·塞森斯是公司的总裁，曾是汽车制造商老蒂莫西·克罗斯的得力干将。因为老克罗斯过于保守，迪克干脆自立门户。克罗斯汽车几年前的销量位于排行榜的第一位，现在早已繁华不再了。不过它仍然不失为一部好车，但生产成本太高导致它的价格偏高。塞森斯和他的伙伴筹到足够的资金后，开始生产更低价位的好车。他们已经打造了自己的品牌，建立了良好的业绩，他们现在需要能够提高产量和降低成本的工厂。他们生产的汽车已经过了实验性阶段。假如他们不能按时完成订单，每年他们就可能损失数百万。"

"好啦，托马斯，有你说的这些就够了！"我打断了他。

然后当着他的面，我给波士顿总部打电话，把托马斯说的西部汽车公司的情况告诉了我的合伙人。他们是怎么想的呢？他们的想法当然和我的一样。

我们再次组建考察团来到俄亥俄州的桑达斯基，西部汽车工厂就在那里。到达目的地后，那里的情况着实吓了我一大跳。尽管他们在创业之初就盖起了大楼，可是，随着规模的快速扩大，这些大楼已经容纳不下了。于是，他们就在帐篷里组装汽车。十几个巨大的马戏团帐篷立在那里，一直延伸到铁路边。

我们的专家检查了工厂和账目，最终我们和西部汽车公司达成了这起交易。这家公司的盈利能力不及阿伦比汽车公司。有一个克利夫兰资本家财团愿意帮助塞森斯发行股票红利式债券。但是，塞森斯明智地拒绝了，他更喜欢我们的建议。他希望发行普通股，面向公众发售。我们以 75 美元的价格购买了 5 万股。我们组建了另一个财团，以 85 美元的价格卖给客户，这个价格很公道，收入和红利的前景广阔。

全国各地的认购单雪片般地飞来，等股票公开发行时，认购量超额很多。经过慎重商议后，我们决定以 10% 的比例发放这些股票。也就是说，小额认购者认购 100 股，最终只能拿到 10 股。预约认购结束后，股票在场外交易市场销售，股票价格又涨了十几美元。

一开始，似乎布兰森 · 巴恩斯公司的股票销售又一次获得了巨大的成功。我们的银行家的确赚了一点钱，财团也很成功。但是我们还是疏忽了一些事。首先，结束和阿伦比汽车公司的交易之后到现在，两笔交易的时间间隔太久，而股市的持续上涨最多维持半年左右，"卢西塔尼亚"号被击沉，还有几件战争事件都抑制了公众的投资信心。股票市场没有之前活跃，出现了战争性疲软，少量的卖出就会造成价格的大幅度下跌。我们选择在此时发行新股票显然出师不利。

另一个不利因素就是 10% 的派发比例。派发股票时，新股票的价格的上涨已经停止，跟汤森追随着购买新股票不同的是，这次的认购者开始失望，所以大家竞相卖出，许多仅仅拿到 10 股或 20 股的人都仓促地抛售手中的西部汽车公司股票，因为持有这一点点股票没有太大的投资价值。在各种因素的压力下，这只股票下跌了二十几美元，比我们的认购价降了十几美元。

我们的第二次投机事业不算成功，那些期待第二个阿伦比的认购者赔本了。尽管我们公司的银行账户没有损失，但我们公司的声望却大大受损了。成功时声望产生价值，萧条时，它同样不能带来繁荣。

于是，愤怒的认购者开始给我们写信。在阿伦比股票上追随我们的客户，现开始质问我们为什么虚报认购。他们还给财经报纸的编辑写信，要求报纸调查我们。客户的辱骂铺天盖地而来，整个市场都在低价清仓，西部汽车股票的降价已是大势所趋，无法挽回。

西部汽车公司的总裁塞森斯先生也收到了这样的信件。写信的人都想知道：认购额超出发行量10倍的股票怎么会每股赔掉8美元以77美元卖出？

我复印了塞森斯先生给其中一个人的一份回信，内容如下：

亲爱的先生：

我收到了你的来信，你非常关注我们的股票在股市上的表现。而我对股市报价一无所知，我也不想知道，可是感谢你让我发现了股价低于布兰森·巴恩斯公司出售给公众的价格这个事实，我也觉得它实在太低了，我自己也持有不少本公司的股票。我们公司的股票的确不应该卖这样低的价格。跟我们的经营情况比起来，股票的卖价算不了什么，公司的业务很好，明年肯定能挣很多钱，我们公司会支付大量的红利。尽管我不明白股市上我们的股价偏低的原因，这不是我应该关心的问题，可是我要告诉你，它根本说明不了我们公司的资产和经营情况。

R. L. 塞森斯总裁

这封信的公开发表强有力地支撑了西部汽车的股价。我们公司经销这只股票的确挣了钱，可是，我们应该尽力保持股价稳定上升。没有别的办法，为了表明我们对西部汽车股票的信心，在股价下跌时，我们公司开始大批买进。于是，它跌后复升，很快就涨到了125美元甚至更高。到1917年的熊市的时候，它才再次下跌。那时，其他股票也都在下跌。在我们发行这只股票的4年内，西部汽车每股的卖价涨到500多美元。这又是一次巨大的成功，追随我们的那些客户再次赚得盆满钵满。

我们对自己公司的佣金也很满意。我们相信，我们卖出的股票一定能成功。假如我们自己一直持有这些股票，4000多万美元的利润早就轻松装入囊中了。可是，我们坚持自己的行事风格。销售阿伦比汽车和西部汽车的股票是我们公司在这个领域的很好尝试。后来，我们经销了很多汽车行业的股票。

西部汽车的股票卖完几个月后，一位名叫巴洛斯的人正在物色好的投资，他有一家信托公司，需要更多的资金扩大业务。他的工作就是在有业务的人和有资金的人之间搭建平台,后者不一定是资本家或银行家,它也可以是向客户出售证券的事务所。面向公众销售公司的股票有个最大的好处,就是买家众多,他们不一定是公司的原始持有人,也不一定是大股东,他们不会坚持亲自出席董事会,也不会找经营者的麻烦,更不会干涉经营事务。巴洛斯向哈里森轮胎公司介绍了我们公司的情况,还把哈里森轮胎公司的一位合伙人带到了我的办公室。他们征求我的看法时,我说:

"你们公司现在有5万股的股本,全部由贵公司三位合伙人持有。你说你们每年的收入是200万美元。如果你们的资产负债表显示,你们有足够的资本保证,我们可以相信这些收入作为20万股的资本,每年你们可以支付每股5美元的红利。我们以每股45美元的价格向公众发出订单,而你们则以低于45美元的价格卖给我们。这样的话,我们就可以销售你们的股票。但是,另一方面,我们的客户有可能愿意买进,也有可能不买。所以,在确定为贵公司销售股票之前,我们还要仔细地研究情况,我们的专家需要检查你们的工厂和账目之后,我们再做决定。"

哈里森公司的人最终接受了我的建议。专家的报告令人满意,公司资本调整后更名为哈里森橡胶有限公司,股票总计20万股,我们购买了其中的7.5万股。我们买进时的价格是40美元,以每股45美元的价格卖给公众。

我们突然及时地醒悟过来。这只股票我们不再超额认购。所以认购结束后,它没有涨价;股票认购后剩余的几千股,财团只得全部自己认购了。经过几个月的牛市后,公众手中持有的股票已经饱和。他们再也没有剩余的资金购买其他的股票了。认购结束后,这只股票开始下跌,我们马上低价买入。有些事要在尝试之后才能断定。当我们惹财团生气时,我们自己的利润也很少。幸亏我们的运气好,没有赔本。看来,我们还是过高地估计了公众在股市上的购买力。

几个月以后,一直到1916年,公众都不再投资股票。世界范围内的商业都非常繁荣。欧洲竞相购买美国的各种生活用品,并且还是用黄金结账的。所有的物价都在上涨。可是,公众就是不肯购买股票。我们这个行业里顶尖的经纪人、最聪明的金融家都不明白这是怎么回事,我们的外贸业务急剧上涨,却没有带来罕见的股市繁荣。所以他们开始向公众做演讲,最后美国的所有人都不得不相信他们的说法,世界的货币中心已从日渐衰落的老伦敦转移到了商业帝国的中心——纽约。

市场终于发生了必然性逆转。公众开始疯狂地购买股票,这就是有名的“发战争财”式的繁荣,最终股票价格的上升到了危险的上限。我们和一些保守的事务所开始害怕报应迟早会来,在形势不可逆转之前,我们就开始催促客户减仓。我们劝他们见好就收,哪怕稍有亏损也不能犹豫观望,在吉姆·托宾从欧洲采访回来之前,我们的客户听从了我们的建议,大多数人都已经抛掉了手头的股票。吉姆·托宾在欧洲的采访很快广为传播,他说很快欧洲的战争就要结束,到那时我们的战争横财梦就不得不终止,美国也有可能加入战争,不久可能就会征收战争税,各种动乱随时可能发生。随着这些观点的传播,股市的繁荣开始大大地削弱,1916 年的历史性牛市宣告结束。从采访公布的那天开始,股价一路狂跌。3 年之后,股市才全面回暖。

美国参加世界大战给银行业和经纪人的业务带来了巨大的混乱,这一点大家都有目共睹。全国各行各业的慈善家都在劝说:没有银行家和经纪人,我们的生活过得真自在,希望战后这些过着昂贵的奢华生活的人依然不复存在。到底美国发生了什么事呢?战争融资把所有的剩余资本集中了起来,各行各业的利润中,战争税都占了很大的比例。银行家和经纪人上哪儿去找闲钱做任何私人融资呢?帮助那位不合算的客户——山姆大叔已经让他们忙得不可开交,他们不得不忙于为同一场战争进行融资。

我们公司首次的战争工作就是帮助政府发行第一只自由债券。美国所有有名气的经纪人公司都被迫自动变身,成为政府的债券经纪人。纽约证券交易所的成员必须持有国家所有的债券,竭尽所能地说服他们的客户都购买自由债券而不是投机股票。政府指定了一个委员会,代理了证券交易所销售的利息 3 个点的 3 亿多美元的债券。

在 1917 年到 1918 年战争期间,证券经纪人没有挣到任何费用。除了政府债券,我们不能销售任何别的债券。如果哪家事务所敢于销售自己的债券,而不是帮助山姆大叔挣钱,马上就会被列入黑名单。只有那些与国外有联系的银行才能赚一点钱。战争结束了,与成千上万个正派的美国人相比,我们经纪人也没为国家做太多的贡献。想想这些年我们经纪人行业的遭遇吧!每次,当那些流氓政客在参议院大声指责银行家和经纪人大发战争横财,而成千上万喜欢和平的人民却在承受战争的痛苦时,我就只能大笑了事。

1919年,政府在战争中的巨额费用造成了不可避免的通货膨胀。这段时间,我们公司在经纪人业务的各个方面都颇有建树,在股票、债券和发行方面做了大量业务。制造商大量生产各种各样的商品。所有人都在疯狂购物。物价上涨,薪水上涨,我们的头脑膨胀,税收上涨。美国最高法院最终裁决,股票红利只是股票持有人的配给物,是他本人财产的不同形式,因此不应征税。这个结果势必会带来股市的繁荣。事实上,政府在纵容投机。每家公司都希望自己积累的盈余额超出实际需求,家家都宣称有股票红利,看上去这很合理。从前公众只能差别性地购买特定类别的股票,现在他们开始购买各种赚钱公司的所有证券。

在不可避免的股市崩盘到来之前,我们公司成功地发行了各种各样的工业证券。有时候,我们在连续的几周内,每天都处理12.5万多股的佣金业务。我记得,我们公司的最高交易量是一盘交易19.5万股。那天,我们办公室处理了7000多笔这样的交易。所以报告比平常晚了三四个小时。我们的办事员只能住在酒店里,费用由公司报销,因为那天他们一直工作到很晚,都没赶上最后一班回家的火车。1919年那一年,我们给员工发了60多万美元的奖金。

我向你展示公司的增长过程是想说明证券经纪人业务的发展。这样来描述现在和20年前的区别更容易些。我们国家修建铁路时,资金由销售必需证券的赞助者们筹集。第二步,我们开始合并其他工业,在各种证券交易所大规模地交易这些证券。第一批工业股票是联合、信托或带有信托性质的股票,它们囊括了缆索、糖果、蒸馏、烟草等各种类型的股票。公众过去常常在交易所交易,但这些是“未上市”的公司,可以避免向交易机关上报收入、交易情况等必要信息。因为没有上市,交易担保也就非常少。这些操作几乎全部都是投机型。所以,工业贷款多年来一直没有市场,因为银行断然拒绝接受超过10%的工业抵押品。它们在自动收录机上位于最下面的那一行,这很公平。那时行业内部人士和专业投资集团多次明目张胆地操纵市场,他们对公司本身的利润压根儿不感兴趣。第一批工业股票的早期历史和丹尼尔·德鲁时代的伊利铁路一样耸人听闻。

如今,那些不完善、不规范的操作早就被严令禁止了。证券交易所制定了严格的措施,加强了对这些交易手段的监管,旨在保护公众的投资利益。如今,每个人都知道,经纪人保护客户的真正目的是希望能够和他们建立长期的业务关系。与我刚参加工作的那时候相比,佣金事务所的坏账率降低了很多,因为证券交易所的监管更加严厉,证券经纪人对待业务的态度更加灵活。出于诚实,我不能说,其实早期的经纪人故意或主观性的不诚实才是客户赔钱的主要原因。看起来这更像一切都听天由命的信仰,所有的客户都到市区来赌博。因此,传统的经纪人倾向于为新客户设想无尽的成功,而现代的每个经纪人都不得不承认,那是一种坏生意。

现在,有名望的经纪人向客户销售各种公司的股票时,股价的波动不再是由小集团来暗中操纵,而是由市场的走势来决定。如果利润增长了,股票价值随之增长,股票的价格自然就会更高。在公众购买股票的时候,他们首先应成为企业的合伙人;其次,他们才是股票投资者。这与传统的投资方式截然不同。

我认为,作为现代佣金事务所的经纪人,为了公众的利益,我们公司大量地销售了各种工业股票。工业的繁荣依赖于投资者。投资者持有各种工业股票就等于拥有了这些工业的所有权,这不仅是合作关系,还是一种利润分享的方式。我们销售的股票包括汽车工厂、钢铁公司、专利药品、汽车配件、石油公司、铜矿及其他公司的所有行业。我们希望借此帮助那些拥有良好的工业效率、良好的销售伙伴、独具特色的机械创意、独家专享的医药配方和全美国所有那些富有远见的商业公司进行融资。当仁不让地说,我们向公众出售各种公司的股票实际上是向美国人销售我们的美国精神。

以塔克太妃糖公司为例。我们的客户听从我们的建议购买了这只股票,我们把它卖给投资者时,提供了很好的红利,价格也很合算。结果表明,这就是一次很好的商业投机。我们真正卖的是什么?工厂的办公大楼吗?不仅仅是。名称?不仅仅是。有效管理?不仅仅是。长期建立的赚钱生意?当然是。当我们以每股40美元的价格销售塔克太妃糖股票时,我们卖出的东西包括所有的这些东西以及更多的内容。实物财产或实际的有形财产只有1000万美元,而我们的销售总额为4000万美元,因为我们把商业信誉也包含在内。要知道,公司收入的增长率大约为15%。因为它在融资的时候没有发行虚股,所以它代表资本账户合理的、有效的实际开支。我当时就对客户说,我们真正销售的是贝弗利·塔克本人,他是价值1000万美元的便宜货。他经历了许多波折和坎坷才成立了大型企业;当公司规模巨大、非常繁荣时,他不得不考虑经营方式的安全性。多年以来,公司利润一直不菲,他发现自己无意间成了千万富翁,要向政府缴纳高额的个人所得税,资产的流动性也不像他想象的那么好。

塔克靠制作太妃糖起家,创业之初他自己手中只有32美元,向几个信任他的朋友借了一些钱以后,他才开始了创业之旅。一开始,他在各个方面就做得很成功。要知道,从事这行不仅合乎情理,他还充满热情;他不仅充满热情,还非常机智。其他太妃糖生产商在不经意中都变成了富人。他全面地考察了这个问题,特别是从同胞的角度考虑了这个问题。他证实了自己的猜测:美国人喜欢糖果,而且喜欢对此身体力行。因此,根据他们的爱好,他生产了一种美味的太妃糖,可以咀爵很长时间。

诺斯克利夫爵士曾经说过,美国人是世界上最健谈的人。塔克更敏锐地分清了渴望上颌骨活动和渴望说话的区别。所有购买太妃糖的人都很享受咀嚼的过程。而他生产的太妃糖堪称马拉松咀爵,任何人花1美分就可以全面地活动双颚一小时。

塔克调制出了一流的太妃糖后,接下来的问题就是设法卖给更多的人。在他的头脑中,这样的想法根深蒂固——终端消费者才是红利的支付者。塔克尽力追寻客户,最终,他的太妃糖获得了巨大的市场占有率,而他自己则成了百万富翁。

经过30多年的艰辛奋斗,塔克现在60多岁了,看上去却仍然像一个年轻人一样充满活力。他像运动员一样有着充沛的活力和精力,兼有艺术家的心理弹性和年轻人的警觉机敏。他慷慨大度,待人接物的态度十分友好,时常怀着感恩之心。他喜欢帮助别人、团体或政党,同时向遇到的每一个人推销他的塔克太妃糖。所以,每个人都成了他的客户和朋友。他有很强的逻辑推理能力:难道不是这些人每年都把成千上万的钞票送进了他的腰包吗?他的一生都在与美国的这些成千上万的喜欢活动双颚的人打交道。他欠这些使用双颚的人的人情。所以,他要把自己最好的东西给他们。这样做有什么好处?如今他的良好声誉给他带来了滚滚的财富,他只需坐收红利即可。

通过做广告,他轻而易举地让成千上万的客户都认识了他的太妃糖。而且,他不是草草做了一下广告而已,而是投进大量的人力物力,大张旗鼓地做广告,而其他因素都被他放在了次要地位。在这个特殊的国家的特殊时代,不管是作为一个商人还是一个普通人,他都需要做广告。我不想絮叨那些数据,我只想说明事实:在美国大做广告的商人中,塔克名列第二。一个原因是,他只能这样做;另一个更靠谱的原因是,他喜欢这样做。和他的太妃糖能畅销比起来,他更喜欢他的太妃糖广为人知这个事实。他的理论是,只要他的太妃糖出名了,它就能自我推销。他最受不了的事,就是自己最钟爱的太妃糖却默默无闻。所以,没完没了地打广告就是他的乐趣,他的资本却随之增长。每年他都要花10万美元,在百老汇的电子广告招牌上打广告,十几年来他一直坚持不懈地掏这笔钱,并乐此不疲。有一天,他笑容满面地来到我的办公室。

“发生什么事了?你怎么这么高兴?”我问他。

“米勒德大厦要拆了!”

“什么?!那你的广告招牌往哪儿放?”我问。

“哪儿都不放。我每年能省10万美元。”

“任何时候你都能省下这笔开支呀!”我温和地说。

“那不行!”他这样果断地强调,让我迷惑不解。

我说:“如果你停止在米勒德大厦做广告,就不用掏那笔钱了,对吧?”

“倒霉的是,我的广告不能停下。”

“为什么呢?”

“如果我停下来,就会有其他人在那里做别的广告。公众已经习惯在那里看到塔克的太妃糖了。在那里看见别的广告,是不是就意味着别的东西就要取代了塔克的太妃糖呢?我绝不会让这种事情发生的,我从不认为把10万美元花在这个上面是铺张浪费。我从来都没想过要削减我的广告费用,正好相反,我还要增加广告费。可是,那座大厦要拆掉真的让我如释重负。”

塔克认为,广告是一种艺术,它可能还是一门科学,至少塔克这样做听上去很科学。我觉得,他对广告的感觉和想法是一致的。这是他展示自我的最好方式,他用这种方式和1.1亿名美国同胞交流。他的广告的确是他本人的象征，这就是贝弗利·塔克的说话方式。他在卧铺车厢的吸烟室里闲聊时声若洪钟，就像谁在大声地念贝弗利·塔克的报纸广告一样。他信任贝弗利·塔克，因为他信任贝弗利·塔克的同胞，信任贝弗利·塔克的太妃糖，他很清楚自己要做的事情。这就是他的业务，他从不把它当成一锤子买卖来做。正因为动机纯正，所以他才不会失败。

接下来说说他怎样真正抓住机会赌了一把的故事吧。塔克和他的朋友们组团去旅行。他们决定在埃及乘坐轮船，沿着尼罗河往上游走。安排好手头事务后，他们去了库克旅行社，希望旅行社负责这次旅游，拟订计划和路线。旅行社计算好费用后，又帮助他们安排了日期等，还特意派了一名员工来负责这次旅行，这是一位年轻的苏格兰人，名叫麦克尼尔。

旅行团队行驶在尼罗河上。所见所闻都让人赏心悦目。整个旅途中，除了观赏景色如废墟、纪念碑、石棺、出土文物、农夫、沙滩、海枣树以及其他具有埃及特色的一切景物外，贝弗利·塔克还一直暗中观察着麦克尼尔这个年轻的苏格兰人。他们到达了某个景点，本来开罗的库克公司承诺，会有宽敞的三角帆客船等在那里，可他们到那之后，却发现根本没有那艘船的影子。就在团队中最爱发牢骚的人还没来得及抱怨库克公司之前，麦克尼尔就已经想办法弄到了一条三角帆客船。究竟他是包租、购买还是修好了这条船，没人知道，总之这支团队按时动身了。麦克尼尔并没谈及此事。他从不恼怒、大惊小怪或者焦急，一直耐心地倾听着他们对食物、跳蚤、炎热、沙滩、臭味、集市敲诈和骗子们的抱怨，但他从没说过这不是他的职责。没有人能让他生气，也没有什么事让他惊慌失措。他一直非常礼貌、快乐和沉默，偶尔开口说话时，他的语气也令人愉快。

有一天，贝弗利·塔克，这位靠着自己的32美元和从那些乐观的朋友处借来的钱起家、凭借广告之力成了百万富翁的美国太妃糖大王发现，自己单独和库克公司的员工待在三角帆客船上，这个年轻人刚刚解决了另一个难题。

“喂，麦克！”贝弗利·塔克友善地问，“这份工作你能挣多少钱？”

“你是问我的薪水吗？”麦克尼尔问。

“对呀！”

“每年500英镑。”麦克尼尔回答。看来，这个年轻的苏格兰人非常看重这份好差事。

“去我那儿工作怎么样？年薪10万美元！”贝弗利·塔克温和地问。

麦克尼尔很年轻，是个志向远大的苏格兰人，跟金钱好像没仇。某种方式的诙谐可能暗示这种方式的疯狂，也可以说是美国式的幽默。

为了保险起见，麦克尼尔专注地看着塔克的脸，天真地问：“你说什么，塔克先生？”

“我问你，来我这儿工作怎么样？年薪10万美元！”

麦克尼尔的表现是标准的苏格兰人，他谨慎地问塔克：“我去干什么工作？”

“目前还不知道！”塔克回答。

“我考虑一下吧，塔克先生！”

“好的！”塔克说，“明天告诉我结果。”

第二天，麦克尼尔找到这位美国太妃糖大王。

“塔克先生，你好！”

“说吧，麦克！”

“我跟你走！”

塔克严肃地看着他。最后，他说：“可我还是不知道，你能干什么？”

“好吧，塔克先生！”麦克尼尔回答，说话方式已经很像美国人了。

“麦克！”塔克好奇地问，“老实说，我的提议今天和昨天有什么不同吗？”

“只是隔了一夜！”

“你今天为什么接受这份工作了呢？”

“我想每年挣10万美元！”麦克回答。

“这就是全部理由吗？”

“哦，那倒不是！”

“还有什么？”

“我希望自己能为您工作！”

“好啦，你现在已经开始为我工作了！”

于是，塔克将麦克尼尔带回了美国。他把这件事告诉了一位芝加哥的银行家。

“你就没考虑，他值不值得为你工作？”银行家说道。

“我当然考虑过!”

“你知道什么?! 你这是在碰运气。”

“你在下雨天穿过街道时,你就已经在碰运气了。”塔克说,“可是我的风险更小。我已经完全看到了这位年轻人的能力,几周来我一直在观察他。他做事井井有条,不管什么工作,他总是按时完成,从不手忙脚乱;他很有耐心,精神愉快;他的头脑聪明,喜欢动脑筋;他总是很准时,从不与人发生冲突,而且精力充沛。你想要我怎么做? 在他成为你的银行总裁之前,我只雇他做办事员吗? 我敢打赌,每年他给我挣的绝对不止10万美元。”

“你看到的只是他的本职工作。你连他在你这里能干什么工作都不知道!”

“工作好找,可好的员工却不好找到。我已经卖了25年太妃糖了。比尔,你就等着看麦克尼尔怎样给我挣钱吧,我敢打赌,哪年都会超过10万美元的!”

如今,年轻的麦克尼尔是塔克太妃糖公司的副总裁兼总经理,他是一笔每年价值都超过10万美元的好投资。塔克在尼罗河上的三角帆客船上发现了一笔极好的投资。他在这笔交易上倾入了金钱和友好,而麦克尼尔则用现金和忠心回报给他不菲的红利。

多年来,塔克从他的太妃糖业中赚了成千上万美元,但他花钱的速度跟赚钱的速度一样快。他那些钱的出路就是他喜欢花大钱做广告,当然,他的销售额也随之稳定上升。在他生产和销售太妃糖的30年中,他一共花了4200万美元来做广告。然后,战争来了,生产成本及附加税不断增加。当战争结束和平到来时,附加税却保持没变。在这种情况下,他的公司越来越迫切地需要重新资本化。最后,他只能来找我们。他在我们的一个分部购买了股票和债券进行投资,从朋友处了解到了我们公司。于是我们发行了大批的塔克股票。公司的年净收益接近15%,从我们的角度看,这是一笔成功的交易,我们把所有的股票卖给客户,客户非常满意地购买这些股票。

可是我希望的方式是:我们出售的股价应做到使股本的市场价达到6500万美元,而公司的实物资产的价值不到3000万美元。在那时,也许我们会听到惊叫:“虚股! 虚股!”这样一来,处理这只股票就会很困难。其实客户不明白,在这起交易中,我们卖出的既有实际资产,也包括无形资产——商誉。我们有足够的时间把它卖给投资者。

最终这个项目按照我们公司的方式,合适地得以资本化。多年来,塔克公司一直业绩不俗。他们的收入没有用于扩大工厂和生产规模上,而是用于扩大并改进销售机构上,通过做广告,他们发展了公司最重要的部分——销售端。光这个部分就投入了4200万美元。在他们的财产清册里你可找不到这个项目,这是现金支出,应该归入商誉支出。塔克太妃糖业公司每周的业务额有100多万美元,这样的业绩归功于他们的现金支出——商誉。公司每年数百万的纯利润没有掺假,不含任何水分,所以掏钱买到他们的商誉的股票持有人,可以合法地分到红利,跟他们掏钱去买工厂建筑物的砖头和灰浆一样实实在在,没什么两样。所以,我们发行股票后,股价上升了差不多20%。如今,投资大众不再惊叫"虚股!"了,因为他们知道,自己买卖塔克太妃糖业股票时,买卖的是人家的工厂和商誉、塔克的天赋以及全世界对好糖的喜爱。

你还记得吧?我们销售现代股票的首次成功是阿伦比汽车股票,随后是西部汽车,接着我们发行了其他汽车股票。大多数股票的发行都很成功,我们在这个领域起到了带头人的作用。于是我们就想到,能否发行制造重要汽车配件的某些公司的股票。我第一次的考察对象是杰金斯点火装置公司,因为它的产品质量很好,销售量很大。

这家公司的绩效显示,它不仅非常赚钱,而且管理也很到位。杰金斯点火装置公司一直生产市场上最简便、最好的重要装置,所有知名的汽车制造公司都会用它作为必要设备。它的历史就是一部美国汽车工业的发展史。杰金斯家族成立这家公司20多年了,一直在俄亥俄州经营着自己的家族生意。他们对自己的工厂、名望、工人和家乡都万分自豪。他们的工人和老乡对他们也都很忠诚,他们是大家的骄傲,这是很好理解的。

公司的主要管理者是乔治,他是杰金斯家的长子。杰金斯家族的所有人在美国中西部都是非常能干、优秀的人物。我认为这是很高的赞誉。我和乔治·J.杰金斯的共同的一位朋友介绍我们认识后,我劝他调整家族公司的资本,让公众都做他的合伙人。我说得口干舌燥,而他却无动于衷。

我使尽浑身解数向他解释,我不仅不希望他放弃财产的控制权,我还要大力坚持要他占有绝大多数的股份。如果杰金斯家族的业务继续由杰金斯先生管理的话,我们迫切地希望,可以从他那里购买一大批杰金斯股票,然后卖给公众。他必须维持家族的利益、成功的骄傲感、业务的繁荣。在我看来,让他们保留对家族业务的控制权才是首选方案。我们坚持购买少数人的利益就必须保护他作为少数人的利益和地位。

他十分礼貌地听你说话,但自己却不为所动,但也不让你看出来,他是在强忍耐心听你说话。

等我把要说的话说完后,他对我说:“亲爱的温先生!我手头的所有钱就是我需要的所有钱,我所有的业务我也都能处理。我们企业的宗旨,我们家族的初衷,仍然是我们的主要目标——尽力制造最好的产品。通过这么多年坚持不懈地努力,我们才赢得了公司的声望,这给我们带来了不少的业务和利润。我们确信我们生产的装置是最好的,可以供任何人在任何地方使用,因为我们自己没有安装。从原材料开始,我们生产每一件装置,这样做成本非常昂贵,但是产品质量却得到了保证。我们家族每年可以净赚12.5万美元。只要我们不过分挑剔,我们得到了我们想挣的每一分钱。假如我们听你的,重新组建有限公司,我们就会承担压力,为了提高红利率,抬高股价,我们不得不把自己的利润投进去。一直以来,我们生产的装置都是杰金斯兄弟生产的最好的杰金斯产品。好名声比财富更重要,尤其是当你已经拥有一些财富的时候。我们从没有为经营策略红过脸,从不为利润而争吵,从不为谁去参加董事会会议而烦恼。所以,你给出的理由还不够充分,无法说服我转让如此赚钱的公司的股份,更不能让我放弃作为公司老板的自豪感。”

“我说过了,我会坚持让你成为公司的首脑的,我依然支持你对业务的全部控制权。”我说,“我们的要求是,你必须坚持按照你家公司成立以来一贯的经营方式。这也正是我们希望从你这里买走的东西,同时也是我们要卖给我们的客户的东西。我们坚信,通过公司资本的调整,将一部分股份出售给公众,从而实现你的资本最优化。我们当然知道,你们已经拥有了想要的全部财富,我们不是给你们更多的财富,而是想让你的财富更优化。在我们的运作下,你们的财富的变现力更强,而不是变得更多!”

“谢谢你,温先生!假如你愿意,你可以随时给我打电话。什么时候你到城里来,我都愿意带你参观我们的工厂。可是,我们的公司从不打算出售!”乔治·杰金斯说。

“好吧!”我告诉他,“很遗憾,你刚才拒绝了我们的好意。我们有出售股票的市场。但在你的立场转变之前,这里没有我们的市场。”

“别再庸人自扰了!”乔治·杰金斯严厉地说。然后,我们友好地握手告别。

当时是1906年,我们成功地推销阿伦比汽车公司的股票不久。后来,我又试过几次,一年里至少试过两次,我希望杰金斯先生接受我们的建议。而他,只是微笑着摇摇头。

乔治·杰金斯有个朋友叫蒂莫西·J. 哈里森,是哈里森钢铁铸件公司的总裁。他俩是老乡,孩提时代就开始一起去同一个学校上学,在同一天,一起到同一家制造厂——怀特洛克发动机公司工作,一起共事,一起进步,最后又在同一天,一起从怀特洛克发动机公司辞职,各自创办自己的公司,哈里森成立了钢铁铸件公司,乔治·杰金斯则制造汽车的重要部件。他们都很成功,他们的友谊依然如故。

我们公司发行了哈里森的股票。这次的操作很成功,不只是股价上升了,我们还为这只股票开辟了国内市场。开始时,哈里森拒绝我们的理由跟杰金斯的理由非常相似。哈里森同样对自己的名字代表的内容万分自豪。他刚开始创业时,公司的规模很小。好在它的发展速度很快,而哈里森在工业和金融方面都很成功,我们最终勉强地谈成了这笔交易。他的律师们同意我们的建议,假如他不幸去世,他固然可以把自己的公司留给家人,万分悲痛的继承人也只能以钢铁铸件为生,靠它生存。可是,更糟的是,他们目前的封闭公司没有现成的开放市场。所以,他的律师建议哈里森按照我们的建议来调整资本,这样可以得到一些现金财产,在必要的时候,还有一个销售更多股票的市场为他服务。他同意了,我们就发行了他的股票,为它打造了一个良好的国内市场。

有一天,哈里森真的去世了。他是一位好人、一位好朋友和被尊重的客户。几个月之后,根据法律的规定,我们把大批的哈里森股票转换成现金,按照他的遗嘱来支付遗赠和捐赠,这是去世的那位朋友的意愿。

也许是哈里森的突然去世让乔治·杰金斯突然醒悟过来,他开始认真地思考自己的事。有一天,一位哈里森的遗嘱执行人告诉他,我们卖出了成千上百万美元的哈里森钢铁铸件股票,作为向哈里森的继承人祝贺他们父亲的远见的贺礼。一个星期以后,杰金斯先生给我打电话。他在我们这里开了一个账户,我们偶尔可以从他那里得到订单,主要是股票或证券的投资买卖。

与此同时,他开始认真考虑公司业务的事。

“温先生!我曾经说过,我不会卖掉我的任何杰金斯股票,对吧?”

“没错,你是说过,可是现在你应该改变主意了!”我说。

“你仍然坚持认为我应该这样做吗?”

“我一直这样想。”我说,“你应该减少你的股份,但却不会失掉你对公司财产的实际控制权。你们兄弟出售一些股票,得到的现金可以投资免税的债券,也就是公司的25%或30%的股份。你看,现在,每年你们的利润中的每1美元,都要给联邦政府上缴58美分的税收。山姆大叔拿走了你的大部分收入,也没给你或者你家的其他人一点儿奖励。如果你肯听从我们的建议,让我们帮你把部件公司的部分财产转移到免税债券上,这样你不仅可以省钱,而且你的投资也可以多样化。这样一来,即使汽车制造商的日子再难过,你的收入也不会因此减少一点。此外,假如你重新调整公司的资本结构,让我们把其中的一部分股票出售给公众的话,你等于同时开发了另一个市场。只要你什么时候有需要,用一小会儿时间发个通知,你就可以卖出你的杰金斯股票,兑换成现金,而不是像以前那样赔钱出售,或者花好几个月的时间寻找买家。你的股票每年的纯收入为20%,但不需要你出售大部分股份。你要是肯按我的建议办的话,你只需要给我们几千股的卖单就行,我们可以把这些股票给你兑换成现金。此外还有一点你可能忘了,美国的遗产税很贵。你的杰金斯股票目前没有开放市场,等你去世后,内部收入专家会评估你的财产的价值。你的公司卖不了1000万美元。但你可以跟命运赌一下,按照每年250万美元的净收益,山姆大叔会告诉你,你的股票的评估基础为10%~12%,这样他就会以2000万~2500万美元的财产来计算你的遗产税。你的继承人上哪儿筹集成千上万的现金去缴税呢?把它们卖给那些都知道你被迫卖出股票的银行家吗?你觉得哪个资本家会高价买入你被迫卖的东西来感谢你,把现金掏给你的遗产执行人呢?”

“但是,假如你重新调整杰金斯公司的资本结构,卖给我们一批新的股票,你就可以得到大笔的现金去买免税债券,而你的股票就会有开放市场,同时投资大众就都成了你的合伙人。”

“你说的话确实有点道理!”杰金斯勉强地说,我马上问他:“那你准备什么时候把你的三分之一的股本卖给我们呢?”

“随时都有可能!”杰金斯说。

“现在就是最好的时机!”我说。

于是,我开始询问杰金斯公司的方方面面,他都迅速而坦诚地作了回答。他告诉我的情况越多,我越觉得这笔交易值得期待。

“通过你说的这些情况,”最后我对他说,“我可以肯定,你的股本包括100万股无面值股票。卖掉30万股在我们公司是一挥而就的事儿。你的净收益提供的红利可以让股价卖到35~40美元。”

“哦,我的上帝!”乔治·杰金斯吓坏了。“绝不可能!”

看来,他认为我把他的股票分发掉了。所以,我加重语气说道:“投资者不会出更高的价钱了,我也不会让他们出再高的价钱的!”

“这可不是我希望的那样!”他激动地说,“就因为你拥有客户,他们肯听你的建议,所以你才支持他们的吧。”

“什么?”我疑惑不解地问。

“股票的价格太高了!”他说。

“一点也不高!”我否认道,“我们卖给公众的股价有10%的利润。将来公司的业务不断发展,利润就会增加,我们把这些因素全都考虑在内了。我们有权假设以后的几年内,你的公司会繁荣发展。你可以继续保持开始时的记录。从投资者的角度看,这笔交易很好;对你来说,也同样不错。”

“好吧!”他用低沉的声音说,“对我来说,这样很好。我一如既往地做好自己的业务,但方式依旧保守。我不希望资产过度膨胀。”

“杰金斯先生!”我告诉他,“我们也很保守。一般来说,我们坚持保守主义。刚才你亲口把你的收入情况告诉了我,我也只是暂时估计了一个价格。以后我们再讨论细节。你先回家跟你的弟弟们商量。如果你们都同意我们向公众出售杰金斯公司的三分之一的股份的话,我们会派专家去核查你们的账目,检查你们的工厂。”

“这是为什么?”他皱着眉头问道。

“为了给你的家业确定一个合理的价格——对你来说,它是公平的;对买家来说,它也很公平。”我说。

“我这就告诉你,2000万美元就是公平的价格!”杰金斯先生说,“但是3500万美元或4000万美元?算了吧!”

“看来你不愿骗陌生人一毛钱,可这不能成为你欺骗杰金斯家族的2000万美元的理由!”

“难道我还不知道自己的财产值多少钱吗?”他问我。

“看上去它不像你看到的那么多!”我回答。然后我就开始笑。他不知所措地看着我,我笑得更欢了。“我们派专家到你的工厂,可以吗,杰金斯先生?他们调查完毕,我会把他们的报告拿给你看。这才是不带任何偏见的专家来评估你的公司——工厂、前途和所有的东西。而你,只要保持开放的心态就行!”

“那好吧!”杰金斯先生最终同意了。

按照约定,我们派出了专家,他们的报告证实了我对杰金斯公司价值的估算。于是,我们召开了另一次会议,但乔治·杰金斯对我们提议的价格很畏缩。他的两个弟弟出席了会议,但他们只是旁观者:乔治同意时,他们就点头;乔治反对时,他们就摇头。我列举了所有的论据让他同意我定的价格。我刚驳倒他的一个反对观点,他马上就会提出另一个观点,我不得不再解释更多。最后,我们不得不中止会议,双方没有达成任何协议。我们总共召开了三次会议,只是浪费了我们的肺活量却没有任何结果。你是不是也认为,我坚持给他1000多万美元,而他认为价格太高时,我是在欺骗他?

每次会议上,他最爱说的几句话就是:“我知道我们的财产值多少钱。我也知道自家的公司赚多少钱。如果我们的股票卖了2000万美元,我觉得价钱还算公道,我可以直视买主的脸,因为我们没有敲诈他。好吧,即使我同意布兰森·巴恩斯公司把每股定价为30~35美元,但你们有能力把它卖到那个价格吗?好吧,假设每股30美元你卖出去了,股价很快就会下跌到20美元左右,因为这就是它的真正价值。成千上万的人就会因为买了杰金斯股票而赔钱,当他们指责罪魁祸首时,谁是那个替罪羊?你们巴兰森·巴恩斯公司仅仅是经纪人,还不是杰金斯兄弟公司这个主要负责人顶罪了事?请回答,温先生!”

看着他注视我的方式，他认为他终于难倒我了。可是，我依然诚恳地对他说："杰金斯先生！我保证，如果布兰森·巴恩斯公司向我们视作衣食父母的客户销售价钱过高的股票时，我会比你更焦急。可是现在我们坚持认为，以100万股的总资本为基础，每股卖30美元绝对是物超所值。通过公正的检查，还有专家对你的公司的记录、前途的评估，我们才得出那个数字的。我们肯定，公众会同意我们的价值评估，而你的价值评估没有任何市场。我们仔细地研究过自己的公司，你们也仔细研究过自己的公司。坦白地说，要是你的股票价格太低，你一定会有损失。普通的投资者害怕讨价还价。他不会说：'这是一个很好的机会！'他会问：'杰金斯要价这么便宜，是公司出了什么事吧？'这就是客户的投资心理！"

"我考虑的客户是我的客户，还包括了购买我的商品的人。"乔治·杰金斯说，"他们按照公道的价格付款，而我给他们的是最好的东西，物有所值。这就是他们来找我，而且不停地来买我的产品的原因。如果你告诉广大人民，杰金斯公司支付红利的股本是3000万美元，他们就会不停地诅咒我，嫌我赚钱太多，说明我收费太高。可事实是，我从来没有多赚他们的钱。我们靠的是薄利多销。这就是我为什么不肯高估资本的原因。"

于是我们召开第4次会议，情况依然如故。于是，我站起来告诉他："好吧，杰金斯先生！看来我们对股本达不成一致意见，在这个问题上，我们是专家，而你不是。如果你坚持认为我们应该以2000万股本为基础，我们现在只能退出。我们了解自己的业务，我们卖出的证券的价格应该能让客户赚钱，这样他们才能继续成为我们的客户。我们自然希望成功。我们努力达成这笔交易，也是为我们的客户考虑。如果销售太便宜的证券，很难吸引客户，这笔生意就失败了。他们会问：'如果财产的所有人都认为这只股票每股只值20多美元，我们为什么要买它呢？动机是什么？'我只能告诉你，每股20美元，是一个很差的价格，杰金斯先生！如果你坚持这个价格，我们就没法做这笔生意了，杰金斯先生！"

看得出这位光明正大、谨慎稳当的商人正在进行剧烈的思想斗争。这让我印象深刻，你很难相信，那时的制造商这样讨厌定价过高。

最后，他终于说："好吧，温先生！我是真心想让你卖我的股票。我不同意你的价格。但我同意这样做：我卖给你每股的价钱是20美元，而你必须保证,你们卖给公众的价格不能超过23美元。我只能这样迁就你。”

我大笑起来,与这个不同寻常的人握手成交。几年前他成立了公司,我们对它的估价是3500万美元。而他却非常焦虑,认为要价太高,他情愿以令公众担忧的低价来出售这只股票,而他自己的净收益因此减少了100万到1500万美元。

“好吧,我向你保证!”我告诉他,为了公平合理,我打算修改条款。事实上,在最后的一次会议上,我们进一步达成了妥协方案。我促使杰金斯家族接受总资本为1000万美元的40万股无面值股票,每股的股价为21美元,我们被允许以每股25美元的价格出售这只股票。

我们适时地发行了杰金斯点火装置的股票。不一会儿工夫,它就被人们抢购一空,因为价格不是很低,公众没有怀疑它的价值。从一开始,杰金斯家族的收入或声望,或者公司的历史都不是秘密。股票发行的3个月内,这只股票在公开市场的自由售价是每股37美元。

一天,一位办事员把写有我们公司发行的股票的最新报价递给我时,乔治·杰金斯先生正好在我的办公室里。在我的私人办公室里没有股票行情自动收录机,外面办公室的一个办事员就把我感兴趣的股票的价格抄送给我。我看了报价单后,告诉杰金斯:“杰金斯点火装置,每股36.75美元,非常活跃!”

“是的!”乔治·杰金斯说。

我忍不住挖苦他:“看来公众对杰金斯公司和杰金斯首脑的评价高于杰金斯本人!”

“没错!”乔治·杰金斯说。

“算了,”我安慰他,“毕竟,对于布兰森·巴恩斯公司的客户来说,25美元买进杰金斯,笑看它涨到37美元是件好事,比35美元买进然后坐等它跌到20美元强多了。这笔投资非常值得,你也这样看吗?”

“没错!”乔治·杰金斯温和地说。

我大笑起来。他责备地看着我,我说:“价格是一位谦虚的人的同胞送给他的最好的恭维。公众愿意掏37美元买进杰金斯股票,说明他们对杰金斯点火装置很有信心,信心来源于杰金斯先生仍然在经营杰金斯公司。”

“你真的是这样看的吗?”他非常开心地问。我在想,他也许是对的,对于一个拥有上千万美元的人来说，多也好，少也罢，数百万美元并不重要，重要的是公众对他的公司和商誉的信心。

在1923年初，股市全面下跌，杰金斯股票未能例外。顶峰时它的价格是38美元。然后它缓慢下跌，最低时每股30美元。这种情形往往被金融作家描写成是银行家的支持。

事实上，我们没有支持股价。我们只是为我们的一位客户买进杰金斯股票，这位客户就是乔治·R.杰金斯。我们并没有给他建议，说这将是一件功德无量的好事。可他和他的弟弟们很有钱，他们都对自己的家族非常自豪，他们都一致认为，既然杰金斯股票可以卖得这样高，是因为公众都看好它，那么它就不应该跌得这么惨。他们不想让它跌破30美元，所以，乔治兄弟给我们打电话，让我们在30～31美元大批买进。这样，就有效地阻止了继续下跌。

几天后，他又找来了。

见面握手之后，我告诉他："你看，我们为你买到了你的股票，很便宜。买进的价格不超过31美元。股票还是那只股票，你21美元卖给了我们，我们想让你卖30美元的那一只股票。"

"好吧！"他简单地答道，"你对了，我错了。不过呢，我们经营公司已经赚了很多钱，从中得到了很大的乐趣。美元对于我们来说，没有外人看得那么重要。但是股市暴跌时，我不能对杰金斯股票撒手不管。我认为点火装置每股就值30美元，不久前，别人还在认为它值38美元。只要我的股票便宜了，我就自己掏钱自己买，我不会让股票的最初买主在他的杰金斯股票上赔钱的。"

从此以后，只要股价上升到45美元左右时，乔治·杰金斯就抛出；股价下跌时，他就买进。最近一段时间，他买入的时候居多，价格40美元左右。在过多的利润附加税和支付遗产税的双重压力下，他不得不吸纳公众成为自家的成功公司的初级合伙人。公众在这只股票上得到了至少10%的投资回报。

公司老板关心自己公司的控制性股票在股市上的市场纪录，这很正常。海涅曼发酵粉公司多年来的经营就像一人公司。亨利·海涅曼创办了这家公司，然后传给自己的独生子威廉姆。老亨利是一位不同寻常的人，他像剃刀一样敏锐锋利，工作勤奋，他的独创精神表现在财务上就有点过于大胆了。他的公司的规模迅速扩大。他的儿子同样能力非凡，他负责海涅曼发酵粉公司后，公司更加迅速地发展，公司的销售额也达到了上千万美元。公司的个人所有权属于威廉姆·亨利·海涅曼，而他的公司相当盈利。最后，公司成了超级富翁 W. H. 海涅曼先生的奢侈品。公司的业务到达了鼎盛时期，与杰金斯家族相同的问题就摆在了他的面前。他决定让投资者做他的合伙人。通过这种方式，股票持有人成为公司的合伙人，海涅曼继续控制着公司，在他的精明管理下，公司继续扩张，变化的只是股份——以前他占100%的股份，现在变成了75%。

决定销售股票时，海涅曼与一家著名的经纪人公司合作，他支付给经纪人公司不菲的佣金出售大批的海涅曼股票。但是与乔治·杰金斯不同的是，他同意溢价销售，为新股票打造市场。他的股票很便宜，每股30美元，收入超过了4美元。与乔治·杰金斯相同的是，股票暴跌时，他大量地买进，让公众相信他的股票的价值。股票涨得太高或太快时，他就大把抛出；股票疲软时，他就再次买进。一年半的时间里，他不仅成功地增加了巨额财产的流动性，而且成功地给这些财产增加了5000万美元。他在股市上赚的这些钱不是搜刮那些孤儿寡母的，而是因为他以公道的价格与公众一起分享了他的公司，这样一来，他可以用更高的价格来处理自己的全部财产就变得更容易。与此同时，大部分投资者，包括原始股的认购者同样在股票上涨中挣了很多钱。海涅曼先生因此而变得更加富有，其中的部分财富就是那些一流的免税债券带给他的。

这就是大多数美国商人成功地发展事业的方式。通过公众的加入，公司的所有权分散了，原始持有人减轻了税收负担，同时他们的财富的流动性更强了，而且可以规避沉重的遗产税。持有股票的公众变成了公司的支持者，而不再是投弹手。

我列举这些案例是想说明证券经纪人业务在当前和10年以前的区别。商誉的资本化并不新颖。人们一直都在这样做。真正新颖的地方在于：各种各样的公司和企业通过股票所有权，把投资大众变成了他们的合伙人。吸引投资大众的不是股票赌徒，而是那些抓住机会的投资者和公司的大股东。只要造纸公司、石蜡公司或土豆粉公司的红利纪录良好，投资大众巴不得早点加入进去呢。

但是,有一点非常重要,我们一直坚持一个原则,那就是:我们从不购买控制性股份来卖给我们的客户。我们坚持让企业的老板自己占有大多数股份。任何银行家占有的或者银行家的公司的股票都不在我们的经营之列。对于购买我们销售的股票的客户来说,那样做很不公平。我们的目标公司必须拥有专家管理。我再举一个失败的例子。这家公司具有取得成功的所有条件。它的产品畅销;它有现代化的工厂、充足的机械设备和庞大的销售团队。这个领域的每一家公司都做得很好。这还正是我们公司没有涉足过的领域。我们发行他们的股票后,才发现他们的管理很差。它的业务量很大,但却不能支付红利。因为它赚不到红利,于是我们召回了卖出的所有股票,想找一个合适的人来经营。可是我们最终也没有找到这个合适的人。

我们曾经花100万美元的年薪聘请了一个人,让他管理我们高价购买的这家公司,但他到那里后却束手束脚,难以达到我们的要求。我们不得不最终放弃了。后来,还是这个人,成为这家企业的另一个子公司的总裁,他在那里挥洒自如,5年内把产值提高了3000万美元。这就是管理的问题。我把这个人称为每年价值100万美元的上好投资。所以,我们坚持成功的所有者兼管理者,继续占有绝大多数股份的时候,我的头脑中时刻牢记这一点。

公众通过持有股票获得了各行各业的直接股份,而这些商业各具特色,就像拉里·利文斯通说的,要及时详尽地了解当今的股票的消息很不容易,因为它们种类繁多,涉及各行各业。就是最聪明的、消息最灵通的交易者,也很难战胜市场。去年秋天,柯立芝选举之后,上市交易的股票差不多有600只。所以在这种情况下,就算是最聪明的投机者,赚钱的机会也在减小,尽管他的股票知识更加丰富,炒股的方法也更加科学。

所以,当有人声称没有人斗得过华尔街的游戏规则时,某种意义上说,他说得不错,谁都不能经常空手套白狼。经验可以轻易地驳倒错觉——大多数人认为在华尔街挣钱又容易又快捷的错觉。

无知影响理智。在我们建议客户买卖某只股票,建议他们在市场中抢占某个位置时,他们总是要求我们解释原因。这就是我们公司要设立数据部的原因。我们向客户提供数据,把我们的观点的理论依据告诉他们,假如客户发现我们的理由不可靠,他们完全可以不接受我们的观点,老式的经纪人就不会有这种麻烦。

我想这个问题我已经讲得很清楚：和从前相比，证券经纪人业务的操作要求更加灵活。经纪人与客户的利益休戚与共。传说中的大师级操纵者愚弄众生的故事，大部分都是虚构的。如今的投资大众比从前的人消息更加灵通。人们应该早日摒弃谴责证券经纪人的恶习。因为流氓政客和靠蛊惑人心挣钱的社论撰稿人必须找到攻击的对象，华尔街才成了众矢之的，华尔街的阴谋才仍然是人们津津乐道的谈资。我的经历和我的公司经营业务的经历，同样也是我的同行们的经历。请大家记住，36 年前我们得到了公司的第一位客户，那时我们公司刚刚成立，如今，他依然在通过我们公司进行交易。

译者致谢

于　洋　郝向东　王　苹　李淑云　张桂芳　周海亮

王旭飞　王　凯　杨忠文　孙胜杰　王　伟　刘　丽

刘　静　刘振宇　张军霞　何　钢　李　娜　陆秀丽

王小帅　吴　昊　李　茜　胡晓兰　和玉虹　林平忠

The Making of a Stockbroker

English Transcript

Introduction

A newspaper man who had reformed introduced me to John K. Wing. The name meant nothing to me. It is one of the injustices of business life that the men at the head of important houses are not always recognizable by name by the public at large. Mr. J. P. Morgan, of J. P. Morgan & Co., does not have to explain who he is because his father took care of that by giving him the same name. But the head of the firm of Kuhn, Loeb & Co. is neither a Kuhn nor a Loeb. Mr. Wing, it was explained to me, was the senior resident partner of Bronson & Barnes, a Boston firm which had risen to the top rank of stock commission houses in the past ten years. He was a young man, with pleasant manners and an air of sincerity as well as good nature and good sense. The combination interested me. It meant the modern type of successful stockbroker. Other times other men. The change is never in the eternal verities but in the point of view, which in turn dictates the fashion that finds a new and easier way.

"I've wanted to meet you for years," he said. "I have read your 'Livingston's Reminiscences' and your magazine articles, and I've wanted to ask you why you did not write about the other side of Wall Street. When you set out to prove that men who want to get something for nothing are bound to fail, you merely call attention to what happens in all businesses at all times and in all places. But the great American public is apt to take its point of view from the newspaper headlines. That is why Wall Street in the popular mind is not the meeting place of buyers and sellers of securities, or of borrowers and lenders of money, but a legalized gambling house where crooked roulette wheels run under the protection of bribed officers. Business men know better, and you know better, and thousands of professional men know better. But millions of all sorts and conditions of men do not know better. I should like to have you write about the stockbroker of to-day."

I laughed. So did he. But his was the amusement of a trained diplomat. At exactly the right time he again became serious, and went on:

"The trouble is that the public's Wall Street is in reality an old Wall Street. It became obsolete years ago. The Stock Exchange has not stood still any more than any other of our great business institutions. We do not tolerate today practices that were common a few years ago, but nobody seems to believe it. Losses sustained by ill-advised or greed-stricken or careless investors and speculators are blamed on Wall Street. There are crooks everywhere, but every swindler who happens to operate anywhere near Trinity Church is represented as being a typical Wall Street man. And of course the popular notion of a stockbroker is a stage type. He is still the buccaneer of thirty or forty years ago. Nobody writes of him as he is. The same public that thrills over the romance of the building and operation of our railroads or industries does not accord any credit to Wall Street for the development that has made our country the wonder of the world. And yet where would our railroads and our industries be without the stockbroker?"

"The economic function of stock exchanges is well understood," I said soothingly. "I myself think you are unnecessarily agitated over a non-existent injustice. The political demagogue doesn't jump on your class especially. He attacks all the 'haves'. They always will be fair targets for the envy of the 'have-nots'."

"Yes, but nobody writes about the stockbroker of the vintage of 1924. It is always of the Jay Gould era. Now, I have devoted my life to this business. I am proud of the firm of which I have the honor to be a partner. I am more thrilled by its record than by its financial success."

"You do a very large business, I understand," I said.

"We do our share," he admitted.

"I'll tell you what I'll do. I'll write the story of a brokerage house from its founding to to-day. But the form must be personal. Are you willing to do your share?"

"Yes."

"I don't want to print a panegyric of stockbrokers, but how one grew, and the business with him. If you will make it your autobiography, I'll write it. What it does for or against the reputation of stockbrokers as a class I don't care. But it must show the stockbroker from the inside; what he did to make his millions; no whitewashing and no propaganda. To do this you must tell your story without thinking how it is going to strike the public."

"I'll do it," he said simply. "I hate to talk of myself, but I want you to get the broker's business as it really is. Do you want me to start from the day I came to New York?"

"No, from the day you were born," I said. "Don't pick and choose your incidents. Just think aloud."

"Very well," he said.

And that night, in his own house, Wing told me how he became a broker.

E. L.

1

Walter Bagehot says somewhere that no physical pain can compare with the exquisite agony entailed by an attempt to change a long established mental habit. That is just what you ask me to do when you ask me to speak in detail of myself and my part in building up our business.

I do not mean that I have ever been especially secretive about my affairs. I have never felt any need to dramatize my emotions or my efforts. I like men because I am healthy and normal, and because they like me. My business has always been with men, and my liking them and their liking me has helped me a great deal. After all, what I have to sell is service; and since I myself am not one of my own customers, it is not necessary for me to be interested in my personal or non-business side. I am not inarticulate, but my business life, which is the useful part of my life, has given me a fixed point of view. I look outward toward my customer, and not inward toward my ego.

In this broker's business of mine I have had to sell myself of course. That is all anybody does in this world-exchange what he has for what he needs. This is at once the most and the best that he can do. When I say my job as a stockbroker is to sell service, I assure you I speak accurately and comprehensively. But that does not alter the fact that I have been interested primarily in results, and in technic only as it helped me to obtain those results quickly and efficiently.

I can and do play; and more than that, I enjoy my playing. But no play gives me the pleasure that work does. I do not intend to kill myself working, because that is not only immoral but unbusinesslike. But I confess that it is in my work that I find my greatest enjoyment. My business is my favorite pastime. It is my pet diversion, as well as my bread and butter.

A man is put in this world to do his best, and his best, as a human being, consists of winning the good will of those among whom he lives. The satisfaction of knowing that you have a big credit balance at the bank is not to be compared to the comfort of knowing that those with whom you do business respect and like you. What is it that enables my firm to do the large and profitable business that it does? Why, nothing but the way our customers feel toward us. That is what establishes our credit, and that credit enables us to do a many times larger business than if we could use only our actual capital. Mr. Barnes, our senior partner, remarked only last week that he does business as he plays golf; he must play with congenial people if he is to enjoy playing at all. We have a very nice set of customers. We enjoy them. And they stick.

I've been in Wall Street twenty-five out of my forty-five years, and I have known more or less intimately nearly all the financiers and industrial magnates of this generation. I can truthfully say that in not one instance did the desire to make money constitute the chief incentive of any of these men. It was the doing of the thing they loved to do—achievement, accomplishment—that made them what they were. That they, in due time, put in a bill for services rendered, and that the fee asked was large, is true in some instances, though not in all. They worked in as altruistic a spirit as a great artist works.

My name is John Kent Wing. I am New England on both sides. The first Wing came over the same year that Harvard College was founded. That is as far back as my family goes in America. No *Mayflower* passengers in my genealogy. The first American Wing bought a farm in 1636, in Cambridge. It was directly opposite the Harvard gate. The farm has long since changed its function. A part of it became the graveyard of the Unitarian Church. Lots of Wings are buried there.

The first American Kent—my mother's family—was a minister who labored in Sandville, Massachusetts, on Cape Cod. His wife, Deborah, bore him two sons, John and Henry. The first Wing also had a son named John. Lots of Johns in our family. I would have you bear in mind that my forebears were not only New Englanders but Unitarians. They ran to school-teaching and the ministry. They worked hard from necessity and a sense of duty, and they lived clean lean lives and duly sent their children to school and college. I am the seventh generation of Wing to go to Harvard.

My grandfather was an exception to the Harvard habit. He went to West Point. His father was a minister, but he and his congregation were not in accord, and rather than yield he pulled up stakes. He went to Maine. There he taught school, and there his son—my grandfather—married the daughter of the squire. He was a leather merchant and shipowner, the squire was. Kindly note the ingenious combination which enabled him to keep his feet on terra firma in his tannery, and at the same time to gratify his love of adventure through his ships. He made both his business and his favorite sport pay dividends.

My grandfather went to West Point and graduated in the late 30's or early

40's. He was assigned to the corps of engineers, and was detailed to go to Mobile, Alabama. There were no railroads in those days. Why he didn't go by water from New York or Baltimore, I don't know, but the story is that he walked from Washington to Mobile. Every time I go South I think of the old gentleman and his hike. He served in the Mexican War, and then he resigned from the Army and went back to Maine. There he went into the one business that looked both good and big to him—timberlands.

That was a long time ago, when lumber wasn't so scarce as it is to-day; but he had the vision and the love of the woods, and he bought thousands upon thousands of acres of land, because of the virgin pine or spruce or hemlock that grew upon it. Most of it he got for ten or fifteen cents an acre. For a little of it he paid as high as one dollar; but not enough to hurt, because there was so much land to be had at the lower price. He would buy for a mere song square miles of timberlands, vast tracts with lakes and mountains on them, domains that ran clear down to the coast. He knew the land was cheap, so he'd buy and cut the timber; or sell at a profit and move on.

Like so many of the old Maine men, he unfalteringly followed the timber. His quest took him to Pennsylvania and later to Michigan, always following the timber. His son, my father, also followed the timber. It took him as far south as the Gulf—Louisiana —and as far west as the Pacific Ocean—California. It was in the blood of those Maine men. But I am not trying to give you the romance of the lumber industry or the tragedy of our unscientific destruction of forests, but merely a part of my family history. There has always been big money in timberlands in this country.

My grandfather died in 1868, and my father kept on. During the panic of 1873 my father was home in Maine. He wasn't particularly hard hit, but money was very tight and there was no telling when or how the panic would end, nor what might happen to anybody before it ran its course. One day a man walked into the office where my father and his brother, my Uncle Henry, sat. They did not recognize him, but he knew them and came toward them with outstretched hands.

"Well, boys," he said, I certainly am glad to see you looking so well; you haven't changed much since I saw you last."

"You are looking pretty well yourself," my Uncle Henry assured him, and my father chimed in with, "You certainly are," for the stranger certainly was a robust specimen of humanity. They were sure he was somebody who had worked for my grandfather. Nearly every lumberjack in the state had, at one time or another. They could not have named this one to save their lives.

"I thought I'd like to see the old place again," the stranger went on. "I made up my mind that Dan Ryan wasn't going to be in Boston and not run up to see his friends here before he went back."

"And where are you making your home, Dan?" my father asked. Dan Ryan, he remembered, had hauled logs for the squire years before.

"I live in Michigan," said Dan. He had followed the timber. It was all he knew. "I did pretty well with my white pine. By the way, you've never done much with that land the squire bought out there, have you?"

"No."

"Are you going to?" he asked. And my Uncle Henry, Maine-like, answered his question with another.

"Would you like to?" he asked.

"I wouldn't mind. How will you trade?" said Dan.

"We have got to see our sisters," said my father. "Suppose you make us an offer?"

Well, Dan did. My father and Uncle Henry went home and talked to my aunts. They knew only the approximate acreage and the price my grandfather had paid for the land. They had never cruised it and didn't know how much it would cut. But they did know these were panic times and getting worse day by day. There probably was a future, but they thought a heap about the present, and Michigan was a mighty long way from Maine, and cash was cash. So the family council decided to accept Dan's offer, which showed a small profit on what my grandfather had paid.

When my Uncle Henry and my father got back to the office they found Dan there waiting for them. He was passing away the time talking to a couple of old-timers he had scared up somewhere.

"We'll, boys, and what did the girls say?" he asked.

"We'll sell," they answered.

Dan Ryan promptly sat down and made out a check on a Boston bank for the amount.

"Do you know anything about the lands, Dan?" asked my father.

"No more than you." he answered.

"Do you mean to say you've never been there?"

"Never."

"Don't you want to look them over first and see what's there?"

"No."

"Why not?"

"Why should I? I knew the squire worked twelve years for him, and I'll tell you this: Anything your father was willing to buy at any time, I'm willing to take over at any time. If those lands were good enough for him to buy and pay for, they are good enough for me to buy and pay for. That's all there is to it. I live there and you don't, so it's no trouble for me to buy 'em."

Well, he got the lands and went back to Michigan. In 1892 or 1893—I think it was during the World's Fair—l was in Chicago with my farther. I was only a boy, but I remember meeting Ryan. We ran across him in the lobby of the hotel. My father introduced me to the old chap, and he said I looked like the squire, his old boss.

My father had heard off and on, indirectly, about Ryan, and knew he had done very well in the lumber business, as so many Michigan men had. At one time they furnished the newspaper millionaires, just as oil and steel and munitions did at other periods.

"I hear things have gone very well with you, Dan."

"Fine, my boy! Fine!" cheerfully answered Ryan.

"How did those lands we sold you turn out?"

"Fine, my boy! Fine!"

"Did pretty well with them, eh?" said my father.

"I told you the squire knew timberlands," said Ryan. "He was a mighty smart man, he was."

My father laughed, and Ryan said, "Oh, you and Henry are smart too. Didn't mean it that way." My father laughed all the more, and then he asked, "Dan, just how much did you make out of that deal?"

Dan hesitated.

"Don't you want to tell?" asked my father.

"lt isn't that I don't want to, but that I am ashamed to."

"As bad as that?"

"Yes, I haven't the nerve to tell you."

"Go on! How much was it?"

And Ryan said, "I figure I made better than twenty million dollars out of it."

"What?" yelled my father.

"I told you I was ashamed to tell you." said Dan, so apologetically that my father got to laughing once more.

What do you think of that story? Well, there is still another chapter: Our branch office in Detroit is in the Ryan Building, one of the finest edifices in the West. Squire Wing's grandson, who is a stockbroker in New York, is to-day paying tribute to the grandson of the Maine teamster who hauled logs for him—and followed the timber, clear into Michigan.

And before I get off this timber talk, I'll tell you another incident. Only last year our firm sold to our customers fifteen million dollars of bonds of the Penobscot Pulp and Paper Company, and these bonds were secured by some thousands of acres of timberlands, which were put in at ten dollars an acre—an absurdly low price, in order to make the bonds a safe investment. Well, that land was land that my grandfather bought for ten cents an acre, and later was sold at a profit by the squire's sons. It was sold again, in the shape of bonds, by the squire's grandson, at a difference of one thousand per cent. I suspect such a thing could only happen in America.

When my father went to California to engage in the business of dealing in timberlands I went with him. We were out on the Coast about ten years. What I chiefly remember of our life there is that I was desperately homesick all the time. That is the fact. The meaning or significance of the fact I do not know; but, when the family moved East again and we lived in the house my grand father built, I felt contented. It was Maine. Possibly the love of it was in my blood. And yet, when the time came and I went to work, I did not feel homesick away from the selfsame Maine.

2

I was sent to Exeter, and afterward to Cambridge. I think I told you I was the seventh generation of the Wing family to go to Harvard. While I was at prep school it was my father's desire that I should be a lawyer. He himself had studied law, though he never practiced it. It was his belief that, no matter what business a man went into, a knowledge of law was bound to be helpful. Moreover, ours was a law family. One of his cousins was on the supreme bench, and relatives of my mother had achieved distinction in the practice of the profession. Two Wings and two Kents were among the leaders of the Boston bar, so that if I chose the law I'd only be running true to family form. But, before the end of my sophomore year at Harvard, I was quite sure in my own mind that I would not follow in my father's steps. I did not wish to study law. Also the timberland business had no appeal to me.

I loved Maine, all of it—mountains, lakes, rivers and coast. But I loved it as a place to have my vacation in. I had been homesick away from it, but I didn't see anything there that I wanted to make a living at. My home was there, but I knew that my office wasn't. I loved the woods, but I didn't think I had the temperament needed to make a success of the family trade, at which so much money had been made by my grandfather and my father, and particularly by Ryan, of Michigan.

You see, it takes about three months to put through a deal in timberlands. A fellow has to go out and explore them, cruise them, look up titles and a lot of other things that take time. In my own business I get quick action. I can buy and sell a million dollars' worth of stock in less than three minutes. And as for the law, I just didn't like it. There wasn't anything about it that beckoned to me. The philosophy of the law, the spirit of it, whatever there is about it that appealed so strongly to so many fine minds, never hit me. And when I told my father I was sorry to disappoint him, but I wouldn't study law, it was not so much because I was wise enough to know that I didn't have a legal mind, as because I had the gumption to know that I never would make a success of a business that I did not like.

We had a nice friendly talk about it. I admitted that a man might and should make a good job of whatever he has to do, but I contended that if he has a chance to pick his job he should pick one he likes. I couldn't see, at twenty, that business was different from anything else. No man can be a really good baseball player if he hates baseball. How is a fellow going to get to the top except by doing his best, and how can a man's best be brought out in the pursuit of an uncongenial occupation? The less friction you have to overcome the farther a given amount of energy will carry you. I have since noticed it in my office. You see, we make it a point of keeping a pretty close tab on our help, because as our business grows we have to fill important positions. We naturally desire to fill them from our ranks; from men we know all about, men that we have proved.

Well, it is not so much the boy who has brains as the one who has the business instinct who makes a successful business man. And that boy finds in business pretty much the same sort of pleasure that a born golfer does in playing his game. All our employees are competent or they wouldn't hold their jobs, but not all of them are carrying marshals' batons in their knapsacks. We find that some of our boys do not hate to get to the office early, and do not begin to get ready to leave half an hour before quitting time.

Personally I have found business a game. I don't take my business home with me at night, but I am never sorry to go back to it in the morning. I have kept up my tennis and my swimming, and go to football and baseball games as enthusiastically as I ever did. But no game that I play compares for interest and thrills with my business.

After all, it is really fascinating. Stop a moment and think what the business of such a house as ours is. To begin with, it is a business of businesses—that is, we must deal with all kinds of business. We bring out, I mean we market, stocks of steel and iron and coal and copper and oil companies, of automobile companies, and patent-medicine companies, food-products companies, chewing-gum companies, perfumery companies. We deal in foreign bonds, in railroad and industrial bonds, in state, county and municipal bonds; and each and every time we have to know exactly what we are dealing in. We are specialists in one business, and that business is everybody's business. As I said before, Wall Street's business is the business of all business—the whole world's business.

And then there are the human contacts. We are daily doing business for and with most interesting people—with men who have made a go of their businesses, who have the traits and can tell the life stories that go with success-winning in a big way. Whether they are young or old, college graduates or common-school pupils, whether their parents were cultured people or rough-necks, these men had that within them that made them outdistance the vast majority in the race toward preeminence. These big men with and for whom my firm deals—whether we buy or sell securities on the Stock Exchange at the established commission, or handle an entire issue of bonds, or sell a hundred-thousand-share block of Treasury stock—are the men who have known enough to do the right thing the majority of times in their own lines.

It is our business as up-to-date commission brokers to enable other fellows to do business. Last week we floated a bond issue for a steel company. Those bonds were sold to our regular customers; that is, to the public—to individual investors and institutions, to capitalists and wage earners, to insurance companies and savings banks. They were sold by us at a profit—that is, at a small but fair commission—to provide money wherewith to enlarge the plant and increase the volume of business and the number of employees. With this money, more money will be made by the steel company, and the bond buyer will get his interest—his share in the profits of a steel business.

Now, even a political demagogue must admit that our share in the deal was above blame. We do not have to be insulted because we assure the public that those bonds are safe and sound. We believe them to be that. We took pains to make sure of it. We had experts study the company, the business, the personnel, the history, the future—all the clinical data obtainable. Leaving aside all questions of ethics, putting it on the most sordid andselfish of grounds, it is obvious that it behooves us to be careful. It is only when and if our customers make money that we make money for ourselves. If our customers lose because of our dishonesty or our negligence or our incompetence, how long will they stay customers of ours? Isn't it reasonable to suppose that we try to keep our customers satisfied and that there is only one way to do that?

A reputable stockbrokerage firm is like any other reputable firm of intelligent business men. We aim to stay in business a long time. There are crooks and fly-by-nights in Wall Street. But so are there crooks in every street of every city of every country in the world. There are bucketeers, and shyster lawyers, and quack doctors, and food adulterators, and grafting politicians. But the public continues to pick on Wall Street from force of habit.

After all, what is Wall Street? The place to which enterprising and thrifty people—the best business brains of a great business nation—go to buy and sell securities and commodities, to raise capital in order to do more business than they've been doing—that is, to be enabled to grow, to lead, to build railroads and operate them, and erect steel plants, and drill oil wells and refine petroleum, and develop mines, and produce more and better and cheaper automobiles, and generate cheaper electrical power. Without Wall Street—not the Wall Street of fiction or of the cheap politicians, but of reality—this country would not be where it is industrially, nor would its people be so well off. I admit freely that Wall Street is also the place whither the public goes during booms to gamble, to get something for nothing. There is always the desire to risk surplus dollars, to increase quickly an inadequate stake. You can't prevent speculation by law, very easily. There isn't and cannot be any business in which there is not some speculation.

I don't imagine there is any need for me to enter into a long dissertation on the economic function of the Stock Exchange, is there? The investments of a nation are the measure of its prosperity, and our comforts depend upon our prosperity. Wall Street is where you must go for your investments, under the present system of corporations. It is no more immoral to go there to buy securities than to go to Pittsburgh, if you want to buy steel or coke.

And have you ever asked yourself who constitutes Wall Street or where the majority of Wall Street men were born? What makes them so different, in the popular mind, from the rank and file of humans engaged in work in other places?

Wall Street, I take it, embraces that district where you find not only the members of the Stock, Cotton, Produce and other exchanges, but the greatest banks in the United States, and the individuals or firms that make a practice of supplying or obtaining money for all kinds of businesses.

Where do most of the Wall Street men come from? They come from every state in the Union.

The other day on the Stock Exchange a friend of mine, to settle a dispute, took the trouble to compile a list of the partners of the leading Stock Exchange houses. We found that nine-tenths of them came from outside New York. In my own firm the partners came from New Hampshire, Massachusetts, Missouri, Maryland, Maine, New Jersey, Pennsylvania, Michigan, Illinois and Indiana. Not one out of the twelve partners is a New Yorker. The typical Wall Street man is therefore typically American, just as the business of a stock broker is national rather than a New York City business.

I am sorry I digressed. Coming back to my career, all I can say is that I was not a good student at college. My classmates insist that I was a brilliant success at discovering snap courses ahead of other modest spirits. I took Semitic XII, but that was what everybody did; about five hundred of us. But I investigated and picked on History IV in the Divinity School, as highly desirable. There were only twelve divinity students taking that when I discovered its advantages. The next year three hundred and fifty-seven were taking it. One of'my classmates who is now a competitor tells everybody that I always was good at finding bargains for my trade.

But I always was interested in political economy. In my day there weren't any courses in modern business and finance. It would have helped me a great deal if I had taken such a course. Still I managed to get my degree, and the absence of scholastic laurels didn't distress me to the point of insomnia.

I may say here that I have found that my college studies in political economy and history have more than once helped me in my business as a stockbroker. I deal daily with economic conditions, but also with human activities and personalities. Different names, different dates; same human beings, same situations. Where my own experience did not give me the parallel, the experience of humanity—history—did.

When I graduated I was much better off than I suspected in the matter of business assets. I had had to do with many undergraduate activities outside of the curriculum. My college friends, after four years of comp anionship, gave me the habit of establishing certain human contacts which I have never lost.

The attitude of the normal decent college man toward his college and toward his classmates is an attitude that it will pay him to maintain in adult life toward his work and his fellow workers, whatever may be his particular line of business. It has been my hobby to try to make stockbrokers feel toward the Stock Exchange and toward their fellow members the way I feel toward Harvard and toward my class. I do not wish to indulge in either sentimeality or propaganda, but I think you will agree with me when I say that it is a good way to feel. Another valuable asset that I had on leaving college was that, if I did not know exactly what I wished to do, I did know to the dot what I did not wish to do for a living.

I received my degree and went home. It occurred to me I ought to have a vacation that would do me good physically. It would be a good foundation for the coming business of making a living. I induced my cousin to go with me on a trip I had long wished to make. We took a twenty-foot canoe and an outfit, and we started by ourselves. No guides, no prepared itinerary. We paddled up the west branch of the Penobscot and across Lake Champlain and Eagle Lake, down the St. John, and back to New Brunswick. We lived like Indians. I did the chores and he did the cooking. He was a good cook I was better on chores. The artistic touch was beyond me.

It was a wonderful outing and it did us lots of good. When I got back home I found a letter asking me to go down to Cambridge and take charge of the football tickets and the finances for the fall games. The job was worth a hundred dollars in cash and the privilege of helping the college. You see, I had had some experience at it, and I want to tell you that running the games and allotting the tickets is some job.

I got through with the last game late in November. Instead of returning home I decided to get a job in Boston. I wrote to my father. I did not ask either his consent or his advice, I simply told him what my intentions were. He rather expected it, because I had told him I would not stay in Bangor and he had told me that I could do whatever I thought best. He didn't offer me any suggestions because we always understood each other. He had an abiding faith in the family gumption and in the Wing spirit of hustle. I may say that, in all the years I was away from home working, he never failed to visit me in the spring and in the fall.

3

I started my job hunting on the thirtieth of November. I began by walking out of the hotel without any destination in mind, my only definite intention being to keep my eyes open. That way I would spot the job.

What I did see was the outside of Boston business offices and I want to tell you that even the outside of a house looks quite different to you when your business is with the inside of it. The office buildings became buildings in which my own office might possibly be. It gave me a personal interest in every number; it might become my address. I suppose I hoped something would happen. I know I kept on quite hopefully.

I was walking down State Street wondering just what shape my expected lead would take when Opportunity was kind enough to come right up to me and shake me by the hand. It wasn't brains and it wasn't the just reward of any act of mine—unless it was the act of going to Harvard as six previous generations of the Wing family had done. I mean that I met Howard Abbott, one of my classmates.

You know how it is. While at college your experiences are experiences common to all your intimates. Your interests are their interests; their concern is also yours. This was the first fall in four years that Howard and I had not spent October and November together. What had happened to him and to me since commencement was news to me and to him, instead of the usual family affair. Of course Howard wanted to tell me and to listen, and I wished to do as much.

He told me first. After leaving college he got a job in an office and worked there all summer. Then, as luck would have it, he had to get sick andbe ordered to leave Boston. It began with a cold he couldn't shake off, and then the specialist said it was tuberculosis and ordered Howard to the Adirondacks.

"Pretty tough luck," he finished, "to lose all that time." He meant the time to be spent in getting well. Isn't youth a wonderful thing for logic?

"lt sure is," I said.

"They were mighty nice about it," he went on, meaning his employers. "But, of course, I can't expect them to hold the job open until I am ready to come back. It may be a year or——" He stopped, because he couldn't bring himself to say "two." He didn't wish to think that he would be ill that long, so he just didn't. Silence helped.

"That's pretty hard luck, Spider," I told him, thinking of his illness. Then, thinking of my wellness, I asked, "What sort of a job was it?" I knew it must be pretty good to hurt him so much to leave it.

"In a broker's office," he said gloomily. What he was giving up nobody would know!

I instantly thought of what I thought a broker's business must be—of the Stock Exchange and fabulous stakes made and lost in minutes. All brokers were always wealthy brokers in the newspaper accounts. There were wonderful things to learn about the business. That thought made me sorrier than ever for Howard Abbott, alias Spider. He had always been skinny and long-legged. He was leaving behind him a golden vacancy, but for me to think selfishly of it would be to transform it into a dead man's shoes. I simply couldn't commiserate with him on his misfortune in one breath and in the next ask him to appoint me his successor. That was like sealing his doom, closing the door to his return to Boston, cured. But I was job hunting. But it was too bad it was Howard's job.

But fate was kind; Howard considerately saved me the trouble of overexercising my ingenuity or prolonging the negotiations for inheriting scrupulously, by asking me, "And what are you doing, Jack?"

"Looking for a job," I answered, and looked, as I felt, blue. "Any job," I finished.

"You can have mine," he said, with a generous eagerness that showed what a brick the Spider was. It struck me instantly that it is always the Sir Philip Sidneys who are taken prematurely. Death is apt to be not only cruel but unintelligent."

"How do you know they will give it to me?" I asked.

"I only told them this morning that I was quitting. They'll give it to you, all right. Why not?" He looked at me pugnaciously—a true friend!

"But I don't know anything about the broker's business," I pointed out, not too aggressively.

"Neither did I," he said.

And I felt I should never acquire so much knowledge so quickly. The Spider doubtless had a knack for brokerage.

"Oh, I am willing to try. When could we find out if I'll do?" I asked

"Right now. Come on." And he linked his arm in mine and took me to the broker's office, just as pleased as he could be. His face was one smile and he chattered away—ominously enough—of the good times we had had at college. He was living already in the past, this boy of twenty. Poor old Spider!

He took me to the office of Devlin, Litchfield & Co. They were in Post Office Square just across the street from the building that to-day houses the business of Bronson & Barnes.

The Spider escorted me into the office as though I were the Prince of Wales. It wasn't much of an office, small and rather dingy, for the firm was not then particularly active, but for me it had all the importance of an epochal first step.

He introduced me to old Devlin as one of his classmates, for whom he could conscientiously vouch as being worth. at least three of him. I was much the faster worker and the most accurate of all the class. I felt cheap and office-boyish while the Spider was perjuring himself like a gentleman for his classmate. Also I felt somewhat conscious of the sad fact that I had come upon my career face to face without adequate previous preparation. But all old Devlin did was to look at Howard and nod, and then look at me without visible signs of emotion. Finally he said, hesitatingly, "And you want to go to work?"

"Yes, sir!" I answered. I was willing to prove it with everything I had.

"Well," he said, "we don't pay beginners much. All we give is three dollars a week."

"That is satisfactory," I assured him. "I'll take it." I was more interested in the job than in the pay. This was not from modesty or lack of ambition. It was that I knew I didn't know a blessed thing about that business, or any business, and three dollars a week was more than I was worth to anybody—while I was learning. Time enough when I knew something to ask for a reappraisal of the value of my services. It was wise enough, but then I knew my father would help out with an allowance.

"When do you wish to start?" Devlin asked me.

"I am ready to start right now," I said.

"Well," he nodded almost as if he were congratulating me on a piece of rare good luck, "right now is as good a time as any. Howard, suppose you take him and show him what his duties are."

"I'll be glad to show him, sir," said the Spider. And after a pause: "I'll say good-by, again, Mr. Devlin."

Mr. Devlin stood up to shake hands with the Spider.

"Good-by, Howard, and good luck to you, my boy. I am sure the change of climate is going to do wonders for you. Stick it out, now. Good luck to you. And come back to us, Howard."

The old man seemed fond of his three-dollar-a-week ex-clerk. It didn't strike me as odd. Why shouldn't his boss like Howard Abbott, Harvard '98?

The Spider took me into the other room and introduced me to a bookkeeper and a couple of clerks, and then proceeded to outline to me the duties of the dog. That's what the job wasoffice boy. I gathered that the Spider had cheerfully done whatever he was asked to do. One of the advantages of an education is that you do without whining what you agree to do. A gentleman doesn't refuse to do, if necessary, what a rough-neck would say he wasn't hired to do.

The Spider left me with a smile on his face, pleased as Punch that he had secured for me his job. It was like keeping the fortune in the familythat three-dollar-a-week job.

The first thing I actually did in that office was to clean the inkwells. Then I went about picking up things. When I left for the day I felt that I was on the road to a man's job, for already I had decided that the brokerage business was as good as any that I could go into. I did not know in detail precisely what it consisted of, but the background was satisfactory and the kind of merchandise it dealt in suited me. And the curious thing was that I was as right, for all my ignorance of the business, as I was later on when I knew more about it. I suppose it is natural for a boy who wants to work, to like his first job—at least during the first day. It is the occasion of the donning of the long trousers rather than admiration for their fit, that he is thinking about. The thrill means a lot.

4

I used to get down to the office every morning at eight. I put the office in shape to do business. I fixed up the partners' desks, got new blotters out, saw that there were fresh pen points in the holders and that the inkwells were full, and did all such office chores. Along about 9.30 the partners came in. At ten the exchange opened. It was like the curtain goin g up on the performance. I made all the transfers of stock, delivered securities—stocks and bonds—to customers, and generally ran errands of all kinds. I recall that among the men to whom I used to deliver stocks was David Britton, the famous philanthropist, of whose sweetness of disposition you hear so much. He was not very sweet to me. He would scold me while I was waiting for a check. I don't remember whether or not he had cause for his tart remarks. Perhaps I was late. But I know that every time I read a magazine article about him I recollect the nonangelic side of him that he insisted upon showing me.

As I look back upon my experiences at Devlin, Litchfield & Co.'s office I can see how valuable they were to me. They were rather amusing, to boot, and when a man can laugh over his own past he has something to be grateful for. Of course I admit that for a long time I did not know what I was doing. I merely obeyed orders, which was what I was paid for; did whatever I was told to do. The economics of the business, the whys and wherefores of what I and others in the office did, I did not get at once. I have never forgotten this, and it has taught me to be tolerant with our own boys when they make mistakes that obviously arise from their failure to grasp the meaning of what they are doing. I always feel toward them as toward high marks in classes at college. They don't always go to the boys who later make the most successful men in business. The making of mistakes is nothing. Other traits, and especially certain habitual tendencies, are what count. Of course after a while the ignorant clerk becomes conscious of his ignorance, and that compels him to acquire knowledge; not because he is bound to be efficient, but because he is human. Nobody likes ignorance. It is like the vacuum that Nature is said to abhor. That was what happened to me; and I'll say right here that in acquiring knowledge I was lucky enough to acquire another equally valuable asset in business—to wit, patience.

I argued that in order to become a competent stockbroker one had to begin at the subcellar. That was the reason why I never objected to doing things that had nothing to do with the technic of stock brokerage. Why, I used to take the boss's high hat to be ironed, and I'd go out and get his theater tickets and such things. It seemed to me that it was all properly my business—the business of learning the brokerage business in Mr. Devlin's office. And I want to tell you I realized that if this was to be my life's work, it would not pay me to look for snap courses. It was all very well at college to do no more than was necessary to get your degree. But success in life isn't a matter of barely pulling through.

The most important department of the broker's business is the customers. My first affair with one of them came about through Mr. Devlin's living in the country. It compelled him, as it does all commuters, to do a lot of shopping for the household. One day he brought inhis wife's corsets to be fixed. I took them to the corset maker's and left them. Mr. Devlin was an experienced married man. The stays were to be done at once, and must be ready when I called for them next day. Those had been my boss's instructions from his boss, and he passed them on to me, and I impressively passed them on to the expert who was to do the necessary repairs or adjustments. He promised I could have them. Positively. The way I insisted would have made you think it was I who was afraid to go home without them.

Well, the next day I went to get them. Of course—I have since married—that specialist in corsets for commuters had no more notion of punctuality than he had of cuneiform inscriptions. I reminded him that he had positively promised to have them ready, and he said he knew it, but they were not finished and wouldn't be that day; I'd better call the next day and he'd try to have them ready. I don't remember exactly what I told him, but he came out from behind the counter and began to abuse me. He was bigger than I, so when he began to say things without smiling I lammed him and he hit the counter hard, so that a lot of shrieking females came out of the workroom in the back and began to yell "Police" so I left.

I reported to my boss that I feared that I had lost my temper when I thought of Mrs. Devlin's disappointment. He asked me all about it, and I told him.

He laughed and said, "Never mind, Jack. You just go back tomorrow and get them, I'll square up things with my wife somehow when I go home to-night without them." I didn't know then that he had by far the harder job.

The next day I didn't go for the corsets, because they were sent to the office in the morning.

Mr. Litchfield, the junior partner, called me to his private office, and said, "Do you know, young man, that you have lost us one of our best customers?"

I was so surprised that I wasn't frightened. I simply couldn't understand him. But I could see it was no joke, so I answered, "No, sir. How did it happen?" Then I thought it might have been some mistake, delivering the wrong stock perhaps, though I was pretty careful.

"Well, that corset maker you feloniously assaulted always invests his ill-gotten gains with us. He has done it for years, and his business has steadily grown. But he notified us to-day that we shall never get any more of it."

"I am sorry, sir," I said, thinking of my job.

"So am I," said Mr. Litchfield in his best under-taker voice.

"Yes, and do you know what my wife said?" cut in Mr. Devlin.

"What?"

"She said she hoped I'd send Jack to her tailor's and ask about that suit that they promised to finish last week."

"But you shouldn't lose you temper, Jack," said Mr. Litchfield. "Do you know why I took up sparring when I went into this business? So I wouldn't be tempted to biff unreasonable customers when they blame me for not compelling them to do the right thing at the right time. Boxing is great to teach you self-control. You ought to go in for the amateur middleweight championship, young man."

But he smiled at the end, and I didn't lose my job. I don't know whether it taught me better self-control or not. I think we acquire it with age, which brings us a truer perspective of things, including speech.

I was in Devlin, Litchfield & Co.'s office about ten months. We had pretty busy times that year. Tom Lawson ran a big bull market in coppers, and every stock-commission house in Boston got its share of the boom business. Copper stocks, as you know, were a Boston specialty. It was Boston money that developed most of the big copper mines in Michigan and later on in Montana and elsewhere. It is the same story with the telephone business—Boston money did it.

In the course of my routine business I naturally became acquainted with the other dogs in the business—office boys and messengers and clerks of other brokerage concerns. One day a friend—another chap who also had been at Harvard with me—told me that there was an opening in his firm. He said they needed a stock clerk and the wages were fifteen dollars a week.

Of course I had been getting money from home to live on, because three dollars a week didn't go very far. My father was well-to-do, and I didn't think it was good business for me to die of starvation. But fifteen dollars meant for me an increase of four hundred per cent, and it was not good business to turn my back on an increase of that magnitude. I considered other things, of course, but I did not waste much time in deciding to accept the offer.

I saw Mr. Devlin right away and told him about the offer and about my decision. He said it was a good move. He appeared to be glad, not be rid of me but because he considered it a real advance for me. The men in his office had all been with the firm a long time and were competent, and in justice to them he couldn't jump me over them. He urged me to go over to Reade & Co. without delay. Later on I learned that he had been good enough to telephone to his friend Mr. Reade that I was a good chap.

Reade & Co. had the ground floor of a small old-fashioned building. A hall ran through it and the firm's offices were bisected by it. The back office, where we clerks were. was on one side, while on the front or street side were the partners' private offices and the customers' room, where the big blackboard was. The firm was not then as active as it later became. To-day it has its own building. Mr. Reade has retired, but the firm is one of the most prominent in Boston.

It was a good place for me to learn more about the business, because Mr. Reade was a man of ability, and the office was well conducted. I remember being impressed by the character of the clientele. One of the star customers was the late Hiram W. Miller, one of the leading capitalists of New England, who made a specialty of certain enterprises. The stocks of his companies were actively, dealt in on the Boston Stock Exchange, and Mr. Reade was one of his favorite brokers. There were other men whose names were familiar to readers of the daily newspapers. They turned my thoughts to the kind of people a successful stockbroker did business for. That was the first time I told myself that a stockbroker is known by the customers he keeps.

Our New York correspondents were Dowling &Donaldson. They were members of the New York Stock Exchange—Mr. Donaldson had been its president—and we had a direct wire to their office. I thought that this was like being in actual personal contact with the source of all market wisdom. What those birds in New York didn't know about the stock-market game wasn't worth spearing with a toothpick. To me that mighty firm of brokers represented everything that made Wall

Street what it was. Whenever some yellow journal made an attack on Wall Street and its methods, I took it as a personal attack on Dowling & Donaldson, and the injustice of it annoyed me. I often sat beside the telegraph operator and watched him send orders over, and saw the reports come back. Thinking of what happened at the other end of the wire was what first made me realize that the broker's business didn't begin or end in Boston; and that realization in time made me take an interest in the business that I had not felt while in Devlin's office. It brought me nearer to a thrill because of the growing comprehension of some of its various phases, for of course I did not grasp all its sides at once. It was still somewhat like watching the Moscow players.

Mr. Donaldson used to drop in to see Mr. Reade whenever he was in town. We all stared at him, wide-eyed and open-mouthed. I don't know in which particular we expected him to be different from other mortals, but we knew he wasn't everyday clay. The glamour and prestige of having been president of the New York Stock Exchange, I suppose, made the difference. He was in truth a very fine, courteous, kindly gentleman, considerate of big and little, immaculately attired, and upright and honorable in all his dealings. In later years I learned to know him, and admired him more than ever. But in those days he was the head of the firm that represented the might and mystery of the metropolis, the symbol of knowledge, of power, of money. I don't wish to convey the impression that being in Reade's office turned me into a prematurely aged man. There were dull days when we cut up in the back office pretty much as young clerks who are healthy do the country over. We had a soft ball and we played baseball when the boss was out of the building.

I remember one customer who was welcome in the back office quite as much as in the customers' room—a woman who had mastered the art of successful stock speculation. She did it by means of a system, and made money steadily. Her system consisted of buying Telephone stock, which, as you know, was a Boston specialty. Every two or three months this wonderful woman used to show up at the office and buy ten shares of A. T. & T. outright. Of course that stock has been trebled since and as its business was growing steadily she couldn't lose, particularly as she never sold. That was her one and only piay, and she knew she was doing the right thing. And she always did it at the right time, because she did it whenever she had the money to buy the ten shares and put them away for keeps.

As you know, the commission for buying those ten shares at, say $ 140 a share, was exactly a dollar and a quarter. And it struck her that to pay Reade &

Co. only a dollar and a quarter for buying fourteen hundred dollars worth of a stock that was sure to be worth more in time, was perfectly ridiculous. In the beginning of her speculative career she used to urge the partners to charge more, assuring them that she really preferred to pay more for their services. When she found she couldn't induce those absurd men in the front office to charge her more than the piffling dollar and a quarter commission, she salved her conscience by tipping the boy who handled the order for her. She'd give him a five-dollar bill. When that admirable customer came in, you bet there was a stampede to wait on her. The eagerness to serve her and the touching politeness of the young men from the back office made her feel more strongly than ever the inadequacy of the commission. I was fortunate enough to earn that conscience money of hers twice. I do not recall that the dear lady ever failed to tip five dollars to the successful boy.

The firm was growing all the time and it was plain to me that there was a future for a fellow who stuck to the brokerage business. I was daily becoming surer that it was the business for me, but I was merely marching in the ranks with the others, in the general direction of a living. It was like a fellow walking north but without a definite destination. This attitude was natural. A change was bound to come, but only when I decided on a specific goal, and that normally would have come with time as I learned more about the business. The change, however, came suddenly. One day when we were all busy in the back office one of the boys came running in, all excited, and said that J. P. Morgan was in the front office. Well, the entire clerical force of Reade & Co., as one man—we weren't such a huge crowd—promptly rushed into the front to get a glimpse of the most commanding personality in financial America at that time. Well, we saw J. P. Morgan, but it wasn't the father, but the son, J. P., Jr., then known as Jack Morgan to Wall Street.

We were disappointed, but for all that the name and the presence there of the heir of the king of finance did the trick for me. It came upon me in a flash that this crown prince came from the court at New York, where everybody who expected to be somebody should go in order to work with money for money, to accomplish those great and helpful things that capital can do when intelligently and courageously directed. It was in the New York of the great Morgan and only there that stockbrokers could greatly prosper.

Then and there I made up my mind that, as soon as I had mastered more of those rudiments of the stockbrokerage business which I could acquire in Reade's office, I would go to New York to work in a broker's office there. That is all I wanted. To make the rest of my dream come true would be up to me. But New York was the battlefield. Golden laurels were won there more easily, or at any rate more quickly, than anywhere else in the United States. From that day on I had a goal—a broker's office in New York.

This was back in the last days of the nineteenth century. When I first went to work the general situation was like this: We were beginning to recover from several years of hard times. We had had the panic of '93, and the ensuing period of railroad receiverships that entailed stupendous losses in the country.

There were mighty few Americans who were not directly or indirectly affected by the hard times of the period preceding the Bryan free-silver campaign. Why, some of our customers used to tell me of the awful times they went through, and the menace of permanent poverty that threatened them in '96. Some of them, hard-headed business men, told me that they had converted all their belongings into cash and had taken the first steps to go to England to live if the Peerless Leader was elected to the presidency of the United States as the result of his cross-of-gold speech.

After McKinley's election things began to mend. But people couldn't get the historical perspective, and the average man could see neither that we were recovering nor what we were recovering from. He knew that business had been bad and was gettingbetter and the free-silver peril past. Then came our huge crops and high prices for them by reason of shortages abroad, and Europe paid us some hundreds of millions of dollars. The chemistry of Nature had transmuted earthy elements and the sun's heat and the sweat of our farm ers, the summer of 1897, into a vast pile of gold.

5

Of course business in stocks and bonds increased, but brokerage houses did not do the volume of business that they did in the boom a few years later. In the days I'm telling you about, the Boston Stock Exchange was a respectable competitor of the New York Stock Exchange. A fair day's business for Reade & Co. was three thousand shares of stock, on which the commission totaled three hundred and seventy-five dollars. There were some days when they did as much as ten thousand shares, or twelve hundred and fifty dollars. But those were the big days, and they meant a lot of work for the clerks because most of the transactions were in lots of fifty or one hundred shares.

Much of the trading was in coppers. The railroads had just gone through receiverships and the new issues of the reorganized or re-organized roads as some said—were not popular with investors. Atchison sold at $ 10, and Union Pacific at $ 15 a share. General Electric was not wanted in the 30's.

It was the practice in Boston to do one of two things—either invest in good stocks or speculate in all sorts of mining shares. When I joined the firm, the market had periods of investment and periods of gambling. During these gambling periods Tom Lawson thrived. He understood the art of stock-market advertising through paid ads in the newspapers and through news items by the agencies and telegrams to brokerage houses all over the country.

He made speculators big and little talk about him. He used to send out huge calendars, and he had stock-market proverbs in every sheet. There were some mighty good epigrams among them, for Lawson certainly knew one side of his business extremely well.

In Reade's office I progressed in my studies steadily. From being stock clerk I was promoted to margin clerk. It was up to me to see that the accounts were in good shape. I kept one eye on the ticker, for stock prices; and the other on my sheet, for balances. It was hard work at times, particularly in panics. I was the only margin clerk Reade had. In our New York office to-day we employ six margin clerks. The head of the force gets ten thousand dollars a year. Innormal times he is through with his work at four every afternoon, or at five at the latest. But in bad times he begins at 9.00 A. M. , and works all day and into the night, quitting after midnight. I thought I had a lot to do in Reade's, but our chief marginclerks to-day have to see that twenty-five thousand accounts are kept in shape.

My most trying experience as margin clerk was during the Northern Pacific panic of May 9, 1901. Of course I was on the job early, for the preliminary rumblings of the night before had sufficiently warned us of the hurricane that would break on us the next day—Blue Thursday. It was of course much worse in New York than in Boston, but it was bad enough with us. The market simply boiled over. The tape was about twenty minutes behind the actual transactions, and you can imagine what that meant to the poor margin clerk. By the time I'd get an account figured I'd have to figure it all over again. It was impossible to get help because everybody in the office was busy as the dickens. I couldn't ask anybody anything.

Well, after I kept at it a couple of hours, I decided on my own responsibility to send out to every customer a telegram calling for margin, whether it was needed or not. I knew how customers felt about being asked for additional margins, particularly when they think you ought not to begin shouting for help until the very last minute. But I thought that was the only way to protect the firm, which was my job, and also it was up to me to keep from going insane with worry. When it was all over, nobody found fault with me. That night all of us stayed in the office until the next morning, figuring our margins and casualties. I remember we all went to breakfast together at a nearby restaurant.

Nobody made money to speak of that day because, though there certainly were bargains galore, it was impossible to get orders executed when things were at the worst—that is, at the lowest prices. A little later I heard a story that came from the front office. We had nobody short of Northern Pacific in the office, thank heaven, but when the cornered stock sold at one thousand dollars on the New York Stock Exchange Mr. Reade remembered that he had bought years before some Northern Pacific for an intimate friend of his—Henry Hall. Mr. Hall was dead, but his widow was a great friend of Mr. Reade's family. He called her up, busy as he was.

"Anne," he said, "do you know whether you still have that Northern Pacific stock we bought for Henry, or did you get rid of it?"

"Oh, no," she answered; "I still have it."

"Are you sure it's Northern Pacific?" persisted Mr. Reade, who had other women customers.

"Yes, I noticed it the other day when I was looking over some mortgages."

"Where is it?"

"It's in the safe-deposit box."

"Well," said Mr. Reade, "if I were you I'd get it and bring it right over to the office."

"Why, what's the matter?"

"The matter is that it is selling at one thousand in New York this very minute."

"One thousand what?" asked Mrs. Hall.

"One thousand dollars," said Mr. Reade. "If you are going to do anything about it I wish you'd hurry up, Anne."

"Goodness, do I have to bring it down myself?"

"I don't care how you get it to me, but I've got to have the certificates properly indorsed right here in my clutches. I don't dare to take a chance. Please make haste, Anne. It might not stay up there very long."

"I'll go at once to the safe-deposit vault and bring the stock down to you. That's all you want, isn't it?"

"That's all. Is it two or three hundred shares?"

"One certificate is for five hundred shares and the other is for one hundred."

"Heavens! Hurry up, Anne!" shouted Mr. Reade, and then somebody in the office yanked him away from the telephone on urgent business.

In the excitement Mr. Reade forgot about Mrs. Hall's six hundred shares of Northern Pacific, that had cost Henry Hall about $ 18,000. But a few days afterward Mrs. Hall was dining at his house and he remembered.

"Oh, by the way, Anne, what happened to you that you didn't come to the office Thursday? Did you discover that you didn't have the stock after all?"

Mr. Reade had been tempted to sell it even before she delivered the certificates for he felt certain the corner would break and the price with it. But now he was glad he had played safe.

"Why, no," answered Mrs. Hall. "I have the stock."

"Why, in heaven's name, didn't you bring it down as you promised?"

Mrs. Hall, I may say, was comfortably off, worth perhaps two hundred and fifty thousand dollars.

"Well, you remember it was nasty and drizzly that day," she said, as though that explained all.

"What did that have to do with your selling the Northern Pacific at one thousand dollars?" asked Mr. Reade.

"Well, I just thought I wouldn't go out. A thousand dollars wasn't such an awful lot for the stock, so I stayed home."

"Not such an awful lot!" yelled Mr. Reade. "Why, you had six hundred shares."

"Yes."

"Well, you could have got six hundred thousand dollars for your six hundred shares. That's what you lost."'

"What?" shrieked Mrs. Hall.

"That!" said Mr. Reade.

Of course Mrs. Hall would not have got one thousand dollars a share for her stock as things turned out, but she might have got five hundred. At all events it gave Mr. Reade a story to tell whenever anybody mentioned women in business to him.

In the course of a man's life many things happen that look like unavoidable progress and are in fact forward steps, and yet are neither the outcome of deliberate effort nor the reward of industry or ability. I do not know how satisfactory my work at Reade's was to my employers. All that I know is that I was promoted several times. But my work was always in the back office.

Now in the personnel of a brokerage house there are two divisions. One is the clerical end that keeps the books, the records, makes and accepts deliveries, and all such matters. The other division consists of what you might call the producing end—the fellow who gets the business. Neither division can do without the other any more than an army can do without the quartermaster's department and the fighting forces. An army may march on its belly, as Napoleon remarked, but the battle is won by the fighters, and in business the fight is for business so that the business getter is most liberally paid. To succeed, he has to exercise more faculties than the record keepers and tabulators. He must be more aggressive and his mistakes may rise to the importance of defeats. He has more responsibility and therefore makes more money.

I was attracted to that end of the business as soon as I understood the difference. I knew I should learn the business from the ground up, and so long as I felt I was learning I knew I was increasing my assets. When a man feels he is increasing his capital it isn't difficult to peg along at a particular task. But there was also a personal factor to consider, and that was my desire to make money for the firm. I knew that would make money for me, as well as give me the pleasure of being right, of winning, of feeling useful.

Still, I could not promote myself out of the back office into the front office where the partners and the customers' men—the go-getters —were. Patient merit had not been enough up to the summer of 1901. I was still margin clerk—one of several back-office men. It was vacation time; I think July or August. We took turns doubling up for those who were away. I was doing the work of one of the bookkeepers. It was as hot as Tophet and I had my sleeves rolled up. I was conscientiously making entries in the ledger. I may say that I never was a good penman nor a first-class bookkeeper, and it was no trouble whatever for me to get my sweaty arms on Fred Beck's nice ledger.

Mr. Reade, the senior partner, came into the back office that midsummer afternoon, as he did every day, to look over the books. He was a thorough business man, of the old punctilious kind.

He took in my smeared page and then speaking very deliberately and distinctly he told me, "Wing, you are, without any exception whatever, the worst bookkeeper I ever saw."

It did not hurt me to have others know what I knew unashamedly. I didn't see why I shouldn't admit it, so I said, "Mr. Reade, I don't doubt that for a minute."

He gave me a wicked look, to see if I was deliberately impertinent, though I really had spoken as respectfully as I could. But I guess I puzzled him, for he asked me, "Just what do you mean by that?"

"You said I was the worst bookkeeper you ever saw, and I couldn't deny it. I know I am not a neat bookkeeper. I never felt that I was born to be one. If I thought that is all I would ever get to be in this office I'd resign this minute."

"You would?" he said. I could see that he was really peeved now. But I knew I wasn't going to be a bookkeeper if I had anything to say about it.

"I certainly would," I said. "It isn't the height of my ambition to fill that kind of a job. I want to get to be more useful to the firm than I could ever be as a bookkeeper back here."

He certainly kept his eyes on mine a mighty long time. I remember I was glad I had told him what I had. It was time he knew what he couldn't make out of me, and time I escaped if he had such a thing in mind.

Well, he stood there frowning at me quite a long time. Presently he walked away without another word. I went back to my ledger and tried not to blot the pages again with my sticky forearm. It made me more positive than ever that bookkeeping was not for the likes of me.

The next morning, soon after Mr. Reade got down, I was summoned to his private office. The market had not opened, margins were O. K., business was very dull, and there was no reason why the boss should want to see me so early in the day.

"Wing," he said, without any preamble, "I want you in the front office. You will have to handle some of our accounts."

That was all.

"Thank you very much, sir," I said gratefully.

You see, though I understood from his silence that the pay remained the same, the change was distinctly a promotion. I had a chance to work at what I had wished to do for a long time.

I got much valuable experience in the front office, for Mr. Reade was an able man. He was one of the most successful stockbrokers in Boston, and a great money maker. He was, however, greatly handicapped by poor health. There was a big sofa in his private office and every afternoon he took a little nap. It refreshed him and enabled him to do much more work than he could have done without his nap. I certainly had to do a lot of lying to customers when they wanted to see him. I'd tell them he was out, but it was some job to keep our big customers out of the room when they'd tell me they would wait for the boss in his private office. There were times when the customers would insist upon giving their orders to Mr. Reade in person. No, I wouldn't do. It was Mr. Reade or nobody, for you see what they really had in mind was buying or selling certain stocks, provided Mr. Reade approved. Brokers in those days did not keep as many clerks as they do now and the partners did a great deal of the work themselves, handling the orders and keeping in personal touch with the customers. There wasn't so much golf or motoring, and the boss was apt to stay in the office until quite late.

6

I had a great time in the customers' room. So far as my own judgment of the stock market went, I simply followed Mr. Reade. As a matter of fact, I am a very poor judge of the market. Speculating, in the sense in which most people mean it—that is, gambling—has never interested me. The investment side, the permanent part of a business, appeals to me, but the customers' room of a stock-commission house is a great place to study human nature. It is more interesting than really instructive, because of the monotony of the main motive. These men are there to make money by investing in good stocks or by guessing which way the market is going, up or down. The trading principles don't change very much, but the attitude of people toward things changes from era to era. At that time, as I told you, Boston was famous for the alternations of investment with gambling markets. I never learned how to urge people to gamble. I had one thought then and I still have it, and that is that it is more im-portant for my customers to make money than anything else. I realized that my customers must make money if I was to keep them.

There were all sorts of types in that room, as there are in all customers' rooms. Such similarity as there is among customers is what you might call an inevitable family resemblance, resulting from a common desire and the same hope among them. I have forgotten the names of most of the traders in Reade & Co.'s office that I used to see every day, but I remember their characteristics. There was a chap who was nicknamed Edison. He was an inventor and I suspect he had a pretty ingenious mind when it came to his own line, which I believe was electricity. I didn't know much about his private affairs because he was not one of my customers, but he was a type. He was a great hand to harp on first principles. You'd think, to hear him talk about the philosophy of stock speculation, that there wasn't anything about the game to which he was a stranger. If anybody ever formulated a rule that he did not know by heart, I'll eat it. If the market was dull and one of his friends asked him what he thought of it he would answer sententiously, "Never sell a dull market," and look wiser than James R. Keene. If an unexpected increase in the dividend rate of an active stock were announced he would observe, "Good news is always discounted." If anybody was bearish and it happened to be April he would quote Addison Cammack: "Never sell 'em when the sap is running up the trees." As he had a why and wherefore for everything that should be done or not done in the stock market, I think he thought he was the wisest man in that room. That made him quite a trader. A man who could always find plenty of sapient saws to justify him was bound to put his wisdom to work. The only trouble was that he generally did the wrong thing. His first principles were grand, but his practice was rotten. Those same stocks whose rules of conduct he knew by heart had a habit of breaking those rules; and that broke him.

He went broke regularly; on an average three times a year. He would disappear for a while. After some weeks he would come back with a fresh stake. He would explain that he had been home, busy inventing.

It was true. He was an electrical expert and quite an inventor. Some of his devices are used to-day by the United States Navy. Well, he would invent something, sell it to the General Electric or the Westinghouse people, and come back to the office. He used to come in at 9.30 every morning, read all the news slips and market gossip, and map out his campaign for the day. He would stay until 3.30 in the afternoon and chew the rag and explain why the market had done thus and so, or failed to do the other thing. He was a special customer of Bob Keown, who made a specialty of handling the eccentrics of the office. Bob said "Edison" had been busted fourteen times in six years, and each time he had retired for a few weeks and come back with a fresh assortment of market rules and aphorisms, and also adequate margins. It seemed he was a pretty rapid worker and never had any difficulty in selling his inventions.

That chap took no interest in anything else. His life consisted of earning money inventing and of spending that money speculating. Mr. Reade tried in vain to get him to invest in good stocks or to buy himself an annuity. But he did not care for clothes or a home. He lived as he wished. He invented with great ease and took a heap of trouble to be wrong in the market. Years after I left Mr. Reade's employ I asked about Edison," and Bob told me he was keeping up his regular work, inventing and going broke.

We also had several of those chaps who so hate to make mistakes that they never make any. I mean the kind that for some mysterious reason can't bear to acknowledge that they were wrong and take a small loss. I suppose the basis of it is a combination of vanity, hope of improvement and congenital obstinacy. You find them in every broker's office. One of those in Reade's was a chap who told me that, in heaven knows how many years of trading, he had never once taken a loss and never intended to take any. He had some money safely invested and he used to trade in a conservative way in our office. He also was one of Bob Keown's charges. He never sold short; always played the long side. He hit it about half the time and made some air profits. When his purchases went against him he held on. He would stick to his stock for years, through receiverships and reorganizations, and even pay assessments. He had quite a collection of stocks that showed him losses, but on the other hand he had a marvelous fund of stories to tell about how he held on to this or that stock, carried it at a loss for years and in the end sold it for a small profit. Of course when his errors got down so that they were selling for a dollar or two he would take them out of his speculative accounts and turn them into investments at subcellar prices. His stories of how his patience and tenacity were rewarded were quite interesting. I wish I remembered the details. Of course it was no use to tell him how much better he would have done to have taken a loss at the beginning of the slump and kept all that capital available for new trades. But taking a loss was beyond his strength. He simply couldn't do it.

I recall also a Captain Middleton, who as a rule didn't have much to say to anybody, but when he did talk was rather sarcastic. He was a pretty successful trader and was ahead of the game when I was with Reade. He had a great habit of asking opinions, but only at certain times. Whenever the market got into one of those periods of indecision, when the most careful trader really does not know which way to trade, Captain Middleton made it apractice of consulting his fellow customers. He would go around the room asking every single customer there what he thought of the market—that is, in which direction the next swing would be. He kept careful tab on the replies, and every time the opinions expressed showed a strong majority in one direction he would begin trading on the opposite side. He evidently argued that the majority must be wrong, as the majority always loses. It was the old broker's saying, "Copper your customers and make money," which was the reason why so many bucketeering brokers stayed in business so long. Captain Middleton, as a matter of fact, made more than he lost, at least in our office.

I suppose any place where men congregate is a good place to study human nature, but Reade & Co.'s customers' room taught me many things of value. In learning how to handle a broker's customers I learned the danger of inaccurate generalizations. We did not have the class of plunging customers that I have seen in certain New York offices during booms, but we certainly had our share of variety.

I remember a young man who came to us with a letter of introduction from an old customer. He had the hottest kind of a tip on C. B. & Q, He said he knew New York bankers were going into the open market to buy for control. The headquarters of the railroad company was in Boston, and the report was not confirmed by them. But the new man was positive and he bought one hundred shares at somewhere around 125. He had taken all his money out of the savings bank to do it. When I gave him the report of the purchase he sighed with great relief, as though he had been afraid something might happen at the last moment to keep him from getting the stock.

He got in the habit of coming in around 12.30 every day. I imagine it was his lunch hour. As it happened, James J. Hill was buying Burlington in the open market for account of Great Northern and Northern Pacific.

The stock, you doubtless remember, began to climb. It went to 130, to 140, to 150, almost without fractional reactions. Long before it got to 170 we knew it was no crazy bull move, but a big deal. The owner of the one hundred shares would come in every day without fail and look at the board where the quotation for C. B. & Q. showed him a huge profit. The other customers and I used to talk about that wise young man, but he was not communicative. He just stared and frowned at the quotation board.

The day the price touched 180 I said to him, "That makes over fifty points for the movement, doesn't it?"

He nodded and snapped, "It's going higher."

"You think so?"

"It's got to!" he said.

His tone made you think he was doing the hoisting with his own hands. But I wasn't going to argue with a man who had the gumption to be long of a stock that showed him fifty-five points profit. Pretty soon he went away. That afternoon I happened to be talking to Bob Keown about it, telling him how much everybody thought of the young man who had brought the Burlington tip into our office, and had the nerve to see it going up and never dream of taking profits.

"And so you all think he's a wise guy, hey?" said Bob.

"Well, isn't he?" asked one of the customers.

"Well," said Bob slowly, "I suppose you fellows are right. For six weeks you've envied that chap's nerve and his profits. Well, sir, he sold out his one hundred Burlington at 127 1/8. He held it exactly forty-six and a half hours."

"But every day he comes and looks at Burlington," protested one of the customers.

"I'm a decent kind of a man," said Bob, "and so I didn't remind him of his wisdom, not once. Think of what he goes through every day when he sees the price and then thinks of the reputation he gained among an undoubtedly intelligent crowd of traders for not selling too soon."

And that was another lesson I never forgot.

One of the first customers I ever got all by myself was a dentist who had been recommended to me. He was a pretty competent dentist and did good work. When he found out that I worked for a stockbroker he didn't talk of anything but the market. It seemed he not only read the financial pages of the newspapers but he believed every word he saw there, and he used to do his own analyses of the market.

"All I want," he told me, "are the facts. You can't go wrong if you go by facts and leave tips and hunches to the suckers. That's the way I play the races—on form. I am my own tipster, and my information is always straight because I only accept official figures."

He confessed he had been trading for years. In most offices, he said, they had men who talked a lot and gave advice, but if the brokers' men knew so much, why didn't they make millions taking their own tips? There was much more in buying stocks for yourself if you were right than in buying them for outsiders at twelve dollars and fifty cents commission per hundred shares. No, sir, no brokers' hot air for him. He told me he had changed brokers two or three times because they didn't leave him alone to pick out his own winners but suggested objections and bred doubts that infiuenced his judgment. Or else they didn't keep him posted. His work was such that he couldn't leave every few minutes to see the tape.

I didn't say anything, because I couldn't. He had a rubber blanket in my mouth. Then he asked me if I could keep him posted, in case he opened an account with us. He didn't mean the whole market, only such stocks as he might be long or short of. I think he got a little careless with the drill just then and hurt me. So I grunted.

When I was able to speak I told him I'd do anything he wanted, provided he didn't hurt me again while I was in his power.

Well, he opened an account with us. He had a theory that he ought to spread his operations over a lot of stocks. Instead of carrying fair amounts of one or two active stocks he used to have odd lots of half a dozen or more. I used to telephone him the fluctuations and any statistics that came along and gave him pretty good service.

One day we got some bad news and the whole market became very weak. I telephoned him he'd better come over because some of the specialties were breaking rather badly, and I thought his stocks would probably go down with the rest. A weak and active market meant a lot of work for me with my other customers, and I told him I might not be able to keep him posted as closely as I'd like to, though of course I'd do my best.

"But I can't possibly get away just now. I have a patient in the chair now that I can't leave. It would undo a lot of hard work. What's Steel?"

I told him and asked him if he wanted to put in some stop-loss orders. But he yelled that he didn't. All he asked me to do was to tell him when Steel broke through a certain price. If it did he'd tell me what to do.

Well, the market got weaker and weaker and finally Steel broke through the price my dentist had named. I think it was 40. So I called him up.

"What is it?" he said. He knew I knew what he meant.

"It's 39 7/8! And a half!" I said. He had paid around 42 for it.

"What? 39 for Steel!" he yelled. "I'm coming right over!" and hung up.

His office was six blocks away, but it seemed to me he was in our place in about thirty seconds. He could hardly speak, he was panting so. I pointed to the board. They were all lower.

"Sell 'em all out!" he gasped.

I rushed off to give the orders. I was pretty busy and so I didn't get back to him until I had the reports. He was still studying the quotations and smiling, not because he had lost but because everything had gone still lower, and he had stopped in time. Next to making money is the pleasure of not losing any, especially when others are not so lucky.

As he lingered when the market could only have an academic interest for him, I asked, "What did you do with your patient? Leave him in the chair?"

"Leave him in the chair? Like hell! He heard me say 39. He was long one thousand Steel in Wilder's office upstairs, and he beat me to this building by twenty yards!"

7

When I became customers' man for Reade & Co. ,I had been more than two years learning the brokerage business. Before that I had already made up my mind that it was a good business and that New York was the place to do it in. I knew the clerical end, and now in the front office I was getting to know the profit-producing end. After all, business success consists of successin getting business, and I used to think of what I might do if, or when, the opportunity came. I didn't plan to sit down and wait for opportunity to knock at my door. I knew I must go out and meet it; but I intended to know exactly what to do when I held it up. I read everything that I could lay my hands on that had any bearing on the ways of New York stockbrokers—books, newspaper articles, magazine stories, everything. I made it a point to listen to the customers. The old ones told me of the past, and, as you know, there is much to learn from the experience of others. Moreover, there is far more financial history unwritten than there is printed, and that kind you can get only by word of mouth. By listening I found that I learned a great deal, not alone about market matters but about the customers themselves. You get a pretty good line on a man by the way he reacts to news and events. His point of view, what he assimilates, what he misses of the lesson—all are instructive to a broker, who must learn to know his clients. From the younger men I learned how inexperience views the same events—and one always has inexperienced customers. I began to perceive the workings of hope when unsupported by knowledge, and of fear when unchecked by comprehension, and the always-present danger of greed, which blinds men to the obvious and to the inevitable.

I didn't get all this in a month. But I really saw the educational possibilities of my new job in Reade's front office almost from the first. The customers were the men to whom I would have to sell service and knowledge. Hence what my own curriculum must be was plain to me, because my needs were not at all mysterious. I was lucky enough to realize that so long as I was learning I could afford to let everything else wait—my own wages, my own wishes or the kind of job that would please me the most. Patience on my part wasn't as admirable as it sounds when I tell about it. I never sprint excepting on a clear track. In any case, I was not thinking of my New York career with such impatience as to unfit me for my work in Reade's. I was known in Boston, after my four years at Cambridge, and three years with Devlin and with Reade. I knew no end of people who knew me. In the brokerage business I at least had mastered what Bagehot calls the idiom of the place. An employer could quickly classify me and accurately appraise my worth to him. All this made Boston a comfortable place in which to continue my business education. But I never lost sight of the fact that New York was the place for big business.

I spent my annual two weeks' vacation at home of course. I must say here I don't believe there is a nicer place in which to spend a fortnight's holiday than Maine. I say this not because I'm a Maine man, but because I've been in many other places and I know.

While I was home I was just my father's son and welcome guest, and I had a much nicer time than a fifteen-dollar-a-week broker's clerk could rea-sonably expect. I may confess here that in those days of my virtuous apprenticeship I used to get an allowance from home, not munificent, but enough to keep me from unnecessary hardships. I considered that it was plain business sense for me to ask and accept that allowance, and I want to tell you that it was at my own insistence that it was not excessive. As soon as I had an income that enabled me to save money after paying for a moderately comfortable living, I began to repay my father. As long as I knew I was not extravagant I did not have to stint myself of decent food and a comfortable room. In time I paid back every cent my father had sent me while I was at school and college and at work in Boston. I wanted to do it. I wanted the feel of it; not the gesture of it, but the consciousness of it. I never owed money to any one except my father—I mean personal debts—and I didn't want to owe him; not money, that is. And I can tell you this, that it gave my father just as much pleasure to get my checks canceling my indebtedness as it gave me to send them to him. He returned the compliment in the only way he could. When he died he left me every cent he had. Of course I was the only child, but I had done very well. I was a partner in the firm and had enough for all my needs and more. But I knew exactly what was in his mind.

It was up in Maine that summer that I met a man by the name of Watts, who is to-day the president of a big Boston bank with which my firm has very close affiliations. He had a brother, Tom, who was then in the office of Bronson & Barnes. I knew the firm of course. It was a reputable brokerage house, and did a larger business than Reade & Co. But what interested me from the start was the fact that they had a branch office in New York. That showed me that they did a pretty good business. For a number of years they had had as New York correspondents two and at times even three well-known Stock Exchange houses. Watts told me Mr. Barnes once told him that they kept quite a balance with those firms, so that if one of them should fail it would mean a pretty hard whack for Bronson & Barnes. The firm finally decided to open an office in New York and do their own clearing. Neither Colonel Bronson nor Mr. Barnes would go to New York to live, so they took in as partner Mr. Joseph Williamson. They bought him a seat on the New York Stock Exchange and put him in charge of the New York office. Mr. Williamson was the board member. He was busy on the floor all day executing the orders that came over the wire from Boston.

All that I had heard about Bronson & Barnes was good. But Watts had put just one thought in my head. So I asked him, "Do they do much New York business?"

"How do you mean?"

"Does Mr. Williamson also attend to getting business in New York or is the New York office simply to execute the orders from Boston and save commissions and clear stocks?" I asked.

"I don't imagine they've gone after New York business very hard. I say this without knowing positively, but I rather suspect my brother, Tom, would have mentioned it to me if they had."

"'l am very anxious to find out," I told Watts.

"Why?"

"Because I want to get a job in that New York office."

"Do you think you can get business there?" he asked me.

"I've been planning to do something like this for over a year now," I told him. "If they send me there to get business I'll get it. How much I can get in a week or a month or a year I don't know. But I'll get some, and you know that nothing brings business like business. Getting more when you have some is no job, but getting some when you haven't any is harder and takes longer. But, any how, I know this: that New York is the one place in the United States where you can get enough stock business to make it worth while; and I am heading that way."

I don't know whether my words or my manner made an impression on Mr. Watts or whether it was because he was such a fine helpful man or because playing tennis together had made him friendly to me, but he promised me with much earnestness: "I'll speak to Colonel Bronson about you when I get back to Boston. I'll make it a special point to do so."

"That's very nice of you, Mr. Watts," I said, "and I am very grateful to you, but I wouldn't put you to all that brother."

"It will be a pleasure, Jack," he assured me, and I could see he meant it.

So I promptly said, "All the same I'd feel much easier in my mind if you just gave me a letter of introduction to the colonel. Do you object to doing that?"

"No; of course not. Bronson is running for mayor of his home town. He has promised to give that burg a business administration, and as he is a man of his word and hasn't one enemy, he will not only be elected but he will probably spend all his time in the city hall keeping his promise. He is the kind of man who never does anything by halves."

You see, I didn't doubt that Dan Watts would be willing and even glad to speak to Colonel Bronson about me—if he happened to think of it or if the chance offered when he could do it in a nice way—but the fact that I was set on getting the job didn't blind me to the fact that the friendly intimacy which vacation time and the holiday mood breed among men does not long survive the atmosphere of the city, where the bread-winning needs take so much concentration and time. You go camping with a comparative stranger, or sailing or fishing. Time exists then for pleasure, for being merry together, and not for making a living for yourself. In three days in the woods or on a boat you call the stranger by his first name. He'd do anything for you because he knows you'd do anything for him. He's a good fellow and you're a good fellow, and in your sudden but close companionship you find the twin of an old and tried friendship. After a fortnight together you are Damon to his Pythias. If it so happens that you have both been in danger together, however slight, why, you simply turn into the Siamese twins.

But after a few weeks in the city each goes back to his own life and Damon forgets Pythias' last name. So I decided to take no chances, and made sure I'd get to see Colonel Bronson by making sure of the letter of introduction. After I got it I asked Dan Watts to speak to his brother, Tom. I knew Tom slightly. I had met him at luncheon with other colleagues—fellow clerks in other brokers' offices.

When I got to town the first thing I did was to get a cousin of mine, who was the head of a big corporation, to give me another letter of introduction to Colonel Bronson, whom he knew very well. That suggested to me that I might as well go to Colonel Bronson well fortified with references, so I asked everybody I knew if they knew Bronson, and those who did had to give me a letter of introduction. In between times I found out a lot about the firm. It made me more anxious than ever to land that New York job.

I think I took seven letters of introduction with me when I went to the office of Bronson & Barnes and asked for Colonel Bronson. Mr. Barnes in those days was the board member and was busy on the floor of the Stock Exchange.

I can't tell you exactly what my first impression was of a man who not only became my chief and honored senior partner but, to boot, a kind and staunch friend whose example has been an inspiration to me as to hundreds of others. You see, I came to know him so well and to have such affection for him that I cannot describe accurately what I thought of him the first time I spoke to him. I know I was neither awed nor repelled in any way. He was, it was easy for me to see at once, kindly and shrewd, pleasant and businesslike, genial and alert. I may say that those to whom I had spoken had probably prepared me for what I found in him—among others Tom Watts, Dan's brother, a very clever chap who was a clerk in the colonel's office and is now one of our partners.

Well, I gave my letters of introduction to Colonel Bronson, and he read each and every one from the letter-head to the typist's initial at the bottom. When he had finished reading them he turned and looked up at me not a whit more kindly than before he knew how many of his friends were also my friends.

"What can I do for you?" he asked me.

I thought of Dan Watts, enthusiastic approval of my decision to go to work in New York for Bronson & Barnes. I said, "I've been advised to get a job with Bronson & Barnes."

"Oh, there must be some mistake," said Colonel Bronson regretfully.

"No mistake, sir. This is the office," I assured him.

"My dear boy, we have more help than business just now," he said, and laughed.

It made it more hopeless, his laughing did, than if he had frowned. But I neither saw nor heard him. All my mind held at that moment was the one thought that I must go to New York, where the business was, and that Bronson & Barnes was the one firm in the world to get that business for. The New York notion had been mine for a year or more, but the firm I adopted then and there.

I rather imagine the colonel saw I hadn't taken in his remarks. He repeated them for my benefit. "Why, yes; we have more help than business just now."

"I can't help that, Colonel Bronson. I'm not thinking of wages. I want to work for you because this is the one firm that I want to do business for I want to be trained in this office. I know all about you, and when you know me and I learn to do business the way you want me to do it, I am going to your New York office and get business for you there. In the meantime the amount of help you have doesn't matter, because you don't have to think of the money I'll cost you. You can fix that part to suit yourself. But this is certainly the firm I am going to work for, and I might as well begin now as later."

I remember my own words accurately because it was an important occasion for me, and besides, Colonel Bronson has repeated them to me dozens of times. He says I actually took off my coat and looked around his private office for a hook to hang it on. But I didn't. I waited until he spoke again.

"And when can you go to work?"

"This minute," I said, and I guess I instinctively felt for my top coat button. But Colonel Bronson shook his head.

"Hold on," he said. "We really have all the help we need."

"In New York?" I asked.

"Yes."

"And have you all the business there that you can handle?" I persisted.

He hesitated, then—

"We are always willing to grow and take on more help. Just at this moment I am in the throes of a municipal campaign in Shoreham. You come in and see me after the election. If I am elected I shan't be in the office so much, and perhaps Mr. Barnes may find a place for you. But I may not be elected."

"Well, Colonel Bronson, I hope the election will go the way you wish it to go. But I'll come in for the job anyhow. Good luck, sir," I said, and was going away when he called me.

"Hold on. Shake hands." And I did. I felt that I got red all over and then he laughed. I suppose it was because I blushed.

As a matter of fact, he was elected practically unanimously. I have heard that he got every vote in the town except six, and those were probably Democrats who hadn't lived there more than a few months and didn't get around among the natives much. The total vote was several thousands, so you can see for yourself what kind of man Samuel Adams Bronson was considered to be by people who had known him for years.

The very next morning after the election I went down to his office. He wasn't in, and had sent word that he wouldn't be until the afternoon.

At 12.05 I was back at the office. He was in. It wasn't hard to get to see the head of that firm of stockbrokers then or at any other time.

"Good afternoon, Colonel Bronson. I congratulate you, sir," I said. I suspect I looked as if I had come in to see him as a mere matter of form, before going to my desk in the next room.

"Thank you. Let me see, you are Mr. John Wing, aren't you?"

"Yes, sir. Thank you for remembering. Now that you are elected I am ready to go to work at anything you say."

"You are, eh?"

"Yes, sir. The important thing to me is to go to work here."

"Are you as keen for the brokerage business as all that?"

"It's a good business and that is why I wish to learn to do it the way Bronson & Barnes do it."

"You approve of us, hey?" He was smiling. His good humor probably was the momentum of his satisfaction over an unprecedented political victory.

"I found out a great deal about the firm. Yes, sir. And the more I found out, the more I wanted to come to work here. I had some of those letters of introduction ten days before I called on you. The reason was that I wanted to make sure this office was what I had heard it was. And it was. And I am here, sir, hoping you'll take me in."

"Well, it's very nice to hear that. But I am afraid the situation here is still the same—more help than business."

"Of course," I said, "as I told you, the salary needn't worry you, and then it isn't here that I want to work, but in New York."

"Why?"

"Because New York is where the business is; and where the business is, that's where I want to be, because I want to get lots of it."

"But you don't know anybody there."

"No, sir. But you know that that merely makes it more interesting to go after it. It seems to me that the New York stock market is growing so fast that everybody in the United States will have to go there in time, and I'd like to get there before the crowd is bigger."

"And you think the money is there?"

"I know the business is, and where the business is the money is."

"Always?" He smiled queerly.

"Yes, sir," I said. "That is, if the business is the kind of business we want. If I can get the business the firm will make money. You wouldn't take the business I'd get if it wasn't the kind you wanted, would you, sir?"

You know, I wasn't very old, and I don't think I looked my age at that. My talk must have sounded youthfully overconfident to the colonel. He looked at me steadily. I want to tell you that Colonel Bronson is a kindly, genial man, one of the best mixers in the world and really very generous. But also he is very shrewd—keen, observant and wise. His Partner, Mr. Barnes, once told me, "Sam Bronson always does a thorough job of everything he undertakes; but beyond all question, the most thorough job he ever did was on Samuel A. Bronson."

He stared at me, undoubtedly sizing me up. But I wanted that New York job so much that I imagine he must have read it on my face plainly.

"Wing," he said seriously, "we'll take you on. We are after business, and we know that the way to get it is through the right kind of men to help us."

"That is what I was told, sir," I said. "And that is why I was so anxious to come here."

"When can you go to work?"

"Right away, sir. I'll go back and tell Mr. Reade, and I'll return immediately. It won't inconvenience Mr. Reade in the slightest, sir."

I went back to Reade & Co.'s office and saw my chief. I told him that Colonel Bronson was ready to take me on, and he said, "Jack, you go right over and stay there."

It was the first time he had called me by my first name. He was a fine man. His health was not good, but he was never peevish. He retired from active business some years ago, but to this day we are friends.

I went back to Mr. Bronson and told him I had told Mr. Reade and that Mr. Reade had made me drop everything and hurry back to Bronson & Barnes' office. Colonel Bronson smiled, and then we had a little talk. I confessed to him that if it had not been for the fact that Bronson & Barnes had a New York office I wouldn't have applied for a position, although my investigations had convinced me that if I elected to stay in a Boston brokerage house his was the firm I would have chosen. I have never been circuitous. To me, as a boy and later as a man and a stockbroker, my job has been to do certain things as quickly as was safe and as directly as was possible. I assume I followed that habit in my first heart-to-heart talk with Colonel Bronson, and I assume equally that, according to his practice, he was sizing me up. What he learned or suspected I do not know. What he says is that I never gave him a chance to turn me down.

Mr. Barnes I did not meet until the next day. He was busy all day on the Stock Exchange. When I did meet him I liked him immensely, and it simply made me two hundred per cent certain that I had picked the right people to tie up to. I didn't reach this conclusion because Bronson & Barnes had grown so much in the fifteen years they had been in business together, but because of the way both of the partners spoke about their policy as brokers and as gentlemen.

I am more than anxious to impress upon you that from my first talk with my new employers I was made definitely aware of the fact that Colonel Bronson and Mr. Barnes were less interested in the dollar profits of the business than in the real success of the business itself. To have a business that paid good profits was, of course, desirable; but it was more important that the business should be both clean and dependable. It was up to the firm and their help to see to it that the clean part was kept clean, and the dependability could be assured by sound methods and the maintenance of pleasant personal relations between the firm and the customers. This did not mean handshaking or sunny greetings, because the firm went on the principle that faithful are the wounds of a friend, and didn't hesitate to give unpalatable advice whenever needed. But each clerk and office boy in the office was made to feel first that the firm's interest and his own were one, and second that all must look out for the customers' interests, because it was on contented customers that the success of the firm and of the future partners depended. Mr. Barnes, without making specific promises, made all the boys in the office feel that they carried a marshal's baton in their knapsacks, like the common soldiers of the great Napoleon, and you know how they fought. Well, that is how we worked. Bear in mind this when you come to measure the growth of Bronson & Barnes' business.

Colonel Bronson called me in to see his private office the next morning. It was my first forenoon with the firm. After I had a talk with Mr. Barnes, who was getting ready to go over to the board, Colonel Bronson told me that I could go out and sell bonds. He knew I had no experience in that line, and he made no suggestions. The one fact that he deigned to vouchsafe to me—probably with malice prepense—was that the firm had quite a block of Commonwealth Cast Iron Pipe first fives to dispose of, and I had the privilege of helping to find a market for them.

Never a single selling tip to the poor young man from Maine who wanted to go to New York to drum up trade for the firm; never an indication as to whether the poor young man could go to somebody in the back office for guidance or advice. He simply told me to do the most difficult thing in the world—to go out and make money for somebody else by making utter strangers buy something of which I knew next to nothing.

The bond-selling department of such stock-commission brokerage houses as ours was not then or-ganized as it is to-day. Of course the old-established investment houses had salesmen who went out among the country bankers and trustees of estates who invested money for others. These firms also did a regular mail-order business. But stock houses had no such separate department. There wasn't the call for it. Orders for such bonds as were dealt in on the Boston or New York stock exchange were given out to bond specialists on the floor. Bond selling was a different kind of business. The buyers were investors—men who bought once and did not buy again until they had accumulated another surplus or come into money not needed in the business. In the stock department there was some cash or investment business to do, but most of it was speculative or semi-speculative. It was a different breed of cat and required a different technic.

I realize how diffcult it is to teach first principles when the task that you have forced upon me compels me to think about it. Thus I find I cannot tell you anything that would be of much practical value to a youngster starting out as I did willing but unprepared. I freely admit that I have sold a great many millions of securities, but I cannot tell you much more about the how of it than that I just went ahead and did it. The only technic I knew was to keep at it and try and try until I had sold what I had to sell.

And now I'II go back to my first experience as an employee of Bronson & Barnes. I had to sell Commonwealth Pipe fives, of which the house owned a pretty good block. Well, I got my selling points from the circular the firm had got out. Then I found out all I could about the company. I just went about the office and found where to get the data I wished to know—which were the character and volume of the business the company had been doing and expected to do, the profits, and the property holdings—that is, the security back of the bonds. I simply sold myself some bonds, and to do this I was compelled to answer my own questions. At any rate I couldn't help finding out all about the merchandise before I could sell it to myself. Thus equipped I went out of the office of Bronson & Barnes to have a try at something in which I had no experience either at first or at second hand.

I wish I could tell you a story that would help young men or thrill your readers. But I cannot. If my job was in the nature of a test by the man to whom I had confided my wish to work in his New York office, I didn't dramatize it that way. All I can say is that I was out in the street, without instructions as to direction or methods, about to succeed or fail in the career which I had picked out for myself three years after leaving Harvard. It may have been a momentous occasion but I didn't even know which way to walk, leave alone which place to walk to.

I had not felt the need to think of destination or future, because my job in Bronson & Barnes' office up to that moment had been to study my line of goods. And now that I had the needed knowledge, my first step was to go out of the office, and I did. My second step was to stop a moment and look up the street and then down the street. I saw nothing but hurrying throngs and big buildings. Well, I couldn't hold up the pedestrians one by one and try to sell them bonds. But I could go into each and every one of those buildings and see each and every tenant therein. That being the case, I naturally picked out the biggest office building in Boston. I did so because it was only half a block away and because it ought to have the greatest number of tenants—inferentially, the most bond buyers. Remember this was twenty years ago, when everybody had not been educated by a great war to buy bonds.

The building was on State Street. I walked over and took the elevator to the top floor. My plan was to go into every office in the building. I wasn't thinking of what an introspective soul would have been thinking—that my career was at stake, that I had to prove to Colonel Bronson that I was a business getter, that I must make good at any and all hazards for a dozen reasons. I can't recall that I indulged in any of those considerations with which a certain type of mind stimulates itself and is thereby spurred on to more enthusiastic attacks. I was there to sell bonds. Just that.

The first office I walked into was that of a small insurance agent. I don't think he made as much money at his business as I did at mine—but I talked to him and he listened. He was very nice about it, and I was very nice about it too. But there was nothing doing. Still I didn't feel badly about not selling the agent bonds, because I knew the fault was with him and his bank account, and not with me or my selling or my goods.

I went into possibly a dozen offices and saw the heads. In those days business men were not guarded as zealously as they are to-day, and I had no trouble in getting to them. But none of them bought. In one or two places I was rebuffed in a way that made me feel like a book agent, but I got over that feeling pretty quickly. You see, as the result of my study and because of, my faith in Bronson & Barnes, I made up my mind that the bonds were a good investment and that the price was reasonable, and that I was as good as the fellow I was talking to. He had other things to sell to his customers, but his goods in their way were no better than mine in theirs. I was there on a legitimate errand—to sell him something if he needed it. If I sold the bonds my firm would make some money, and that was the way I earned my bread and butter. The man that I was talking to was doing the same thing in his way. So I did not worry. I just kept going into one office after another. I had at the very start made up my mind that I wasn't going to skip a single one in that building.

I struck an office where I couldn't get to see the boss until after I had assured the young lady in the outer office that I had to see him on very important business. It was true enough. Nothing could be much more important than for me to see this man, because I had learned in the adjoining office that he was trustee for a lot of people and estates. I didn't know at the time that he was of the kind that get so many invitations that they are very difficult to land. He was a very able lawyer and had an expert's knowledge of securities.

Well, I got into his private office and began to talk Commonwealth Cast Iron Pipe fives to him. I didn't get very far when he interrupted me.

"What's your name?" he asked abruptly. He was frowning in a half perplexed way, as though he wondered how I had passed the watcher at the gate.

"John Kent Wing," I answered. I rather expected one of those excruciatingly polite speeches in which the full name is used with great solemnity preliminary to an invitation to proceed to Hades.

"And where do you come from?" he continued, as though the exhortation hellward would be a model of elaborate courtesy.

"Bangor, Maine," I said, and waited with some curiosity. It was a new experience and, after all, I was not very old.

"Are you any relation to Henry Prentiss Wing, who was in Harvard-class of '64?"

"Yes, sir; he's my uncle; my father's oldest brother," I said.

"I was in his class;know him very well." And he held out his hand.

I shook it in the friendliest spirit in the world, and intelligently allowed him to tell me a few stories about some of the things he and Uncle Henry did at Harvard just after the Civil War. Young devils! Then I sold him some bonds.

Well, that made me feel pretty good—grateful to Uncle Henry and the class of '64. But you will observe that my first sale was not the result of any finished technic. Nevertheless it encouraged me so much that the John Kent Wing who left the office of Uncle Henry's classmate was a much better bond salesman than had gone in.

I spent the whole day in that huge and noble edifice. I didn't skip one office. Before I got down to the main street door I had sold fifty-five bonds of the usual denomination of one thousand dollars each. It was harder than I had hoped and easier than I had feared, which, I fancy, holds true of most undertakings in the average man's life. But it taught me one thing about myself, and that was that I really found pleasure in having something good to put up to people, and then in putting it up. And to make doubly sure of the pleasure, to put it up to nice people only.

Among those on whom I called on that first day was a firm of stockbrokers. They obviously did not do a very large business, but I did my best to interest them and tried to sell them a lot at dealers' prices. But they didn't buy. We parted friends. I ran across one or the other of the partners several times after that when I was out trying to do business. Just one month later I received an invitation to call at their office. They were very anxious to see me. I went up and they offered me a partnership. I thanked them warmly, but told them I was going to New York. I was really grateful to them for making me that offer. It made me feel that I wasn't so bad as a bond salesman.

I used to drop in and see my old boss, Mr. Reade. He told me that he had never met Colonel Bronson, but that he knew Bob Barnes very well indeed.

"I wrote him a note the day you left, and told him New York was the place for you, Jack," said Mr. Reade.

I can't tell you how grateful I felt to Mr. Reade for doing this without the slightest suggestion from me. He wanted to help me, and his letter certainly did so. I have made friendships in every office I ever worked in, that have endured to this day. I gave them my best, not alone in work but in good will and sincere interest, and they paid me in kind. My experience in life has shown me conclusively that we usually get from people pretty much what we give to people. When men tell you that you can't mix business with pleasure they are all wrong. Business should be a pleasure. To excuse sharp practices by asserting that business is business is absurd. Decent men do business decently, and there is never room for regrets if one does one's decent best.

8

A man's success in business depends to a great extent upon his picking out not only the right job but the right firm. I have worked hard; possibly harder than the majority of men. But that alone is not responsible for what my friends call my success. What I am vain about is the way I picked this firm to tie up to. I want to tell you that I have never seen such a remarkable combination as Bronson & Barnes.

I heard an old man in Maine say once it wasn't always brains that was behind the success of certain copartnerships, but sheer luck—the lucky accident that brought together certain men who afterwards turned out to possess certain qualities that made the combination extraordinarily successful. He meant that such partners did not come together because each accurately sized up the other, but that fate brought them together. The success was logical. The partnership was an accident. To illustrate he cited the case of the Standard Oil Company. He questioned whether the oil industry would have developed along the lines it did if there had been no Standard Oil Company. And there could not have been a Standard Oil Company if it had not been for the fortuitous coming together of three men, each of whom had capacities that complemented those of the others amazingly—that is, the firm of Rockefeller, Flagler & Andrews. It wasn't because they refined petroleum or sold a cheap and safe illuminant, but because they had the types of mind they did, and because of the peculiar aptitude of each man for a certain part of the job in hand.

The same thing has been said of the firm of McKim, Mead & White. Each of the partners was an unusually gifted architect, but each of them in charge of his own individual office never could have exerted the tremendous infiuence on American architecture that they together have. Each partner needed the two others, and the three together formed an organization whose worth is written large in our cities. I cite this case because they were not engaged in a commercial business. There is no end of other firms that I could mention.

Well, Bronson & Barnes was an unusual and happy combination. What the firm has become is the result of the fate that brought the two men together. It does not matter what one or another of the other partners did in later years. The growth of the business has merely a statistical interest for me. What I am proud of is the spirit of the firm, which has motivated all our actions and has been back of our deals. What we have made in dollars and cents we owe to hard work and to one or another business-getting partner. But what the firm is. that is the work of the founders, because each and every one of the thirteen partners began as boy or clerk in the office, and their business habits were formed there, because they were under the direct personal influence of the two seniors. That is why the firm does business the way it does. It is the only way in which it has ever done business. It is the Bronson & Barnes way. What I say comes not from an enthusiastic partner, but from a man who knows what he is talking about. I propose to prove to you that a stockbroker's business can be and is conducted as honorably as any in the world, notwithstanding the indiscriminate condemnation of Wall Street men by demagogues and others.

The parent firm originally was Barnes & Allison, the senior being Mr. Frederick Barnes, father of our Robert Barnes. Mr. Barnes, Senior, had been connected for years with one of the great railroads of the country as a sort of confidential right-hand man of the president. He was a great mathematician, an expert accountant of the first rank, and—I get all this, of course, by hearsay—the possessorof a remarkable memory. He was a great student of values, and his predictions, based on his analyses of earnings made a great reputation for him. When the president of the road, with which he had been connected for twenty-odd years, died suddenly, Barnes decided to make a change. He had been having eye trouble. He consulted the best oculists in Boston and New York. They told him he would go stone-blind in less than five years.

Mr. Barnes promptly started a stock-brokerage firm, because he did know securities and security values. The firm was Barnes & Allison. Mr. Allison, an old friend, was the board member. Mr. Barnes worked in the office. He was bookkeeper, cashier, customers' man; in fact he was the entire clerical force. After the exchange closed Mr. Allison went back to the office and helped his partner.

When Mr. Barnes gave up all hope of saving his sight he had a talk with his young son, Robert. He said, "Robert, I am going blind. That means that I shall not be able to make my living in the future by auditing accounts and other work of the kind I have been doing of late years. It involves too great a strain on my sight. The situation leaves me no choice. I have come to the conclusion that since I have left only two or three years of fairly good vision, the best thing for me to do is to go into the stock-brokerage business. I may develop it to such an extent that it may keep on going after I have gone blind, though I rather doubt it; the time I have to do it in is too short, and my capital will not allow me to start on the scale I'd like to. But the fact that perturbs me most of all is the need of limiting my expenses. That will entail hardships on all of us, Robert. Just think about what I have told you, my son, and we shall talk about it later."

Robert thought about it right there and then, and said to his father, "There is only one thing for you to do, and that is to do exactly what you say. As for me, there also is only one thing to do, and that is to go to work at once. We can save what you are spending on me, and everything helps."

It was late spring. Robert was in his last year of high school.

"No, my son. It is better for you to finish with high school. If we find we can't send you to college in the fall, we will consider your going to work. But in any case, there will be no harm in your taking the entrance examinations for Harvard, as we had planned."

So Robert finished his high-school course a few weeks later. He also took the entrance examinations and passed them with ease. Then, with the understanding that if Mr. Barnes' new business should develop enough to justify incurring the expense, Bob would go to Harvard in the fall, he went to work in the office of Barnes & Allison.

That summer Robert Barnes was office boy and first assistant—everything. He, his father and Mr. Allison did all the work there was to do. When September came he told his father that he had made up his mind not to go to college, though his father thought it might be managed, but would stay in the office and work. It was a great help to the firm. Business was quiet. The list of customers was not growing as rapidly as Mr. Barnes had hoped, and you know how it is customers who bring other customers—after they have made money with the firm. But that takes time, because every day does not bring good trading opportunities. So young Barnes stayed in the office, running errands, helping with the books, doing a little of everything.

The firm's success was not sensational, but enough business was done to compel an increase in the office force. A new office boy was hired and Robert was promoted. He was allowed to do more clerical work, while the routine errands were intrusted to the new boy. As time wore on, Robert acquired more knowledge of the brokerage business in his subordinate capacity. His father's infirmity grew worse with time, and just about the time when, according to the oculists, he was due to become stone-blind, Mr. Barnes passed away. It was a great blow to Bob and to the firm, for he was an unusually able and well-informed man. Soon afterwards the surviving partner, Mr. Allison, died.

There was young Robert Barnes, about twenty-two years old, all alone in the world, with no capital to speak of, in charge of what remained of a business that had depended for its very existence on the trade of personal acquaintances of two men who were no longer living. A broker's customers are not bequeathed or inherited; at least they are not apt to stay put. Their patronage depends upon the quality of the service they require and obtain. Young Bob Barnes did not think of holding all the old customers or of making new ones, because, for one thing, the business of the old firm naturally had to be wound up. He had to decide on what he must do for, and with, himself, and it was natural at his age that he should seek counsel of friends who were older and more experienced in business-including the business of living—for Bob was engaged to be married and it behooved him to provide a living for two.

He was surprised when those friends to whom he spoke advised him to a man to go into business for himself. They urged him to buy a seat in the Boston Stock Exchange and to keep on doing the only business he knew anything about. It was the only way in which he could capitalize what he knew. He has told me that once or twice when the business was not growing as he hoped, he wondered whether it would be wise for him to go into some other line, where the returns might be both greater and quicker; but that he never could find sufficient justification for scrapping what it had taken years to acquire simply because of a hope that another business, which he must learn, might possibly prove more profitable after some years. He decided that so long as time would be needed to succeed in any business, he might better stick to the old.

He considered dispassionately the advice given to him, this youngster of twenty-two, modest, serious, the son of an honest and competent man. It seemed to him good advice. He thought he would make a living at it. He was familiar with hard work. His training had been of the best, his personal wants were modest, he knew every angle of the business; he was honest and had the courage that the consciousness of his own intentions gave him. He decided to be a stockbroker.

He borrowed enough money to buy a seat on the Boston Stock Exchange. They were selling at the same figure as memberships on the New York Stock Exchange, but whereas the price of a seat on the New York board has increased five-fold since then, the Boston seats have gone down in price.

Of course he looked for a partner. A mutual friend brought him and Samuel A. Bronson together. Bronson had been in the real-estate business in Baltimore, but his wife was a Bostonian and was obsessed by a desire to live in her native city, where her parents were. Bronson was a Vermonter, and if he couldn't do business in Vermont he was willing to work anywhere, for Vermonters are like Maine men in that respect. The two men were young but judgmatical. They sized each other up calmly, impartially and accurately and formed a partnership. Either of them will tell you that not once have they had any words over any firm matter. They are like brothers. They soon perceived that whenever bothwere of the same mind they invariably were successful, so they made it a practice of undertaking only that of which both approved. The decision must be unanimous. Often one was in favor of some deal that the other was not very keen about, and that was enough. It was dropped. I once asked Mr. Barnes why, if he thought he was right, he did not insist on going on, for I know him to be extremely careful and to have very good judgment as well as—very decidedly—the courage of his convictions.

"Well," he answered, "suppose he was wrong and I was right and that I insisted on having my way. I have always felt that the principal thing to consider in our co-partnership was our personal relations and our mutual affection. Suppose I was right? Well, Sam would have felt badly to think he had opposed me in the beginning, and I have always preferred to forgo the profit on that deal than to have Sam feel uncomfortable or regretful for one minute. You know, a business partnership is like a marriage. You may not be wedded to an angel but to a human being with whom you have to live day in and day out. To live comfortably, there should be as littie friction as possible. Unanimity is one of the few things that do not breed quarrels. I never wished Sam to feel badly over anything if I could help it, and he felt the same way about me. And so we have gone all these years together without one quarrel, and without a moment's irritation. Now you know why."

That is the way the two youngsters felt then, and that is the way they feel now. It is a wonderful thing.

Since the firm started, thirty-five years ago, thirteen men have been taken in as partners, each and every one of whom began his business career in Bronson & Barnes' office as office boy or clerk. Not one of them was taken in because he **brought any capital into the firm.**

Both Mr. Bronson and Mr. Barnes were hard workers themselves and permitted no soldiering; but that did not prevent them from being fair-minded and considerate. This enabled them to develop at once a profitable business and a highly efficient organization. They knew just how far hard work would go, and what brains and character could do, and how to reward these. After all, it is all part of the business of being successful. To make money isn't enough in busines. To make money comfortably, pleasantly, without bitter aftertastes, and by giving value, in goods or service, to make money inevitably, is the highest form of commercial wisdom.

Mr. Barnes was and is far prouder of the success of the men under him than of his own. When he boasts, it is always of how well one or another of his office boys has turned out. Of the thirteen partners taken in since he and Bronson started the firm, nine never worked in any other office. The result was that, never having had other bosses or felt other infiuences, they have never known that there was any other way of doing business than the Bronson & Barnes way.

Your doctor, your lawyer, and your broker are the men who look after your health, your rights and your investments. Comfort and freedom from worry depend upon your being properly advised by these three men. Both Mr. Bronson and Mr. Barnes, from the start, took the same interest in their customers that the family physician takes in his patients. If all that your family physician thinks of is the fee, you have the wrong doctor. Get one who bears in mind the oath of Hippocrates as well as the bill he is going to send you.

The firm, I early found out, made a point of their conviction that their business was to make money by having their customers make money. Mr. Barnes, I was told before I was hired by Mr. Bronson, was always harping on a phrase that embodied his philosophy of business getting; you might call it his commission strategy. His instructions consisted of this:

"Direction first. Distance afterward."

Mighty good advice, that, and served to keep our enthusiasm at an efficient degree of warmth while at the same time preventing boiler explosions, for every young man who is worth his keep will try to make a record. There always is incentive enough to do this, heaven knows, but if you will apply Mr. Barnes' advice to any new business, from running a department store to editing a magazine, from manufacturing shoes to making movies, you will admit it is mighty good advice—if you wish to be really proud of that business some day. It makes for the two highly desirable factors of quality-production and permanence.

From the first month the firm did better than break even. Mr. Barnes stresses the fact that Sam Bronson is the most thorough man in the entire, United States. No matter how many competent persons, including famous experts and his own partners, passed on a business proposition, Colonel Bronson always sat down and went over every phase and detail of it until he had drawn his own conclusions from his own study. He is fond of saying that no matter how thorough a man is, if the deal goes wrong it is because the man wasn't thorough enough. He was indefatigable and he studied financial affairs and took care of the books and saw people and went after business and gave service—and got customers and kept them.

Mr. Barnes, who had given up going to college because he preferred to help his father, developed into a first-class floor man. He is a quiet man but keenly observant and sure-footed, with truly remarkable arithmetical gifts. It wasn't long before he became known as one of the best brokers on the exchange. He had the sixth sense that a man needs to be a good broker—that sure instinct of reading faces or eyes or whatever it is that makes some men guess to the dot what the other man is planning to do. It is invaluable to a broker, and I am inclined to think that really good brokers are born and not made. Mr. Barnes did the guessing about the others. They went to a lot of trouble to put up jobs on him, but they never caught him. He had the curious intuition or mind-reading power or whatever you choose to call it that enabled him to know their real intentions. If he had a buying order he started to buy the stock, but they naturally thought that was a maneuver designed to throw them off the track, so they sold him all he wished to buy, thinking that when the real order was executed and he started to sell, they would cut the market from under him and they'd get back their stock at a profit. All they did was to enable him to buy the stock for less than if they had really called his bluff. The other brokers complained that they could never tell if he were bluffing or not. And as he never told them that he never bluffed, he was very successful as long as he was the firm's floor man.

When Bronson & Barnes began business they had but one employee—Patrick Malloy, chief office boy, head errand runner, general factotum and sole help. At the end of six months Pat was still the dean of the office force and its head, but the force had increased by two, who relieved Pat of some of his errand running and office boy work, so that Pat was able to help Colonel Bronson with the books. He had the same feeling for Bronson & Barnes that young Bob Barnes had for Barnes & Allison, the same devotion and the same wish to help with all his might.

He was not only industrious and ambitious but very bright and quick, and it was not long before another firm offered him a better position. The pay was greater, but more important than the increased salary was the fact that he would not have to work Saturday afternoons. It was a rich firm with an abundance of liberally paid help. At Bronson & Barnes' office he had to stay until late, and Pat was a redhot baseball fan. If he accepted the other firm's offer he would be able to see his beloved nine play when they happened to be home. Nevertheless, the office boy refused the offer. His reason was that he liked his bosses and he was sure they were square. He figured out that as the dean of the office force he was first in line for promotion and he thought two such men as Colonel Bronson and Mr. Barnes were bound to be unusually successful. Ten years later, when the firm had become one of the best known in Boston, young Pat Malloy was taken in as a partner. Today he is a millionaire, and a power in Boston in more ways than one.

They worked very hard, the two partners and their chief and only clerk and the two office boys. Colonel Bronson kept the books as well as got business, and Mr. Barnes executed the orders on the exchange and after the market closed helped Colonel Bronson with the books. Mr. Barnes told me once that he often used to feel grave misgivings about his business capacity and that, though he admired his partner immensely, he now and then had his doubts about the firm's success. All about them he saw other brokers who went home every afternoon shortly after the close of the market, particularly in summer, when they would play golf or motor or sail.

"Sam," he said to Colonel Bronson, "I guess we are not very smart and I am getting to believe we might do better in some other line of business more suited to our capacity. Everybody else seems to have plenty of time to loaf, and you and I don't seem to be able to leave the office at four. The fault must be with our brains. Perhaps we were not intended to be stockbrokers."

"Well, Bob," Said Colonel Bronson, seeing that his partner was more than half in earnest, "you come and talk to me ten years from now and I'll tell you then how stupid we were to stick to a business that kept us in the office so late every day."

Well, ten years later they were both comfortably off, and ten years after that they were millionaires, and ten years after that the name of the firm was known the country over. Their force of Pat and two lesser office boys had grown to nearly six hundred in their various offices and branches. In those days they were glad if their business did not fall below two hundred shares a day. To-day Bronson & Barnes must do forty thousand shares a day to break even, so much has the cost of their doing business increased with the growth of their organization. In active markets the firm has done from one hundred and fifty thousand to two hundred thousand shares a day during entire weeks at a time.

9

Mr. Barnes told me about the time he wondered whether it might not be better for them to go into a more lucrative business. He said, "A man who goes into a new business, Jack, is bound to have periods of doubt as to his eventual success. The doubt is usually about himself, whether he possesses the right equipment for that particular job. The doubt becomes uncomfortably insistent when the profits are not what they ought to be, particularly when, try as he will, he cannot see exactly where he is not doing the right thing. Even after we were doing a good deal better than breaking even I used to wonder if it wouldn't better for me to go into some other business, because when I considered how much capital was required in ours and how hard we both worked and the many worries that vexed us, it looked to me as if the financial rewards were in adequate. But I decided it was absurd to think of scrapping my real capital, which was my knowledge of a business that had taken me ten busy years to acquire.

"Sam did not have any doubts. He saw more clearly because he has a clearer vision. But however assured of our eventual success Sam Bronson may have felt, I really think that we were not headed the right way, because so long as I did not feel confident of the confidence of others in us I was not conscious of making progress in the direction of success, and without the sense of direction and the consciousness of progress the going is bound to prove difficult.

"What Sam could not do—give me that desirable feeling of confidence that he had—an ungracious subordinate of our principal bank did for me. The way it came about was simple—like all real crises in our lives.

"One of our best customers was Mr. William Smith, who was the president of the Northeastern and Atlantic Railroad. He had known my father while he was still a railroad man, and we not only had secured his account but we also acted for the railroad whenever they needed such services as our firm could render.

"Well, we were carrying a big block of Northeastern and Atlantic stock for old Mr. Smith and we were borrowing a half million of money from the bank we did the most business with. Mr. Smith had gone abroad, to Karlsbad, I think; but we had his instructions and we knew what to do. We were to hold on to that stock and buy more if it went below a certain price. You see, Mr. Smith had received an offer from a connecting road—I think they were willing to pay him 125 for his holdings, because that would give them the 51 per cent they needed to be in absolute control. Mr. Smith had refused because he would not sell his stock unless all the other stockholders had a chance to sell out at the same figure that he did. In those days the minority stockholder was of less importance than the corner bootblack so far as the management went, but Smith did not wish his friends to be left in the lurch. The railroad refused to include the minority holdings in the offer, and negotiations were suspended.

"When the railroad made the offer to Mr. Smith the stock had been selling between 80 and 90 for years. It was conservatively managed and Smith, who was absolute czar of its destinies, always discouraged rampant speculation in the stock. Now, however, in order to make sure that the control by actual majority holdings did not pass from him, he ordered us to buy enough more stock to make his position impregnable. Our purchases had put the price of the stock up to 110, I think, but still much below what Mr. Smith was offered for it.

"One day, when the market had developed some weakness, but nothing at all serious, we received a notice asking us to take up our loan. Sam naturally went over to the bank to explain that we did not wish that loan disturbed. Our margin was ample and there was no reason why we should be forced to seek accommodations elsewhere.

"The president of the bank was Mr. Wilson Howes, who was famous in Boston for his peppery temper. In business circles all over New England you always heard anecdotes about his irascibility, and personal interviews with him were avoided by borrowers. For that reason neither Sam nor I had ever talked business with him personally. We, or rather Sam, always dealt with a man named Millard, a subordinate officer of the bank. You know the type, the kind that, clothed with a little brief authority, so behaves as to make every one within hearing marvel at the man's continued existence.

"Well, this man Millard told Sam he wanted the loan paid off. Sam asked him why, and was informed that in Mr. Millard's opinion the stock was selling at an artificially established price that was much too high for safety, and that he had heard that we had put it up there in furtherance of a highly speculative operation by a clique in our office. Where he got his information the Lord knows, but he was cocksure about it.

"Sam denied the accusations and asserted that the price was not too high and that, moreover, the bank was amply protected, as we were margined down to a level which the stock was not likely to reach. We had as a matter of fact given the bank more collateral than was customary because we did not wish the loan disturbed. Of course Sam couldn't tell Millard that Mr. Smith had an offer for his holdings from one of the richest railroads in the country, over 15 points above the prevailing quotations.

"Sam is a pretty persuasive chap and he convinced Millard that somebody who wanted to pick up some cheap stock had tried to make Mr. Millard an unconscious accomplice by means of deliberate lies about ourselves and our customers, and Millard in the end agreed not only not to call the loan then but not to call it at all, unless something unusual happened, in which event he would give us ample time in which to seek accommodation with some other bank. So Sam went back to the office feeling more comfortable.

"The next afternoon just about a half hour before the clearing time we got a peremptory notice from Millard to take up that loan at once. If we didn't he'd sell us out.

"That was a bombshell. We were not one of the old established firms and our capital was not exactly colossal. In those days it wasn't so easy in Boston to borrow half a million at one fell swoop from a bank. Usually we would have to borrow it in lots of fifty or one hundred thousand dollars from several banks.

"I was quite perturbed when I heard the news, because I couldn't see how or where we could raise the money in the half hour we had to do it in. I couldn't help Sam because I had to stay on the floor. Somebody appeared to have an inkling of impending trouble, for, the stock began to be offered for sale more freely than in some weeks and I couldn't go away, but stayed on and bought on a scale in accordance with Mr. Smith's instructions. But I tell you my doubts as to the wisdom of our continuing in the brokerage business returned, reenforced by the fresh vexations.

"But Sam was angry clear through. I don't think I ever saw him really angry excepting on that one occasion. After Millard's promise, to do such a thing at the last minute was too raw for him to swallow meekly. So he went out and did the tallest hustling he ever did in his life and borrowed the money we needed in driblets from other banks. Just before we sent over to Millard's bank to take up our loan we received a tip—I don't remember now from whom or how it came to us—to ignore Millard and see Wilson Howes, the crusty old president himself. But Sam said Wilson Howes and Millard and the bank could all go to the devil before he'd do business with people that were guilty of such a thing as Millard had done. So we paid off the loan, aided by the willingness of a half dozen other banks to help us.

"I firmly believe, Jack, that one thing did more to make us a successful brokerage firm than anything else I can think of. For one thing, it gave us confidence in our ability to handle a problem that at first thought seemed utterly beyond our power to solve. Then, the banks knew all about it and so did other brokerage houses, and after that everybody was willing to trust us to make good on our obligations at any and all times. We established our credit firmly. We had, after that, what we had never been sure that we had.

"It's always that way, Jack. The obstacle looms so big that it is apt to frighten or discourage you. But you shouldn't let it. By the way, a few days later Sam ran across old Wilson Howes, the irascible president of the institution of which Millard was a detested employee.

"'What's that I heard about that loan of yours?' he asked Sam, looking as though Sam had just picked his pocket.

"Sam was still smarting under the rank unfairness of it, and he talked to old Wilson Howes like a Dutch uncle. He had made up his mind he would never do business again with that bank. But instead of getting angrier, old Howes maintained his grouch at the normal point.

"'Serves you damn right, Bronson,' he said. 'Why didn't you come to me? You should have known I wouldn't countenance such doings. Certainly not; bad business! But I can't abide such imbecility as yours, not to take the matter up with me. Bad business! Hope you've learned your lesson, Bronson. If you haven't get out of business, and stay out. Understand? Understand?' He walked away, shaking his head irritably before Sam could tell him there wasn't going to be any next time. It is just as well he didn't because not long after that Sam went to see him about a time loan, and old Howes was as nice as pie to him. In due time we became rather large stockholders of that bank and Sam is now' one of the directors.

"And the lesson we learned from Millard—we were young enough to make plenty of mistakes and old enough not to be ashamed to make them—was that it is unwise to do business with a subordinate who has the swelled head. The thing to do in that case is to go to the highest in authority. You may not be aware of it, but one of the things I have always looked for carefully has been signs of an expanding cranium among our own boys. I like to see them ambitious and efficient, but they must stop this side of the imperial purple. With the best intentions in the world a youngster with the swelled head can do a lot of damage."

A wise and good man, my senior partner. He was much more than a broker on the floor and he looked ahead much further than you would imagine to hear him talk of his early struggle. He has a remarkable aptitude for figures. When we discuss a proposition involving the financing of a big block of stock or a bond issue, he studies the accountant's reports, for he says he can get a much more accurate picture of a corporation from figures than from bricks and mortar or the acreage of factory buildings or the description of the machinery.

With an energetic business getter like Bronson in the office, an unusually competent broker like Barnes on the floor, and careful attention to all details of the business by everybody in the office, it was natural that the firm's business should grow steadily. The partners studied stocks and bonds and deals and general conditions, and gave not only good service but good advice. As they became known as brokers with a good clientele more and more financing propositions were brought in, and when they approved they recommended investment in them.

Mr. Bronson once told me that at the very outset they were threatened with a danger of which they were not aware.

"You see," he told me while in one of his reminiscential moods, "we were unlucky enough to be particularly successful in our first two ventures in financing companies. It was not so much that our initial successes made us careless, but it would have been better for us if the success had not been achieved so easily. Our third deal was the purchase of a block of bonds of a lumber company down South. The bonds certainly looked good. They had ample security behind them in the way of thousands of acres of fine timberlands, and the company's profits for a number of years back made interest payments seem as safe as anything could be. We had a timber expert go over the property, estimate the amount of timber and its value, and our accountants went over the books from the beginning to date, and we had our own lawyers in Boston pass on the legality of the issue, while a reputable local firm passed on the titles. Everything was satisfactory and we bought the bonds and sold them to our customers. After we had placed them we discovered that the Southern lawyer had been careless in the matter of titles. Fortunately only fifty **thousand dollars was involved. We recalled the bonds and pocketed the loss our-**

selves. It was a big loss for us in those days and was harder to bear than a million would be today. But it was our fault in a way, even if in another way it wasn't. It taught us to check up for ourselves each and every step of every examination. We took more pains to make sure. I developed my habit of going over every detail of every proposition that was submitted to us.

"Our next big blunder came when we went into a mining deal that promised millions. We had never before gone into mines, but Boston always was a good market for mining stocks—much better than New York. The Boston public was better educated in that respect. It knew what big profits were made by the original investors in Calumet & Hecla and other copper properties which Boston capital developed. And also, it whined less about losses. Well, our experts' reports were excellent and everything looked most promising, and we went into it and got our customers to go in with us. You know what happened. I imagine everybody in New England at one time or another has said of Bronson & Barnes, 'Oh, yes! Didn't they bring out the Monolith Silver Mine?' We found ourselves and our customers in this thing to the tune of some hundreds of thousands of dollars. Well, it looked as if careful nursing in the shape of extra good management might keep Monolith from being a total loss, so we assumed complete business control. We sent Bainbridge, one of our partners, out to the mines and he supervised everything. It meant a devil of a lot of bother, but we felt we owed it to ourselves and to those of our customers who stuck with us. knowing that we were the heaviest losers of all, in actual cash, without counting the loss in prestige. Well, to-day the Monolith Company is paying dividends, and those of our customers who held on have made a little money. But it took years, and the eventual success did not greatly mitigate the hurt of early failure or the selling out at a loss by those who got out quick. That was Lesson Number Two, and it taught us not to go into things of which we knew nothing. It was out of our line and we had no business to advise our customers to go into it.

"A third dismal failure was the Wire Weaving Machinery Company. We were approached by some friends to buy a large block of the treasury stock of a newly organized company, the proceeds of which were to be used in erecting a model plant. The machine itself was ingenious and there was no doubt in anybody's mind that the product could be easily sold at a substantial profit. The saving in labor costs was nothing short of incredible, and one-fifth of the savings would mean 20 per cent dividends on the stock. Altogether it looked as if it would prove to be a second Mergenthaler Linotype.

"Well, we checked up everything and we bought the stock and promptly marketed it. And after the plant was built and began to turn out goods we found that the sales were neither as easy nor as large as we had so confidently expected. It seems that before our goods could be used the consumers had to make certain changes in the frames, and that entailed expenses they did not feel like incurring, though we proved to them that they would cut their production cost about 10 per cent. This would pay for the new fixtures in one year. But the inevitable happened. Instead of carrying on a selling campaign that should have meant big dividends within a year or two, we had to conduct a campaign of education, on which we hadn't figured. That meant disappointment, and that led to selling of the stock and a slump in the price of it and another black eye to the prestige of Bronson & Barnes, whose business was to make money for customers who followed their advice as to investments.

"The stock was sold to the public at 95, and after it was seen the dividends were a long way off the price dropped to around 20. But we stuck. Today the stock is selling around par and paying 6 percent, but it was a bad mistake for all that, and cost us dearly. And from Lesson Number Three we learned that we must never associate ourselves with a green and untried enterprise. We must have a background of figures, a financial history expressed in terms of statistics of production and sales and profits for a number of years. Bob Barnes is right when he insists upon seeing the figures of what has been done rather than estimates of what is to be done. When we sell a stock to a customer we are doing more than sell a scrap of paper. We sell our judgment, our experience, and we can't be too careful, for if the customer loses faith in our judgment we can't sell him anything. We represent that piece of paper to be a first-class article when we ask him to exchange his money for it. We can't be too careful about the quality of our service. We could not stay in business long if we made mistake after mistake, for as a matter of fact one miss offsets at least six bull's-eyes."

That story shows how serious mistakes can be made by the most careful business man. A doctor makes mistakes, but he buries them. A merchant makes them, but he divides the burden among thousands of customers, not all of whom are regular clients. A lawyer loses a case, but the blame can be distributed among the judges, the jury and luck. But the broker can't pass the buck because it is futile. His customers won't have it because it does not help the loss to learn the exact place and time when the broker's judgment went wrong.

At the time of the Northern Pacific panic I was margin clerk in Reade's office. You remember it came at the tag end of a stock boom. The loans were enormous and the public was in the market up to the neck. Altogether prices were due for one of those old-fashioned smashes that wipe out so many customers that the slaughter is remembered for years. On April 30, 1901, the total transactions were 3,281,200 shares. That still stands as the record for a single day's sales on the New York Stock Exchange. It should have warned everybody that the pulic was not loaded up but overloaded. All that was needed to bring on a panic was some untoward incident calculated to frighten the more timid holders. Once the selling began it would be like an Alpine avalanche.

The push that was needed came in the shape of a contest for the control of the Northern Pacific between J. P. Morgan and J. J. Hill on the one side and E. H. Harriman and Kuhn, Loeb & Co., on the other. On the evening of May eighth, everybody knew that Northern Pacific common was cornered and that when the market opened the next morning there would be the dickens to pay. The commission houses prepared as as they could, but that wasn't much, as it takes the tape to sound the real alarm.

It happened as expected. On the morning of May ninth, everybody in the United States wanted to sell and apparently nobody wanted to buy stocks. Mr. Barnes was on the floor with his pockets full of selling orders in all kinds of stocks from all kinds of people. There were so many that he couldn't execute them and he couldn't get any other brokers to help him because they were in the same plight. The two-dollar brokers were frantically trying to keep themselves from being pulled to pieces by the vehemence of the demand for their services.

Nobody in Bronson & Barnes' offce had any interest in Northern Pacific, but when Mr. Barnes heard somebody in the Northern Pacific shout "Seven hundred!" he knew it was time to do something for his firm and for his customers. He instantly tore up every unexecuted selling order in his possession. Then he rushed to the telephone and informed his office that he refused absolutely to accept any more orders to sell stocks in that market. Then he hung up and looked on. He argued that no man would pay such a price for Northern Pacific, even if it carried control with it. The corner must end and prices of other stocks must rally when the frenzied brokers who had paid one thousand dollars a share for the stock some customer was short of recovered their senses.

Of course the panic was not over when Barnes decided not to execute any more selling orders at the market. The public was carrying too many stocks and the break was much too severe for the market to calm down by magic. Orders to sell poured in and some of the best stocks slumped badly. Delaware & Hudson dropped from 165 to 105, Union Pacific from 113 to 76, Atchison from 78 to 43, Southern Pacific from 49 to 29, United States Steel from 47 to 24. Call money touched 76 percent. With such stocks selling at such figures it looked as if there would not be one solvent broker age house in the Street. But the contestants for control arrived at an armistice and it was announced that the Northern Pacific shorts would be allowed to settle instead of being squeezed to death. The announcement of the terms was the signal for the inevitable rally. On the resumption of the upward swing the selling orders that had not been executed could be, and were, filled calmly, without appalling losses to the sellers. Northern Pacific closed at 190, after its mad advance of 830 points from the opening sale at 170.

Mr. Barnes was a weary man when he returned to the office after the close of the market that afternoon. He found that Mr. Bronson had tried to make their customers realize that the time to sell was not during a panic of course the slump carried prices way below the margins of most of the customers, but that was a risk Bronson & Barnes cheerfully ran. How Mr. Bronson kept his fear-maddened clients from mobbing him was a mystery.

When Mr. Barnes arrived at the office after the close, Mr. Bronson observed ironically, "Pretty busy all day, weren't you, Bob?" and he smiled on the man who had refused to accept selling orders.

"For a while," answered Barnes.

"What were you doing the rest of the time?" asked Bronson.

"I was wondering," answered Barnes grimly, "what you would say if a settlement wasn't reachedby the bankers. We would have gone under. Then what?"

"Well," answered Bronson slowly, "I also thought about it for a little while; but I decided that on the morning of the day after our failure was announced I'd come down town as usual and—"

He paused. His partner prompted him curiously.

"And what?"

"And start another firm and begin all over again. What else was there for us to do?"

That is the kind of men who made up the firm of Bronson & Barnes.

10

One morning nearly twenty years ago, just as I was about to leave the office on one of my regular bond-selling excursions, Colonel Bronson sent word that he wished to see me. I couldn't imagine what he wished to see me about, though I rather suspected the firm had acquired another issue of bonds that he wished me to work on, in addition to the Commonwealth Pipe fives.

I went into his private office, where he sat at his desk. I said, "Good morning, Colonel."

He nodded pleasantly, and kept on reading a letter. He finished it before he turned to me and said, "Good morning." Then in a casual sort of way he added, "Jack, we have decided that you may go to New York."

"That's fine, sir." I was as pleased as Punch.

"When would you like to go?" he asked.

"Tomorrow morning," I said.

I had been waiting for this opportunity and I was anxious to begin. And now that I had the chance, my one thought was that the sooner I left Boston the less danger there was of a fatal change of mind on the part of the colonel or Mr. Barnes.

"I'll send Williamson word," said Colonel Bronson.

"Tell him I'll be there day after tomorrow at 8.30 A. M.," I said. "Thank you, Colonel. Anything else, sir?"

"No, Jack," he said.

I thought he was on the verge of saying something more, but he didn't and I didn't. So I left his office and went out and sold a few bonds. Then I came back and said good-by to the boys in the back office. I couldn't say good-by to the colonel or Mr. Barnes, because both of them had gone for the day.

The next day I took a train for new York. I arrived after dark, and went straight to a hotel so I could have a good rest and be up early the next day. I haven't the slightest recollection of feeling like Dick Whittington or Benjamin Franklin or any of those heroes who philosophize on the lot of a young stranger in a strange city. I felt that I had successfully negotiated the important first step. It had taken me from Boston, where I was doing work that didn't thrill me, to an office in New York, where I should enjoy working year after year.

From the window of my hotel room I could look out and take in the vast incandescence that serves the metropolis as its sky at night, and I could hear the unbroken hoarse murmur—a blending of ten thousand noises—that is the audible life of the noisiest city in the world. This was great New York, the marvelous; little old New York, the fascinating—the battlefield that I had picked out to be successful in, that day when a glimpse of young J. P. Morgan led me to think of the location of the nerve center of high finance.

In common with millions I had unresistingly accepted New York as the magnet that drew to itself human particles from all over the country. The money-maker and the money-spender, the buyer and the seller, alike found no other place like it, and therefore it was natural that the go-getter, the dreamer, the merchant, the artist, the broker, the architect, the lawyer, the crookall classes and all trades—found here the best market for what they had to sell, which was themselves. And when they arrived they found that the greatest of American cities also was the largest Italian and the largest Irish and the largest Jewish city in the world. Here the nonproducer was not wanted and the nonspender was nonexistent. It had the worst manners in the world. It was the least American of American cities, and the most comfortable, the busiest and the most generous, the most impressive and the least concerned with good government.

But these things I accepted because I had always accepted them. They meant to me no more than statistics of area or street-railway mileage. What interested me was the fact that New York was where Wall Street was, and Wall Street was where the Stock Exchange was, and the Stock Exchange was where the business of the as yet uncaptured customers of John Wing would be transacted. I was at last where men who worked hard got what they worked for. More than this I did not ask for; less I would not take. To work, always cheerfully and always a little harder than the next fellow, I thought, was all that was needed. I afterward found out that New York paid the cheerful hard worker not only gladly but liberally.

I woke up early the next morning—my first in New York. After breakfast I read all the news papers. I went over all the local news. It concerned me since it concerned the city where from now on my home would be. I must know what was going on. I would need that knowledge in my business. When I went downtown I took an Eievated train. This was most decidedly not Boston, where I knew people and was known. It was a new workshop, where both tools and faces were unfamiliar. The very feel of the air was different. The characteristic city odors were new to me. A strange place and another life; but, also work; years and years of it!

The New York office of the firm was in an old-fashioned building on Wall Street, a few doors from Broadway. There was nothing sumptuous about the entrance, and the almost mid-Victorian directory on the wall informed me that Bronson & Barnes' offices were on the second floor. I took the elevator, got off at the second floor and started briskly for the office.

It wasn't there!

I went back and asked the elevator man where the Bronson & Barnes office was.

"Room 18," he answered. "Turn to the right. End of the hall."

I followed his directions. Sure enough, at the end of the dark hall I saw an insignificant door on which I read:

BRONSON & BARNES

It looked familiar, but it rather fiabbergasted me. It was like finding the lord of the manor in overalls turning the grindstone for the hired man. But in the wake of this impression came a thrill that is difficult to describe: I realized that somebody was needed to change the unprosperous aspect of these shabby surroundings, to make the branch worthy of the main office. Somebody simply had to do it, and the sooner it was done the better for everybody. There was no mystery about the identity of that somebody I had known him all my life.

That was not conceit. Bronson & Barnes had sent me to New York to get business for this same insignificant office at the end of the dark hall. That was my job. Being young, it did not occur to me that I might not make good. Wasn't I willing to work?

I opened the door and walked in. The New York office of my firm that year consisted of just one room. It was bisected by a sort of grille, and from it at right angles ran partitions of the same kind of ironwork, forming a series of inclosures or cages. One did for the cashier and stock clerk. Another served the lone bookkeeper. The third penned in an Admirable Crichton who was in charge of a telephone switchboard, a Morse telegraph outfit, a stock ticker and a small flat desk.

There were two clerks at work—strangers, of course and Mr. Williamson. I knew the home office had notified him that I was coming and he doubtless expected me, but my new chief merely glanced up at me, nodded toward a chair in a corner, said "Sit down!" and went on opening and reading his morning mail. This occupied him fully a quarter of an hour, for his New England conscience compelled him not only to read but to understand each and every line. During that time an office boy and another clerk came in.

Finally Mr. Williamson got up, came over to me, shook hands, said he was glad to see me and began to tell me what my duties would be—rather hurriedly, because he was due on the floor of the Stock Exchange in a few minutes. Then, with an effect of using a foot rule, he kindly but accurately showed me the exact spot in that one-room office where my desk would be. It was in the very center of an arched recess in the east wall, scarcely deep enough to be called an alcove. I couldn't see how a man's size desk could possibly fit in there. There were no windows on the sides or in front. But that was where Mr. Williamson declared my desk would be, and I accepted his decision without a pang because I didn't expect to do much desk work. Besides, there was no other place in the office where a desk coulld be put.

Mr. Williamson was not very cordial. It wasn't so much as though he were sorry I had come as though he were pressed for time. A man who has only twenty seconds in which to do twenty things is not volubly grateful for an unexpecte twenty-first task. Afterward, when I came to know him and love him, I learned that this came from his extreme conscientiousness, which made him undertake to do in person a great deal more than he need have tried to do. And I did not know then that only a fortnight before in Boston, Colonel Bronson asked him whether he could use me in New York and Mr. Williamson promptly said yes; that he needed somebody like me. And he was nice enough to tell Colonel Bronson that he had had his eye on me from the day he first met me.

After Mr. Williamson told me the site of the desk he introduced me to the other clerks and told them that I had been sent from Boston to get local business. I was not to do any clerical work. Then he left me and went over to the Stock Exchange to execute the orders that had come in from Boston. There were none from local customers. He always left the office at ten minutes to ten. That gave him exactly nine minutes on the floor before the market opened.

After Mr. Williamson left I talked to the clerks. The telephone man also was telegraph operator and order clerk. His name was George Wilson. He was quite remarkable in many ways. A few years after my arrival in New York he left us to go into business for himself with Bill Goodwin, another clerk. The firm of Wilson & Goodwin are members of the New York Stock Exchange and do a nice business to-day. George Wilson always got to the office at eight in the morning and ran his wire until 6.00 P. M. Not once did I hear him complain about the work, or whine or curse about the annoyance of having to answer no end of fool quest ions from excited customers in Boston. He used to make all the reports and prepare all the trades, in addition to explaining why the execution of this or that order appeared to leave something to be desired—for he was a superlative artist in explanations and utterly impervious to kicks and complaints.

I'll tell you something that is utterly incredible but nevertheless is gospel truth. I have seen that chap answer a telephone call, with a receiver held to his left ear while with his right ear he listened to the Morse instrument clicking an order to buy or sell stock. He took the telephone and telegraph messages synchronously. He never made mistakes in the figures which came to him that way, from two sources at once. That, I consider, is more of a feat than dictating to five secretaries, as Caesar did.

When our busmess grew we put George in charge of our wire room, and when he left to go into business for himself he had under him twenty-five operators with wires running to all sections of the United States. He was a glutton for work. He could do any amount of it without perceptible friction. He not only did all that came his way but often went out to find a little more to do. He did more than any ten men I could find to-day would do. A remarkably fine chap, who knew his job and saved his money. Goodwin, his partner, was officially the margin clerk long before he had many margins to look after. He was very competent and was with us till he formed a partnership with George.

There was also a very, nice young chap in the office doing clerical work, to whom I took a great fancy. He had one hobby and one topic of conversation and that was his conviction that there was a big future in the bond business. He wanted to specialize on that. Nothing else interested him. He spent all his spare time studying bonds and bond selling. A few months after my arrival he left us because we didn't do enough business in bonds to suit him. I was very sorry at the time that he left us, but to-day I feel even sorrier. It was a pleasure to me to be with him and to listen to him, for his ambition was to do in the bond business what I dreamed of doing in stocks. Today that enthusiastic fellow clerk is the head of one of the greatest bond houses in the country. Brains, love of the business and very hard work cleared the track to success for him; and I mean real success—that is, useful achievement and not merely winning a fortune. There was nothing accidental about the triumphs of these chaps.

After I was introduced to the office force there wasn't anything for me to do there. The system was the same we used in Boston and probably the same used in most brokerage offices everywhere. There wasn't anything for me to learn from sitting in that office waiting for the furniture man to bring my desk, so I went out to take in the Stock Exchange and look about a bit.

The office was in Wall Street a few doors from Broadway. Almost across the street was the side entrance to the Stock Exchange, so unimposing that I walked past it to Broad Street and there took a good look at the facade. As I stood there, doubtless thinking precious thoughts that I have since forgotten, Bill Winans came along, saw me, stopped, and took a better look at me. That made me look at him.

"Hello, Bill!" I said.

"Hello, Jack!" We shook hands. He had been at Harvard in my day, a class ahead of me. He was the greatest tennis player of his day, and I liked him immensely.

"What are you doing here?" he asked me. "I thought you were in Boston."

"I was," I said. And then I told him all about it. After I finished he told me about himself. In addition to being a great tennis player and a regular fellow, he had been wise enough to pick for an older brother a very clever chap so that by the time Bill left college his brother Frank had established a good business. Bill simply went down to Wall Street, worked under his brother a year or two, bought a seat on the exchange and was taken in as partner in the firm of Winans Brothers. He liked the business, and the qualities that made us admire him at college made him popular on the floor of the New York Stock Exchange.

"Do you know, Bill, I've never seen the inside of the Stock Exchange," I said.

"Well, you'd better add one more pleasing experience to your arge collection," he said, and he took me with him to the Visitors' Gallery.

It was a wonderful sight. The market wasn't particularly active—just enough to make the scene animated. It was an impressive room architecturally, I thought, but chiefly I saw in it an indis pensable part of my business. The men who were down there below talking or rushing from the telephones to the posts or gesticulating and shouting or tearing bits of paper into smaller bits were all part and parcel of the game at which I proposed to spend my working life. They were buying and selling stocks and bonds for men who were in other offices, in other cities, in other states, as well as in Wall Street. The wires went everywhere and the orders came from everybody. Gamblers and investors, plungers and pikers, professionals and lambs, all kinds of men—and women, too—bought and sold securities through those men below. This big room was the meeting place of buyers and sellers, the table at which the documents were signed that made the signers exchange some pieces of paper for other pieces of paper. And some of the piecesentitled the owner thereof to share in the profits of railroads and copper mines and street railways and steel plants and sugar refineries, while the other pieces of paper could be exchanged at the bank for pieces of gold.

Those men were dealing in fractional ownerships of all kinds of properties.

And prices moved up or down in obedience to impulses that were not always visible to the naked eye or, if seen, were not always correctly interpreted. The pulse of the business world throbbed down there, below me—beats that, in a thousand offices were plainly seen: The ticker was the sphygmograph.

"What do you think of it?" asked Bill Winans.

"Great!" I said, because I wished him to feel that I appreciated his kindness.

"Say, Jack, why don't you get your firm to buy you a seat? Joe Williamson isn't as young as he was, and anyhow you need two men on the floor."

"Not for mine!" I said.

"What?" He did not believe his ears.

"Do you know what I thought of while I was trying to spot Mr. Williamson down there?" I asked him.

"No, I don't."

"I'll tell you, Bill. Every commission-house man down there on that floor is merely a tool or instrument. He may be a very fine tool, but he does not originate business. He doesn't develop any. That isn't his function. He just goes to the telephone and gets orders from the office or receives them on little slips of paper. He goes where he is told and does what he is ordered to do. He has no initiative. He reports on appearances and not on facts. He sizes up the market and helps to give good service to the customer, after somebody else has got him. The customer is not of his getting. The Poor man cannot build up a big business."

"Oh, yes, he can," asserted Bill.

"I don't mean that there are not some fellows who are wonderfully good brokers as well as extremely keen business strategists and excellent mixers, all of which may make them extremely valuable to their firms. But you floor men are primarily brokers; and what is a good broker? A man who gives you good execution, who doesn't, pay too much when he buys or get too little when he sells. Brokers can butcher orders, and that will kill any brokerage business; but primarily and essentially the floor man is a subordinate. He doesn't have to be the master mind of the firm, He is more apt to be a corps commander than commander in chief."

"Oh, many of the men on the floor are heads of their frms. They are the brains of their business,"

"I'll bet they are the older men, the old-timers," I said.

Bill thought a fnoment and admitted, "Yes, they are."

"They don't have to be on the floor. Their experience would be better utilized if they stayed in the office. It is easier to get twenty good brokers than one good business getter or business executive."

"And you want to be the good go-getter?" asked Bill, very politely.

"Well," I confessed, "I had rather give orders for others to execute than execute orders given by another."

"You don't know what you are talking about," said Bill fraternally, and we started for the street.

"I know what I want to work at," I retorted.

That is as far as the discussion went, because at the very entrance of the exchange we ran across Gilbert Graham, a classmate of mine. We shook hands all round. Gilbert and I had been pretty close friends at college and I am sure he was as glad to see me as I was to see him. He invited Bill and me to have luncheon, but Bill couldn't go. I accepted. Bill left us after promising to meet us at the Harvard Club that evening.

Gilbert had a fine position with the Vantwiller Trust Company, of which his uncle was president. I told him I needed to open a checking account with some bank and that I would honor his trust company with my business. So he took me with him and had it all fixed in a jiffy. I deposited a thousand dollars that I had saved up for this emergency. My salary at Bronson & Barnes' had been one hundred dollars a month in Boston, but it was raised to one hundred and fifty dollars when I came to New York.

We went to the Counsellors Club to luncheon. While we were waiting at the table Caleb Pruyn came by. He stopped to shake hands. He also was a classmate.

He was vice president of the club, of which his famous father had been the founder and first president. He sat down at our table and we had a fine time together. Harvard again, as you see.

He told me I'd better join the club. I asked him how much it would cost me and he told me. It was a pretty steep admission fee, and the annual dues were rather hefty for a clerk on one hundred and fifty dollars a month to pay, but I decided it would be good business for me to belong to that club. It was only a luncheon club, but the membership represented achievement, prosperity, a successful career. I wasn't guilty of snobbishness. It is plain sense, when you can pick your company, to exercise discrimination.

I asked the boys how long it would take before I could get in, for I had heard that the waiting list was so long that members entered their sons at birth to give them a chance to be elected by the time they were thirty.

But Pruyn told me, carelessly, "I'll have you elected tomorrow." And he did. I left the club with Gilbert feeling that New York was not such a bad place.

I went back to the office and asked questions and killed time until Mr. Williamson came in from the board room. That was about 3. 30 P. M. We had a long and friendly chat. In all the years that I worked under Mr. Williamson we never had a moment's unpleasantness. He was a very fine type of the conscientious New Englander and therefore he himself was the chief victim of his own virtues. He did much drudgery that he should have passed on to younger and less expensive shoulders.

He arrived at the office every morning before 8. 30 and did a lot of work he should have left to the clerks. He went over to the Stock Exchange at 9. 50 and stayed there until after three. He executed orders and ran quotations almost continuously during that time. The stock certificates either had to be sent to the exchange for him to sign, or when the markmet wasn't very active, he would run across the street to the office and sign them there. They had to be signed by a member of the firm and he was the only partner in New York.

He was as careful and painstaking in executing a ten-share order as he was with one for a thousand shares, for he was old-fashioned enough never to talk of his duty and always to do it to the hilt. A customer was a customer. The size of the account made no more difference to Mr. Williamson than the color of the hair or the shape of the customer's shoes. The obligation was for the broker to do his best in all cases.

He usually had his luncheon at 3.05. At 3.30 he arrived at the office. There he went over every transaction that had been made during the day. He was officially supposed to take the 6.05 train for Montclair, in consequence of which he usually began at about five to make all preparations to miss it. He did this by finding fresh work to do before leaving for the day. In all the years we were together he never once made the 6.05, and yet he lived in great amity with his wife and, I am told, kept one cook nearly nine years, when she up and married on him. For a decade he left his home early in the morningand returned after dark—and all so that Bronson & Barnes might give good service to a lot of people in New England who did not appreciate the trouble Mr. Williamson took to insure it. A fine man, under whom it was a privilege to work.

When I left the office at the end of my first day in New York I had made up my mind to one thing and that was that I couldn't get any business by sticking to the office and talking to people who happened to wander in. I had to go after people and make customers of them—if I could. That meant that I must find people to go after.

That thought was in my mind when I met Bill Winans at the Harvard Club that evening for dinner. I met a lot of other chaps I knew, and as I was immediately eligible to membership I arranged to join. Before I left the club that night I spent over an hour with the club book, copying the name of every man I knew. I had seven classes to pick from that I had known while at college, and a lot of older men I had met.

As I told you before, I found that my being a Harvard graduate helped me a great deal. When I left the club that night I carried with me a list of 317 names and addresses. That made all the difference in the world. The atmosphere changed so that New York that evening was very different from the New York of that morning I was no longer a stranger, alone and unwelcomed. I was Jack Wing to at least two hundred good fellows who lived in the same friendly city with me, fellows who knew me as well as anybody in Boston did. There is no need here to dwell on the charm of college friendships, but I must say that being a Harvard man helped me a great deal more in New York than it had in Boston. You see, in Boston almost everybody you meet is a Harvard man. In New York that wasn't so. They were fewer but more enthusiastic. The groups and cliques of undergraduate days that prevented the perfect fusing of a class did not exist among the alumni, who, when brought together, subordinated their year to their college. They were all Harvard men, and I found myself calling a fellow Tim that at Cambridge I'd always called Allen. With the habitual use of first names and the possession of common memories, you feel more kindly disposed toward your college mates.

I don't mean to recommend my college to young men who wish to become stockbrokers. I would simply record my indebtedness to Harvard in my own career. Being a Harvard man helped me to establish certain valuable contacts. Through a classmate I obtained my first job. Through another I did fairly well as a beyond salesman. My first day in New work was successful because of my classmates there. For a business getter it was better to belong to the Counsellors and the Harvard clubs than not to belong. It doesn't mean that I used these clubs to solicit business in, because I didn't. But I was better equipped to deal with a certain class of men in their offices.

The next day I rose early. I could not sleep after six, and after breakfasting and reading the paper I went downtown I arrived at the office before any of the others, even before Wilson, who usually arrived at eight o'clock. Later on I found a boarding house on Madison Avenue, not far from the Grand Central Station I had a front room, and the clatter of the milk wagons and the rattle of early trucks awoke me at daybreak. As sleep was opeless under such conditions I went to the office before eight. While waiting for the clerks to come I got the habit of studying the Commercial and Financial Chronicle. I didn't skip anything, not even the advertisements. I still have the habit of keeping posted about my business.

I started out to get busniess on the morning of my second day in New York. I took my list of names downtown with me. After Mr. Williamson left for the board room I went to call on the first man, Gerald Abbott. He wasn't in. Then I proceeded methodically and systematically to call on every man in New York whom I knew personally. Every day I went out with my little list in hand and one thought in mind, I renewed my acquaintance with men I had known pretty well in Cambridge. I didn't skip a single man of the 317 I had copied out of the Harvard Club book. I called on them at their places of business. Some of them were uptown, but most, of course. worked downtown. Several of them were in the Wall Street district, in the same business that I was in, either as partners or as employees. Some were in banks and trust companies.

Of course, at college I had known some more intimately than others, but now they were all in one class. Each was a potential customer and it did not occur to me to play favorites. I was doing a heap of thinking and planning, putting into practice theories I had evolved in the years when I thought that some day I would go to New York to develop a big stock business.

To start as I did helped me a great deal more than I realized at the time. In the first place, although I did not actually get much business at first, going after it made me a better business getter because for one thing it took away the feeling of loneliness and isolation that so handicaps a man who labors where he is an utter stranger. It made me cheerful and optimistic when every one of these 317 men told me he was glad to see me and looked it, I believed it because I was equally glad to see them. I told them all why I was in New York and what I hoped to do. Some of them promised to give me business the moment they had any to give. Others assured me that they would keep me in mind. Many of them gave me letters of introduction to friends of theirs who traded in stocks. Harvard certainly helped me. You see, I did not need to be vouched for by any one in the matter of integrity, industry or intentions. Those fellows had known all about me; they had the best kind of line on me on my way of doings things, on my mental characteristics. They had known me as I was, when there was no thought on my part of self-seeking of any kind. I did not have to sell myself to them.

When I offered them my services in my capacity as business getter for Broson & Barnes, I simply told them what I had come to New York for, just as I would have told them of a hunting trip or any other personal experience. I knew that there were no end of brokers who would execute orders on the New York Stock Exchange for one-eighth of one per cent commission. I was equally aware of the fact that one competent, reputable broker had no more to offer a client than any other equally competent and reputable broker could offer.

Such being the case, I did not ask myself what I had to sell that the other fellow hadn't. I asked instead what it was that I had to sell at all, whether others also had it or not. Well, all I could see I had to sell was service. Was my service better than the service given by others? Yes, it was—at least, in my opinio—because I went out after buyers of that service in the spirit I did. I was not only willing but eager and anxious to give my entire time and all my strength and energy—everything I had! —to giving the very best service possible. I realized clearly that to get the business I had to give value. Good service, competent, honest, painstaking, quick, I could guarantee; these things, and also my zeal to help, my fervent desire to serve my firm by serving its customers. No personal discomfort, no sacrifice of time, would be allowed to interfere with my doing my best always; I knew what I could do; which was also what I was willing to do without the need of being urged by any one.

As for advice or tips, I gave none and promised none. I had none to give. Moreover, it was not the way in which Bronsor & Barnes did business, and believing as I did in my firm I was anxious to sell that belief to others—and I did. I knew that they had ample capital, exceptionally good floor men on both the New York and the Boston stock exchanges, and they desired to deal fairly always. And I sold that knowledge. Nothing could shake my belief or alter my knowledge.

I am, of course, speaking relatively. I did not actually sell these things to the men I tried to turn into customers. I sold them to myself, and that enabled me to keep on cheerfully trying to get business. I had promises a plenty, from my old friends and their friends, but no actual orders, no business whatever, and yet, always the thrill was there, the zest of the chase. The thought of getting men to trade with my firm when we couldn't give them anything that other firms couldn't give was exhilarating. When success came it would be all the sweeter for the competition.

11

New York I found quite different from Boston, but I was neither surprised nor disappointed. I found no difficulty in getting into offices in New York, but that was because I was properly introduced and after I got in I gave them straightforward talk. I am no spellbinder. I don't know whether a persuasive talker can induce hard-headed business men into buying stocks and bonds through his firm, book-agent-wise. But I know I never tried. I have always given business reasons to business men. If those reasons did not appeal to them I couldn't and didn't expect to get their accounts.

In Boston when I went to see a man he asked me to sit down, and then, both of us comfortably seated, we would discuss investments and consider whether it was better for him to buy some of the bonds I wanted to sell him than buy Telephone stock or some other popular investment. In the end we were pretty apt to do business. But whether we did or not, when we parted each knew that pleasant personal relations had been established.

In New York the moment I entered an office I was definitely conscious that time was money. The business New Yorker did not discuss with me whether he ought to invest or speculate. He told me exactly what he wished or did not wish to do, and told it p. d. q. Also, it was less easy to get into a man's office in New York. There was little of the Boston feeling of belonging to the same club. The fact that both of us lived in the same town did not make us feel neighborly as it does in every other city in the United States.

In New York also I found that the amenities of life did not matter much. There was usually good temper, but not always good manners. On the other hand, one could do much more business much more quickly than anywhere else. It was in the air. Money here became light; it seemed more mobile; it performed its circulatory functions more rapidly and impersonally, and therefore more efficiently. It struck me this might be because the moment one arrived in New York the spending began. Money went from you with every breath you exhaled. Doubtless the New Yorker felt it was only fair also to get money every time he drew in his breath. Everyday two hundred thousand people from the outside came in, bent on business or on pleasure; that is, to buy or to play; to spend money, to add to the supply of it in New York. It therefore did not get a chance to stagnate. It was always either coming or going—chiefly coming.

The first thing I knew, I had been in New York a month and had not done any business whatever. Two months passed and had not captured a single customer. My record of achievement after nine weeks of hustling was simply zero. But I did not consider myself beaten. I did not feel that New York had defeated me, for all that other houses were doing the business I had not corralled for our firm. I did not make excuses to myself or to Colonel Bronson when he came to New York, as he usually did every two or three weeks. I just told him what I was doing, how I was going about my job of getting business—the business that I wasn't getting. And he would nod, pleasantly, an all-right-keep-it-up sort of nod, as though I had made a dozen bull's-eyes.

I kept it up, day after day going after business, and day after day returning to the office empty-handed. I don't think I was particularly timid, though I never was the hustling salesman of the stage or an expert in glib patter. I did not think the fault was with either my technic or my firm; I simply didn't connect. As near as I can remember, my feelings were about what a chap feels when he stikes out—a sort of disappointment that he didn't do better for the sake of the game, of the team and of his vanity. I was doing my best, and so I didn't have to die of shame; but I didn't like it. It was going to take much longer to get started than I had figured on, and that is always irksome to youth that has so much time before it!

One day, at the beginning of my tenth fruitless week in New York, a man came into the office and asked one of the office boys whether I was in. When I heard his question I rose from my empty desk and walked quickly toward him, my right hand out to shake his with fervor and dispatch. You see, I was so keen on getting business that I had got into the habit of regarding everybody I spoke to, even in the most casual way, like street-car conductors or waiters as prospects.

The stranger—a well-dressed, prosperous-looking man of about thirty—met me with an altogether charming cordiality. He informed me a mutual friend, Sam Celian, had sent him to me.

Well, I was so glad to see him that I allowed him to perceive it. I wouldn't have disguised my pleasure for worlds. He spoke like a man who wanted to do what he could for me, and I certainly knew what I wanted him to do. When he said he understood I had not been long in New York I admitted it, but neutralized it by telling him I had been in the Boston office of the firm and therefore knew just what Bronson & Barnes meant in the financial world. They didn't believe in blowing their own horn, but they had the goods to sell. I told him much more and he listened with such eager attentiveness that I warmed up to him I assured him that if I or the firm could be of service to him it would give me a particular pleasure to do it, both for his own sake and for Sam's, because Sam's friends were my friends.

He agreed with me about Sam, who was then selling tickets at the Bijou Theater: "A great fellow, Sam," he said.

"He certainly is," I said.

Then, though he was certain I did not need to be reminded of it, the wonderful stranger began paternally to point out the grave dangers that beset all young men everywhere, particularly in Wall Street, and how necessary it was to insure your peace of mind and your family by habits of compulsory but none the less commendable thrift. He ended by asking me to consider taking out fifty or one hundred thou sand dollars of life insurance. He represented the largest, oldest, best and most philanthropic of the life-insurance companies, and the particular form of policy he wished me to take out was the latest and the most advantageous of all. It represented the work of the best life-insurance brains in the world, and the most generous terms were offered.

A life-insurance agent!

I had nearly invited him to dinner on the strength of his being my first customer, and I had begun. to figure our profits on the ten thousand shares a month I had expected to get from him. Still, he might be good for a few hundred shares now and then, and every little helped. So I told him that if there was anything I passionately loged for it was to take out more insurance. But unfortunately I hadn't done a thing since arriving in New York and I wasn't sure of my job. So it was out of the question for me to think of giving him any business until I got some business myself. You see, it struck me that he might have friends or victims who traded in stocks.

He assured me he would make such easy terms for me that I wouldn't have to worry about the payments. But I told him the surest way to get my insurance business was to introduce me to some friend of his who needed the services of a really good brokerage house. I would thereby cinch my job and that would encourage habits of thrift as well as insure premium payments and my life at one fell swoop.

He didn't look very cheerful while I spoke, but of a sudden he brightened as if he saw commissions coming and he cried excitedly, "Oh, I know a man!"

I reached for my hat.

"He isn't satisfied with the service he is getting from his brokers," he went on.

"Who are they?" I asked, and shook my head, a trifle prematurely.

"I don't know," he answered.

"Well, suppose we go to his office and you introduce me?" I suggested.

"Come on!" he said.

We left the office well disposed each toward the other because both of us saw a chance of doing business.

His friend had an office in John Street. He was an importer of high-grade steel, used in making superfine tools. I signaled the insurance agent to leave me alone with his friend, which he was nice enough to do.

I gave that importer everything I had, and in the end I succeeded in getting him to come over to us. He transferred his account from Wolcott, Harris & Co., to Bronson & Barnes. He was the first customer I got in New York. He is still a customer of my firm. And I never bought any insurance from the man who brought us together. He stopped coming around before I had any money to spare. I rather think he went into some other business.

It is very curious that it is always the first that comes the hardest. After I got this customer I had less trouble in getting others. I don't see why that should be, but it was so. That customers bring customers, is as true of the stockbrokers business as of restaurants or of physicians. I should like to point out that this first customer did not come to me through my Harvard connections or through personal friends.

I kept on gunning for customers. I did not care so much whether I brought down squirrels or elephants so long as I brought back game to the office. After my first customer my luck—or possibly my shooting—improved somewhat, but it was still mighty slow business. I kept myself from discouragement by developing a habit of analyzing my own efforts with a view to doing better. Mr. Williamson was a very busy man and I knew he had never had any experience personally with the sort of thing I was trying to do, and therefore I did not like to take my troubles to him. There was no one in the office who could help me. But one day I did speak to Mr. Williamson, and he was so nice and sympathetic and gave me so many valuable suggestions that after that I made a point of talking with him every afternoon after the close of the market. After I was taken in as partner we still kept up that habit, and he always knew what I was doing and what I planned or hoped to do. I think that my partners are the finest men in the world. Their attitude toward me always was that of elder brothers, and I can never be too grateful to them. They made my work a pleasure.

But it was not alone from my wise and kindly chief that I learned. At a very early stage I realized that my outlook on business was too narrow; that I didn't know as much as I had thought I knew; and that what knowledge I did have was not accurate enough to be of real help to me. Thinking about it made me realize that two methods of increasing my knowledge and improving its quality were before me. One way was to let my experience be the sole teacher. This, of course, was sure, but also slow and expensive. The other method was to profit by the experience of others. It was all very well for me to analyze my own technic and study the possibilities of my own business; but, I decided, I could learn far more quickly by studying the methods of my competitors. The moment I grasped this I lost no time in matriculating. I have kept up my studies and you can gauge the magnitude of my ignorance when I say to youth at hardly a day passes when I do not learn something about my own business by studying what my competitors do and talking to them and profiting by their experience as well as by my own. When I find that I have nothing more to learn from others I shall instantly retire from active business.

I had many friends like Bill Winans who were in other brokers' offices. I made it a point to spend some time every day in one or another of them. Sometimes they were too busy to talk to me, but oftener than not they had time to give me, and I made use of it to learn something about their business, because that also was my business. Whatever I learned about stocks or bonds meant an increase in my working capital. The magnitude of the daily accretion was of less importance than the fact of the accretion itself. And these faithful friends introduced me to other men in other houses, fresh friends from whom I also learned I always feel that I am not entitled to any credit for this because I found as much pleasure in it as the average man feels when he is riding his hobby to his heart's content. Learning my trade and getting paid for it was like drawing double wages. I paid the firm back later on when we successfully promoted certain companies. If it had not been for what I learned in those early days in the office of a friend in the matter of the application of certain principles to our business, I never should have known how to go about it. One never can fix the date when knowledge is going to pay dividends. But without knowledge we are sure to pay assessments.

One of the things I learned from my daily visits to my friends' offices was something that had never occurred to me while I worked in the home office—to wit, that I could get business from other brokers. There were quite a number of commission houses in New York that did business in Boston stocks, and I soon found out that they were perfectly willing to give us that business. They had been turning it over to other Boston houses. I asked for it and after that whenever they had an order of that kind they gave it to us. It was not long before we built up quite a nice little business. It paid, and also it made us better known among the other brokerage houses in New York.

In going after customers I had some amusing experiences. One of my classmates, Leonard Durfee, worked in his father's office not far from Wall Street. He was learning the business, as befitted an only son. Leonard was anxious to help me and one day when he and his father went to the Counsellors Club to luncheon he saw me sitting at a table by myself. He introduced me to Mr. Durfee and told him point-blank that I was a good friend of his and that I ought to get some of their business. The old gentleman was evidently fond of Leonard, who was a mighty fine boy, for he smiled pleasantly and then and there gave me an order to buy five hundred shares of stock.

I was pleased beyond words with his order because I naturally looked upon it as merely the first of many to come. We ought to build up quite an account, I thought, with Mr. Durfee so willing to be nice to me for Leonard's sake. At that time my idea of happiness consisted of finding a customer who would trade several times an hour every day excepting Sundays and holidays. But Mr. Durfee was a fine-looking, dignified old gentleman, and it behooved me to be very careful for Leonard's sake and for my own.

So I thanked him as nicely as I knew how and decided to impress him with my conservatism, besides playing safe. So I asked him, solemnly, "Mr. Durfee, do you wish us to carry this stock on margin for you or do you prefer to take it up?"

Well, sir, my blood ran cold when I got the look Mr. Durfee gave me He surely was one angry old chap. But he made a great effort, rightthere, before my horror-stricken eyes, and manage to say in a voice that made you think of a polar night in January, "Young man, I am sixty-five years old, and I have been in business forty-five years, and I never bought any thing on margin in my life."

"No, sir," I hastily agreed with him. "I didn't think you ever had, sir. I just asked so as to ——"

"Oh, yes," he interrupted; "so as to find out if I had the money to give you."

"Oh, no, indeed, Mr. Durfee. It wasn't a question of the money at all, sir," I denied earnestly,

"No? Well, that stock is selling at 101 or 102, and that's fifty thousand dollars. That is quitea lot of money for an old fellow to have."

"We know you're good for it," I assured him, with the confidence of my ignorance.

"Then, it must be that you wish to make a stock speculator out of me, at my time of life." And he glared at me.

I certainly wished it, for he was only the fourth customer I had found up to that time, but I said, "Not at all, sir. Not at all!"

To my astonishment he began to laugh. He roared so that other people at the tables about us looked at him and smiled the indecisive smiles of men who ought to have listened to the joke but having missed it do their duty visibly by grinning.

Finally he said, "Young man, send the stock to my office with your bill, and I'll send you my check. You are taking big chances, though." And he walked away.

Well, I went to the office and gave the order. That afternoon after the close I told Mr. Williamson about it, and he also laughed and informed me that Mr. Durfee was conservatively estimated to be worth from ten to fifteen million dollars. He was one of the richest men in New York.

But it wasn't a fatal mistake, for Mr. Durfee still buys and sells stocks through us at times. He is over eighty-five years old and is worth all of thirty-five million dollars. Every time he runs across me in the Street or at the Counsellors Club at luncheon, he always yells at me at the top of his voice, "Well, Jack, have you learned yet how to size up a customer's rating? Eh?" And when I say yes, he asks me, "And do you still buy stock on margin for old men? Yes? Want to make a margin customer of me, eh, Jack?"

And I always tell him that is my one ambition in life, and he laughs. But he is still on our books.

Another classmate did something for me for which I can never be sufficiently grateful. I called on him at his office one day one of my educational visits. He was in the brokerage business, but they did more in bonds than in stocks. He asked me, "Jack, do you know that the Atchison is going to issue some new bonds?"

"No, I don't," I answered.

"Well, it's so. A syndicate is being formed to underwrite the issue. Why don't you go in?"

"I will," I said, and rushed back to the office as fast as I could. I instantly got in communication with Boston. Colonel Bronson wasn't there, but Mr. Barnes was, and I told him about the Atchison bonds, and that we ought to be in that syndicate. He agreed with me, to my great joy. He knew all about the road. He was bullish on it and he was certain the firm could market quite a block of the new bonds.

The moment he stopped I ran over to the banking house that headed the syndicate. It was a very prominent banking house indeed. I asked to see one of the partners, and when I was ushered into his office I introduced myself and told him that we would like a participation in that Atchison bond business. I was very anxious to get it because it was business for my firm. For me it was the business of getting business, which was what I was paid for.

He stared at me meditatively; then he asked gently, "Do you do any bond business?"

"Not much," I confessed. But we can sell Atchison bonds. We are strong believers in the road and its prospects, an d we have confidence in its management." That was not original, but it served my purpose.

"Well," he went on slowly, "we have not yet definitely decided what the issue price of those bonds will be. We shall announce the details in a few days when we send out our syndicate letter."

"Very well, sir," I said. "That will be fine. And Bronson & Barnes would like one hundred thousand dollars."

The affair was settled as far as I was concerned. All that there remained to be done was the actual selling of the bonds to our customers. I fancy he had no trouble in reading this on my Maine face, for he asked me, very politely, Don't you think that possibly your firm would be interested in knowing what the price will be before they ask for a participation in the syndicate?"

"We are perfectly willing to be guided by your judgment in the matter of the price. Why shouldn't we be?" I asked him.

I really felt that way, for the reputation of this great banking house was of the highest. They were neither stupid nor unscrupulous, and that was all I needed to know. Besides, I wanted Bronson & Barnes to get the bonds. So the banker just smiled and nodded. Then I got up and shook hands with him and told him what my class at Harvard was, and I spoke of men I'd met who were in his class.

Well, we got the hundred thousand dollars of bonds, and I tried to do my share in selling them. It was my first venture of this kind in New York. Since that time we have been on the great banking house's syndicate list.

The bonds were a mighty good investment and in my efforts to sell them I went to banks and trust companies as well as into private offices. In one of the banks I saw the vice president. I gave him my little talk and he listened not only politely but, I thought, with considerable interest. You know, you can always tell when you interest your auditor. When I finished I felt sure I had made a good impression; that meant that I had persuaded him to take the bonds. And that meant that I would sell him other bonds later on. A new customer! I felt quite happy about it.

Just as I expected him to tell me how many of my Atchison bonds he would take, he asked me, "What is your name?"

I told him.

"And the name of your firm?"

I told him.

"And how long have you been in New York?"

"Six months and eight days," I told him.

"Well, Mr. Wing," he said pleasantly, "this bank is rather closely affiliated with the banking house that heads the syndicate, and we are in the syndicate ourselves. In fact we are in the originating group." He spoke with great kindness. You can imagine how I felt. "I don't suppose you knew that," he went on, as if he were apologizing, "and I am sorry I wasted your time when I let you talk on, knowing we had all the bonds we could use."

"Well," I said, as soon as I was able to speak, "it is up to me to apologize. I certainly took up a lot of your time. All I can say is that I am very sorry."

"You needn't be sorry. And now, I'll tell you this: If we had not been in the syndicate I'd have bought some of those bonds from you. I mean it. You can come in and talk to me any time you feel like it, and if there is anything I can do I'll do it gladly. I know your firm and I have met one of your partners, of whom I think highly. I shall be glad to see you, Mr. Wing, any time you call at this bank."

We shook hands and parted with the best of feelings, It was the beginning of a friendship that meant a great deal to me. And the memory of it is one of my most precious possessions.

The name of the man was Henry P. Davison.

12

It is necessary to go back a generation or two if I am to make clear my contention about the in justice done to the stockbroker of to-day by the public. I refer to the legend that the broker's prosperity is in direct proportion to his customers' adversity. It used to be inferred that every slump which wiped out the shoestring margins of the old-time speculators put that same amount of money in the brokers' pocket. That was why they used to call all slumps shake-outs. From the moment that opinions differed as to the imminence of a rise or a drop. Wall Street began to be execrated. Preachers fulminated against it from the pulpit, and demagogues denounced it from legislative halls, while the easy-money chasers cursed it.

Then as now it was the customer who did the damage. The man who goes to Wall Street intent on getting something for nothing does not suffer financial reverses; he commits finnancial suicide. On the race track the man who loses does not always blame the judges or the jockey. Sometimes he allows that the race was honestly won by the wrong horse. But that seldom happens with the stock-market loser. It isn't his own ignorance or greed or congenital asininity that is to blame, but the broker's rapacity.

That brokers have permitted or even encouraged overtrading or have allowed the customers' men to give hearsay tips or have failed to supply adequate information to their customers, cannot be denied. But there again the good broker is blamed for the shortcomings of the bad or careless broker. However, my contention is that the methods have greatly improved in the financial district.

In the process of acquiring my business education I have made it a point to listen to my competitors and to my predecessors. From my contemporaries I gain a broader outlook than my own individual business could give. From old-timers I have learned that history repeats itself in Wall Street rather oftener than in most places. Larry Livingston says:

"I learned early that there is nothing new in Wall Street. There can't be, because speculation is as old as the hills. Whatever happens in the stock market today has happened before and will happen again. I've never forgotten that. The fact that I also manage to remember when and how it happened is my way of capitalizing the experience of thousands."

I was privileged to meet a friend of Mr. Williamson's; an old broker who retired not so very long ago. He was forever harping on the unfortunate changes that had come over Wall Street. It came hard to the old chap to change habits, for after all, routine does wonders in lubricating the machinery of living, and changes are merely different names for readjustments.

I asked him once what Wall Street was like in those days. He answered me in a senilely leisurely way. For a man whose business for thirty years had been to speak quickly on the floor of the Exchange, his speech seemed remarkably slow until it occurred to me that possibly he was seeing memory pictures that flickered a bit by reason of his age.

"When I firs came down here," he said, "Wall Street was not the beastly canon it has become. There weren't any skyscrapers, nor the Coney Island crowds on the sidewalks at noon that make traffic so difficult. You didn't hear so much nonsense about New York's wonderful sky line that is responsible for the overcrowded streets and for the execrable manners of the young men and women who infest the financial district. Too many clerks! The bosses don't work enough. They play golf and hire clerks and women to do their business. They say it is impossible to transact the volume of business of to-day by working as we used to do.

"It is all different. The only thing that hasn't changed is Trinity Church at the head of Wall Street. The graveyard is still there and the tomb-stones are the same. In vain those monuments remind the money seeker that the vanity of vanities to which the preacher referred to is that which we now call trying to beat the game; for there is no easy money under the sun.

"The Subtreasury was there, but the old Assay Office facade has gone, and the Custom house. Wall Street for the most part was a row of gray stone houses, for all that it was even then the most be-damned street in the world. They were old-fashioned dwellings with high stoops, and steps with iron rails, and they all had basements. It was a business street, but it didn't give you the impression of premeditated sordidness that a continuous series of huge offce buildings does. The makeshifts of my day, in the shape of business places originally intended for residential purposes, were Iess cosmopolitan and more American; less blatantly prosperous and infinitely more homelike.

"You see. New York, for all its population, was a small place, and the advantage of this lay in the greater friendliness. It was no trouble for a chap to know everybody in the same line of business. In Wall Street: the atmosphere always seemed to me more neighborly than uptown, because everybody that I saw down there shared the same hopes with me, even when they happened to be on the opposite side of the market, for weren't we all trying to guess right? My brother was in the leather business and he used to say the same thing about the atmosphere of the Swamp, where all the leather men did business and were neighbors. One could always send next door to borrow a cup of sugar or a pinch of salt. The community of interest bred something of the guild spirit of the Middle Ages. In Wall Street possibly dog was not so averse to eating dog as to prefer to starve; but in any event nobody extolled cannibalism or sought to justify it on grounds of dollar expediency. The fight was more like a football game. A man went out to win. When the referee wasn't looking he might be a little rough, but there was no desire to use chloroform and everybody was prepared to take as well as to give without losing tempers. A gentleman always finds it easy to feel sorry for the men whose money he takes in order to keep them from taking his first. Then we went down to our offices in stages or carriages and it took a long time. But we were human beings. Today you go down in subway electric trains in minutes. But you are merely bipedal cattle.

"We had certain things. You have others. You have committees on business ethics, and you invent rules galore to protect the public against everything except itself, and all that sort of thing. But how about the *esprit de corps* among the brokers themselves? Where has that gone? You are all business men. What's become of your brother brokers? In my day when one of my fellow members died, the chairman thumped his gavel three times, slow measured thumps that always suggested the tolling of a great bell. Instantly all noise and all movement ceased on the floor of the New York Stock Exchange. The sudden silence and the petrifaction of five hundred men were uncanny. The very air filled with the sense of a death. The chasing of dollars, the scalping of fractions, the buying and the selling of stocks stopped as all hats came off. We stood there and listened. to the announcement of the departure of a pal with whom we had traded and laughed and drunk and jested and quarreled and matched thousands of times. Poor Bill! We did not take an hour off to weep for him, and when the gavel fell again after exactly one minute, the devilish din, the shouting and the profit grabbing and the scrapping resumed, all the louder and the more violent, possibly, for the intermission we did say, 'Poor Bill!' And now? Well, you candie and be damned, for all your fellow brokers care. Why, it would be awful to go back to the custom. Suppose three brokers died in one day. You'd lose three minutes! You are too busy to waste any time between ten and three. Too busy to say, Poor Bill. But you have lots of committees and lots of brand-new don'ts.

"In my day, when you walked down Wall Street you saw men standing in the doorways, just like shopkeepers in a small town. Every doorway had its own particular group, and you got to know them as well as though they were in the same class at college with you. As a matter of fact, you got to know everybody who went down to Wall Street, for most of them were regulars. You met all sorts of characters, the same as now, only at much closer range. Some were men whose names were known to everybody who read the newspapers, while here and there was a person whose name, at his own request, accompanied by threats to the reporters, never appeared in the papers until after he was convicted and on his way up the river.

"In the basements were the offices of all kinds of brokers; gold brokers and stockbrokers and bond brokers. They used to do quite a little over-the-counter business there. I used to see Englishmen going into those basement offices all bent on the same errand and all looking like stage tourists. They would go in and say, 'Ow, I say, I wish to buy a few shares of Erie.'

"'Yes; Erie is 38.'

"'Ow, yes! I'll take ten shares.' And the broker would reach behind him and take a certificate for ten shares of Erie and give it to the Englishman. The broker usually got about a half-point more than the stock was selling for on the Exchange.

"Perhaps you think I am exaggerating, but I am not. Englishmen used to go straight from the Leviathans of that day—gross tonnage about 5000 tons! —to Wall Street, to see the sights and buy Erie at one and the same time. That seemed to be a national habit. Only the other day I was speaking to a very intelligent and agreeable investment banker of Baltimore, and he told me a story his lawyer told him about a London client of the firm's. It seems this client had bequeathed a part of his estate to a relative in Baltimore who also was a client of the bankers. For some reason or other there were some complications in connection with the will or the estate, and the lawyer was obliged to go over the decedent's expense book for a number of years back. Well, sir, the lawyer came across the same item many times. The item was as follows: 'To yearly-loss in Erie, £ 1348, 9s. 6d.'

That's what the Englishmen thought of Erie. Our international investment business is different now.

"A lot of the business of the Street in my youth was done in the open air, particularly in Broad Street, where we had the original and real curb market. Business there began right after the close of the Exchange at three, and lasted about an hour and a half. It was a sort of, postscript market and at times the volume of business was quite large, almost as much as we did on the floor. In a way it was like a big fair, where everybody was acquainted. The small fry may have admired the big fish, but they usually called them by their first names. Most of the habitues were members of the I-Knew-Him-When Club. The ticker did a lot of social leveling in those days, I might be walking down Wall Street and I'd hear somebody yell 'J. G.! J. G!' Looking up, I'd see one of the alert split-commission brokers hurrying after a dark little man with very bright eyes and a black beard—the great Jay Gould, one of the greatest geniuses that ever operated in Wall Street, the sinister figure of whom old Daniel Drew in a moment of financial agony said, 'His touch is death!' A very rich and very powerful person, and yet all a man had to do if he wished to speak to him was to yell 'Jay Gould!' and the great Jay Gould would wait for him there in the Street.

"There were no tickers in those days. The quotations were circulated by men who got them from the brokers, wrote them down on pads and then went from office to office or from man to man with them. These men, who had the latest prices, were called pad shovers. They came up to you and shoved the pad with the quotations on it right under your nose, hence the appellative. They were the walking tickers. Rushing the pad, they used to call the process, It was not so quick as the ticker, but the brokers who furnished the quotations to the pad shovers were conscientious andcareful, and nobody could or ever did question their honesty. The pad shovers were paid for their services by a commission on whatever business they took to the two-dollar brokers, from the offices of other brokers. They received one dollar per hundred shares; hence the term, split-commission broker. The Stock Exchange ruled against this kind of business eventually, and with the advent of the ticker the pad shover went the way of the fluid lamp and the stagecoach.

"The Exchange was different. On the New Street side they had what they called the Broad Room, and on the Broad Street side was the famous Long Room. The floor was fenced off by a rail, and outsiders paid fifty dollars a year for the privilege of standing against the rail and whispering their orders direct to their broker on the floor, on the other side of the rail. Of course there were people who hugged the rail all day and never paid a penny to the Exchange, but all were supposed to pay fifty dollars. The heads of the biggest houses on the Street did not deem themselves too important to be seen executing orders on the floor. You could see them in action; millionaires at work, and not ashamed of being caught at it.

"The strictly commission business as we know it to-day had not developed then. There were no blackboards in the customers' rooms. These came in with the bucket shops, where they were indispensable, since the business there consisted of betting on the fluctuations and it was necessary to have these before the sight of a lot of customers at once. That was the reason why so many of the old brokers even as late as 1901 or 1902 fought the installation of quotation boards in their conservative offices.

"Brokers were much abused men in those days. There were crooks and shysters then, as I suppose there will be to the end of time. Practices were tolerated that would not be tolerated to-day, but that did not really make the average any worse than it is at present, in my opinion. You'd imagine, to hear the talk about the better business ethics and the improvement in protective devices, that the old members of the Stock Exchange were highbinders and cutthroats. But then as now the fault lay with the customer. It is always up to the customer to pick out a good broker, just as he picks out a good doctor or a good butcher or a good Jeweler.

"Of course the market-milking process was in great esteem in those days. Everybody practiced it. They had done so from the days of Jacob Little and Daniel Drew, even before the Civil War. Of course, what Drew and Fisk and Gould did in Erie, even against so redoubtable an opponent as old Commodore Vanderbilt, was not feasible later on. I recall Calvin Brice and General Sam Thomas and their operations in American Cotton Oil.

"The late H. O. Havemeyer, of the Sugar Trust, did some masterly market-milking in his stock. You must remember that in such cases the principal beneficiaries and also the chief victims were the speculators. But while there isn't so much milking nowadays as there used to be, I have heard it said that for skill, audacity and success, none of the old milking records could equal that of a petroleum magnate in his specialty."

13

I might have known that Bronson & Barnes would pick the right man to put in charge of their New York office. Nevertheless, I call myself fortunate indeed that my chief there was Joe Williamson. His friendship has been a greater comfort to me than the money I've made. He had more to do with my success than I can make clear to you, because it is difficult to dramatize the way in which a good chief brings out the best in his men. I liked Mr. Williamson from the first, and he, New Englandlike, said nothing about liking me; but it was not long before I was certain that he trusted me.

One day when I was feeling rather blue over my failure to put through a certain deal on which I had been working rather hard, he said to me, "Jack, don't worry about that matter. I know you are reliable and you always do your best; so I'm with you to the limit. I see only one danger ahead."

I looked at him and perceived that he was in earnest. I asked him, "What's the danger?",

"That when things begin to go your way with a rush, you'll get the swelled head."

I laughed. I couldn't help it. I had just fallen down hard on a deal I was sure I had closed, and here was my boss warning me against the swelled head. What a warning to give after a disheartening failure!

I early fell into the habit of talking over our business with Mr. Williamson every afternoon after the close of the market. The first thing we agreed on was that we must show the home office what service was. That meant that everybody in the office must be on the job every minute of the day. We were quick and accurate. We never explained why things we were asked to do couldn't be done by anybody, nor did we insist on demonstrating the impossobility of giving better execution. We contented ourselves with doing our best. In doing this we gave such service as had never before been given to any Boston house by its New York correspondents. The home office perceived it and played it up so that even if our local business did not grow as fast as I wished, the Boston business increased. And such is human nature that the very excellence of our service caused us annoyance. The slightest delay or a difference of one-eighth of a point in the price we paid or obtained on a market order brought us complaints from our Boston customers. Had we not led them to expect infallibility and competence from us they never would have asked for perfection. It used to vex me deeply that Boston did not seem to realize that in Mr. Williamson they had the best broker on the floor of the New York Stock Exchange. Being only a clerk, I could not know that Mr. Williamson was the most intimate friend as well as the trusted associate of both Colonel Bronson and Mr. Barnes.

Well, I think Mr. Williamson and I succeeded in building up a machine for doing business that had a capaclty far greater than we could utilize. In the consciousness of this we found a fresh and stronger incentive to do more business. As I have said before, the only way to get business is to go after it, and that is what I did. I made changes in the office system and developed a more efficient clerical force, but my chief concern always was new business.

In common with most commission houses we were still under the influence or glamour of the old tradition. We still believed that it was the big trader who paid. We all wanted big accounts. The other day somebody asked me why in Wall Street tipsters still spoke about the mysterious and purely mythical coterie of supermanipulators who are known as "They" and are supposed to move prices up or down at will in furtherance of elaborate plans for milking the market. Well, I really think the persistence of the "They" myth is due to the fact that we still hear more stories about the millions made by this or that plunger than about the aggregate winnings of the thousands of men who trade successfully. I mean the men who have used common sense and have bought or sold stocks only after informing themselves thoroughly about conditions.

Being still under the persuasion that the big account was most desirable I went after it. After all, there was ample reason for preferring the big customer. He was usually much more than merely a man with money. He was a man who had made a fortune in his own business by the use of those success-compelling qualities which are valuable in any business. Now a man who had gumption enough to make millions in his own game was a good man to do business with. He usually did his own thinking. He wanted facts and not opinions, He was more apt to give good advice than to ask for it. All he needed was accurate information—if and when obtainable—and good execution; or, in other words, good brokerage technic.

With such a man I did not have to use words of one syllable. If the customer got enough clinical data to enable him to form an intelligent opinion he did not hesitate to act; and that made him a good purveyor of commissions. Such a man was accustomed to assuming responsibilities, to deciding quickly, to losing money without losing his grip. In other words, the big customer was a big man in many ways. He didn't make millions in his own business without learning something.

Of course I knew, even then, that there were exceptions. There were and are d. f. millionaires just as there are d. f. pikers, and many a rich man makes money because of his money rather than because of his brains or his knowledge or his nerve. But I am speaking of the type of big man who earns his success.

The little fellow was more bother. That was the common experience. He was the reverse of the big one. He wanted not facts but tips. He wished to be told what to buy or sell and then to be forced into doing it. If the advice proved good he would think that he had paid for it when he allowed his broker the twelve dollars and fifty cents commission per hundred shares. If the stock went up ten points and he made a thousand dollars he still thought the twelve dollars and fifty cents amply paid for it, though he told his friends how clever he had been to get aboard when he did. If he lost he didn't think of the broker's twelve dollars and fifty cents, but of the four or five hundred dollars he himself had dropped—as though the broker had taken the money out of the customer's pocket and put it into his own.

To-day the up-to-date brokerage office has its fully equipped statistical department which supplies the desired information—official statistics of earnings, analyses of trade conditions, and so on. Our customers to-day are actually compelled to know what they are going. We do not give irresponsible tips or market gossip. When we are bullish on a stock we know why, and we give our reasons in full. The customer does not have to do anything if our reasons don't hit him right. If he takes our advice he does so knowing what he is doing and also why.

People often ask me what the principles of investment are. Well, I should say the first thing to do is to go to an honest dealer. The operation of buying stocks or bonds is like buying jewels or shoes or furs. Get an honest broker; ask him for facts and figures and do your own thinking and deciding. Use the care that you would use to select a doctor or a butcher.

When I frst came to New York took every account I could. I made mistakes. I mean, I took accounts I never should have taken. After I exhausted what I might call the immediate prospects on my Harvard Club list, knowing we had the capacity to handle much more business than we were doing, I went after the big man in earnest. I remember, for instance, hearing that Colonel Bronson was acquainted with Winthrop C. Ross, at whose office I had called at least fifteen times but never got beyond the secretary, for Mr. Ross was one of the busiest men in the world. He was interested in all sorts of enterprises. At that time he was intereste in promoting a big deal in Boston and he spent half his time there, so I took it upon myself to ask our senior partner to tackle Mr. Ross, I myself was perfectly willing to call at Mr. Ross' office every day for ten years, but I wanted the account as soon as possible. It didn't matter through whom it came into the office so long as it came. The important thing was to increase the business done by the New York branch, and Ross was no chair-warmer.

He was a New Hampshire man and owned about all the trolley lines in that section of New England. He had accounts with some of the biggest and richest commission houses in the Street, and if he was good enough for them he was good enough for us. I thought I learned it was nothing unusual for him to swing a line of one hundred thousand shares in the office of Westcott, Blaine & Co. , at that time one of the biggest of the big houses of the Street. They had more multimillionaire customers than any other.

Well, Colonel Bronson did talk to Ross. You know, the colonel is the most persuasive man that ever lived. He always gets about everything he asks for, and the reason, as near as I can make out, is that everybody is willing to do as he wishes because it is perfectly plain that he himself is willing to do what they ask of him. They all feel they cannot refuse a man who cannot refuse them.

At all events, the colonel told me to call on Mr. Ross, and I did. This time I was allowed to see him. I told him we were ready to give him the best of service in both Boston and New York. He was doing quite a bit in Boston just then and he used us rather extensively; but I saw to it that he also gave us a lot of business to do in New York. It was a very profitable account, for, as I told you, he swung a big line. He was the moving spirit in a half dozen corporations whose stocks were dealt in on the New York Stock Exchange and he traded heavily in those shares as well as in others that were not controlled by him.

I will say here that many people wondered that a conservative house like ours took the account of such a plunger as Mr. Ross. They thought it couldn't be safe. There is a popular delusion that margin business is risky and therefore not quite legitimate and all that. That is not true. Of course, margin business is like everything else. A house may be so keen about getting business that it will take too many chances. But if a broker uses judgment his margin business is the safest business in the world.

Our own experience is that we, as a firm, have lost more money dealing in first-class municipal bonds than in bad marginal accounts. We have not lost ten thousand dollars in such accounts in ten years. We simply do not let any customer trade on a small margin. By insisting on safety for ourselves we insure safety for the customer. We have stuck to our rule of having margins kept up, and by so doing we have kept our business and our customers. We never have been so anxious to get commissions as to make us forget this rule. That is one reason why we have never had a bank call on us for additional collateral. What we have insisted our customers should do we have ourselves done without waiting to be prodded by the banks, whose margin customers we were.

A man in the brokerage business has to deal fairly by the banks. It is a theory of my senior partner that it is silly to quarrel with the banks about the terms of a loan. Suppose we pay one-fourth of one per cent more to our bank than we would need to if we went about and shopped for money, what difference does that make? We always keep about a thirty per cent margin on our bank loans, for it is a rule of Bronson & Barnes to see to it that this is kept up. The moment it begins to look weak we pump more collateral into it. If a bank asks us to take out certain securities we do so at once, without remarks, however strong our conviction may be as to the value of the securities in question.

There isn't anything remarkable about all this. Every good brokerage house does the same thing. But I will say that for years I worked very hard to demonstrate to my fellow brokers the folly of doing business on an inadequate margin. When I first came to Wall Street the average was about 10 per cent. There were some houses that did business on a five per cent basis, for they thought they must compete with the bucket shops. But we have changed all that and thereby eliminated a source of loss to the public. Insufficient capital and inexperience are the chief causes of commercial failures in the United States. This is as true of stock speculation as of retail dry goods or shoes or men's clothing.

Winthrop C. Ross was the largest account of our New York branch. We made a great deal of money in commissions and we gave him the best service we could. It must have suited him or he would not have stayed with us. We naturally wished to keep him in that frame of mind. He was a very shrewd man, a multimillionaire, with a record of a dozen brilliant flotations and a reputation for great skill in corporation financiering, which is very different from financing. Such a man would not expect to be dunned for margins or be subject to the ordinary rules of a broker's office. Star customers are apt to want more than the usual consideration.

Well, there came the time when we had the Silent Panic of 1907. Things began to go wrong and the reason was not clear at first, although when the big crash came one epigrammatic broker explained it by stating that somebody asked for a dollar and when he could not get it tried to sell stocks. But weeks before that happened came the news that Mr. Ross had resigned the chairmanship of the board of directors of a bank of which he had long been the largest individual stockholder. With his loss of the absolute control of the bank came rumors, for Mr. Ross had been too bold a plunger to go unscathed by the gossip mongers of Wall Street during a crisis.

Mr. Ross, as I had reason to know, was a very rich man and his account had been very profitable to us; but we had our rule about margins. When a rule is based on sound business principles it is wise to adhere to it. If you begin to make exceptions every time that adherence to it means a disagreeable five minutes, the rule becomes worse than valueless. Policy is policy always.

We were carrying a big block of New Hampshire Traction for Mr. Ross. It was his pet. He had made several sensationally successful coups with it.

As I said, we had this big block of New Hampshire Traction in the office. The price of it began to decline in sympathy with the general weakness, and presently: Ross, margin began to get closer and closer to our irreducible minimum. If it had been anyone else I should have sent him notice to come up with more margin, but in Ross' case I hesitated to do so. We had never before had to call on him for more margin, and star customers often suffer from the peculiar irritation displayed by all very rich men when they are asked for actual cash at any time for any reason. They do not relish taking giltedge securities out of their strong boxes. It is too much like using, up actual capital instead of doing business on their name as usual. There isn't much difference when you get down to it, but book-keeping millions or credit based on prestige is easier to pledge than cash or investment holdings.

But the price declined still further and things looked pretty black, so I mustered courage and telephoned to him. I tried again and again, but somebody on the other end always said Mr. Ross was out or at some conference or at some directors meeting and could not be reached.

That did not satisfy me, and at last, with much trepidation, I went uptown. I thought we stood a good chance of losing our profitable star customer. No matter how tactfully I asked him for more margin, he was going to be peeved. On the other hand, if we were to survive the vicissitudes of our business we must conduct that business on sound principles. The soundest thing I knew was to get more margin from Ross.

I got to his office. His secretary was one of those unusual women that you occasionally find in big capitalists' offices. She was not as well known to the reporters and the financial writers as Mr. H. H. Rogers' extraordinary secretary, but Ross' was the kind that knew her job to the dot, said job consisting of keeping everybody from getting within money-asking distance of her harassed boss.

I bowed to her politely and said, "My name is Wing. I am from Bronson & Barnes. I wish to see Mr. Ross."

She looked at me and I instantly perceived that all the wisdom of all the ages, somewhat congealed after three thousand years of cold storage, was in the lady's eyes.

She had heard every word, but she asked me with the detached air of a person who is stone-deaf but resigned, to do the rest of her life without music: "You what?"

"I wish to see Mr. Ross," I answered as distinctly as I could, and prepared to walk past the gate of the railing.

"I am sorry," she said, in utterly impenitent icicles; and turned wearily to her work, which consisted of reading typewritten papers placed there for the purpose of ending annoyances by me and my like.

I noticed that the door into the inner office was open. I therefore raised my voice and said, "Will you please go in there and tell Mr. Ross that Mr. Wing, of Bronson & Barnes, is here on important business?"

She read on for at least two exasperating minutes before she raised her head. She was not adamant; that was too mushy. She simply stated a natural law for my benefit: "I'm sorry!"

"Why are you sorry?" I asked.

"Because you wish to see him." She nodded as if to herself. Then she had an attack of common humanity. It made her explain, almost kindly: "Nobody can see him."

"Nobody?"

"Nobody!"

"Why not?" I persisted.

And she politely vouchsafed, "He can't see anybody."

"What's the trouble; cataract?", I asked.

"No. Absence!" she answered without the slightest trace of irritation.

I thought it had gone far enough, so I told her, "He's got to see me. I've tried to reach him by telephone and couldn't. That's why I came myself."

"I'm sorry," she sighed.

"He will be much sorrier if he doesn't see me," I assured her.

"l am sor——"

"Look here," I interrupted in a loud voice, "I am going to see Mr. Ross, no matter what you say. He is in that office and he will have to come out when he gets hungry. I can fast as long as he can, so I am going to sit down here until I say my ittle speech to him. I am prepared to fight it out on this line if it takes all summer."

I looked about for a chair and saw a messenger-call box. So I went up to it and rang for a boy. Then I said, really speaking to the open door of the private office, "I've just rung for a messenger boy. When he comes I'll send for enough food and drink to last me a week. In the meantime I'll sit down and wait for Mr. Ross." I drew a chair nearer to the gate of the railing and sat down with my back partly turned to her, as though waiting for the messenger boy. I could feel her eyes on me. That is the truth.

My scheme worked, for a man's voice said, angrily, "What do you want?"

I turned. Mr. Ross stood in the doorway.

"I want fifty thousand dollars more margin on your account."

"You don't need it."

"We do. It's our rule. You know it," I said politely.

"Well, you can't have it," he said.

"Mr. Ross, we don't wish to add to your annoyances, but we've simply got to have additional margin from you." I thought I might as well stand by my guns, once I had begun firing.

He waved me away with his hand as though I were an affectionate child with a sticky lollipop and said impatiently, "l am too busy just now. I can't do anything about it."

"Mr. Ross, we'd like very much to carry your account, but it isn't in satisfactory shape."

"I told you I couldn't do anything about it just now. I am very busy with other matters." And he turned to go back to his private office.

"Mr. Ross," I said to our star customer, "unless we have additional collateral in securities or cash we'll have to liquidate the account."

"You don't dare do that!" he shouted.

"Don't we? Just watch us!" I said and started away. In order to make sure he understood, I addeed, "You will have ample time in which to protect your position. If you do not choose to do so we shall sell your account!"

I went back to the office. I figured it meant the loss of a profitable customer, but I must first of all protect the firm, in justice to all our other customers. I must stick to our rule about margins. I dictated a letter—the usual form—notifying Ross that unless additional margin in the shape of securities or cash was deposited in his account by 10. 30 A. M. on Thursday—this was on Tuesday—the stock we were carrying would be sold for Mr. Ross' account and risk on the floor of the New York Stock Exchange.

We did not hear a word from him, and so on Thursday Mr. Williamson sold out Ross' New Hampshire Traction. The stock broke wide open. We did not lose a penny, but the price was down forty points at the close on Thursday. Others had followed where we led.

Friday morning Ross called at our office. I thought he had come to raise Cain and threaten lawsuits, and all that. But what he did was to apologize for the way he had spoken to me in his office. He said I had asked him for more margin in a nice way and when he did not respond we sold him out, after giving him fair notice and ample time. He had no complaint to make.

It so happened that Ross was one of the chief victims of that famous Silent Panic. He was too greatly overextended to save himself, notwithstanding his vast resources and his prestige. His complete collapse later became one of the historic crashes of the Street, and his name, through the newspapers, became rather unfavorably known throughout the entire country.

After we got the big customers like Ross, I ran up against a scarcity of the minor variety. I went out every day, calling on my friends and on their friends, picking up a new account here and there, but not increasing as fast as in my youthful eagerness I desired. I don't suppose I would have been satisfied with my progress, no matter how rapid it might have been. Business to me has been a sort of sport. Getting customers meant getting points. It meant more than winning; it meant improving my game. I was getting a hundred and fifty dollars a month, I think, and the firm was not losing money on me; but I was not satisfied with the business I was getting.

14

One aftemoon an intimate friend of mine who was a bond broker came to see me in my office. Mr. Williamson had not yet come from the board and I had just stopped in to see if anything had turned up that required my attention. I always did this, dropping in several times a day unless my customer chasing took me too far uptown.

This bond broker was Clarence Cramer, who had been my classmate not only at Harvard but before that at Exeter. After leaving college he had gone to work for a firm of investment brokers who made a specialty of high-grade bonds, and he became an expert.

Another Harvard classmate, Brandon Donahue, went into business with his uncle and together they founded the stock-exchange firm of Humphreys, Donahue & Co. , specializing on bonds. A couple of years before my arrival in New York, Brandon Donahue invited Clarence Cramer to join the firm as partner, which Cramer did. They had been very successful and were among the best known of the younger houses. To-day they are among the most successful in the United States.

Clarence came to see me because he and Brandon had decided to devote more attention to the stock business. In looking about for a man to put in charge of that end of it they both thought of me. We had been together at college—Harvard again, you see—which meant that they knew all about the sort of chap I was. Of course I had seen a great deal of them at the Harvard Club, and every time we ran across each other anywhere we had the kind of chats classmates indulge in.

Clarence told me that he and Brandon had talked it over and they wanted me to go with them as full partner. They were growing fast and they were sure I would do pretty well, for there was no doubt in their minds that I could develop their stock business. I would have complete charge of that end of the business. They had kept their eye on me from the day they learned what I had come to New York for.

It was both a pleasing surprise and a shock to me. It thrilled and it disturbed me. It was an opportunity for me to be my own boss and thus have a free hand to do something big. At the same time it would take me away from Bronson & Barnes. I was glad to know somebody considered me a success, but I was made uncomfortable by the consciousness that I had not finished my work where I was. The thought of a partnership and the increased income was gratifying, but leaving an unfinished task made me unhappy.

I suppose Clarence Cramer must have seen the conflicting emotions on my face, for he said, bigbrother-like, "Think it over, Jack. Take your time. We want you. You know us and we know you. It will be a family affair for us to be together in business."

This was Just about the close of the market. Pretty soon Mr. Williamson came over from the board. He saw me talking to Clarence Cramer, to whom I had introduced him months before, and he nodded to us. He sat down at his desk and looked over some memoranda I had left there for him. Usually I went over and sat by him and talked over what I had done that day and what I hoped to do on the next. Of course I couldn't do that while my friend was there. But pretty soon Clarence left. Still I did not go over to Mr. Williamson, because I did not know what to say to him, not yet having decided what I was going to do.

I was running over the pros and cons in my mind when suddenly I heard Mr. Williamson call,

"Hey, Jack, what's the matter?"

"How do you mean?"

"Just what I said. What is the matter?"

"What makes you think there is anything the matter?" I asked him.

"I see it," he answered.

"Where do you see it?"

"Well, when I see you walking up and down the room with your hands in your pockets and your head bent way down, which is something you never before have done in this office, I naturally conclude that something is the matter. And such being the case, I naturally wish to know what it is. Wouldn't you, in my place?"

His voice was as kindly as my father's would have been, but I wasn't half listening to him. I was thinking that my old classmate Clarence with the best intentions in the world had flung a monkey wrench into the machinery. I was being pulled this way and that. It made me think aloud.

"I wish that damn Clarence hadn't come to see me.

"As bad as that, eh?" said Williamson.

"Yes."

"What did he do to you, Jack?" he asked fraternally.

I had grown very fond of him and the thought of giving up that one-room office for a full-fiedged partnership in a growing stock-exchange house did not give me unalloyed happiness. My acceptance of Clarence's offer would mean my not seeing Mr. Williamson and giving up the talking and the listening and the planning and the working together.

"He has offered me a full partnership in his firm," I said to Mr. Williamson, and I am sure itsounded like a personal grievance. "What do you think I ought to do?"

Instead of answering at once Mr. Williamson got up and walked over to where I stood. He looked at me and the light in his eyes was neither friendly nor unfriendly. When he spoke it was in a noncommittal voice, neither cold nor cordial.

"Wing," he said instead of the usual Jack, "Bronson & Barnes never bid against another firm for any man's services. You will have to do your own deciding."

"Decide what?" I asked

"With whom you prefer to work," he answered.

"I will," I said.

After a pause he asked me only mildly curious, "How long will it take you to decide?"

"I'll let you know tomorrow," I said, and already I felt much further away from Joe Williamson than I had felt on the day I reported for work under him.

"Very well," he said. That closed the incident for him in his capacity as resident partner of the brokerage firm of Bronson & Barnes. After a pause he said briskly, "Jack, suppose you dine with me to-morrow night."

"No," I said. "You dine with me at the Harvard Club. We'll go up together from here, what?"

"Fine!" said Joe Williamson.

It so happened that I was pretty busy all the next day until late, and I didn't say anything to Mr. Williamson, nor he to me. That night we went to the Harvard Club together and I ordered the best dinner I could get there. We didn't talk business, and the longer I sat at the table the better I felt.

Finally, after the coffee, he said to me, "You are feeling pretty gay, aren't you, Jack?"

"I am!" I said.

It suddenly struck me that Mr. Williamson had the makings of a marvelous poker player. He had the face for it. I could not read it any more than I could read a blank wall.

After a long and utterly expressionless look, he asked me, "Have you decided?"

"I have," I said, and boyishly waited for him to make the next move.

He did so by asking, "And, pray, what have you decided?"

"I've decided to stay with Bronson & Barnes," I told him.

He stopped being a poker player and I have never felt so happy in my life as when I saw the change that came over his face. It struck me for the first time that possibly he was as fond of me as I was of him.

He held out his hand and when I took it he squeezed mine with all his might. Then he said in a gruff voice, "You'll go to Boston with me tomorrow, young fellow."

He looked as though he were threatening to break my neck, but I laughed and said, "I'd just as soon travel with you as with someone else."

I didn't know that he had talked to both Colonel Bronson and Mr. Barnes about me. His colloquy with Mr. Barnes, as it was afterwards told to me, was something like this:

"I'm coming over to-morrow and I want you all to wait for me at the office. Very important business," said Mr. Williamson.

"What business is it?" asked Mr. Barnes.

"The business of taking in a new partner."

"Who is it?"

"Jack Wing," said Mr. Williamson. I hadn't been in New York a year, remember.

"This is pretty sudden, isn't it?" said Mr. Barnes in his mild way.

"Yes. But he has had an offer of a partnership in a young and progressive house where all the partners are old personal friends of his. I don't think we ought to wait to be asked for promotions. It is always wiser to anticipate such requests. It is suicide for any firm to let good men go. I told Jack that he would have to decide for himself because Bronson & Barnes wouldn't compete for his services with anyone, and I think he is going to tell that he'll stick. But while he will stay with us without our having to make him promises of any kind I am strongly in favor of taking him in."

“Don’t you think he ought to be with us a little longer before he becomes a partner? Say, one more year?”

“No, I don’t. What will we gain by waiting?” said Mr. Williamson.

“We’d better talk it over,” said Mr. Barnes. Of course I didn’t know any of this at the time.

“I’ll be up to-morrow,” said Mr. Williamson.

Well, the next day Mr. Williamson and I went to Boston. I felt quite embarrassed when I walked into the home office. I was afraid one of the partners was going to say something nice about my deciding to stay where I was instead of accepting Cramer’s offer, and I felt cheap in advance because my motive was simply that I liked my old position better than the new and I was merey pleasing myself. But Mr. Williamson did not indulge in any rhapsodies.

He simply preceded me into Colonel Bronson’s office and said, without preambles, “Sam, there is no sense in having all the partners go into a conference about Jack, here. One man can do the talking for all. Suppose you do it.”

Colonel Bronson nodded and Mr. Williamson took himself away, leaving me alone with the head of the firm. I had no idea whatever of what was coming. I thought that possibly I might be promised a raise.

Colonel Bronson, who usually smiled when he talke to me, was not smiling now. He said, very seriously, “Jack, you’ve done very well in New York and we are much pleased with your work.”

“It sounds mighty good to me, coming from you, Colonel,” I said. “Of course I know I haven’t done as well as I thought I should.”

“You’ve done well enough to satisfy us,” said Colonel Bronson. “Now Williamson seems to think we ought to have another partner in New York to relieve him of some of the responsibility, and we have decided that you are the man we want.”

Well, I was flabbergasted. I didn’t know what to say. I think I thanked the colonel and promised him to do my best. At any rate when I got through saying whatever it was I said, Colonel Bronson smiled and shook hands, and he told me what my interest in the firm would be—I mean the percentage—and also that I’d have a drawing account of five hundred dollars a month. These details did not interest me as much as you’d imagine. I was thinking of what I’d do, now that I’d be working for myself. I couldn’t be more keen to get business than I had been, but I’d be able to ride certain hobbies of mine with fewer misgivings.

I left the colonel's private office hell-bent on finding Mr. Williamson to tell him what I thought of him. I was sure it was he who had suggested my being made a partner.

Mr. Williamson was talking to Oswald Elmer, Mr. Barnes' private secretary. I rushed up to him and grabbed both his hands.

"You've done it, old fellow! You've done it, old fellow!" they tell me I yelled at the top of my voice. I know I wanted to hug him. And what do you think that man Williamson, who was quite as happy as I was over it, said to me?

He looked bored to death and remarked, "It's about time we were getting back to New York, young fellow!"

We took the train back that night. I don't think I slept much; in fact, I know I did not. I was up bright and early and was shaved and waiting for Mr. Williamson in the wash room of the Pullman when he came in.

"Good morning, Mr. Williamson," I said. "I think we're going to—" I began. But he checked further speech by holding up a hand like a traffic policeman.

"Look here, Jack," he said with decision, "there mustn't be any more of that."

"Any more of what?" I asked. I really didn't know what he meant.

"You are my partner now and we don't mister each other in this firm. We use first names."

He was years older than I and I was used to talking to him as one does to a chief of whom one is very fond but who, for all that, is still one's chief.

"I can't call you Joe," I objected.

"The deuce you can't!"

"It doesn't sound right."

"Not from a fresh clerk, but it is what I expect from a partner. We'd be a fine pair, you mistering me and I mistering you. No, partner. I'm Joe from now on, see?"

"I'll have to get used to it," I said.

"You'd better. What else is on your mind?"

"Why did you tell Colonel Bronson and Mr. Barnes to take me into partnership?" I asked.

"Do you really want to know?" he asked. He looked at me and presently began to smile—that fine, little, subtle, New England, ten-reason smile of his.

"Yes," I said, and prepared to hear some jocularity. But his face took on a serious look as he answered me.

"Jack, trustworthiness is what you owe it to. I can depend on whatever you tell me. You are reliable and a hard worker, and you will accomplish a great deal if you can manage to keep from getting the swelled head. You won't get it as long as I am in the office to watch you, but after I'm gone and there is nobody there to sit on you whenever you need it, you may develop delusions of grandeur."

That was the second time he had warned against the swelled head.

"Have you noticed any signs of it in me?" I asked him. I began to feel anxious.

"I didn't say you had it," he said, "or that you would ever get it I am pointing out the one danger you must avoid if you wish to go far in our business, or any other business, for that matter."

"No danger," I said. But he shook his head.

"Jack, there is always that danger where a man achieves success. He owes his successes precisely to not having the swelled head, but he sometimes forgets it and in time gets to attribute his success to his luck in being the wonderful man he is. That is fatal. Remember that, will you?"

"I'll never forget it," I promised, and never have I forgotten the voice in which he said, "You'd better not!"

And I haven't. Neither have I ever forgotten his reply to a question of mine about investments. One of our customers asked me which stock or bonds I considered the very best investment, and I told him nobody could answer such a question offhand. It covered too much ground, for one thing. But he persisted and he asked, "I suppose you have some of your capital in securities, haven't you?"

"Yes," I said.

"Well, you are supposed to be experts. Now which of the securities that Bronson & Barnes have locked up in their strong box do you consider the best investment? You can answer that, I suppose?" said the customer.

"I can't offhand because I don't remember all the securities we have. We have a lot of securities that have come to us as members of underwriting syndicates," I said.

I don't mean those. I only want those that you won't sell, explained the customer. So I promised him to look over the contents of our box.

That afternoon I was telling Joe Williamson how the customer had stumped me and he took it so seriously that I was surprised. Joe does not often preach and he has a keen sense of humor. He can see as far as the next man, whether he is buying old silver or bonds or paintings or real estate. He always knows what he does and even what he says.

"Jack," he said slowly, "the best investments our firm ever made are those securities that we shall never sell because they were not what we thought they were going to be when we went into them. We took our loss, and kept them, to remind us. Mighty fine investments, those. Think what we have gained by keeping them instead of passing them on to somebody else! Think of what we'd have lost if we had passed them on, knowing what we did about them!"

That is another speech of Joe Williamson's that I have never forgotten. Perhaps I shouldn't have told you this story. But I wished to make plain the kind of stockbroker Joe Williamson was.

Being a partner in the firm meant that I now had the power to make certain changes in the office force and in the system which I had not cared to press on the firm before. With Williamson's approval I increased the personnel and made the changes I had wished to make. We had been too cramped in our one-room office for some time. We were doing enough business to justify larger quarters and I felt certain we should do still more after we increased our facilities.

We found a fine set of offices in one of the best-known office buildings in the world. They had been occupied by Williamson & Brown, who had out-grown them. They sublet them to us at a low rental.

Our new offices were quite a contrast to the old. There were great columns that looked as if they were supporting all the upper stories. The ceiling was so high that the place suggested a bank rather than a stockbroker's office. The general impression was one of greater magnificence than we were entitled to; but as a matter of fact there wasn't any too much room.

If I had been active before in my business chasing—and I had brought in more than fifty thousand dollars in commissions from the day I landed to the time I was made a partner—l became even more active now. Joe Williamson and I as usual talked over the business every day; but now we began to develop a habit of planning ahead years instead of weeks. We confabulated and schemed and discussed measures; and then I'd go out and try to carry out the plans we had so enthusiastically formed in our conferences. We tried incessantly to give better and better service to our customers ln New York and Boston, and we steadily increased our business.

We were on the list of the leading banking house, but we were not known among the dealers in investment securities. In Boston, of course, we had done some business in bringing out new companies, but these ventures had not been uniformly successful and the prestige of Bronson & Barnes had suffered some severe blows. The failures were not discreditable and those of our clients who hung on as we did in the end retrieved their losses or did even better.

One day a banker with whom I had become friendly suggested to me that our firm underwrite an issue of notes of the Eastchester and Sound Traction Company. The company was doing well, but needed cash to purchase new equipment. It was no time to issue bonds on terms favorable to the company, and hence the notes. The company was doing a good business. It had paid dividends on its capital stock for years and there was no question as to its ability to pay the interest on the notes. There was only five miillion dollars of them at six per cent per annum. My banking friend thought we would have no trouble in disposing of them at 98. We could buy them at 96.

It looked to me like a quick, sure and easy two per cent commission on five million doallars, and I was strongly in favor of this, my first deal as a partner. I returned to the office and spoke to Joe Williamson about it and he felt as I did. We called up Boston and they were favorably impressed. At my partners' request I went to Boston and talked with Colonel Bronson and Mr. Barnes. They told me to go ahead.

We underwrote the issue of six per cent notes and started to sell them at 98. They went so slowly that I began to get nervous. The Boston office, which had more experience as well as the larger clientele, was not selling as many as I had banked on in my enthusiasm. You see, investors there did not know the traction company as well as New Yorkers did. And as for ourselves in the New York branch, one thing is to find a man who wants to trade in stocks and another is to tie up money for a couple of years even though it may return you better than six per cent per annum.

I met my old classmate, Clarence Cramer, at the club, and in the course of our conversation I happened to tell him some of my new worries. He told me that I was too impatient; that investors were a different species of animal from stock traders and therefore the brokers' technic must be different.

A day or two later I ran across him in front of the Subtreasury and he asked me how I was making out.

"About the same," I answered. I imagine I did not look very cheerful.

"Jack," he said, "I was telling Brandon about it.

We had only sold a little better than a million in ten days. I certainly had a case of cold feet and I was tickled to death to get rid of the rest without loss of time or money. But I told Clarence I'd let him know what my partners said. I hurried off and reported Humphreys, Donahue & Co.'s offer to Joe Williamson.

"If you are going to stew and worry," he said, "and you want to stick to your knitting after this, I'm willing. Anyhow, you are not taking a loss."

I called up Boston and talked to Colonel Bronson, and he said to do whatever Joe and I thought best. So I accepted Clarence's offer and jobbed nearly four million dollars of the notes at 96 1/2. It paid for the advertising and other expenses, with a few pennies left over.

Well, sir, Humphreys, Donahue & Co. had the experience and the organization needed. The first thing they did was to put up the price of the notes, which we couldn't sell at 98 to 99 1/2. Everybody knew then that there was a big demand for those notes. Not to prolong the agony, I'll say that in less than a week, they had sold every one of the notes at an average price of 99 1/2. Clarence told me all about it. He did not gloat, for he was and is one of my best friends. He simply answered questions I put to him.

Of course Joe Williamson and I discussed every phase and angle of that deal. Here was the firm of young brokers that had paid me the compliment of inviting me to join them as partner, taking over from us notes we couldn't dispose of and promptly selling them at a point and a half higher than we had offered them to the public. The ease with which they succeeded where we failed was due to organization. That impelled both Joe and me to think how we might build up the distributing end of our business. We decided that we ought to do it.

One way to increase your facilities for distributing securities is by getting more customers—that is, more clients to take your advice. And one way to increase the number of, customers is by havlng more branch offices. We began to study that question.

We weren't ready to open branch offices in all the big cities, but the essential was to get customers. It did not matter whether they were our customers or another broker's. Therefore if we wanted customers and were not quite ready to open branches of our own we ought to get wire accounts. So Joe Williamson and I decided to go after the latter even while we kept on trying to develop our regular stook business. Business was business and we wanted all we could get—good, clean business, understood. We had the equipment now and the will, and the wire business would help carry our overhead since it would pay from the start.

If or when Joe Williamson and I heard of some firm of out-of-town brokers that had given up its New York correspondents and was looking for someone to do its business on the New York Exchange he or I would hop aboard a train and go after the account. A friend who was vice president of a bank we did business with and knew what we were after advised me to go to Cincinnati and see Loring & Gibson, who were looking for a New York connection. I made four trips before I got them to put in a wire to our office. A broker on the floor told Joe Williamson about Robertson & Co. of Richmond, Virginia, who had done business for years with Pruyn Brothers, and now the Pruyns were retiring from the Street. Joe Williamson went down and got them. He made five trips to Washington before he landed Shipman, Brown & Co. All these firms were members of the New York Stock Exchange and simply needed a firm to execute their orders and clear for them. We worked very hard and succeeded in developing quite a nice wire business.

We had in mind the future growth of our firm. I knew it was my life work, and Joe Williamson was as keen as I about preparing for the busy days we both were sure were bound to come. Possibly we did not have in sight a specific target to aim at, but we certainly planned for the future. Some day we would do our own promoting, our own underwriting. We did not propose to turn over to other houses the profits on business we should have been able to handle, as we did with the Eastchester six per cent notes that we sold to Humphreys, Donahue & Co. We needed customers, clients, a body of buyers who would take Bronson & Barnes advice as to investments as well as to purchases of stocks.

It would take too long to give you the details of how we secured all our wire accounts, but I certainly should like to tell you about two of them.

The first was in Baltimore. Please don't be annoyed if I again drag in poor old Harvard, but as I told you at the very outset of these reminiscences, my college friendships have been responsiblc for a great deal of my business.

A chap named Dan Carrington, of Baltimore, was in my class, and we were pretty good friends. Dan was the only son of C. C. Carrington, who made a whopping big fortune in the hide-and-leather export business and later trebled it in real estate. When he died he left Dan an estate valued at over eighteen million dollars.

A great deal of it was in cash by reason of Mr. Carrington's shrewdness in disposing of large holdings of property at the top of' the boom, a short time before his death.

Dan Carrington, sole heir to the Carrington millions, was a normal healthy chap, fond of a good time and very popular with all classes. He was the first fellow in the class to get married—on the night of Commencement Day. He went abroad for his honeymoon, which lasted about a year, and then returned to Baltimore to have a good time on his stock farm somewhere in Maryland. He raised Kerry cows or Durham bulls, I forget which. But he used to win lots of first prizes. He also won the class cup for the first baby.

In the way of business Dan didn't have much to do. His father handled it all because he enjoyed doing it. It seemed to consist of waiting for the price to reach a certain figure and then selling a million or two of choice real estate.

When C. C. Carrington died, Dan found himself in possession of an eighteen-million-dollar estate and two sons. He thought about what he ought to do about the sons a great deal more than about the estate. It was a more important problem and more difficult to solve. As a result of his meditations he reached the conclusion that it was less his duty to leave his sons money to spend than to leave them a business to work at, something useful to be busy with. In picking out a business for his sons to go into twenty years later, he came to the conclusion that his best play would be to pick out the business of investment banker. He devoted considerable time to studying it and finally Dan, who had two infant sons to provide for, founded the banking firm of D. N. Carrington & Co. He bought a membership on the New York Stock Exchange and set about building up his business as though his bread and butter depended upon it. He made a success of it, for he had plenty of sense and plenty of dollars and his chief aim was to leave his sons a business of which they would be proud and therefore would be glad to work in when they were old enough. I've often thought of Dan's motive as being typically American in the best possible sense—to make of his sons useful members of society, good citizens, business men who would be more concerned over accomplishing something worth while than over merely increasing a large fortune. He did not have to work; neither did his sons. But work was what he would do for their sake and what they would do after him for the sake of their sons—who also would not have to work unless their fathers did their duty toward society.

Well, I went to see Dan. He was mighty glad to see me and we lost no time in doing the usual thing—talking about Harvard and living over the days in which we had a joint account. Then we talked about our life since leaving Cambridge. I dined at his house that night, and the next day we motored to his stock farm with the children, and we certainly had a good time.

He told me his business had been growing so much that he was thinking of putting a wire into some good broker in New York and that he had written to his friend Richardson, the first vice president of the National Bank of the Metropolis, asking him to recommend a good firm.

"Is that so?" I said.

"Yes. I got the answer this morning," he told me.

"You didn't have to write to Richardson," I told him. "I could have given you the name you wanted."

"Richardson sent me three names," he said, as impressively as though he were considering which surgeon to select.

"Bronson & Barnes is enough," I said.

"Well, Jack," he said unsmilingly, "I shouldn't be at all surprised if you were right, because Richardson mentioned you first, and then two others."

He looked so serious that I laughed in his face. You see, everything that related to the business was of tremendous consequence to this man who was building for his boys. We shook hands and I got the account, and it has grown because Dan does a big business in both stocks and bonds. He is such a fine high-minded man, and so sound and sensible, that he is greatly liked and respected in his home city.

On my way back to New York I stopped over at Philadelphia because I wanted to see another class-mate, another multimillionaire's only son—Bob Wyatt. Bob's father was so well known that Bob couldn't go anywhere without being pointed out as Robert Wyatt, Jr.; whereupon everybody began to talk of Robert Wyatt, Sr. People would stare at Bob and even stand up in a dining room to see how a famous man's son ate oysters. Bob's father was a director in something like a hundred corporations, which made him known to bankers. He went in for chrysanthemums, which made him interesting to really intelligent people. He had the best collection of chrysnanthemums in the world. The Emperor of Japan had decorated him three times that is, every time Mr. Wyatt sent him a collection of new and beautiful varieties.

Bob did not care to go into coal or steel or railroads or gas, in which his father was interested to the extent of some thirty millions. Bob had had a fondness for figures and his analytical mind took pleasure in determining values. He took to the study of securities as a duck takes to water. Within a year of his father's death, which had made him the richest young bachelor in America, Bob decided to go into the banking-and-brokerage business. He bought seats on the Philadelphia and New York Stock Exchanges and founded the firm of Robert Wyatt & Co. Not for him the idle life.

I telephoned him from the Broad Street Station and asked him if he was busy. He answered, "You are just in time for luncheon. Come right over."

I did, and he took me to his favorite club for a very nice luncheon.

I had seen him at reunions and at the football games, and it was always a pleasure to forgather and talk. He knew all about me and I knew all about him. He was Bob to me and I was Jack to him, as we had been ever since our freshman year. Ours was a friendship that after a decade was as disinterested as at the beginning.

I went back to Bob's office with him and just before I was ready to leave him I said, "Bob, I'd like to have you put a wire into our New York office and give us some of your business."

"Well, Jack," he said, "I've got a wire with a house down there. But, you know, we don't do a great deal of that sort of business. It doesn't amount to much."

Bob is a fine fellow and I am very fond of him I felt sure that he would make a great success of his business. I did not see how he could fail. He had the brains, the capital, the connections and the will to succeed. His was the constructive type, the same kind of capitalist that his father was possessing an abundance of vision, courage and perseverance and the faculty of keeping his feet on the floor. It was good business to do business with such a man, and it is a pleasure to be associated with a chap of whom you have always been very fond.

So I said to him, "Look here, Bob, I'll tell you what I'll do. If you will let us put in a wire we'll leave it there a year and I shan't ever ask you for any business. If, at the end of the year, you find we do not give you good service, we'll take out the wire and on the day we do that you and I will lunch together and nobody's feelings will be hurt."

"Jack, do you really mean that?" he asked me earnestly.

"Absolutely! I'll put it in writing if you wish. I really mean it," I assured him.

"Very well, then. Put in the wire!"

We did. To-day Bob has offices in every city in Pennsylvania of 100,000 inhabitants or over. All the stock business of all those branches we do. Moreover, his firm has an office in New York which handles the bond-investment business; but the stock business we are still doing. He and Dan Carrington come to New York quite often on business, and they always drop in to see me. They have the run of our office. They feel at home there. They walk into our cages as though they were in their own offices, and look at their accounts. They know our clerks as well as they know their own, and call lots of them by their first names. The personal relations between us have never changed and I can tell you that I know no greater pleasure than to do business with such friends. I often congratulate myself on being privileged to do so.

15

You cannot dramatize the day-by-day growth of your business. The best you can do will be to squeeze a few situations out of your commercial career. From the day I arrived in New York I worked hard to get business for Bronson & Barnes. After I was taken in as partner I worked just as hard to get still more business, and a little harder to keep what I'd gotten. The desire for permanence became keener. The hope of success took on a more intimate quality, a more insistently personal note. I ran the office while Joe Williamson took care of the board end of the business. For a period of seven years or more I signed all the stock certificates, until the volume of business compelled us to give power of attorney to some of the boys in the office. I never went to luncheon until after three. I did a great deal of routine work and attended to details which I should have had the sense to pass on to some of the clerks. I answered the telephone every other minute. After I lunched I went after orders. Seeking new business was my job first, last and all the time. And, fully aware that I deserve blame rather than praise, I'll confess that for ten years I did not in any one year take more than ten days off fron my work. In 1914, when the Stock Exchange closed, I had my first long vacation. There wasn't anything else to do.

We did pretty well. Williamson and I kept every customer we got. It always has been a point of honor with Bronson & Barnes to keep their customers. We always have discouraged overtrading. An overextended customer has too light a grasp of his capital. To protect ourselves we must first protect the customer. By our insistence on adequate margin we had few customers to sell out during slumps, which were frequent and severe in those days.

People do business with a stockbroker because they like him personally or because they trust him or because they believe in his competence, which is to say, becausye they get their money's worth. A normal man will always wish to do business if or when there are both pleasure and profit in doing it. The outsider who wishes to buy one hundred shares of United States Steel can find dozens of brokers, offices where he may buy it equally well. That is, there is no need to stress efficiency in buying or selling one hundred shares of Steel; any one can do it. But the purchase or the sale of one hundred thousand shares is another matter.

It gives you something to think about. Where a stockbroker's everyday efficiency comes in is in the absence of slipshod methods in the office. The customer must be kept from getting overloaded. Statements must be rendered promptly and accurately. There must be always enough clerks to do the work of the office. In other words, the organization, the machinery for doing the work, must be adequate, and the machinist must know his trade. The broker who looks only at the immediate profit is an ass. When he realizes that his success depends upon having successful customers, he is wise. The most irritating thing in the world to me is to come in contact with fellow brokers who look on commissions as the chief thing to strive for, on the theory that new customers must constantly take the place of old ones, like the subscription lists of the juvenile periodicals, that are entirely changed about every three years, because the readers grow up. And the next worst thing is to hear outsiders talk about the things they think all stockbrokers do to induce their customers to trade early and often—that is, to swell commissions.

When the period of deflation came a few years ago there were no cancellations of contracts from stockbrokers. The cancellations came from all other classes of business men—from merchants, manufacturers and jobbers, from everywhere except Wall Street. It was in most cases plain dishonesty. That deflation process must always be considered a disreputable chapter in the hisrtory of American commerce. But nobody called the welshers crooks. If Wall Street ever did anything one-half so dishonest our indignant fellow citizens would probably burn down the Stock Exchange.

As I said, Williamson and I kept at it and our business grew. It was a plain humdrum business. We were on the job and gave good service. I did not see anything very dramatic about it then and I don't now. People have been led to think of Wall Street as a bloody battlefield where dollars take the place of bullets and the wounds bleed gold. The public's favorite picture of stockbrokers at their trade seems to be that of an abattoir that makes a specialty of lambs. In the Wall Street of fiction brothers are arrayed against brothers and there are no restrictions upon the forms of financial assassination: Victory at any cost. The ruthless but profitable slaughter of thousands of innocents by the interests—the mysterious "They" who form the satanic general staff of Wall Street—is a favorite theme. I remember a famous dramatist's device to show the utter callousness of frenzied stock gamblers—a ruined trader dying suddenly in a broker's office. He collapses by the ticker as he reads his doom on the tape. The other gambler— the winner—in his haste to get to the tape to see how many millions he has made, pushes the corpse aside with his foot. Pretty false stuff, that, but it went. It was so dramatic! That was years ago, but the public still believes that sort of thing.

Every time I discuss the drama of Wall Street with Wall Street men I hear chiefly statistics of the havoc wrought by panics. Such damage as a matter of fact is akin to the damage wrought by a tornado. Really dramatic moments in stockbrokers, offices are few and far between. There are eleven hundred members of the Stock Exchange, and most of them have offices that do business from ten to three on weekdays and from ten to twelve on Saturdays year in and year out. This would mean a great many moments—thousands upon thousands of moments in the course of a year; but mighty few of these moments are dramatic. My fellow brokers tell me corroborative stories that are not at all interesting. For the most part they dwell on unexpected losses or gains; say, in the panic of May 9, 1901, which for the violence and extent of the declines was unprecedented. That panic came after a tremendous boom and the public was overloaded with stocks to a degree that had never been equaled in our history up to that time. A break was due. It was precipitated rather than caused by the corner in Northern Pacific, which followed the buying for control by the two leading banking houses of the United States. The stock, of which many speculators were short, sold as high as one thousand dollars a share while the rest of the list broke from twenty to fifty points or more, good stocks and bad alike suffering. In such a market all manner of unusual incidents were bound to happen, though, after all, the sudden loss of a gambler's stake is no more dramatic in Wall Street than in Monte Carlo or Palm Beach or Aix-les-Bains.

I have always held that nothing in or about the stock market could compare with the romance of our railroads, the locating and building of any of our big systems. The star customer of one of the largest commission houses in Wall Street once said to the head of the firm in my hearing:

"You professional Wall Street men who feed on ticker tape are forever harping on the losses and profits. You seem to think that if only these are large enough or unexpected enough they must perforce be dramatic. You even turn near-losses into tragedies. The vanishing of paper profits you broker-dramatists raise to the dignity of legitimately blasted hopes. Your favorite curtain is usualty wet with utterly unnecessary tears. I've got so that if I call the turn in the market I instantly think in terms of high comedy. When I lose I promptly perceive a moral lesson or another warning to lead a brokerless life unless I wish to remain a customer to the end of my days.

"I've been in Wall Street many years; I mean, of course, trading in brokers'offices. So far as I can remember I've seen but one genuinely dramatic thing. I've been through three booms and nine panics and have known hundreds of brokers and customers, so my facilities for obtaining free theater tickets down here have been as good as the next man's.

"The episode I have in mind occurred on February 1, 1917. The German unrestricted-submarine warfare note was made public after the close of the market, January 31st. The next morning before ten there wasn't a broker's office in the United States that was not wondering fearfully just what the market would do that day. That there would be a break went without saying. Bulls and bears and neutrals all agreed on that; but the extent of the break was all that was left to guess at. Of course it would be pretty bad.

"I was trading in the office of Sheldon, Pratt & Co. It so happened that I wasn't long or short of anything. It wasn't due to my brains that I owed that happy condition, but to luck. I had decided to go South for a rest, and I never take the stock ticker along with me. I had closed out all my deals. However, knowing that it would be a great day on the Stock Exchange, I went downtown and got to John Sheldon's office before the opening, full of a natural curiosity, but also hoping I might do something useful for my heirs.

"In less than five minutes I saw that everybody in the office was long of something or other. I couldn't help knowing it; the customers, faces megaphoned it. Of course I didn't keep your books, so I couldn't give the harrowing statistics of every account in the office. But I found out, without trying, that Russell Salmon had five thousand bales of May cotton and one thousand shares of Bethlehem Steel, which had sold as high as 422 on the day before. He asked my opinion as to what would happen. I couldn't pronounce a sentence of death on a friend of mine of whom I was as fond as I was of Russell. So I shook his hand in silence. But that wasn't enough. He had been stunned by the awful silence of his fears all night long and now in the light of day he passionately craved vocal sounds.

"I could not think of verbal sedatives, but knowing the danger of even appearing to share his misgivings I frowned as angrily as I could. Then I said, gruffly, 'Don't be a jackass!'

"'Aw!' he said disgustedly.

"'It can't possibly be as bad as your nerves lead you to fear,' I assured him.

"'You are the jackass,' he said, and turned his back on me. He had been too miserable too long to find any comfort in my way of comforting him.

"'What'll you bet?' I said. But he turned, gave me one murderous look, and again permitted me to study a spot on his coat between the shoulder blades. I thereupon began to figure what he stood to lose on his May cotton and his Bethlehem Steel. I thought, having been infected with his pessimism, that cotton might go off one hundred points, possibly two hundred. And Bethlehem might break twenty or thirty points. Russell wasn't a multimillionaire and the slump was going to pinch him. He had been a picturesque cusser, with an amusing habit of stammering at the top of his voice when he was excited. I was going to keep my eyes on him.

"The air was full of suspense. You were made aware of it as definitely as if a colored searchlight had been turned on. You heard—or thought you heard—appropriate low music played by one of those ghost orchestras that you both hear and don't hear at one and the same time. I don't think I am particularly imaginative, but I thought of all these things. I have a sort of theory that intense emotions start psychic emanations from humans and you feel your own heartstrings vibrate in sympathy with the vibrations in others. When a thousand people are attuned that way, all sorts of curious things can happen. Of all the phenomena of mob psychology, that is the most curious to me; and it isn't merely the contagion of example or some manifestation of the herd instinct either. I remember the same thing in the café of the Waldorf on the night of May 8, 1901, the eve of the Northern Pacific panic.

"In John Sheldon's customers' room were forty or fifty men full of the same fear. The cause of that fear was one. The psychic vibrations were therefore all alike. I tell you, the effluvia from all those quaking souls got into my system. Presently I had but one thought—to duck. I didn't know what, but it was coming, I all but held up my arm to ward it off every time somebody said something in a husky voice. I guess all throats were dry there.

"Ten o' clock! The ticker began to click in that inhuman way it has at times, so different from the tinkle of it when things are going your way. That's no phrase. Why, I've known men to guess ten times out of ten whether the market was weak or strong by the sound of the ticker. It now made me realize gratefully that it wasn't my funeral. It made a change. I no longer shared the common fear. I was a spectator. I therefore looked expectantly at Russell to see what he'd do. How would he take that ruthless surgery—the parting of a man from his savings? Financial phlebotomy, they used to call it. But it is more than mere bleeding.

"Russell was facing the quotation board. The ticker had clicked off a half dozen quotations before he took a long deep breath. Then the breath went out in one prodigious sigh.

"He still had not looked at the quotations. His eyes were following instead the feet of the red-headed board boy. There were two board boys there, but the red-headed one was nearer to Russell. I could hear loud breathing from the customers who were seated near me. From the groups by the ticker came a jumble of voices and fragments of oaths. Clerks darted in and out of the room. If one of them spoke to a customer it was in a hurried whisper, as though he had a lot to say before a customer breathed his last. I never saw so many tortured faces in such a small space as were crowded into John Sheldon's office that morning. I noticed also that the grimaces all suggested copies of the same original. It was only after I noticed the family resemblance of all those lips that I realized the why of it. These were brokers, customers and they were all hurt and all were trying to bluff it out facially. The same thought, the same pain, the same vanity, the same grimace!

"Suddenly Russell turned toward me. I thought he was going to speak. He opened his mouth. Then he closed it. Then he shook his head. On his face I saw perplexity—a sort of agonized indecision, the kind you would expect of a man who, having made up his mind to die by his own hand, can not decide between drowning and jumping from the nineteenth story. Then he turned away and again faced the quotation board. From time to time he shook his lowered head. He was, quite obviously, saying 'No!' to himself.

"I couldn't make out his reason for so much head shaking. He was still looking at the red-headed board boy's feet. Suddenly it came to me that all that Russell Salmon was carrying in this office was his five thousand May cotton and his one thousand Bethlehem Steel. Both were bound to be among the hardest hit of all on that board. The cotton quotations were on the extreme left of the blackboard, and the Bethlehem Steel on the right, near the stock ticker.

"Poor Russell, knowing a mortal blow would come from either, did not know at which epitaph to look first!

"As a matter of fact May cotton showed a break in the price of five hundred and sixteen points over the previous day, or a difference to him of one hundred and twenty-five thousand dollars. Bethlehem Steel, which had sold at 422 on the day before, dropped as low as 363. This break of fifty-nine points amounted to a fifty-nine thousand dollar loss. The total reduction in Russell's bank acccount was under two hundred thousand dollars, but he had worked himself into a state of semiparalysis. Fear!

"'My God!' came from a man near the stock ticker, and Russell Salmon winced, as if somebody had touched him lightly with a red-hot iron.

"I took pity on poor Russell. The suspense, I knew, was worse than the reality, so I called out aloud first the quotation on cotton and next the last on Bethlehem Steel. Russell drew in a whole balloonful of air in a series of spasmodic gasps and then let out the grandfather of all the sighs. It was as if his very soul had deflated. He turned toward me, attracted by my voice, and I perceived that he did not see me. Whereupon I said, 'They'll rally!'

"'They'll rally!' he repeated, dutifully, as though I had commanded him to believe it and he had obeyed. He faced the quotation board bravely now and he read aloud, 'Utah Copper, 98 5/8! Jimmy!'

And he nodded toward James Burns, who was long of a big block of it. It was only down twelve points or so. Russell's indecision as to which side to look for death is the only dramatic thing I have ever seen in Wall Street.

One day at a club uptown I was speaking about dramatic moments to Alexander Dana Noyes, the famous financial editor of the *New York Times*, whose experience in Wall Street is longer than mine. He smiled and told me this:

"Some years ago in London I was asked to recall the most dramatic incident that had come under my personal observation in my experience in Wall Street or anywhere else. After some thinking I decided in favor of the Grant & Ward failure in 1884. You remember the tremendous sensation it caused all over the country. In the first place, it was what creditors call a bad failure. It precipitated a panic, involved a bank and bankers, it led to sensational disclosures and it dragged in General Grant, who was a special partner in the firm. The Grant of Grant & Ward was the General's son, Ulysses S. Grant, Jr.

"General Grant was then the most widely known of living Americans. As commander in chief of the armies of the United States at the close of the Civil War, as President of the United States for two terms, his place was high in the public regard. His political opponents found faults, but the great majority of his fellow citizens chiefly remembered his great services to his country.

"When the news of the failure came I was sent down to Wall Street to cover it. It was first-page news for the double reason that it was a very bad failure and because of General Grant's connection with the firm.

"When I got to Grant & Ward's office I found it full of people—customers, creditors, brokers and others, and all were intent on learning as quickly as possible just where they stood. There was much excitement and loud talking and breathless running in and out of clerks and messengers.

"I tried to get past an employee who barred the way to the inner office where I assumed the partners and the assignee and their lawyers were conferring. At my back pressed the clamoring creditors. I could hear bitter comments about the failure and the vocal sounds usual on such occasions.

"Suddenly the noise ceased. The silence came so abruptly, so unexpectedly, that it shocked me far more than an explosion would have done. I turned, half alarmed, just in time to see that excited crowd give way and make a passage. A short, heavily built man walked through, looking neither to right nor to left. He spoke to no one. I doubt whether any man in that mob had ever spoken to him. But we all knew who it was.

"As he walked through the silenced crowd every hat came off. The personal grievance of every creditor vanished before the infinitely greater tragedy of Ulysses S. Grant. The man who had said: 'No other terms than unconditional surrender... can be accepted,' the magnanimous victor of Appomattox, the twice-elected President of the United States, the private citizen whose trip around the world was an unprecedented triumphant journey, was beyond question the chief sufferer from the collapse of Grant & Ward. The spontaneous tribute of instant silence, the baring of heads, the obviously deep sympathy of that mob of angry creditors was by all odds the most dramatic incident that I can recall."

Mr. Noyes' narrative impressed me far more deeply than the stock stories of my fellow brokers. That was indeed drama! I happened to tell Mr. Noyes' story the next day in my office in the hearing of Peter Bennett, the dean of the Wall Street reporters. He also remembered the failure. He said:

"Grant & Ward's office was in 98 Broadway. I remember my chief got the tip that the firm was about to go under. It didn't come as an accomplished fact, but as an imminent likelihood. As I recall it, we heard that Ferdy Ward had been told to pay off some loans and he had given checks on his complaisant banker, but there was some question whether the bank would honor the checks or not. The firm was about due to fail anyhow.

"I ran over to their office. Prompt as I was, there were many there before me. I walked in and asked some of the crowd what had happened. Nobody knew, so I went on toward the private office. Just then Buck Grant, the General's son, came out. I knew him pretty well and he knew me. Of course the moment he saw me he knew why I was there. I suppose my eyes asked him questions, for he nodded. I approached him, pushing my way through the crowd, and he came toward me. Before I could ask for details he made a remark I have never forgotten. On that day of days he said to me, the first newspaper reporter he saw, 'I guess I'll have to go to work now!'

"Of all the sensational details of that historic failure, that one remark sticks in my memory. Why shouldn't it?"

One of my most intimate friends told me of an experience of his on that day of real tragedy when some unknown and still uncaught fiend tried to blow up the Morgan Building. The pavement for nearly a block was red with blood.

"When the bomb exploded before the Assay Office," he said, "I was coming up New Street, from Beaver. I guessed that the thing had happened in the Stock Exchange's excavation for its new extension on Wall Street, and I broke into a run to get there early. At the Exchange Place corner I met a broker running away from the Exchange. He was hatless, wild-eyed, blue-lipped, terror-stricken. I grabbed his arm.

"'What is it?' I demanded, and I was conscious that some one else had stopped at my elbow and was waiting to hear.

"'I don't know!' answered the broker dully. He was badly shaken. 'It's hell in there!'

"'Do you mean on the floor?'

"'Yes! They're all cut and bleeding! God knows how many of them are dead!'

"'My God!' said the stranger, boring in between us and pushing his face close to my friend's. 'My God, that's awful! Did you notice what was the last Baldwin?'"

He told me that story to convince me that there were great dramatic possibilities in the persistence of the ruling passion. I believe his story in every particular, for if there is a place where history is fond of repeating itself it is in Wall Street.

I could not help recalling some verses written by my brilliant friend, the late Charles Henry Webb, a day or two after Norcross, in trying to make Russell Sage give up some cash, nearly made Uncle Russell give up the ghost instead. These are the verses:

A JAR AT THE GATES

The bomb was thrown, the ceiling rent; High to heaven the broker went. Through lucent gates a glory shone. The broker knocked—faint, speechless, blown. When they responded to his call He asked St. Peter: "How's St. Paul?"

For all my insistence upon the scarcity of dramatic moments in a broker's business, I would not have you think that the life is devoid of excitement. My objection is to the difference between the Wall Street of fact and the Wall Street of fiction. Losses are always disagreeable, but they are not necessarily dramatic. Moreover, you always hear about the customers' losses, but you never hear about the brokers' losses. You never fail to be told about brokers who ruthlessly close out customers when margins are near exhaustion, but never about brokers who stake customers who have lost everything. This is not always prompted by motives of mere commercial expediency, nor by remorse, but by a genuine desire to afford the moneyless friend an opportunity to come back. A broker does not run his business on sentiment any more than a retail shoe merchant does or a junk dealer or a furniture factory; but for some reason more unbusinesslike forbearance is expected of him, as though it were his fault that customers go broke. I personally know of hundreds of cases where brokers have carried customers along without margin for a time so as to give them a chance to get back. No end of big traders have gone broke and have been able to recover their fortunes because of their brokers' generosity. I gather from what my fellow brokers tell me that for the most part the carrying of a customer that way has usually resulted in additional losses for the broker. A man may have given a firm fifty or a hundred thousand dollars a year in commissions and it is only natural that the beneficiary should permit himself unbusinesslike actions. But the fact that you have been a profitable customer of some clothing jobber does not win you especial consideration from that jobber if you are fiat broke.

And then, a broker, it seems to me, is a favorit mark for swindlers of all kinds. In our own case we have been victimized several times. Not all the attempts were successful. Somewhere Edgar Allan Poe says: "It may well be doubted whether human ing enuity can construct an enigma which human ingenuity may not, by proper application, resolve." It seems to me that no man intent on keeping what belongs to him can devise a system for protecting his possessions which will not be found vulnerable by some other man, in tent on getting what does not belong to him. In other words, it is well-nigh impossible for a business house to exercise such care as will keep it from being the occasional victim of ingenious crooks. Sometimes the attempt is made by outsiders. Quite often it is an inside job. An employee may be honest for years and then go wrong. How can you guard against that?

16

I am going to tell a few instances—true stories, everyone—of losses by brokers. If I don't tell the most ingenious it is because crooks are always on the lookout for successful plans, and not only imitate them but modify them to meet new conditions or change certain details that make detection more difficult. One great trouble with us brokers is that we necessarily do business only with people that we think are reliable. All that any crook has to do in any business is to establish credit, and then he can easily swindle the very men who are trying to help him do business.

A woman went into our Chicago office. She had with her a letter of introduction from the Steenth National Bank of Pontiac, Michigan. That wasn't the town, but it will do. The letter stated that she had been a good depositor with them. She opened an account with us. There was no reason why we shouldn't have taken it. She gave us a check on her bank, and if the bank of her home town knew her, who were we to question her? She was a quiet, businesslike person who seemed to know what to do in a broker's office. She didn't talk much and didn't volunteer any information about the source of her tips. From time to time she dealt in securities in our Chicago office. Usually these were Curb stocks, but as she always paid cash for the securities she bought and always delivered the securities she sold, there wasn't anything suspicious about her. Not once did she fail to do the proper thing. She soon became one of many customers for whom we had done business and whom we always had found reliable.

Not so long afterwards a highly speculative mining stock—Bolivar Gold—became quite active on the Curb—in New York, of course—and it rose to eighty cents a share. One day—it was on a Saturday in November. I remember the date because I had gone to New Haven to see the Yale-Harvard football game—that woman, Mrs. Baker, called at our Chicago office and asked for a quotation on Bolivar Gold. When she got it—eighty cents a share—she gave the manager an order to sell ten thousand shares. She had given us such orders several times and the stock had always been forthcoming. So the manager accepted her order and we executed it. We sold ten thousand shares at eighty cents a share. Of course Mrs. Baker told our Chicago man that she would send him the certificates the same day. It was on a Saturday, remember; that is, the market closed at noon instead of at 3.00 P. M.

On Monday morning I was informed that our Chicago office had sold for a client ten thousand shares of Bolivar Gold at eighty cents on Saturday and had notified us that they would ship the certificates that same day. Well, when I found out that the certificates had not arrived I wired to know whether they had been shipped, and heard that they had not and the manager at that very moment was trying to find Mrs. Baker.

Bolivar Gold was very active that Monday and the price went up to one dollar and fifty cents a share.

Our Chicago manager called up the hotel and learned that Mrs. Baker had checked out Saturday forenoon. She had gone home to Pontiac. He tried to get her on the telephone, but the operator reported that no person by that name could be located anywhere in Pontiac. The bank didn't know where she was. All they knew was that she was not at home.

The manager hopped on a train and went to Pontiac. There he soon learned that Mrs. Baker had decamped, taking all her belongings with her. There we were: No customer, no stock certificates, nothing, except a certain amount of surprise that a bank should so recklessly vouch for a woman of whom, it now developed, they really knew nothing.

We got the report of all this from our Chicago manager on Tuesday. The stock by that time was selling at two dollars and fifty cents and we were getting notices from Curb brokers to the effect that if we did not immediately deliver the stock we had sold them on Saturday at eighty cents a share they would buy us in and make us pay the difference. We told them we were busily engaged in trying to get that selfsame stock for them.

On Wednesday, Bolivar Gold rose to four dollars a share. By that time we had notified the police, we had put a detective agency on Mrs. Baker's trail, and we had begun to suspect that we might be the victims of a simple but ingenious plot to part US from a few thousand dollars.

In those days the Curb market was out in the open Street, and it was an irresponsible body—totally different from what it is to-day. There were all kinds of so-called brokers in it. Anybody could trade there. The brokers to whom we had sold Mrs. Baker's stock were clamoring now for the undelivered certificates. They wanted them at once or there would be the dickens to pay, and all that sort of thing.

By that time the transaction showed us a loss of forty thousand dollars, but by that time also we had learned enough to convince us that we were dealing with crooks. Mrs. Baker had got us to sell the stock and then the gang put up the price in New York. Bronson & Barnes were thus short of that stock and as a reputable firm, jealous of its reputation, the gang obviously reasoned, we would settle in cash. After all, the amount involved wasn't so very large.

Well, I went over to the headquarters of the Curb and asked to have all the brokers to whom we had sold Bolivar Gold at eighty cents a share on Saturday called in. When they came I told them we had evidence that we were the victims of a plot to which knowingly or unknowingly they were lending their aid. The recent jacking up of the price was plainly designed to make us settle. We were receiving telegrams from all parts of the country from various dealers, offering to buy Bolivar Gold at prices above the market. But all that didn't frighten me. I did not propose to settle and told them I'd be delighted to have them take legal action to compel us to. I said I was on my way to the district attorney's office, and Bronson &Barnes, I assured them, proposed to fight the matter to the end. No cash from Bronson & Barnes!

I went back to the office. The next day the price began to go down. It was not long before it was below eighty cents and we finally bought in the stock for less than we had sold Mrs. Baker's non-existent ten thousand shares. Nobody sued us and we did not lose any money.

I'll tell you of another case, and that time we did lose money. It was not so unlike the other in the details. A man went into the Boston office and opened an account. He deposited five thousand dollars. He had references from a small country bank in Massachusetts. He traded in a desultory sort of way in U. S. Steel, Union Pacific and two or three other stocks. He made himself popular with the clerks, so that they got to know him. He became a regular customer, as a first step.

One day he came into the office here. We knew who he was and that he had an account with us in the Boston office. He gave us an order to buy two thousand shares of the Zuni Zinc Company, which was then selling for six dollars a share. He said he wanted us to send the stock over to Boston and that he would take it up when it got there. Of course before we executed the order we found out that he had a balance of five thousand dollars and there was no reason to suspect that he would not make good his promise to pay the amount due on the stock when it arrived in Boston. We thereupon bought the stock and shipped it to the Boston office.

The customer never showed up. They tried to find him, but they couldn't. After a day or two of unsuccessful searching we began to suspect that we were the victims of another fraud. This suspicion became a certainty when we began to sell the stock. The market for it had disappeared. We couldn't get rid of a share, and so we were out seven thousand dollars. of course the alleged customer set to work in an intelligent way. He got our confidence to the extent that made us willing to trust his word for a few thousand dollars. He displayed equally good sense in not trying to get too much. He paid us five thousand dollars and we paid his confederates twelve thousand dollars. He probably called it a fair exchange, we being brokers.

Not long thereafter, the selfsame trick was played on Smith, Matson & Co. They have, as you know, branches in all the principal cities and do a very large business. One of the crooks gave an order in Chicago to buy a certain Curb stock in New York, and when it was delivered in Chicago the customer was not to be found. But Smith, Matson & Co. were cleverer than we, and caught their man before he could get away. I don't know just how they happened to move quickly enough for that, but I do know that among the crook's effects they found a telegram from New York with the sterling advice: "Try Bronson & Barnes."

Of course it isn't only professional swindlers who are guilty of frauds on stockbrokers. There is a man who began by writing poetry for our best magazines. The verse business apparently wasn't booming, so he decided to become a broker. That was his second step. He probably studied the ground as carefully as he could and became a bond broker. Perhaps customers were hard to get or possibly he had made up his mind to live at the expense of the other brokers, for he developed a simple but ingenious system.

He had an office in Wall Street and the way he operated was this: He came into our office and bought five Liberty Bonds, which he took up and paid for. A few days later he came in and bought three, and again he paid for them when we delivered them to him. The next week he bought seven and paid for them, and again nothing wrong. He did this same thing in other brokers' offices. He got so that he knew our bond trader pretty well, for he was a nice-spoken chap. Oneday the ex-poet bought four Liberty Bonds and left instructions to deliver them to his office. Four bonds isn't a very big delivery, so we sent a messenger with them. In payment for them the messenger received what he thought was two checks, but in reality it was one check and one draft. The draft looked exactly like a bank check. The check was on his bank for three thousand dollars and the draft was on himself for one thousand. The messenger knowing how much he was to get found the total amount correct, left the bonds, and came back with the check and the draft. We put them through our bank in the ordinary course of business. The check was paid, but when the bank presented the draft for payment the poetical bond dealer told the bank he couldn't pay it. The bank duly notified us, and of course our man went over to the alleged bond broker's office.

"What's the idea," asked our man, "giving us a good check for three thousand dollars and a bad draft for one thousand dollars?"

"Well," said the reformed poet, "you see, my bank balance is pretty low. I had some bonds coming from Charles Parker & Co. that I paid for, expecting to get a check due me from Healey & Fleming of Philadelphia that should have reached me before this. They are as good as gold, but there was some question as to the right of the executor of the estate to sell those bonds and—well, to tell you the truth, I was ashamed to confess I didn't have a thousand dollars in the bank and the draft went unpaid. Please be patient. I'll give you something on this draft." And with that he began to take all the money he had in all his pockets, about one hundred and seven dollars, and he gave our man one hundred dollars in cash. He promised to pay the balance in a few days.

A few days later, nothing having come of the bond dealer's promise, our office manager went to see him, and got another tale of woe—same doleful but convincing story of hard luck, and we gave him more time. When we jogged him up again he came in almost in tears and left thirty-five dollars in cash with our man.

One day our manager happened to speak about the ex-poet to a friend of his who was employed in another brokerage house, and was surprised to learn that they had had the same experience. They then began an investigation and found out that there were at least two dozen firms to whom the broker bard owed money. We learned that he had a habit of paying in driblets, sometimes in cash, or by small checks, and once by a telegraph money order sent from the Grand Central Station. But for all that, we figured that this follower of the Muses had gotten more than fifty thousand dollars from brokers in less than a year in amounts ranging from five hundred to three thousand dollars.

He honored only prosperous brokerage houses, firms that could afford to lose small sums of money without calling on heaven or the district attorney for help. It seems he took legal advice for everything he did, and the small payments from time to time were clearly evidence of his good faith. The only man who got anything out of the poet was George N. Chambers. George doesn't take a year to act. The moment he heard the story of the man who used the draft that looked like a camouflaged check and wasn't paid when presented, he sent for him. The poet came and told his usual lachrymose story. George Chambers heard him, and when the poet finished, with the customary promise to pay in a few days, George told him: "You know damned well you are not going to pay and I know damned well I'm going to lick you." And he did, and then George charged off the seven hundred and fifty dollars.

The way the poet finally was stopped was because he did not follow his lawyer's advice. It seems a firm sent the bonds to the alleged dealer's office by a messenger boy who had gumption. The boy delivered the bonds to the poet and received a cashier's check and the usual draft on himself. But the boy said, "Nothing doing. You give me one certified check for the whole amount or else give me back the bonds, and then you come over to our office and get them."

The poet lost his head or else, in common with most crooks, needed the money so badly that he was reckless. At all events, he refused to give to the boy either the certified check or the bonds. This established the man's criminal intent, and with that the district attorney was able to bring him to trial and convict him. He is now in state's prison. I understand he has gone back to poesy.

I couldn't begin to tell you one-tenth of the stories of frauds perpetrated on brokers since I came to New York. It is almost impossible to guard against a certain kind of swindle. For instance, not long ago an officer of the Sampson Steel Shoe Company, a manufacturing concern which has its securities listed on the New York Stock Exchange, left the employ of the company. He took with him several hundred thousand dollars of bonds—part of an issue which had been authorized but of which only two-thirds had been sold. The officer, whose former connection with the Sampson company was well known, had no trouble in selling the bonds through various reputable brokers. He was caught before he had sold all his stolen bonds because a clerk became suspicious. It had been a small issue, so this clerk checked up the serial numbers and telephoned to the company's treasurer, and the result was the ex-official was promptly arrested.

The frauds based on a similarity of names are frequent. They are usually made possible by the carelessness of the clerks, As a matter of fact, dishonest dealers are so few that brokers' employees assume there are none at all. One of my friends lost three thousand dollars not long ago. A customer gave them an order to sell one thousand shares of Conkling Mining Company, and they executed it. They received the certificates, but when they came to deliver them the buyer refused to accept them because they were shares of the Conkling Mining Corporation, which were absolutely worthless.

One of the best known of the Western wire houses had a bright, enterprising telephone boy on the floor. He was on the job all the time. In addition to his regular job he had brought in three or four customers, and altogether the firm was well pleased with him. That youngster was on the way to success, and everybody said so.

There was no suspicion that this paragon boardroom telephone boy could be guilty of anything crooked. But one day one of the customers the boy had brought to the office came in and asked for a statement.

"I've only made a few trades, but I've always been accustomed to monthly statements from my brokers," he said.

"Why, we have sent you a statement at the end of each month," they told him.

"I never got them," he said. "That's funny, isn't it?"

They promised to look into the matter, and they did. And then they found out that the model telephoneboy and a trusted order clerk had worked together. The telephone boy pretended to get orders by telephone from the office which he turned over to one of the firm's floor men to execute. These transactions he reported to his confederate, the trusted order clerk, who credited them to one of the customers the telephone boy had brought in. The telephoneboy was on the watch and at the end of the month, when the statements were made out and were about to be mailed, he would go to the bookkeeping department and say that his friend, the customer, was out in front and would like his statement. Of course the bookkeeper would let him have it.

When the thing was discovered the account showed a loss of about four thousand dollars. Of course by this time the telephoneboy and the order Clerk had skipped. The customer was raging mad. He claimed he had made only a couple of trades that month, and had a little profit instead of a loss. He asked that his account be closed out at once and he insisted upon being reimbursed. The firm had no proof that the man had given any orders to the boy by telephone, and the skipping of the two clerks was in his favor. But one of the partners asked him to wait a few days. They would try to get hold of the runaways. The customer said he didn't give a hang whether they ever caught the boys; he wanted his money right away. But the partner refused to give it to him before the end of the week.

The firm figured that the boys planned to trade at the firm's expense. If the trades had been successful they would have had the telephoneboy clerk draw out some cash for his friend "the customer, out in front," or else get a check for the profits and get it cashed somehow and skip. Well, they never caught the telephoneboy, but the order clerk, who was merely a tool, walked in one morning and made a confession. It turned out that it was the customer who had planned the whole thing. He had agreed to share the profits, if there were any. If the trades showed losses, his intention was to let the firm stand these on the ground that he had not given any such orders. Nobody went to jail. The wire house did not want any notoriety. Now how can any firm protect itself against an inside job like that?

Another case was that of the manager of a seaside resort branch of Wyman & West. His method was to make use of dormant and inactive accounts. Some of the customers were stuck with stocks that they hoped would some day go up and show them a profit. But until that time they simply hung on and hoped. The manager would go through all these accounts and draw down all excess margins for himself, redepositing it for the customers when margin calls went out. The firm lost a considerable amount through his crookedness. He had been a reliable employee of theirs for years. In the end he became entangled with a woman. Who, since Adam, has ever discovered protection against a man who meets the wrong woman?

A man was introduced by a customer to the manager of the Wilmington office of Curtis & Bell. This chap was a soft-spoken, pleasant-looking man who said he wished to open an account. He said he would like to trade there and intimated that he had pretty good information on certain stocks. He deposited forty-two hundred dollars with the firm and promised to be in with his good thing in a day or two. But he never did. He was not seen again at the office. Two weeks after he opened the account the manager of the office got a postal from him from some town in England.

The man showed up in the office about four weeks after the postal came, and explained that he had been summoned suddenly by cable by reason of his mother's illness. She had recovered, but, being old and not very strong, she had prevailed upon him to give up his business in the United States and return to England. She wanted him to be with her for the rest of her life, and he had agreed. He had come back to Wilmington to wind up his affairs. He had decided to sell all his American investments. He would put all his money into English securities as long as he was not going to live in this country. He would close his account with Curtis & Bell, of course; but before he did so he would ask the firm to sell some railroad bonds he had which he would bring in. It was only fifteen thousand dollars. The manager told him to bring in the bonds, and the man left the office, promising to come back in a little while with the bonds. He wanted them sold and the cash turned over to him as soon as possible, as he wanted to go back at once to his aged mother.

It was a dull day and the manager, for no particular reason, except to prolong his chat with one of the partners at the New York end of the wire, mentioned the unimportant fact that he was going to send an order to sell fifteen thousand dollars' worth of those bonds in a few minutes. He had barely sent the message when the customer returned with the bonds. The manager sent the order to sell the bonds. Ordinarily the order would have been rushed to the foor without further ado, but it so happened that the partner who got the message suddenly remembered reading about a theft of some of these bonds. So he got the Wilmington manager to send the numbers of the bonds. Sure enough, they were the stolen bonds. The customer had opened an account there in order to have a broker through whom to dispose of the stolen securities, and it was only through sheer bad luck on his part that he got caught. He was wise enough to prepare a good plausible story. He wasn't taking any chances on losing any of his forty-two hundred dollars, and so he never made a trade. He was playing safe.

17

The crisis of 1907 was bad for everybody. We were no exception. The Street escaped by the narrowest of margins one of the worst panics of our financial history. In October call money, following the banking troubles, loaned as high as 125 per cent, but even at that rate there was practically none to be had. It got so bad that a premium was paid for cash money over bank deposits represented by checks. We resorted to clearing-house certificates, as you doubtless remember. It was the last of the old-fashioned, senseless, needless crashes, and I think it did a great deal to turn sentiment all over the country in favor of a more intelligent banking system.

Our firm's individual problem while the panic raged was to keep our heads and our solvency and try to get our customers to do likewise. After the panic the problem became: What shall we do to get business when there is no business to get?

We had done almost entirely a stock business. In our New York office our customers nearly to a man were stock traders. We had to find something to take the place of stock trading as an income producer.

Of course bonds naturally suggested themselves. If the public—our customers—didn't or wouldn't or couldn't trade in stocks we might develop a bond-buying clientele. To do this we must enlarge our sphere of influence. We must find, not alone in New York and Boston but in various sections of the country, new customers, whom we might interest in bonds. And when the improvement in the stock market came, as it must some day, we would have those new bond customers to interest in stocks. Speculators and investors are always with us. They are to be found everywhere, but they are more abundant at certain times than at others. On the principle of rotation of crops, if no other, we must have one to fall back on when the other was not in evidence. In good times all speculation is called investment, and in bad times all investment is speculation. The average man admits that he has been speculating if he loses money. But if he wins he tells you he has been investing.

Friendly experts told us, out of the fullness of their experience, that no house could do both a stock and a bond business at once. The principal reason they gave us was that no house ever had done so. The bond business, as everybody knew, had always been in the hands of a few firms—all specialists—who had built up a special sort of clientele, like my friend Cramer's firm. I remembered our experience as bond merchandisers and did not relish the recollection of our failure, although the cause, as we saw it, was that we had not adapted our office machinery for thetask. In the back of my head was always the thought that some day I should try it again—after properly preparing for it.

In the sense that no house has succeeded in synchronously being both a great bond and a great stock commission house, the friends were right. I also was willing to admit that a bond-selling business and a stock-commission business were different. But I insisted that most stock traders were occasional buyers of bonds. All we had to do therefore was to approach them from a different angle.

You see, when it comes to stocks, all Stock Exchange houses transact their business on the Stock Exchange. Say that several brokers go to the same man and suggest the purchase of one hundred shares of United States Steel. Well, every one of those brokers must go to the same place to buy that same stock. They all charge the man the same commission and pay the same price at the same time. One broker may have more capital than another or be more careful in executions; but, in point of fact, so far as the customer is concerned, there is not much to choose between the various brokers who gets orders to execute for one hundred shares of any stock in which there is a free market.

when it comes to dealing in bonds the differences are many and important. Different houses handle different types of bonds. These bonds sell at different prices and the interest yields also differ. The customer has therefore to consider many things. The broker who makes a specialty of bonds must show far more originality in getting business—in getting the various issues of bonds to sell as well as in finding and persuading the buyers to whom to sell the issues—than a stockbroker need show in order to succeed. The bond business, by nature of the goods as well as on account of the selling points that must be stressed, is much more of a merchandising business than stocks. Of course the modern brokerage house must be equipped to handle any kind of business that has to do with the buying and selling of all classes of securities. That is one reason why out-of-town connections are indispensable. We soon realized that we needed a separate organization for our bond business. To-day we physically separate our bond men from our stock men.

The history of my family is the history of American business. Westward the course of empire has gone its way, and business with it. My grandfather followed the pine tree. He started in Maine and then he went west to Pennsylvania. From Pennsylvania he went west to Michigan. My father followed the pine tree, and he also went west to California and Washington—always fol-lowing the pine—buying trees. Where the tree was there the money was; and the tree was in the West.

Well, Bronson & Barnes did the same thing. They started with a little office in Boston—the two partners and an office boy. The business grew and they opened an office in New York. The business kept on growing because they had to expand in order to keep from shrinking. We figured that there was money for a stockbroker wherever there was much manufacturing; for instance, in all that section from Pittsburgh west to Chicago and Toledo and Detroit. Formerly all the manufacturing was done in New England. Then it traveled westward. To-day look at the manufacturer's plate or the label on any article and see where it is made. Our growth as a brokerage house has merely kept pace with the growth of our country.

When I first became a bond salesman no Eastern house dreamed of trying to sell bonds west of Pittsburgh. If you talked bonds to a Western customer he was apt to edge away from you or else laugh at you for thinking he was gullible enough to fall for that kind of game. He classed you with green-goods venders or dealers in gold bricks. If he had money to invest he bought real estate or farm lands or mortgages or wheat or hogs. To-day he not only buys bonds and stocks, but Chicago is one of the greatest bond markets in the world.

In 1907 when the need of developing an investment business to offset the dullness of the speculative markets became vital to us, the president of one of Chicago's leading trust companies urged us to open an office there. He was an old friend of our senior partner. He offered us quarters in his building and strongly recommended one of his brightest young men for manager. He went so far as to tell us we could help ourselves to such of his clerks as we needed.

His suggestion came at exactly the right time and we took it. The Chicago office paid from the start. The first clerk we hired is to-day a valued partner and is still in charge of the office. Under his management there has never been a time, however dull the stock market may have been, when we didn't do better than break even. We are doing a very profitable business there now, I assure you.

In Detroit, where we opened an office shortly after Chicago, it came about in a different way. The old New York Stock Exchange firm of Simpson, Phillips & Co. failed, and the office manager and the customers' man of their Detroit branch found themselves not only without a job but anxious for an opportunity to do business. Simpson, Phillips & Co. were a highly speculative house with a superabundance of superfluous branch offices and a very sporty clientele. They were famous for the lavish way in which they entertained their customers. In one of their uptown branches in New York City they occupied a suite in a famous hotel and they had a roof garden and ladies' rooms and all manner of luxuries and comforts.

The Detroit employees, however, were fine, decent chaps and great hustlers, and they were anxious to work under conditions that would appeal to a business man. They heard of our opening an office in Chicago and they immediately came to New York and urged us to open one in Detroit. We believed that Detroit had a great future as a manufacturing center and we decided to start there a little ahead of other brokerage houses. We investigated the two young men and we finally opened a branch office there in charge of the former employees of Simpson, Phillips & Co. They found that there was a difference between Bronson & Barnes and the high-flying firm they had worked for and they made a wonderful record, all the more to their credit since they had to overcome prejudice against brokerage houses. As Detroit developed its wealth grew, and so did the business of our branch there. To-day a dozen or more Stock Exchange houses have branches there.

We opened other branches in other cities or else we increased our wire connections. We were looking for more ground to cover. We wanted more customers, more people who should be served by Bronson & Barnes either directly or through other brokers who had wires into our New York or Boston office. I will cite as an example the case of a young Harvard graduate who came to me to ask for a job in our office. He did so because there were so many Harvard men in our firm. I made a place for him and he developed into a very competent man. One day, when he had been with us two or three years, he came to me and told me that a friend of his had made him a proposition. It was to buy him a seat on the New York Stock Exchange, form a partnership and start an office in Hartford. He thought there was a good opening there. I advised the youngster to accept the offer and then hustle for business. He knew how we worked. Well, he formed a partnership with his friend and hustled. They have a wire with us and they do a fine business. They have the best people in their community for customers. Hard work, common sense, honesty and a good disposition were their chief assets. They were ample to insure success.

There we were, right after the panic of 1907, with a stagnant stock market and a number of new branch offices. We had more customers' names on our books and also a heavier overhead. We had to work harder than ever to do better than pay expenses. It was a terrible time for stockbrokers.

In October of that year money loaned as high as 125 per cent. In 1908 money loaned as low as 3/4 of 1 per cent in August. That is all that you need to know to realize that it was a time for buying bonds and not stocks. When money rates go down bonds are bound to go up. When we saw call money offered at less than 1 per cent we felt comforted to think we had prepared for other than a stockbrokerage business.

We worked hard, of course, to develop the business—new to us—of aggressively selling bonds. We hired bond salesmen for the first time. I mean, men who did nothing but spend their entire time outside of the office, trying to sell. We had two men working in New York. Before the end of the year we had three. I myself was on the job all the time. If I heard that a new issue was about to be brought out by one or another of the great banking houses, I hurried over to get a participation. I can't tell you how many syndicates we went into, but I don't think we missed any. It was a case of plain hustling. There was more sweat than thrills to my job, but we managed to do fairly well. Why shouldn't we, when all the partners worked from ten to fifteen hours a day?

As I told you before, selling bonds to the general public in those days, especially for a firm like ours, which was primarily a stock house, was no easy task. The salesmen we sent out were, in a measure, educators. As far as our house was concerned they were pioneers. We sought fresh customers everywhere. Our old customers we approached not in their capacity as stock traders but as investors. We had to teach them their new role. The selling points were different. We told our prospects what the security was—I mean, all that an investor ought to know in order to act intelligently; full particulars about the nature of the company's business, the earnings past and present, the expectations of the management and the reasons for these expectations, the degree of safety of the bonds, and other data. It was usually a case of selling five or ten bonds. After our man finished his speechifying he either gave the customers the bonds and got a check for them or else he smiled and promised to call again with more bonds.

If the customer bought he took his bonds to his safe-deposit box and locked them up. He had no intention of selling them again. He had bought them to cut their coupons. The bonds themselves were for his heirs to rejoice at some distant day. It did not occur to that bond buyer to trade in bonds as he did in stocks.

To-day the bond salesman goes to a customer on Monday with a 6 per cent bond, and on Tuesday with a 7 per cent bond.

"You trade out your 6 per cents and take on these 7 per cent bonds," he says, and tells the customer why he advises the swap. And the customer thinks it over and figures a little and either shakes his head regretfully or gives us his old bonds and some cash to boot and we hand over to him his nice new bonds.

The old-time investor has disappeared. He has been succeeded by the speculator in bonds. The desire to buy new issues that shall be safe as to interest and in addition shall advance in price, has introduced a disturbing element in the trade. Of course the increase in the volume of business has been enormous. We do not make a specialty of bonds, but we think nothing of selling sixty or eighty million dollars a year. There are houses that sell hundreds of millions. A firm that both brings out and retails bond issues, does a business of nearly a hundred million dollars a month. Of course a house like J. P. Morgan & Co., that does only a wholesale business, does more than that.

We did pretty well back in 1908, always looking forward to the improvement that was bound to come. I do not think that any American business man is entitled to any especial commendation for what you might call his commercial patriotism. The history of our country teaches us what to expect. We know that our expectations have always been exceeded. The most frequent mistake of American optimists has been in not being optimistic enough.

If 1908 wasn't a time for making a lot of money it was obviously what such a time always is and always will be in these United States—a time for improving and strengthening, your money-making machinery, getting ready, as it were, for the next crop. I told you my work meant more sweat than thrills, but I assure you I found great pleasure in seeing the way our organization developed in methods as well as in personnel. We dismissed the incompetent or the detrimental and promoted the competent and the decent. We watched our boys as keenly and, I really think, as sympathetically as if they were our blood kin, for we always felt that the future partners and managers of Bronson & Barnes were there in our office working for a salary. Our partners, we are proud to say, have all come from our own ranks. We have never taken in a man because he brought capital into the firm but because of what we knew he had—the spirit, the ability, the knowledge, the loyalty—in short, the requirements for a partne rship in Bronson & Barnes. Our help has never failed us. We attribute our success to the whole-hearted way in which everybody in our organization works for the common good, from the latest recruit to the senior partners. We have neither shirkers nor whiners. All our heads of departments came in as boys just out of school or college and we are proud of them. It is good business to have such an organization. Also it makes the work pleasant.

Those of our clerks who wish to save money may leave on deposit with us as much of their salaries as they can spare. We allow them 7 per cent annual interest. This interest, however, is credited once a month so that it amounts to more than 7 per cent for the year. We have on deposit in our office to-day more than $ 160,000 of our clerks' money, all saved from salaries. They are really preferred creditors because they have no collateral and are not speculating in stocks but simply have left that money with us. It is good business for us, not as bankers but as employers. And we do more, for we give a bonus every year. They have to take their chances with the firm. That is, if we have a good year we give a good bonus. Some years we pay two or three. We have distributed as high as $ 600,000 in one year. Some years are better than others, but we never have had a year that we didn't divide something.

I have been instrumental, myself, in taking in as partners four men in our New York office and one in Chicago. And nothing has ever given me greater pleasure than to do this. Every business house should plan to grow with the country. We certainly did and we recognized the need to provide for the adequate manning of the business at all times. You often hear about this or that being a one-man business. You may get a very thrilling story with it, but you usually find that the one-man concern goes out of business when something or other happens to that one man.

The late J. Pierpont Morgan was so much the head of his famous banking house that it is no exaggeration to say that he absolutely dominated it. But while it was dominated by one man that man took mighty good care always to be surrounded with plenty of good partners. He picked them not for their capital but for their ability and for their character; for those qualities that a partner of the firm of J. P. Morgan & Co. simply had to possess. It is still the greatest private banking house in the world.

18

Of course we always managed to do some stock business. Periods of dullness in the stock market or of slowly sagging prices are very trying to stockbrokers, not because we don't make commissions but because the customers don't make money. I have made my money out of my work, and my work has been directly or indirectly with or for my customers. But they are always apt to disregard advice, especially when their accounts show them losses.

The other day at the Luncheon Club several brokers talked about some of the trials of their business. They agreed that it was not the alternations of feast and famine spells in the stock market that wore on the nerves, but the cussedness of customers.

One man, whose surname is known wherever there is an American who is familiar with the history of his own country, observed, "Will you tell me why it is that if a customer has bought several stocks for divers reasons and all but one have gone against him and he has to lighten his load, he invariably sells the one that has gone up, the one that shows him a profit—that is to say, precisely the one which he did not make a mistake in buying? I have noticed that they do it every time. They get rid of the good actor and keep the lame ducks. I have men in my office who have made great successes as merchants or manufacturers, excellent traders in their own lines, shrewd, experienced business men. But when it came to stocks they made the same inexplicable, unpardonable blunder.

"I have often said to them: 'You have two lines of goods; one goes easy at your own price; the other doesn't move. Which should you sell? Does the fact that you will have to cut your profit and take a loss keep you from getting rid of your lemon? Do you hang on to your slow-moving goods and prepare to keep them in stock the next season? Why do you do in the stock market the reverse of what your experience has shown you to be good business?'

"You know how clever Larry Livingston is, don't you? Well, he was long of wheat that showed him a profit, and of cotton that showed him a loss. So, becoming confused by listening to others and by other mistakes, at a time when he wasn't in good health, he sold his wheat and held his cotton, and as a result he went broke. He himself told me, 'Having listened, I was lost. I was merely playing another man's game. Always sell what shows you a loss and keep what shows you a profit. For a man to violate all the laws at experience has taught him to observe in order to prosper is more than asinine. 'Larry Livingston has said many other wise things about speculation. But though I repeat them to my customers incessantly they remain untaught."

"Yes," said Ernest West, head of the wire house of West & Holley, "but another type is just as bad, and that is the wise chap who knows that the game is crooked and protects himself accordingly. We don't let such Solomons in if we can help it, but once in a while one of them slips into the office and trades and makes everybody uncomfortable while he lasts. In common with most Smart Alecks he invariably loses out and disappears, but he leaves unpleasant memories behind him. I recall a chap named Billings who had an account with us. He was the kind of customer who thinks that if he puts in an order at the market, the broker steals an eighth or a quarter. He tells you he knows you don't make it but that the specialist probably does. You know the type; the kind that in the end buys fake oil stocks thinking to unload before the promoter does. As a rule tell the customers' man to tell his flock what Larry Livingston has said on the subject. You know, some years ago, Larry cleaned up big in our office, and his trading maxims are passed around several times a day. Larry, in the book of his reminiscences, says: 'I can't trade with a limit. I must take my chances with the market because what I am trying to beat is the market and not a particular price. When I think I should sell I sell. When I think stocks will go up I buy. There is an essential difference between betting on fluctuations and anticipating advances and declines. It is the difference between gambling and speculation.'

"We never could make this chap Billings grasp these commonplaces of stock trading. One day he came into the office looking as important as six congressmen-elect or the general in chief of the Santo Domingo Army. Of course I knew he had a hot one, and I am unprincipled enough to admit that I was glad of it, as it was time he underwent a little chastening. Well, he didn't disclose the source of his information. He simply gave an order to buy one hundred Piggly Wiggly at 64. I was on the point of dissuading him when I remembered his educational needs and decided to give the ticker a chance to teach him.

"Of course the usual thing happened. The stock rose. More; it rose by leaps and bounds. It soared.

"The day it got to around 140, Billings, who had, of course, been urged to take his profit before that level was reached, decided to cash in. He gave us an order to sell. I don't remember what the price was, but he was advised to make it at the market. Billings said no; he wasn't going to give anybody a couple of hundred dollars of brokerage graft if he could help it. That stock was moving about too energetically, and he figured, I suppose, that we wouldn't give him the right price by a point or two if he made his order at the market.

"Well, the stock began to break. It showed quite a decline when he canceled his first selling order and gave us a fresh one at a much lower price, but still at a fixed limit. Again we suggested that he make it at the market, but he claimed orders of that kind merely made brokers careless about the execution. Of course you know what he was really hinting at. Well, the price went down some more and he lowered his limit but still would not give us a chance to sell for what we could get. Pretty soon the stock went so far below the high of that movement that he withdrew his selling order altogether. As soon as he did that the stock rallied and sold at the last figure he had given us, it looked as if the upward movement had resumed, so he astutely put in a selling order above the last quotation on the tape. Of course the price thereupon started to go down. Just before the close he marked down his limit, but not enough.

"Much earlier in the day there had been all manner of rumors, and before the close it was plain that the stock was cornered. The next day the stock was stricken from the list and he couldn't sell it on the Stock Exchange. Eventually he sold it through some other brokers, over the counter, at a substantial loss. I told him in a nasty voice that it served him right and that I personally was delighted with the outcome of his bad trading technic. My hopes were realized for he got mad and closed his account with us. I've told his story because I consider his a typical case."

"Yes," said a former fellow clerk of mine who is now head of an active commission house, "but I think my pet grievance is that it is so much harder to get our customers to sell a stock than to buy it. When I was office manager for Malone, Tobin & Co., I became acquainted with Col. Henry R. Byrne, the chairman of the board of directors of the Dorset Dolomite Company. He owned a big block of his own stock, but he took advantage of the general depression to add largely to his holdings at the prevailing low prices. When the general recovery in business began the Dolomite Company got a lot of juicy contracts and the colonel became very bullish on his stock. As I knew what he had done and why and what the company's prospects were, I also became very bullish—and I put my customers into Dolomite. We began buying it at under 30 and bought it all the way up to 50. Around 55 I was as bullish as ever. I had every reason to be, for the value was there and I could not see why it shouldn't keep right on going up to around 75 and I did not hesitate to say what I believed, for I really thought that 75 was a conservative price. I forget how much I figured the stock was earning. Anyhow I kept on bulling it. Everybody was making money following my advice, and you know what a grand and glorious feeling that is.

"Well, one day my senior partner called me into his private office, and there he imparted the sad news that Colonel Byrne had begun to sell his Dorset Dolomite holdings. How he got the information I didn't ask, nor whether we had any selling orders from the colonel. It was enough that now I knew why the stock had been so heavy for the last two or three days. The inside selling was explanation enough. Colonel Byrne was an exceptionally well-informed man on all business and financial matters and happened to be the largest individual holder of Dolomite.

"Of course I thought of my customers, who were all nice chaps—customers always are, when they follow your advice and are willing to back your opinion with their money—and I was anxious that they should take their profits at once. So I hustled out of the private office into the customers' room and began work. I had been vociferously bullish up to the minute I had been summoned into our senior partner's office, and I had to give some excuse for my volte-face.

"I approached my nice customers, who had taken my advice to buy Dolomite so dutifully. I said to the first, 'Bill, sell that Dolomite of yours.'

"'What?' said Bill incredulously.

"'You've got a nice profit. Get out.'

"Why?' he asked disagreeably.

"lt doesn't act right,' I said. How could I tell him the truth?

"'Bosh!' said Bill. 'It acts all right. It's had a big rise. There's bound to be a little profit-taking now. But she'll go right up again. Why, you yourself said this morning you looked to see it sell at 75.'

"'I've changed my mind,' I began.

"'Change it back,' said Bill. 'Now, beat it!'

"The next man I talked to gave me pretty much the same reception and positively refused to take my advice. I went down the line. I pleaded and threatened and begged and insulted—all in vain. Not a man would sell his Dolomite, and I knew what the president of the company was doing.

"Just about that time one of the news agencies sent out a bulletin. It was the usual sort, blaming the decline on a bear raid and predicting all sorts of dire things for the reckless shorts.

"'There!' said my customers like a Greek chorus, "That explains the weakness.'

"The next day we got a big selling order from Byrne. The news agencies printed one of the customary interviews with a prominent insider, only this time it was Colonel Byrne himself. The colonel technically told the truth. He gave the earnings of the compang and said that nothing had earnings of the company and said that nothing had happened in the Dolomite trade to warrant selling the stock. At the same time, he did not say that he had that very morning given us an order to sell ten thousand shares for his account.

"Well, that made me resume my campaign. I went at those chaps hammer and tongs; I told them everything, except the actual truth, which I couldn't tell, and which, as a matter of fact, it wasn't necessary to tell them. They had a profit and I wanted them to take it before it shrank still further. But to a man they refused. Of course under the inside selling the stock was heavy an d lower.

"Finally I was driven to calling for margins on the stock. and I got a few customers out that way and incidentally made them my enemies for life. One of them got quite angry and was pretty nasty to me in the hearing of the office, and so I laid him out. I was so angry that I gave them all fits. I said: 'You damn fools have known me for years. You've all made money on balance following my advice. And here I put you into a stock that showed you all at one time from 10 to 25 points' profit and you ask me for reasons. The best reason of all is that I tell you to get out of that stock. The same man that put you in says to take your profit. If you don't want to listen, don't. Hold on until you have a loss. But the first man that whines to me later on gets the merry ha-ha.'

"Some of the fellows had known me for years and they suspected something was up that I couldn't talk about, so at last they got rid of their Dolomite. But I think fully one-half of my customers held on. That stock went down to about 35 without a rally and then the market got into a period of depression and all prices sagged. Dolomite got down to about 20 or 22. We made most of the stubborn customers take up the stock. The price has gone below 10 since then. And those chaps all had a handsome profit once."

The experiences of these friends with their customers are the common experience of most stockbrokers. We had our share in those dull days following the panic. It was all a part of the business. Of course I would have you understand that we were always trying to improve our service. The increase in our wire connections and in our branch ofiices was giving us more people to appeal to, more customers.

In our bond-selling campaigns we had to appeal to investors. We gave facts and figures that established the value of the bonds. The time-honored custom of giving tips, which are merely promises of quick and unearned profits, does not work with careful investors. We early realized that a much better system could be introduced into our stock-trading department. We gradually improved our market letters. We made them different from the usual run of them. One of our partners in Boston conceived the idea of a statistical department. It would be in line with our other plans to improve our service and to prepare for the better times in the stock market that we felt sure were coming.

Luck was with Bronson & Barnes. A young man with a decided penchant for the study of economics graduated from Harvard that year. He had a keen, analytical mind and as clear a vision as you can find in a human being; also definite views as to the kind of work he wished to do for a living. The ability to see straight is not as common as you might imagine. Much of what is called straight thinking is merely straight seeing—a dispassionate, impersonal, common-sense attitude toward things and people which enables one to see said things and people as they actually are and not as one would like them to be or, indeed, as they may get to be at some future date.

This young Harvard graduate made up his mind that he would do better by himself and by his employers in a stockbroker's office than in a bank. It was characteristic of him that he spent three weeks collecting data about the various firms of brokers in Boston before he got a friend of Colonel Bronson to give him a letter of introduction. He called at our office in Boston, and told colonel Bronson that he hoped to go to work for Bronson & Barnes.

"Doing what?" asked the colonel.

"I'd like to establish a statistical department for you," answered young Tully.

"What qualifications have you?" asked the colonel.

Tully told him what theoretical training he had, and hisstudy of railroad, industrial and sociological statistics in college. The colonel then said: "I think you are on the right track and I am convinced, personally, that any house which hopes to amount to something in the next ten years must establish a statistical department which will be prepared at all times to give intelligent advice to its customers and clients. But this is no time to begin such work. The market is in a wretched condition, public confidence is at a low ebb and commission houses like ours are under the necessity of cutting expenses and not increasing them. I wish you would write me a letter so that I shall have it as a matter of record telling me just what preparation you have made which you think would be of value to us in our business, and at the same time continue your observation of market conditions and affairs, and when you think the time has arrived for better markets and better business get in touch with me again and I'll see if we cannot find some use for you."

Young Tully says that he himself had no such picture of possibilities open to him as Colonel Bronson himself had, because it stood to reason that the colonel actually visualized the future demands of the financial world for trained economic service. However, he went home and wrote a letter the next day, very carefully prepared, detailing the subjects covered at college which in his opinion should be of use to a modern brokerage business. He also said he was ready to go to work at once because he was convinced that the worst had been seen and business would improve. There was thus room for him in the organization of Bronson & Barnes.

Young Tully was asked to call. This time he saw Patrick Malloy. You will remember that Malloy started out as sole office boy and, indeed, as entire office force of the young firm of Bronson & Barnes back in 1888 and by his unusual abilities and devotion to his work was made a partner a few years later. Malloy listened sympathetically to young Tully and hired him to conduct a statistical department for the firm, which would not be merely a collection of reports and publications but would have to engage actively in the work of advising clients in the solution of all investment and speculative problems through the intelligent interpretation of all facts affecting in any degree the value of securities and the changes in trade, commerce and finance.

To-day Tully is a valued partner. I consider him one of the most remarkable minds in Wall Street and one of the most useful men in the country.

That is how we came to develop our statistical department, which has proved so valuable to our customers and therefore to ourselves. Companies are investigated. We find out about their business specifically and about their business generally, as reflected by the business of other companies in the same line. Facts and their interpretation are what we try to give. I assure you that the reports of our statistical department have time and again acted as a brake on the excessive enthusiasm of many of our customers.

To-day well-equipped brokerage houses have followed our example and conduct such statistical departments. These, as much as any other one factor, have helped to reduce the losses of stock speculation as it was formerly conducted. It has put an end to blind plunging or hunch playing by otherwise intelligent men. Stock traders to-day are more businesslike. Of course nothing can make trading in securities 100 per cent immune from loss, but the old-style buying or selling of stocks and bonds on mere hearsay is too expensive to be tolerated to-day.

An old and valued friend, a broker who retired from active business a few years ago, does not share my views. Possibly his idleness after thirty years of activity in Wall Street, has made him irritable, for he said to me, the other day: "We also have a very good statistical department, and through it we render easily available to our customers no end of valuable information. But I have yet to find that any client of our firm has ever consulted this department to learn whether we had any data whatever concerning the real value of the particular stock in which he had decided to trade. About bonds—that is, about investments—yes. But about stocks in which he desired to make a turn, the customer has usually preferred not to be told any facts. Sometimes, usually after the purchase showed a loss, a customer has asked for what he would call the dope on it. But even then he wasn't looking for the truth, the whole truth and nothing but the truth. He really wanted to find some hope or some justification—something that would show he had not been an utter ass to buy that stock. I have found two classes of customers—the wise and the d. f.; and the latter don't want any statistics or facts. They want an excuse for what they do in the stock market and they number about 95 per cent of the total."

That, I submit, is the old-fashioned broker's view. Not that my friend is a cynic, but he simply does not realize the change in conditions which has brought about the change in the customer as well as in the broker. I told you about the origin of our statistical department merely to convey to you how we prepared for the change that was bound to come. The business even then was changing and we were changing with it. I did not and could not see clearly and definitely what problems we might be called upon to face ten or twenty years later, but I knew we couldn't stand still. We must advance if we were to profit by the progress of the country. It was not so much the installing of new or different office machinery to take care of future needs—needs that we could not anticipate because we could not visualize in detail the new business. But we might prepare for it. The best and perhaps the only preparation possible, I felt, was in maintaining the proper state of mind.

Prepa redness pays in business as in war or politics or science. Pasteur, one of the greatest men of our time, has said, "In the fields of observation chance favors only the mind that is prepared." He referred to the truly scientific investigator, the man with the prepared mmd; and by "chance" he meant the unexpected happening that affords you an opportunity to go forward—if you are ready for it; ready with your mind to grasp the real meaning of that observed phenomenon!

We were sure that some day we must do more business—more new business as well as more old business. That thought was constantly in our minds; and when in due time our chance came we were "favored." The expectation of years, the watching for evidences of a new and definite trend in the stock business—the state of mind, in short—helped us to collect our deferred dividends.

19

During the years following the panic of 1907 we developed a fairly lucrative business in bonds in addition to doing as much in stocks as was possible with the depression in the stock market. In 1910 we, as a firm, first became interested in financing automobile manufacturers. That great industry was then, if not in its first infancy, certainly in its early adolescence. It needed help because the entire world was suffering from money stringency and because one man had been too generous. That man's story is to my mind the greatest business romance ever lived by an American. I mean to tell it in full when I come to it in the proper chronological order.

The man's name was George Balwin Townsend. He was one of the pioneers of the industry. He had been among the very first fully and enthusiastically to grasp the vast possibilities of the automobile—of the machine and of the industry—and his strong and vivid imagination easily pictured for him his own amazing triumphs. That is all there is to the belief in his star that every Napoleon has.

Townsend built an automobile and advertised it and improved it year by year and sold it by the dozen and by the hundred and by the thousand, until he was recognized as a greatly successful manufacturer. He made enormous profits; but all that money he put back into the business. He expanded amazingly, for not content with the success of the Townsend car, he bought the controlling interests in other companies making popular makes, and he combined all those plants into the famous Consolidated Auto Corporation.

The automobile business literally jumped forward under Townsend's tremendous driving force. His sales—for a new industry—were enormous, and his profits, large as they were, continued to go into building new plants or enlarging the old ones. He foresaw the tremendous demand that was coming, and he tried to prepare for it. The value of his real-estate holdings and plant buildings and machinery and other tangible assets soon rose into the millions. As for the intangible assets, he didn't count them. It wouldn't have been of any use for him to try to capitalize them, in those days. The banks, remember, did not view the infant prodigy with as kindly an eye as it even then deserved. The credit men knew that some of the auto companies were making big money, but they were not equally sure of the permanence of the profits.

George Townsend became a very rich man, but his wealth was all in automobile factories that paid handsomely. Whenever the Consolidated Auto Corporation needed money it gave notes to the banks; and the banks, for greater security, insisted that Mr. Townsend personally indorse them. This Mr. Townsend obligingly did. He did not own all the stock himself, but his faith in the future of the industry was so strong that he saw no danger to himself in indorsing millions of dollars of notes. Money never meant anything to George Baldwin Townsend—unless it was something to build more motor factories with.

Notes have an uncomfortable habit of falling due at inconvenient times. The Consolidated Auto notes all came due just about in the middle of the money panic of 1910. There was no Federal Reserve System then, and we used to have panics and all the attendant troubles, financial, commercial and psychological.

The lenders did not wish to renew the Consolidated Auto notes; they were afraid to, or possibly they did not have the money to spare. At all events George Townsend was compelled to go shopping for funds; seeking some brave soul to finance his company's needs. His company's commercial showing was remarkable. It was clearly as sound a business as any, and more profitable than most; but also it was like the telephone in its early stages—that is, more or less of a gamble from the investor's standpoint. Not necessarily unsafe, you know, but somewhat uncertain. It had no historical background. There was no way of forecasting the permanence of the prosperity. However, George Townsend had the faith in himself and in his company's future that could remove mountains of doubt from the minds of bankers, and he persuaded one of the most prominent banking houses that it was both noble and absolutely safe to help the Consolidated Auto Corporation to the extent of forming a syndicate to underwrite \$ 15,000,000 of notes. These he would use to take up the old notes—and build more plants!

The interest was fixed at a pretty high rate—money was mighty scarce, remember—and in addition the bankers asked and obtained as a bonus some preferred and common stock of the Consolidated Auto Corporation.

Now bear in mind and keep it before you always, that George Townsend paid that bonus out of his own pocket. I mean, that the preferred and common stock given as an inducement to the bankers' syndicate to buy the company's notes, came out of Townsend's personal holdings. And do not overlook the fact that that same common stock which was given away with those notes, sold afterward at above $ 1500 a share! That same company which in 1910 had so much trouble in borrowing $ 15,000,000, a dozen years later, or, say, in its balance sheet of 1923, showed in one item a surplus of $ 132,000,000! Next to the United States Steel Corporation and the Ford Motor Company, Consolidated Auto is the greatest manufacturing concern in this country, if not in the world.

In those dull days I was keen for any business that came along, and those notes on those terms looked good. We were sure we could make our customers share our confidence, and so we went into the Consolidated Auto syndicate. We duly sold our allotment of those notes without great trouble.

That is how we first became interested in motor company financing. A short time afterward, Julian T. Southworth, founder, president and largest stockholder of the Southworth Motor Company, sold a block of preferred stock to Martin Manley & Co., the bankers, and gave as a bonus an equal amount of common stock. The selfsame common stock afterward sold at $ 280 a share, that price being based on the company's earnings. To-day the Southworth Motor Company doesn't have to sell preferred or common stock, or anything except its cars, in order to finance itself.

These incidents had much to do with what later on was referred to as the sensational success of Bronson & Barnes as modern stockbrokers. Another important incident came a little later. And while I have always maintained that the Wall Street life is not as tragical or as melodramatic as fiction writers try to make it, I admit freely that there is often a touch of real romance about the careers of some of our Wall Street men.

Take the case of Howell & Stewart. Charlie Howell and Jack Stewart started as clerks for Henry Stannard, of Stannard Bros., who specialized in commercial paper. In that old-fashioned but mighty well-managed office of Stannard's they gained an accurate knowledge of the character, standing and earning capacity of merchants and manufacturers throughout the country. They went about a great deal, buying and selling paper, and incidentally making no end of friends. They knew hundreds of bank officers in New York, Pennsylvania and New England. Being nice, bright fellows and great hustlers they made good in Stannard's firm. They were ambitious and planned to go into business for themselves; so they saved their money and, when they had enough, Howell bought a seat on the New York Stock Exchange. They had so many friends and acquaintances among wholesale and retail merchants and among banks that they were sure they would make a success as stockbrokers; and they also planned to do something in their old specialty of commercial paper. They would have made good instantly if they had not chosen to go into business at that particular time. In that awful depression and dullness nobody made money in Wall Street.

Still, those boys worked hard and kept their courage up. In the back of their heads they had an idea: They were sure there was money in a line that nobody in Wall Street had tried. They knew, from having handled their paper, that there were mercantile enterprises that paid well and had first-class credit, that were owned by individuals or by close corporations. These might be sold to the public in the shape of preferred stocks paying dividends at 7 or 8 per cent. There would be various commissions in such deals and if they became known as specialists in the stocks they brought out they would be likely to have an income at all times. To sell these big but not generally known money-makers to the public became their aim in life. It was a case of bringing buyer and seller together. The sellers, the men who owned the concern, were not always willing to share their good thing or else didn't need any financing. And as for the buyer, the public, it was blissfully unconscious that there were any such bargains any where.

With men of the Howell and Stewart type, waiting for an opportunity usually consists of going out in the early dawn and prodding, opportunity with a pitchfork before any of the neighbors are up. They are apt to do their waiting about a mile and a half or a month and a half ahead of their competitors.

One day Charlie Howell came to see me. He said he had called on every house in the street that made a specialty of bringing out issues of securities for corporations and that he had not succeeded in interesting any of the regulars in his scheme. He finished, "And now I've come to you."

"And why do you come to me?" I asked. I had no idea what the deal might be.

"Because I know, first, that you will listen to facts and not to fears or prejudices; and second, that, given the facts, you will draw your own conclusions and act accordingly, no matter what the precedents may be. I think this deal is a good one for us, I'll tell you the facts and then you tell me whether Bronson & Barnes will come in or not."

"Well, Charlie," I said, "I can see that you are trying to sell me something that must be mighty hard to dispose of. You admit that I am a forlorn hope. Your compliments clinch it. Now what's the deal?"

"I'll tell you all about it, of course. Do you know anything about the chain-store business?"

"I know that some of them do an enormous business. Properly managed they ought to make a lot of money."

"They do. Did you ever hear of P. P. Peltier?"

"The name is familiar. I've seen it often, but I can't quite place it."

"You've seen it on Blue Store fronts in every city of over fifty thousand inhabitants in any and all the Atlantic States."

"Well?"

"Here is the deal. I've got an option on a minimum of ten thousand shares and a maximum of twenty thousand shares of P. P. Peltier & Co. preferred stock and as much common stock as bonus. The preferred pays 7 per cent. It has earned and paid its dividend from the day its business was incorporated. Now old Peltier is getting along in years. I've been at him to sell some of his stock for ages, and he gave me the option four days ago. I am to get it provided I get some bankers to help me swing the deal, for the old man knows our resources are not equal to this task. I started hustling, as I told you, and all I have to show for my pains is to report nothing doing."

It sounded good to me. There would be no difficulty in checking up the figures of earnings, and so on. I thought we could place the stock. It would be a profitable deal. It would take us into a new field—the merchandising of securities. It was worth trying. It was one of the things I had been getting ready for.

"I'd like to go in, Charlie," I said, "but of course I must put it up to my partners. In the meantime, before I speak to them, suppose you and I go over all the facts and figures available."

"Fine!" he said. He was so anxious to put that deal through that he went to his office, got all his facts together and came back to my office with them inside of an hour.

I went over the entire situation with him and I was keener than ever to go into it. I was sure it would succeed. I was more than sure I wanted to take what was a first step into new territory that might prove enormously profitable and would give us another source of income. I spent two days getting my facts and figures together. On the third day I called up my senior partners in Boston.

I laid the Peltier financing before them. I told them what I had learned of their business and of the record of dividends and of our breaking into the game of merchandising securities. It struck me it was a good stock to break in with.

But my partners did not share my enthusiasm. They did not wish to do any business with the Peltier stores. The financial markets were full of uncertainty and they'd rather stay out.

I knew it was no use my arguing. My senior partners were mighty good business men. They made up their minds quickly, but they always had good reasons. I felt, however, that in this instance they were deterred from going in by my failure to make the plan sound as attractive as Charlie Howell had made it to me. So I said to Mr. Barnes, "If Howell will go to Boston to talk to you about it will you give him a hearing?"

"Of course," answered Mr. Barnes, who is not only the kindest but the fairest-minded man in the world.

The very next morning Charlie Howell went to Boston. He is a very attractive chap and one of the best salesmen I ever saw. He had no difficulty in selling the proposition to my senior partners. When he finished talking they were as enthusiastic as I was. So we told Charlie that we would go in with him and do the business, and he hurried on to old man Peltier and told him he had the needed banking help and was ready to exercise his option.

Of course we asked to be allowed to make an examination of the company's business. We had our experts go over the plant—the hundred and odd stores—and also expert accountants go over their books. By the time the auditors had finished their reports to us the general business situation had improved considerably. This meant that our work would be easier than we had expected.

Of course during all that time, as we were confident that our experts' reports were to be satisfactory, we had gone ahead with our preparations for selling the securities. I remember that one Sunday we had salesmen from all our offices come to New York. They cheerfully gave up an entire Sunday to attend a meeting at which the Peltier chain-stores business was discussed and the prospects and merits of the securities carefully analyzed. By the time Charlie Howell and I got through making speeches to our salesmen they knew all about the proposition, and the next day they started enthusiastically on their preliminary work.

Two days later we offered to the public twenty thousand shares of preferred stock at 98. The offer carried with it the privilege of buying one-fourth of a share of common stock at 25 for every share of preferred stock bought, or five thousand shares of common stock in all. The company would apply to list these securities on the New York Stock Exchange.

Half an hour after the books were opened for subscription the entire issue was sold. It was a great success.

I was more than delighted. I saw a new and profitable field for Bronson & Barnes. Howell & Stewart had been right in their choice of a new business to finance, and we had established what had been a strong suspicion on our part—namely, that business men throughout the country would welcome the opportunity to buy the stocks of successful private corporations if a market were provided for them by listing on the Stock Exchange. They were sure of a good return on the purchase price, and there was in addition the reasonable hope of an advance in the price through improvement in the business or through the medium of a bull market. We made a nice profit on the transaction—several hundred thousand dollars—but it was worth a great deal more to Bronson & Barnes to arrive by actual experience at the conclusion that there was a market for such securities. I'll say here, in order to close that Peltier chain-store incident, that the preferred stock has been retired and new stock issued in exchange for the old. That new stock is selling to-day at a price equivalent to three hundred and fifty dollars a share for the original common stock which we sold to our customers for twenty-five dollars a share. It turned out a very good deal for the bankers and for the customers.

Those young chaps, Howell and Stewart, were right, and they followed their initial success with other chain-store flotations which have also proved highly profitable. They are the leading specialists in that line of Stock Exchange business. They developed it out of nothing but imagination and courage, and they've earned their fortune, which is considerable. Their customers, I may remark here, have had no reason to feel sorry. It was something that could not have been done in previous years because the time was not ripe for it. But that is the way the broadening of the present stock-market activities began. We are dealing in all kinds of business on the New York State Exchange, which is as it should be.

20

After Howell & Stewart approached us to help them sell the 20,000 shares of the preferred stock of the P. P. Peltier Chain Stores Co. , our firm agreed that we ought to find a specialty of our own and do some selling of stocks direct to the public—stocks of private corporations which were bigmoney-makers. The appeal should be to investors and speculators alike—that is, to include both classes of customers. The investor would be attracted by the dividend, while the speculator would think of the future prosperity which would be reflected in a rise in the price of the stock. The return to the holder of a bond is fixed, whether or not the business booms. Of course he has first call on the profits. Preferred stocks also are limited to a fixed dividend rate in good times, but come after the bonds. The big money has always been made in the common stocks.

In the old days the common stocks were sold to the ticker watchers—that is, to the speculating public. In the case of a new company the common often represented water, or, at best, the expectations of promoters. The classic example is the United Steel promotion in 1901. The underwriting syndicate employed James R. Keene to make the stock attractive to speculators. He distributed many million dollars' worth of the new securities. Almost exclusively they went into brokers' offices, where they were carried on margin for all kinds of speculators. Those who bought paid no heed to prophecies of eventual dividends; they preferred promises of a ten or twenty point rise, and planned to unload as quickly as possible. That is why the common, after selling at 55, found it easy to sell below 9 on the famous undigested-securities slump. But gradually, as the country grew, the value of the capital stock also grew. The water evaporated after ten or fifteen years.

Keene's method was too speculative to appeal to our firm, and bond-selling was too slow, besides requiring a far more elaborate organization than the average commission house could easily manage. We thought a happy medium would be to place with individual purchasers the common stocks of profitable American enterprises. The bolder in vestors and the more conservative speculators would be reached. It was all a matter of finding the right enterprise, some privately owned and safely established business that might be sold in whole or in part to the public. Howell & Stewart had done it in the Peltier Chain Stores, and Hall & Freer in their low-grade leadore properties. In the mean time we attended to our regular business.

One day in 1915 my good friend, William Albert Hicks, president of the Morrisania National Bank, where we had an account, telephoned to me.

"Jack," he said, "when you have a few minutes to spare will you drop in on me?"

"I'll be over right away."

"Tomorrow will do if you are busy just now. I want you to listen to a fairy tale."

Now Hicks was a tried and true friend. I had done considerable business with and for his bank. If he wished to tell me a fairy tale I would listen. Bankers' fairy tales are apt to be interesting. I wondered where I fitted in the narrative.

"I'll come over right away," I said.

"Right-o!"

And Hicks hung up. But I imagined he chuckling to himself. That is how his voice sounded. When I went into his office he had a grin on his face.

I said, "What's the joke, Bert?" He grew serious at once.

"Jack," he said soberly, "a man was in here this afternoon and he told me a story out of the Arabian Nights. I thought it over and decided to put it up to you."

"That's nice," I said, to encourage him.

"Did you ever hear of a man named George Baldwin Townsend?"

"Yes," I answered. "He used to be president of the Consolidated Auto Company. I happen to know that fact because we were in the syndicate that sold some of their notes a few years ago. Then I heard that he'd been forced out of the company by Wentworth, Hopkins & Co."

"Is that all you know?"

"That's all," I said, whereupon Bert Hicks looked pleased, probably at the thought of how much he had to tell me.

"Well, then, you listen. I wouldn't believe a word of it if I didn't happen to know it is all true. I've got his history from others. He has done wonders—"

"In what way?" I interrupted.

"He has made millions and built up a tremendous business. But to hear that man is to listen to dreams of the future that sound like fantastic novels. He only needs $ 5,000,000 to enlarge his plant so as to be able to produce enough to fill his orders. Fred Liddle brought him to me. I advised him to apply to our friends across the street, or some other banking house; but he says every time he talks to a banker he either gets frostbitten or they call the police."

"Why?" I asked.

"Why?" echoed Mr. Hicks, the progressive president of a modern bank. "Why? Because he is an automobile manufacturer. His is a new business—too new. It is extra-hazardous when it comes to putting millions of your customers' money into it in a permanent way. I myself would take a reasonable amount of his paper for reasonable periods. But for keeps? No."

Hicks, I knew, was a shrewd and farsighted businessman; but he had a banker's prejudices. They were perfectly proper prejudices for a banker to have, because he had to play safe. It was wiser to keep his eye on the sure thing than to play for the speculative ten-strike. It was Hicks' attitude that made me think instantly and inevitably of what the automobile business had done up to then. Thinking of the past in turn made me think of the future. Seeing the revolutionary changes effected by improved transportation methods, I saw the revolution spreading. I said:

"I think the automobile business is going to grow much more and become a very important industry. People need it. It is going to carry them and their families and their bundles on short hauls, and everybody is going to own one, when men like you cease thinking of them as luxurious."

"I'm glad you believe it," said Hicks, "because now I'll sic George Baldwin Townsend on you. You should help him find the few millions he needs. That's why I called you up. All the same, I myself can't ride more than thirty miles in a motor without somehow feeling that I ought to have taken a train."

"Same here," I confessed. "But more and more people are using it as a necessity and not as a luxury. If the progress it has made, mechanically and toward cheaper prices, keeps up, it will be the most wonderful thing of our time."

"Say, has Townsend talked to you?" asked Hicks suspiciously.

"No; but I'd like to let him," I said.

"Let's go over and see Fred Liddle. He is an old friend of Townsend's and he is very much interested in getting somebody to finance the Arabian Nights necromancer. It may be he's got all the automobile paper he wants and would like to see some cash. But this might easily be a base suspicion. Come on, let's go!"

We went over to the Textile Trade National Bank, of which Frederick C. Liddle was president, I knew him very well.

"Fred," said Hicks, without saying howdy, "tell Jack Wing, of Bronson & Barnes, what your friend Townsend wants."

"Hello, Jack," said Liddle, and shook hands, saying, "We are polite in this bank even to other banks' depositors. Jack, considering the views he holds, my friend Townsend astonishes himself by his moderation. He wants to enlarge his plant. It will take about $ 5,000,000 to build the additions he thinks he will need to take care of the business he says is in sight. He has orders for an incredible number of cars. He has a faculty of making all kinds of men work their heads off for him and his agents simply make people buy his car, so he finds himself with orders for more cars for immediate delivery than he can possibly manufacture in three years. His idea is to produce in huge quantities, buy improved machinery, which will reduce the costs materially. Why, he thinks he can pay the $ 5,000,000 in two years if he never got another order! But he has a violent prejudice against banking relief. According to him, it always ends by the banker owning the business as soon as it begins to pay big."

"Will he allow us to audit his books and appraise his plants and study his methods and his personnel for ourselves?" I asked.

"I don't see why he shouldn't," said Liddle.

"Why not give Jack a letter of introduction and let him talk to your genius?" suggested Hicks.

Liddle nodded and said, "I'll do it, and I'll call up and tell Townsen you are going."

"Make the appointment, if possible, for tomorrow afternoon after 3.30," I said.

Liddle right then and there telephoned to Town-send and made the appointment for me. The next afternoon I went to see the automobile manufacturer. His office was on West Fifty-seventh Street not far from the river. It wasn't a large building. Downstairs was a saloon. In the rear of the saloon was the private office of Mr. George Baldwin Townsend, formerly president of the Consolidated Auto Corporation and now head of the Allenby Motor Company, in need of $ 5,000,000 to enlarge his business with. As I went past the garage I saw a lot of the little Allenby cars, all nice and new and unsold.

It was not a prepossessing sight any more than it was an aristocratic neighborhood. But that didn't affect me. If the Allenby people were doing enough business to justify our making some deal with them, I didn't care where they did the business or how the office looked.

George B. Townsend was waiting for me—a small man with a fine forehead. I gave him the letter of introduction from Liddle. He glanced at the envelope, laid it on the desk unread and shook hands.

"I am much obliged to you for going to all this trouble," he said pleasantly. "I am turning out 5000 cars a year—which won't be even a good month's work for us after we get going, I have orders for about 40,000 cars and I need a plant big enough to take care of our business. I am not thinking of the future. That will take care of itself. I am thinking of the present. I need $ 5,000,000. With that I'll make enough to build ten plants later on. Our profits will take care of all future expansion. That's the thing in a nutshell."

I felt sure that Townsend had stated the facts accurately: He had a remarkable personality and a convincing manner. I felt impelled to hurry with the $ 5,000,000 so that this man might not waste any more time. To delay was to let a lot of millions run to waste.

"How much are you making?" I asked him, feeling too pressed for time to waste any in preliminaries.

"I figure to make $ 2,000,000 this year," he said, with conviction.

"What?"

"Yes."

He said it so confidently that I asked him, "Have you any idea of how you want to raise this money?"

"Yes; I want to sell stocks or bonds of my company. I don't want any more notes. That's how I lost the Consolidated. Notes fall due when you don't want them to. I want partners, not bankers."

That was just what we'd been looking for.

I said, "You could raise the money by selling enough common stock."

"Very well," he said, as though everything was settled. "Don't you think we ought to hurry up?"

"Of course I must confer with my partners before I tell you positively that we'll do business with you, and before I speak to them I must know more about your business. I don't know, for instance, what your stock is worth or what I could sell it for until I have a look at your books and your plant."

"Of course not. Now, Mr. Wing, please tell me what you wish me to do in order to expedite matters."

"Well, we shall have to find out how you run your business. It isn't only a matter of your producing your cost sheets or a properly kept set of books, but of our studying your business as a business, because in order to sell your securities for you we shall have to recommend them to our clients and associates, and before we can do so we must know everything about your industry in general and your organization in particular. We wouldn't buy the finest manufacturing plant in the world at any price unless we also had the right man to run it, and we wouldn't back the ablest men in the world without the proper equipment for them to do business with. I'll say this, though, that I am a big bull on the automobile industry and its future."

He brightened amazingly at this.

"When were you converted?" he asked eagerly.

"I've believed in it since our firm went into the syndicate that underwrote that issue of notes of your old company in 1910."

"Yes, and I had to pay an exorbitant price to the bankers who headed the syndicate. I don't want to talk about them. They may be your friends; but they made me resign from the presidency of the company that I organized, that I personally carried in times of trouble. I am a director of the company, but I've never attended a meeting of the board. Some day I'll attend a meeting, but it will be to elect myself president again. And the way to make that day come the sooner is to sell some stock of my Allenby Motor Company for me. Mr. Wing, the automobile business offers greater and surer profits than any other business in the world today. I ought to know. I went into it pretty early in the game and I know how much I have made. I tell you it hasn't started."

"And yet I often hear that it has reached the saturation point," I said.

"My dear Mr, Wing," he said very earnestly, "the saturation point in the automobile industry will be reached when the world stops growing boys."

I smiled. He went on:

"Listen, Mr. Wing. Some years ago—it was in 1907—a lot of us manufacturers of automobiles met in a hotel in Detroit to discuss trade matters. Everybody was there. I mean every maker of automobiles in the United States was there, big and little. The fear was expressed by the head of one of the richest concerns in the trade that we were going too fast in the matter of production. Several men agreed with him and prophesied dire things unless we slowed up.

"I said I didn't agree with them and that the chief trouble was we weren't producing enough cars. Large production meant cheaper cars and cheaper cars meant more buyers. Old man Godfrey, who was the first to admit getting cold feet, asked me how many cars I would turn out that year, and I answered that I'd tell him if he would first tell me how many he would produce. He said he didn't care to tell. I then said that it would be a good thing if everybody there told. One or two supported me, but thye majority wouldn't hear of it, being afraid to tell for one reason or another. I then suggested that each man write on a sheet of hotel stationery the number of cars his schedule of production called for during 1908 and we would then add the figures and get the aggregate number without giving away anybody's individual output. Well, we did, and I bet most of them wrote in a disguised hand. We folded the sheets in two and dropped them in a hat and old Godfrey mixed them up as if he were shuffling cards, and then he and Jim Lansing wrote down the figures on another sheet of paper. Godfrey was mumbling to himself as he added the individual returns. All of a sudden he stopped and got white as chalk.

"'Gosh! 'he said, and slumped in his chair.

"'What's the matter, Godfrey?' I asked, and rose to catch him if he fainted. But he waved me away.

"'It can't be done! It can't be done!' he said.

"So I sat down again and asked, 'How much is it?'

"'It will bust us all higher'n a kite,' he said.

"Mind you, he was a millionaire and had a wonderful plant and was turning out a popular high-priced car.

"'Come on, we're waiting!' I said.

"'It'll bust us all,' he repeated.

"It won't be the frst time some of us here have been busted. How much is it?'

"Two hundred and fifty thousand! he said in a despairing voice, and then he deflated like a punctured tire. The effect on the others was even worse. They looked as if they were about to expire in six seconds.

"'Oh, shucks!' I said. 'Is that all?'

"'It will bust us all!' said Godfrey.

"'Positively!' said Jim Lansing, who to my knowledge have made more than $ 3,000,000 out of his business in three years.

"'Sure thing!' said two or three others.

"'Sure thing nothing! I said. I never heard such damnfoolishness in all my life. Why, I'll be turning out that many myself inside of three years.

"They thought I was crazy. The production figures having taken all the joy out of life, the meeting broke up. Everybody went home blue as indigo excepting myself. My dear Mr. Wing, I almost made good on my threat, and if it hadn't been for your banking frinds I'd be turning out more than that. If you will sell enough stocks and bonds for us to increase our Allenby plant with I'll beat those figures all to pieces."

I believed him. It was his manner. He went on:

"Mr. Wing, you and I are going to do business together to our mutual advantage. For your own sake I want you to believe that I not onIy am not crazy but that I am really conservative in my estimates. You see, I know this business from A to Z. I have been in it from the start. I really grew up in it, because I was always in what you might call the parent trade; I mean: the manufacture and sale of vehicles. My father was a wagon maker and that is what I first worked at. He left his home when I was a boy and went West. He wanted to be where he could sell to the most people—that is, in a prosperous farming region. So he picked on Michigan. There he had everything to work with—the lumber and the labor and the markets. So he made farm wagons—good ones, lots of them.

"By the time I grew up the world had moved forward quite a bit. The old heavy, slow vehicle was obsolete. I changed the wagon; improved it; made it lighter, though just as strong, because the roads had improved. Other wagon makers thought I'd go broke, because farmers are so conservative that they would stick to the old style that my father used to make. But I sold my lighter wagon. Then I saw that the market had become too limited. The wagon lasted too long. The replacements weren't in sufficient volume to pay. So I went into making buggies. I saw big money in manufacturing them on a large scale and I worked accordingly. I made a name for myself as a maker of the lighter vehicles. I made money making the modern vehicle; at that time it happened to be the kind of buggy I was turning out. That was the kind the American people wanted. My first money I madp at what I am making my money to-day, which is supplying transportation machines. I have always capitalized the need of humanity to go from one place to another as quickly and comfortably as possible.

"The automobile came and I was keen for it from the start. I never thought of it as a toy or as a luxury. I knew it must succeed because it deserved to. I knew it must be improved because it couldn't help it. I knew it meant the end of my buggy business and the trade at which I had worked from my childhood; but that didn't sadden me. I was too busy planning to get into a better and bigger game.

"I saw it coming, but I didn't seem to be able to make others see it. I lost precious years trying to convince friends of the big thing that was right there in front of us. But all I got was advice to stick to my buggy business. I had a mighty fine organization. I suppose you know that some of the men who worked for me as foremen or superintendents have since made great fortunes in the automobile business."

"No, I don't," I said.

Townsend went on:

"They were good men and they worked as hard as ever for me, and perhaps even harder; and we certainly turned out more and better buggies; but the old thrill wasn't there any more for me or for them. They were eager to follow me in the new field. Finally, I gave up wagon making and went into automobile manufacturing.

"I got control of the old Yorick car. It ran. That was about all you could say for it. It had the old chain drive and it made a noise like a thousand tin devils. It gave all sorts of trouble with all sorts of parts. You could hear that old Yorick grunting and snorting and rattling ten miles away; but it went. It wasn't a beauty, but it had the makings of a good car. I wasn't thinking of its lack of beauty, because we had no artistic standards in those days, and the exorbitant-priced foreign cars were not so wonderful to look at I was concerned with getting speed and endurance with uniform reliability. I knew I had to get those things if I wanted to sell my automobile. I never forgot it, and my men didn't either—not for a minute. As soon as l got control of the concern I began to make cars and as soon as I began making them I began improving them. There was plenty of room for it, the Lord knows; but then, most of my competi-tors were in the same boat. What I wanted to make was as good a car as any of them cheaper than most of them.

"After all, it wasn't exactly a new problem for me. The auto was only the last word in modern buggies and I had been making buggies for years; better and cheaper buggies because the better they got the more I sold, and the more I sold the cheaper I could sell them. I simply had to keep on doing what I always had done.

"I was right. Bad and ugly and noisy as the first Yoricks were, the public bought them because it was buying automotive vehicles. My price was reasonable compared with the other cars. It wasn't long before the mechanical improvements that I made sold the car by the hundreds for me. Then the improvement in looks also began to tell on the sales. I hadn't been making good-looking, well-built buggies for years for nothing.

"Money in it? I give you my word I wasn't thinking of that. I was concerned with developing the sort of car that would sell itself. But you wouldn't believe it if I told how the money rolled in. At first, to make the improvements I had to raise the price; but the sales went up so the cost of production came down. The republic was only too glad to pay a fair price for a good car. My salesmen used to come to me with their eyes popping out of their heads at their own success.

"I knew what class of people bought my Yorick car. But I wished to reach the fatter pocketbooks as well. I needed a higher-class car for the higher class trade. To design a new car advertise it and build up a reputation for it took too much time and money. I hadn't the time to wait for the money to spare while the automobile industry was growing like a record-breaking mushroom. So I didn't make a higher-priced car. I just bought the DeGrasset plant and goodwill. When you buy an established product you buy a good share of the money that has been spent on advertising the name. That knowledge saves the salesmen much talking and that is worth a lot to men who are in a hurry.

"Old Winsmore, the president and chief owner of the DeGrasset Company, made a wonderful car. Evervbody, competitors and all, admitted it. He was finicky as the dickens on design and workmanship. But as a quantity producer he was a joke. He made a fine car, but he couldn't make enough. He couldn't begin to fill his orders, and it is mighty poor business to compel a man who wants to buy your car to go out and buy another make. Old Winsmore didn't try to expand his output to keep up with the demand, so I bought him out and in stalled machinery that old Winsmore's engineers had been trying for years to get him to put in. I also bought out the Maple Leaf Motor Company, which made a moderate-priced car. The company was not doing well and I got it cheap, for less than I could reproduce the plants. I obtained control also of the Hawley truck factory. With these I formed the Consolidated Auto Company. I paid Winsmore and the Hawleys in great part with preferred stock of the new company.

"My dear Mr. Wing, we sold so many cars and made so much money so fast that I, as principal owner of the Consolidated, found myself a success before I knew it. I mean, I found that the banks would only lend the company money if I indorsed the notes personally. That didn't bother me. My life was wrapped up in that business. I'd do anything for the company so long as I could keep on enlarging the plants. I explain this because that is how I came to indorse the notes that all fell due at one time, which certainly was about the wrongest time in twenty years for notes to fall due on. I had to come East and raise money to pay off those notes.

"The bonus in preferred and common stock that went with the $ 15,000,000 which you helped to place came from my personal holdings. I didn't mind that, but the banking firm that headed the syndicate were bankers and not manufacturers, and so couldn't raise the money in New York or Boston or Philadelphia. But that is another story. Moreover, it is only fair to say that even in my own trade I couldn't convince my competitors that none of us individually or all of us collectively had reached anything like the production that we ought to try for. I preached quantity production a long time the same policy that has made Hiram Shaw the richest man in the world in the matter of income.

"Well, I lost my baby. The Consolidated Auto Company, of which I am a director that never attends board meetings, is making money. It would make a great deal more if I were running it, because they'd sell more cars.

"I,ll tell you how I came to start this Allenby company. I saw that there was a huge market for a cheap car—for the kind of cheap car that I could turn out. People like usefulness, but they also like beauty. I decided to manufacture a car that could be sold at a proft at a very low price and yet not Iook cheap. It wasn't much of a trick. I simply made a good car and put in certain refinements and features that therefore had been seen only on much higher priced cars. I wanted it to be sold for less than $ 500, for slogan purposes, and so I made it sell at $ 490.

"When it came to the name, I wanted one that would suggest good automobiles to everybody who had ever taken an interest in cars, so I named it after my old driver, Louis Allenby, the world-famous king of the speedway. Anybody who saw the name 'Allenby' instantly had a vision of Louis going 100 miles an hour, establishing a new speed record and making the fortune of some expensive car, imported or domestic. Well, I got Louis for advertising purposes and some of my old associates in the buggy business and the star salesmen, who gladly came to me when I needed them, and the best engineers and designers I could get. Together we evolved this little bubble that will sell 100,000 a year as sure as fate."

I must have smiled, for Townsend frowned. Then he smiled and said:

"If you wish to smile, I'll tell you something to make you smile. My own conviction is that I'll sell 250,000 a year as easily as I am now selling 30,000 or 40,000. I can't see how I can help it. I tell you that we are not making to-day one-tenth of the cars that we'll be making and selling in another five years. You used to call them pleasure cars. Who talks of pleasure cars to-day? The coming and going of that phrase tells the story of the changed attitude of the public. It was a pleasure car when you were not sure whether or not you might have to be towed home by a team of horses. The uncertainty made it a luxury. To-day it is absolutely dependable; it is a necessity.

"Mr. Wing, I have the buyers, but I haven't the cars to deliver. I have the orders, but I haven't the production capacity. You get me that money to enlarge my plants with and I'll sell the cars. I'll make $ 2,000,000 this coming year. You can look over my books. You'll find that we have the orders. But I don't want to borrow money on notes that fall due when the money market is tight. I want my friends and my customers to come in because I know their money will be safe. All I ask is to have people put up the money who believe in the business."

I was listening to Townsend with an interest that should be very easy to understand. It was as clear as day that he had vision, faith, courage and a single purpose. I felt as though I had known him for years and had always liked him. Also my mind held one thought, so insistent as to drive out other thoughts. It was that the long-sought for opportunity had come to us. Here was the common stock of a corporation doing a profitable business to sell to our customers. I knew that there would be many who would think the automobile business was too new. I agreed with Townsend about the permanence of it and that made me think that Bronson & Barnes should identify themselves with this most promising industry. Still, there was much to do before committing ourselves.

"Mr. Townsend," I said, "I hope we can do business. But first we'll have to have your books audited and your plant examined. We should like to come into personal contact with the men who are under you, so that we may determine the kind of organization you have and whether with it you could handle a bigger plant. I myself accept your word for it. I am willing to risk my own money on your say-so and this is not soft soap. But I will not take anybody's word for anything when I ask my customers to risk their money. We'll have your plant appraised to get an idea of what the proper capitalization should be, and we'll study the automobile industry in general, as an industry, from the point of view of an investor in that business. If the reports of our experts confirm your statements, as I fully expect they will, I see no reason why we shouldn't sell some of your securities. There is no sense in discussing details just now. I'll consult my partners at once and if they are willing we'll arrange for our visit to your plant. Is that satisfactory?"

"When do we start?" he said simply.

"I'll let you know in a couple of days," I said.

In the street I looked at my watch and discovered that I had spent nearly four hours listening to Townsend. What I have repeated is only a small part of what he said. It was a fascinating story, with much less of the Arabian Nights quality than Bert Hicks had led me to expect. I hadn't even smoked as I sat there.

You may rest assured I lost no time in telephoning to my partners in Boston. I told them how I felt and what I thought we ought to do. They said to go ahead. I suggested that one of the partners and young Tully, who was in charge of our statistical department and had a remarkably analytical mind, join the party in New York. In the meantime I would engage an expert from the firm of John J. Ryan & Co., consulting engineers and business examiners.

The very next morning I went out to get a line on George Baldwin Townsend himself. I went to people who knew him. For example, my old friends, Humphreys, Donahue & Co., who had sold some bonds for the Consolidated Auto Company when Townsend was still president, should have been the logical people to finance the new company's needs. If there was a reason why they had declined to do so, I ought to know it. I went to their office. My relations with the partners are as friendly to-day as they were when we were together at Harvard, even if I didn't accept the partnership they were good enough to offer me.

"Cramer," I asked, "what do you honestly think of George B. Townsend?"

Cramer hesitated. Then he said slowly, "He is unquestionably an able manufacturer. But he is utterly lacking in financial sense."

"Is that the worst?" I asked, greatly relieved.

"Isn't it enough?" asked Cramer. You know, he sells bonds, and in that business you get so you emphasize that phase of a company's management.

"The reason I asked you," I explained. "is that we have been asked to finance some improvements for him. Hicks, of the Morrisania National Bank, and Liddle, of the Textile Trade, brought us together."

"I sincerely hope that you fellows can work with him. He'll need men like

Hicks and Liddle to steer him straight. It will be the making of him— if they can. He is a tremendous worker with a wonderful vision. He has great dreams and the physical capacity, the courage and the mind to make them come true. But when it comes to the finances of his company he is very hard to get along with. All he thinks of is to increase his plants and make more cars to get more money to build more plants with to make more cars to get more money, and so on. If he'll work with you fellows, there is no limit to the money he can make. And the funny thing is that he cares absolutely nothing for money."

"Then he must be a good man to be friends with," I said. "Much obliged, old chap."

From Cramer's office I went to the Textile Trade National Bank and saw Fred Liddle.

"I saw Townsend," I said, "and we are going to visit his plant and audit his books and so forth, and if everything checks up O. K. we'll do that financing for him. Now you tell me what you actually know about him."

"Oh, his history is nothing. He himself is everything. He started out to make buggies, got into the motor business, organized the Consolidated Auto Company, was ousted from the management by your banker friends, and is now making the Allenby car. That's what he has done. He is a genius and you will have to guard against it. That man has made industrial history in Michigan and some day he will make it in capital letters in Wall Street. When he comes here and talks automobile industry to me it is all I can do to keep from leading him to our vaults and turning my back on him. And mind you, money doesn't interest him. He spends less than most of my clerks. Not that he is stingy, because he is the opposite of that; but he never thinks in dollars; always in cars, in customers, and millions or dozens are all one to him.

"I think Townsend wants to make enough money to buy back control of the Consolidated. He wants to raise the money for the Allenby Company without jeopardizing his control of it and that is what you'll have to keep in mind. I believe he can sell as many cars as he can make, so there is no fear of his overexpanding.

"I'll tell you why I want him to succeed—because he is a man of genius. But geniuses are apt to shorten the lives of bank presidents. What impression did you yourself get of him?"

"I got the impression that we would do business with him," I said.

"I knew you would if you let him talk to you. I surely wish you both luck. I think you'll find things to be as represented by him."

"Then we'll surely finance his needs," I said, and left the bank.

I returned to my office and found Tully waiting for me. He had already started an investigation on his own hook. He got in touch somehow with almost every dealer that had ever done business with Townsend. The reports confirmed what Liddle had told me. No doubt was left in our minds that if Townsend could make more Allenby cars he could sell them. This made the question for us to consider simply: Did we wish to finance a new company which was run by experienced and successful men? My own answer was yes. It would be a good business for us to undertake it. We had been pre-paring for years to make such ventures a specialty.

Our party left for Michigan a few days later. It consisted of one of our Boston partners, who was an expert accountant, young Tully, head of our statistical department, an engineering expert from Ryan's firm, George B. Townsend and myself.

We arrived in Detroit in the morning. We were met at the station by a whole flock of those little Allenby cars. I asked what the idea was, and Townsend told me the best way to learn about the Allenby cars was to ride from Detroit to the factory in one of them. It was only sixty miles, but the roads were not so smooth as they are to-day and the cars were brand-new.

I got in the first with Townsend and John Mallon, who made the motors. The others were driven by divers employees of the Allenby organization who were impressively told by Townsend that it was up to them to make a record run. Well, sir, those little Allenbys were driven as though the great Louis himself were at the wheel. They averaged about forty miles an hour. They had a short wheel base, and when we came to a rough spot in the road there was no difficulty in getting the news via your backbone. But George Townsend sat beside me, a proud, paternal smile on his face. We were making automobile history. No speech required.

We got to Hardwick, where the Allenby plant was. We were driven to the town's one hotel—the Townsend-named after George B. Everybody in Hardwick was as proud of George as George was of his Allenby.

The proprietor of the hotel met us at his front door and welcomed us with enthusiasm. He told us that there would be a special dinner that night and that the house was ours. He couldn't do enough for us. If I hadn't felt so tired I would have enjoyed myself hugely.

We left our luggage in the hotel and went over to the plant. We went through it. We saw the cars made—assembled and tested and taken apart and everything else. Our experts asked questions and took notes. We had lunch with the factory hands and were greatly impressed with the spirit of the men.

In the evening we had the special dinner. Besides our party, Townsend had invited his manager, his bookkeeper and three or four other employees, all fine fellows. After dinner we had a family gathering consisting of the guests and a dozen Hardwickians—bankers and businessmen who swore by Townsend and had money in the Allenby plant. They knew why we were there. Why not? Wasn't it a family affair?

We discussed the deal. They had all sorts of unpractical notions, as most people do who haven't had any experience with selling investments to the general public. I was against issuing bonds or preferred stock or notes and insisted that the financing should be done by the sale of common stock in a properly capitalized company. The buyers of that stock would take a reasonable business risk, the same as Townsend and his fellow Hardwickians, and they would share in the profits—if any. Townsend was inclined to side with me. Finally I had my way, but only after I had made it plain that it was common stock or nothing.

In the afternoon we returned to Detroit—by rail—and there we took the train for New York. While we waited for the reports of accountants and the engineering reports, Townsend and I discussed the deal. He himself wasn't going to do the selling of that stock to the public, and we were, and his views did not always accord with ours; but he was very nice about it. He knew we were square and he gave in to us.

The experts reports confirmed the favorable impression I had of the plant and the business. We were mighty particular and insisted on having all the facts and figures set down in black and white. We were going to ask the public to buy stock in a company which had no historical background, engaged in what was practically a new business concerning the permanence of which grave doubts existed among businessmen. We had made mistakes in the past, as I have recounted earlier, and we took great pains to avoid similar mistakes in this Allenby affair. We hoped that it would be the first of many such operations, but not for all the money in the world could we afford to misrepresent, however innocently, any part of the deal.

It wasn't until we were absolutely sure of our ground that we notified Townsend we were ready to go ahead. Then the bickering and bargaining began. Townsend, to whom a profit in the future was as real as cash in bank, wanted more money for the stock than we felt the public should be asked to pay. Then, also, some of the houses that we had invited to join the syndicate had their own notions as to prices and commissions and the size of their respective participations.

We had conference after conference that came to nothing. Mr. Barnes, when I reported to him, finally told me over the telephone from Boston that he was sick of the whole thing and wished me to drop it. There was too much quibbling to suit Bronson & Barnes. I said it would be a pity to drop it after we had gone to so much trouble and expense and I begged him to come to New York and talk to Townsend and the other conferees. He agreed, and at our fourth session we came to terms.

The company was to be reorganized. Instead of a few thousand shares of $ 100 each owned by Townsend and his personal friends, we would recapitalize the company on a basis of 200,000 shares of no par value. We did not wish to give any one the impression that the new stock was worth the usual $ 100 a share. The public must understand that it was a young company, that it was prosperous and that whoever bought the stock simply entered into partnership with the owners of the property. These were men of ability and experience in the automobile business and had made a success of it.

Townsend received 100,000 shares for his ownership. Then 32,000 shares went to the other stockholders for their minority interest, while Bronson & Barnes took the other 68,000 shares at $ 65 a share. This stock we decided to offer to the public at $ 85 a share.

Townsend insisted that we were making a colossal mistake in letting that stock go so cheap. The price ought to be at least $ 100 a share. I told him that we proposed to sell to our clients at 85 because we wished them to make a profit, and also because we preferred to sell it at 85 and see it go to 100 rather than sell it at 100 and see it go to 85. He insisted that we were wrong, but we went ahead.

We formed a syndicate composed of houses with which we had done a similar business in the past, only in this instance the syndicate managers were Bronson & Barnes. We had been preparing for something like this and we had no fears as to the outcome when we finally offered Allenby Motor stock to the public at 85 a share.

Well, you never saw anything like it. The morning the advertisement was printed the Curb began to deal in Allenby, when, if and as issued. The price went up by leaps and bounds on tremendous transactions. We were dumfounded. I had hoped for a success in this, our first venture of the kind, but I wasn't prepared for anything so sensational. It was not altogether comfortable to get the reports from the Curb. Before the subscription books opened the price was 90 bid.

It didn't stop there. Before the books closed that stock was selling at 125 a share. Think of it! Of course—everybody was calling up our office to find out what the dickens had happened and where the mistake was. The other members of the syndicate were as much at sea as the rank outsiders. The colloquies with my friends ran about like this:

"Say, Jack, what's going on in Allenby Motors?"

"I don't know."

"It's selling at 125 on the Curb."

"I know it."

"Do you mean to say that you are allotting us stock at 85 when the market for it is 125?"

"Yes."

"What's the answer?"

"They've gone crazy."

"Do you mean to say we can sell ours at 125?"

"Sell all you want of it."

"And we get ours at 85?"

"It hurts to do it, but a contract's a contract and the price we gave you was 85," I told them.

An intimate friend, a stock trader whose name is known the world over by reason of the part he took during the war, came over in person to see me. He has one of the keenest minds in Wall Street. He wanted an explanation. I couldn't give it to him. He left me—unconvinced, I suspect—and came back about an hour later.

"Jack, Townsend and his friends have simply gone stark crazy. They are buying all the Allenby they can lay their hands on. Why, over in the office of W. H. Roberts & Co. they are taking it by the thousands! I happened to mention to a fellow named Dan Lackey, who was the biggest buyer there on a tip from Townsend, that I had got my own stock at 85 and that price was what you people were accepting subscriptions at, and he just looked at me and told me he was betting on Townsend. I think you ought to call up Mr. George Baldwin Townsend and find out just what he's up to. You can't afford not to know what's behind all this."

I took his advice and called up Townsend and asked him, and his answer was:

"I told you that you were making a big mistake by offering the stock at 85. All I did was to telegraph to my friends that the stock would be offered for sale to the public and that they ought to get some. They evidently followed my advice. I myself got to thinking it over and I bought quite a little of it. I paid as high as 92 for some. The price went up so quickly I couldn't get it all under 90. Jack, I tell you, you don't know what the automobile business is. You just watch that stock and find out!"

And that was what had happened. That man Townsend tipped off every one of his hundreds of loyal friends. Townsend didn't do it to unload. All his agents bought the stock. They didn't know Bronson & Barnes, so instead of sending us their subscriptions they simply told their own brokers in their own towns to buy it, and the brokers sent the orders on to their correspondents, who bought it on the Curb. The rest followed.

The issue was heavily oversubscribed. I think the total subscriptions by the public ran to something more than 400,000 shares and we only had 68,000 to sell. When we came to allot the stock we could only give subscribers about 10 per cent of what they had asked for, excepting in the case of the little fellows. Those who had subscribed for fifty shares or less got theirs in full, for we naturally wished to encourage the widest possible distribution of the stock.

That deal was the talk of the Street for weeks. It was most gratifying to our firm. You will understand why I have stressed our gradual preparation for this sort of business and also why I saw in the Allenby deal merely the first of many to come.

Now I'll jump forward and tell you what happened to Townsend. He had originally invested $ 200,000 in Allenby. Five years later he exchanged that for the 100,000 shares of stock we paid him for his interest. Two years after that his Allenby stock was selling at 500, so that this, the greatest industrial promoter that ever lived, saw his $ 200,000 grow into $ 50,000,000 in that time. And of course his genius made him see also what some very able businessmen couldn't.

The Consolidated Auto Company was being run by a partner of the bankers who had financed it. They sold a big block of bonds and improved the plant and made good cars and sold them. But they couldn't see the future of the automobile industry so clearly as Townsend. While they were running the company in accordance with sound business principles, Townsend was buying the common stock, which didn't pay dividends. He urged his friends to do likewise and they did. One of them, a retired lamp manufacturer, was so devoted a follower, and believed so implicitly in Townsend's genius, that he made more than $ 50,000,000 out of Townsend's automobile stocks after he was past seventy. Romance? Why, it is a wonderful story of vision and courage and persistence.

Finally one day Townsend called a meeting at the Morrisania National Bank and there he ousted the men who five years before had ousted him. He did this and then he began to expand and increase and buy everything in sight. I wish I could tell you the story in detail, but it would take too long. I'll content myself with saying that when he was obliged to relinquish his control of the Consolidated Auto Company a second time, he took a stock market loss of $ 120,000,000, the greatest that any one man ever took in the stock market anywhere since stock speculation began. He still remaind a millionaire. A remarkable man and a remarkable career!

A short time after the Allenby deal Percy Thomas, the famous cotton operator, brought an other proposition to us. His is beyond question one of the most brilliant minds in Wall Street. It is always a pleasure to listen to him.

He came to the office one day and said, "Wing, I see you made a great success of that Allenby stock issue."

"It is an old habit of this firm's," I said. "We always do things that way." But Thomas had no desire to josh or be joshed. He said, as serious as anything:

"I know a company that needs what you did for Allenby. I was talking with them the other day and they certainly need money and need it quick. This is an opportunity simply made to order for you. You have all the necessary machinery for swinging the deal and the prestige of your Allenby success will make everything as easy as pie for you."

"Which company is it?"

"The Western Motors ompany. Dick Sessions, the president, used to be the right-hand man of old Timothy Cross, the motor manufacturer. Dick went into business for himself because old Cross was too conservative. The Cross car, the premier automobile of a few years ago, is no longer the best seller. It is still as good a car as there is, but the price isn't right because production costs are too high. Sessions and a few associates had enough money to begin manufacturing a good low-priced car. They have established the fame and the business and all they need now is a plant that will enable them to increase their output and reduce costs. They have passed the experimental stage. They are losing millions a year by not being able to fill their orders."

"You've said enough, Thomas," I told him.

So while, he was still there I called up Boston and told my partners what Thomas had told me about Western Motors. What did they think? Of course they thought as I did.

We made up a second party to go to Sandusky, Ohio, where the Western Motors plant was. When we got there you could have knocked me down with a feather. They had put up one large building at the start, but they outgrew it in no time. They were assembling automobiles in tents. There were about a dozen of them—great big circus tents, stretched along the railroad tracks.

Well, our experts went over the plant and the books and we finally made a deal with the Western Motors Company. It wasn't on such a profitable basis as the Allenby. Sessions had a syndicate of Cleveland capitalists that were ready to take up a bond issue, with the usual stock bonus. But he was wise enough to prefer our plan of distributing common stock widely by sales to the general public. We bought 50,000 shares at 75. We formed another syndicate and offered the shares for sale at 85, because that had proved to be a popular price and because the earnings and the dividend prospects justified it.

Subscriptions from all over the country just poured in and the issue was oversubscribed to such an extent that after a lot of thinking we decided on a straight allotment of 10 per cent to all subscribers. This meant that the little fellow who subscribed for 100 shares only got ten. Before the books closed the stock was selling on the Curb, when, if and as issued, at a premium of ten points or more.

At the start it looked like another colossal success for Bronson & Barnes. But we had something to learn. To be sure, we had made our bankers' profit and to that extent the syndicate was successful enough. But we had failed to take into consideration several things. To begin with, we had allowed too much time to elapse between Allenby and this deal. The stock market had gone up without interruption for more than six months. The *lusitania* break and two or three other war scares had exerted an unfavorable influence of speculative temper. The market was war-weary. It had gone stale. It was in a state in which it would take very little selling to put prices down substantially. In short, it was an unpropitious time for bringing out new stock issues.

Another adverse factor was the 10 per cent allotment. The moment the price of the new stockceased to advance, which was as soon as the allotments were made—because there wasn't a Townsend following to buy the new shares—all the disappointed subscribers began to sell out. You have no idea how many hundreds of chaps who had received only ten or twenty shares hastened to getout because it wasn't worth while staying with a fractional lot. Under the pressure of these aggregate sales the price went down about 20 points from high, which meant about 10 points below the subscription price.

There we were, with our second venture, showing a loss to subscribers who had expected a second Allenby. The damage was not to our bank account but to our prestige. A reputation for success is valuable. It does not thrive under adversity.

Of course we began to get letters from indignant subscribers. People who had profitably followed us in Allenby now asked why we had misrepresented the facts about the subscriptions. They also wrote to the financial editors of the newspapers urging an investigation of our methods. We certainly came in for a lot of abuse; and all because the entire market sold off and Western Motors followed the general trend.

Mr. Sessions, president of the Western Motors Company, also received bushels of letters. The writers mostly wished to know how it could be possible for a stock that was reported to have been over-subscribed ten times to sell down to 77, or eight points below the price of issue.

I have a copy of the answer Mr. Sessions sent to one of his correspondents. Here it is:

"Dear Sir: I have yours of recent date concerning the market for our stock. Of course I know nothing about the stockmarket quotations, not being particularly interested in same, except that when I saw the stock selling below the price at which Bronson & Barnes had offered it to the public I recognized that it was cheap and bought some for myself. Not a share of my holdings is for sale at this or anything like this price. The selling price of the stock has nothing to do with the fact that the company is doing a good business, will earn a lot of money next year and will pay liberal dividends; and though I do not understand why the stock market does not value our stock higher, it does not especially concern me, because I know it is in no way a reflection on the property of our company;

"R. L. Sessions, President."

The publication of that letter helped us in our efforts to support the market for Western Motors. We had made money out of the stock and it seemed only right that we should do our best to steady the price on drives. There was no other way of proving our belief in the merits of the stock than by buying it at concessions. As a matter of fact, the price did not stay down very long. It rallied and soon sold up to 125 and higher. Later, in the bear market of 1917, it went down again. Everything else did also. But I would point out that within four years of the time we brought it out that stock sold at better than $ 500 a share. It was a great success and our clients again made money.

We contented ourselves with a bankers' commission. We were confident that the companies whose stocks we offered to the public would prosper. Well, if we had kept those stocks ourselves we would have made more than $ 40,000,000. But we stuck to our knitting. The Allenby and the Western Motors offerings were our first efforts in that line. Since then we have distributed the stocks of a large number of automobile concerns.

A few months after the Western Motors offering, a promoter by the name of Barrows, who went about looking for good prospects, found a corporation that though in sound financial condition needed more capital to expand its business. Barrows job was to bring together the man with the business and the man with the money. The latter didn't have to be a capitalist or a big banker; it might be a house that had customers to sell securities to. The advantage in selling stock in your company to the general public is that you get a lot of buyers who will not be larger holders than the original owners and therefore will not insist upon being represented in the directorate, or similar annoyances and intermeddling. Barrows told the Harrison Tire Company about us and brought one of the partners to our office. They asked my opinion and I said:

"Your company has now a capital stock of 50,000 shares, all owned by your three partners. You say you are earning $ 2,000,000 a year. If your balance sheet shows enough assets to warrant it, we believe those earnings would justify a capitalization of 200,000 shares on which you could pay dividends of five dollars a year. We would have to place that stock with the public at about $ 45 a share and therefore we should have to take it from you at a price sufficiently below $ 45 to make it worth our while. I think we could sell that stock; but, on the other hand, our customers may be fed up for the moment. We'd have to study conditions more carefully and get our experts to go over your plants and your books before we made a definite offer."

The Harrison people finally agreed to do as we suggested. The experts reports were satisfactory and we finally bought 75,000 shares out of a total of 200,000 of the recapitalized company, which was called the Harrison Rubber Corporation. We paid $ 40 a share for it and we formed a syndicate and offered it to the public at $ 45 a share.

Our awakening was prompt and rude. The stock, instead of being oversubscribed and selling at a premium before the books closed, wasn't fully subscribed for and the syndicate had to take up several thousand shares. It proved that the public was filled up after so many months of bull-market activities. It had no surplus funds to buy stocks with. Right after the subscription books closed the new stock began to decline and we had to buy it on the way down. There are some things you can't tell until after you try it on the dog. Our profits when we wound up the syndicate were mighty small. But at that we were lucky we did not have a loss, considering how wrong we were in our estimate of the public's desire or ability to buy stocks.

For months afterward, extending well into 1916, the public refused to buy stocks. General business was very good. Europe was buying all sorts of supplies here and sending us all the gold in the world to pay for it. Prices of everything were rising. But the public would not buy stocks. Our best business minds, the wisest financiers, could not understand why a stupendous boom wasn't going full blast with such an export trade as ours. They began to talk that way for publication until everybody in the United States was positive that the money center of the world had moved from poor old London to imperial New York.

Finally the market definitely turned. The public began a carnival of stock buying—known as the war brides' boom—that went to dangerous extremes. We, in common with all other conservative houses, feared the consequences of the inevitable day of reckoning and we began to urge our customers to take in sail. We insisted on their taking what profits they had, or even losses, and we succeeded in getting most of them out before my friend, Jim Tobin, on his return from Europe, stated in a widely circulated interview that the European war must end shortly—in which case good-by to our war profits—or else the United States must get into the war; in which event, we must look for war taxes and various disturbances. The stock market had a very bad break and the historic bull market of 1916 was at an end. Prices declined steadily from that day on. They did not recover in full until three years later.

The entrance of the United States into the World War had the effect of dislocating the banking and brokerage business so completely that everybody perceived it. This led well-meaning people in all sections of the country to remark that as we all seemed to get on so well. without bankers and brokers we might try continuing to do without such expensive luxuries after the war was over. Of course what happened was that the financing of the war absorbed whatever surplus capital accumulated, and the war taxes took a large portion of the profits of every business. There wasn't much left for bankers and brokers to do any private financing with; and moreover, they were mighty busy helping a nonpaying client, Uncle Sam, finance that self-same war.

Our initial war job was to help float the First Liberty Loan. Every reputable stockbroker in the United States automatically became a government bond broker. The members of the New York Stock Exchange cheerfully agreed to take all the bonds they could carry, and in addition they did their best to induce all their customers to buy Liberty Bonds instead of speculating in stocks. A committee appointed to act for the members of the Stock Exchange sold more than $ 300,000,000 Of the 3 1/2's.

During 1917 and 1918 stockbrokers did not make expenses. We were not allowed to sell any bonds except governments. If a house sold bonds of its own instead of helping Uncle Sam it was instantly blacklisted. Only banking houses which had foreign contracts made any money. The war is over and we brokers did no more for our country than was done by millions of other decent Americans. But remembering how our business fared those years, I have to laugh every time some demagogue in the Senate rants about bankers and brokers engineering wars in order to make money out of the sufferings of peaceful millions, and so on.

In 1919 we had the period of inflation which the Government's colossal war expenditures made inevitable. Our business grew in every direction. I mean, our firm did a large business in stocks and bonds and in flotations. Manu facturers turned out all kinds of goods in enormous volume. Everybody bought everything. Prices were infiated. So were wages. So were our heads. So were taxes. When the United States Supreme Court handed down its decision that a stock dividend was merely a distribution to a stockholder, in a different form, of assets which he already owned and therefore were not taxable, it was to be foreseen that a boom in stocks would follow. Indeed, it was an orgy of speculation. It was reasonable to expect that every company which had accumulated a surplus larger than it actually needed would declare stock dividends. From discriminating in the purchases of certain classes of stocks the public soon began to buy all sorts of securities of money-making companies.

Before the inevitable crash came. Our firm successfully handled various kinds of industrial issues. There were times when we did a commission business of more than 125,000 shares a day for weeks at a stretch. I think our firm's high-water mark was 195,000 shares in one session. More than 7,000 transactions went through our office on that day. We used to be three and four hours late in making reports. Our clerks often slept in hotels at our expense because they would finish their work too late to make the ast train home. That year—1919—we paid our help more than $ 600,000 in bonuses.

My object in trying to show our growth is to make clear the development of the stockbrokerage business. It is easier that way to trace the differences between to-day and twenty-five years ago. When our railroads were built the money was raised by promoters who sold the necessary securities. Then we began to incorporate other industries and, as a long second step, to deal in those securities in a large way on the various stock exchanges. The first industriails were combines, or trusts, or near-trusts. They comprised stocks like Cordage, Sugar, Distilles, Tobacco, and so on. The public used to trade in these on the exchange; but they were in the"unlisted" department. That obviated the necessity of furnishing information as to earnings, condition, and so on, to the exchange authorities. Being unlisted, the exchange vouched for very little. Operations in them were almost entirely speculative. That is what made industrials undesirable in loans for so many years. The banks simply refused to accept collateral in which there was more than 10 per cent of industrials. They were the pariahs of the ticker, and justly so, for there were some amazing cases of market milking in those days by insiders or cliques of professional speculators who had little interest in the welfare of the corporations themselves. The early history of the first industrials is as lurid as the story of Erie in Daniel Drew's time.

Well, the raw work is done away with. The Stock Exchange makes rules and enforces them, with the public's protection in mind. Everybody to-day recognizes that the broker who protect his customers is really seeking to establish a permanent business. The financial mortality among the customers of commission houses is muc lower than when I first went to work, not so much because of the stricter enforcement of Stock Exchange rules as because of the more intelligent attitude of stockbrokers toward their own business. I do not say greater honesty because it was not deliberate or even conscious dishonesty in the old days that did the chief damage. It was rather a sort of fatalistic belief that all customers came downtown to gamble. From this grew the old brokers' fancied need to plan for one endless succession of brand-new customers; and that, everybody now admits, is bad business.

To-day, reputable brokers sell to the public the stocks of all sorts of corporations, and the fluctuations in the prices of those same stocks follow not the manipulation of a clique but the trend of trade conditions. If there is prosperity the profits increased, and that means increased value of the stocks, and greater values mean higher prices. The public, when it is asked to buy those stocks, is really invited to become, first of all, partners in the enterprise, and after that, speculators in the stocks. This is exactly the opposite of the old methods.

As stockbrokers of the modern type, our firm has sold all kinds of industries to the general public—greatly, I may observe, to that public's profit. Nearly every industry depends directly for its prosperity on that same public, and public ownership of such industries through stock holdings is not only a form of partnership but a form of profit sharing. We have sold shares of automobile factories and steel companies, of makers of beds, of patent medicines, of automobile accessories, of oil companies, and copper mines and other things. We have helped to capitalize, in one way or another, industrial efficiency, good salesmanship, mechanical ingenuity, medical formulas, faith in the United States and business vision I am justified in saying that in selling to the public the stocks of all sorts of corporations we really have sold the American spirit to Americans.

I'll take the case of the Tucker Taffy Company. Those of our customers who followed our advice and bought the stock when we offered it to the public have had excellent dividends from it as well as a pleasing appreciation in price. It turned out to be a good venture, And what were we really selling? A set of factory buildings? More than that. A name? More than that. An efiicient management? More than that. A long-established money-maker? Well, we sold all those things and more when we sold Tucker Taffy stock at forty dollars a share. The physical assets or actual tangible property was barely $ 10,000,000, but we sold it on a basis of $ 40,000,000 because we included the good-will. You see, the company was earning at the rate of about 15 per cent on the forty millions. That capitalization wasn't water. It represented the actual expenditure of vast sums properly chargeable to capital account. I said at the time that what we really sold was Beverly Tucker himself; and that man is a bargain at anything under a hundred millions. He had built a huge business which suffered from the misfortune of being all his, so that when it became very big and very prosperous he was forced to consiciier the problem of making it safe for him to continue in it. Year after year it paid enormously so that he found himself a multi-millionaire, higilly vulnerable from the income-taxable side and yet with assets that were not liquid enough to make him comfortable thinking about it.

Tucker started his taffy-making business with thirty-two dollars of his own and some money he borrowed from a few trusting friends. He was successful from the very start in every way. You see, he went about his business not only logically but enthusiastically and not only enthusiastically but wisely. Other taffy makers had grown rich—and careless. He consridered the problem from all angles, particularly his countrymen. He made sure of what he suspected—that Americans liked candy and liked to be doing something, physically. So he synchronized the operation of their likes by giving them a delicious taffy that they would have to chew a long time.

The late Lord Northcliffe once told me that Americans were beyond question the most talkative people on earth. But I suspect that Tucker's subtler insight did not confound the nervous craving for maxillary activity with an irresistible hankering for speech. At all events, Tucker saw to it that whoever bought his taffy got full value in chewing. He developed what might be called the Marathon masticability of Tucker's Taffy. You could run your jaws at full capacity at a cost of about one cent an hour.

Having concocted a first-class taffy the problem became to sell it to everybody. It was firmly fixed in his mind that the ultimate consumer was the payer of dividends, and he went after him. He got him. It made him a millionaire.

To-day, after thirty-odd years of strenuous business life, Tucker is a man of sixty who looks what he is—a young man. He has the vitality and vim of an athlete, the mental elasticity of an artist and the alertness of a particularly wide-awake youngster. He is generous and broad-minded, with a friendly outlook on things and men and a highly satisfactory philosophy of life. He is forever helping some person or group or party because he is a strictly logical creature. He sells his taffy to everybody; therefore everybody is his customer; therefore everybody is his friend—don't they give him millions of spending money a year? His human contacts all his life have been those of a man who must keep in touch with millions of human beings who use jaws made in America. He owes something to those jaws. He gives his best to them. What is the result? That he is now getting his dividends from his wholesaling of goodwill.

Of course it is easy to say that only by advertising could he get the needed millions of customers for his taffy. But he did more than advertise; he superadvertised. He subordinated nearly everything else to that one need of his as a business man and as a human being living in this particular country at this particular time. I will not bore you with statistics, but this man Tucker is perhaps the second greatest plunger in advertising in the United States. One reason for this is that he had to; but a stronger reason is that he liked it. To make his taffy known has given him greater pleasure than to make it salable, for he says it sells itself—once it is known. He can't bear to have his taffy less known than it is, and eternal advertising is the price of his happiness—and of the accretions to his capital. He paid $ 100,000 a year for an electric sign on Broadway, paid it cheerfully, for a dozen years. One day he came to my office, his face radiant with joy.

"What's happened?" I asked him.

"The Millard Building is going to be torn down."

"Is that so? Where will you move the sign to?" I asked.

"Nowhere. I'll save $ 100,000 a year."

"You could have saved it any time you wished," I observed mildly.

"No, I couldn't," he said so emphatically that it puzzled me.

But I said: "If you had stopped using the Millard Building roof you wouldn't have had to pay, would you?"

"I couldn't have stopped. That was the deuce of it."

"Why not?"

"Somebody else would have used it for advertising something else. The public was used to seeing Tucker's Taffy there. To have seen something else in its place would have implied that something else could take the place of Tucker's Taffy, wouldn't it? I tell you I couldn't let go, and I don't think that as a cold-blooded proposition I needed to spend that money that way. I could have spent it to better advantage in some other form of advertising. I am not thinking of reducing my advertising appropriation; on the contrary. But it is a relief that that building is coming down."

Advertising, to Tucker, is an art. It may also be a science or, at least, there may be sound scientific reasons for some of the things that Tucker does. I think he feels as well as thinks advertising. It is his favorite form of self-expression. It enables him to talk to 110,000,000 compatriots, for to me his advertisements read exactly like him. It is always Beverly Tucker talking. To hear him talking casually in the smoking compartment of a Pullman is almost Iike listening to some one reading aloud from one of his newspaper advertisements. He believes in Beverly Tucker because he believes in Beverly Tucker's countrymen and in Beverly Tucker's taffy, and so believing he does what he thinks he ought to do. That is why nothing that he does in his business is a gamble. He is right in his motives. He can't make a fizzle.

Let me tell you a story about him to show that even when he seems to take chances he really is betting on a sure thing. Tucker and a party of steamer friends, finding themselves in Egypt, decided to go up the Nile. They made the necessary arrangements, which in this instance consisted of going to the tourist office and asking them to take charge of the party. A program, or itinerary, was drawn up, each stated what the cost would be, filled in the dates, and so on. The tourist office also detailed one of their men, a young Scot by the name of MacNeil, to take charge.

The party went up the Nile. They saw whatever there was to be seen with the least poossible discomfort. In addition to seeing ruins, monuments, sarcophagi, excavations, fellahin, sand, date palms and other Egyptianisms, Beverly Tucker noticed the little Scotchman, MacNeil. He was highly efficient. If they arrived at some point where a commodious dahabeah should have been waiting, as promised by Cook's office in Cairo, and there was no sign of said craft in sight, before the chronic kicker of the party could express his pained surprise that Cook's had flunked again, MacNeil just went ahead and got a dahabeah somehow, somewhere. He chartered it or bought it or built one, and the party got off as per schedule, and MacNeil did not talk about it. He never fumed or fussed or fretted. He listened patiently to all sorts of complaints about the food and the fleas and the heat and the sand and the smells and the bazaars' graft and the fakirs, and he never said it wasn't in his list of duties. Nobody ever peeved him and nothing ever flustered him. He was always polite, cheerful and close-mouthed. When he spoke, it was always in a pleasant tone of voice.

One day Beverly Tucker, the American taffy king, who began business with thirty-two dollars of his own and what little more he could borrow from optimistic friends and lived to advertise himself into a fortune of millions, found himself alone on the dahabeah with the Cook's man who had just untangled another difficulty.

"I say, Mac," asked Beverly Tucker amicably, "how much are you making on this job?"

"D'ye mean my wages?" asked MacNeil.

"Yes."

"Five hundred pounds a year," announced MacNeil. It was plainly to be seen that the little Scotchman thought it no end of a good berth.

"How would you like a job with me at $ 10,000 a year?" asked Tucker blandly.

Now MacNeil was young and, being Scotch, was ambitious and did not look with disfavor on silver. But certain forms of jocularity might indicate certain forms of dementia or they might spring from an overdeveloped or Americanized sense of humor.

Playing safe, MacNeil watched Tucker's face intently and asked innocently: "What was that, Mr. Tucker?"

"I asked you how you would like to work for me for $ 10,000a year?"

MacNeil showed that he was Scotch by cautiously answering Tucker's question with one of his own: "Doing what?"

"I don't know," answered Tucker.

"Then I'll have to think it over, Mr. Tucker."

"Very well," said Tucker. "Tell me to-morrow."

The next day MacNeil sought the American taffy king.

"I say, Mr. Tucker?"

"Yes, Mac."

"I'll go with you."

Tucker looked at him unsmilingly. At length he said: "I still don't know what you'll have to do."

"That's all right, Mr. Tucker," said MacNeil, already talking American.

"Mac," asked Tucker curiously, "what, exactly, is the difference in my offer between yesterday and to-day?"

"I thought about it last night."

"And what did you think that made you accept to-day?"

"I thought that I would be making $ 10,000 a year," answered Mac.

"And that was enough?"

"Oh, no."

"What else was there?"

"That I'd be working for you."

"You're on!" laughed Tucker.

Well, Tucker brought MacNeil back to America with him. He told a Chicago friend, a banker, what he had done.

"You don't know he'll be worth that to you," remarked the banker.

"Certainly I know it."

"No, you don't. You're taking a chance that he will be."

"So are you taking a chance when you cross the street on a rainy day," said Tucker, "only my risk is smaller. I've seen this chap in action; watched him for weeks. He always managed to do well and on schedule time whatever he had been hired to do; and he never made a fuss about it. His patience was colossal and his cheerfulness extraordinary. He had a head and he used it—and he was always on time. No friction. No breakdown. What in blazes do you want me to do, wait until he is president of your bank before I hire him as office boy? I bet on a sure thing when I bet that I could get $ 10,000 worth of him a year."

"You saw him on his own job. You don't even know what job you'll find for him here."

"The job is easier to find than the man. I've been selling taffy to the American people for twenty-five years. Now, Bill, you just watch me get my $ 10,000 worth out of little MacNeil," said Tucker.

To-day little MacNeil is the vice president and general manager of the Tucker Taffy Company and is making a good deal more than $ 10,000 a year. Tucker found a good investment on a dahabeah on the Nile. He put money and friendliness into it. It has paid him good dividends—in cash and in comfort.

Now, Tucker for years made millions out of his taffy business, but he spent them as fast as he made them. His outlet was advertising. His sales increased steadily. In thirty years of taffy making and taffy selling he spent $ 42,000,000. And then came the war and the increased costs of production and, on top of that, the surtaxes. And when peace came the surtaxes remamed. Conditions were such that the need to recapitalize his business became more and more urgent. Finally he came to us. He had bought stocks and bonds for investment through one of our branches and he had heard of us from friends. We brought out a big issue of Tucker stock. It showed net earnings of close to 15 per cent per annum. It was a successful deal from our standpoint—that is, we sold all the stock to customers who were glad to get it.

However, the point I wish to make is this: The price at which we sold the stock made the market value of the capital stock something like $ 65,000,000. The actual value of the physical assets of the company was under $ 30,000,000. In the old days we would have heard shrieks of "Water! Water!" and we might have had trouble in disposing of the stock. Certainly we would have had a dickens of a time trying to sell it to investors. In the case of the Tucker Taffy Company stock we were selling an intangible but none the less real asset—to wit, the goodwill.

That item was properly capitalized. For many years the bulk of the profits had been put back into the business. It was not used to enlarge the plant or to increase the acreage under roof, but to enlarge and improve the merchandising machinery—that is, developing the most important part of the business—the selling end—by advertising. Forty-two millions of dollars went into that part of the plant. Where do you find that item in the inventory? It was a cash outlay and it must come under the head of goodwill. Trhe reason why the Tucker Taffy Company does a gross business of $ 1,000,000 a week is that same cash outlay. There is nothing illusory or aqueous about the net profits of several millions a year legitimately paid out in dividends to the stockholders who paid for the goodwill as well as for the bricks and mortar of the factory buildings. Since the stock was brought out by us the price has risen nearly 20 per cent, because instead of yelling "Water!" the public to-day knows that what it buys or sells when it buys or sells Tucker Taffy stock is plant plus goodwill; also Tucker's genius and the world's fondness for a good sweet.

You will remember that our first successful venture in modern stock selling was in Allenby Automobile stock, and we followed it with Western Motors, later selling other issues of other motor stocks. We were very successful with most of these, and having been pioneers in that field, we felt we had an inside track on such business It was natural that we should think well of the stocks of certain companies engaged in the manufacture of the more important automobile accessories. Of these companies the one I had my eye on from the first, by reason of the excellence of its product and the magnitude of its sales, was the Jenkins Ignition

Device Company.

"The business was not only profitable but so well conducted that it had every indication of permanence. The company made the simplest and best device in the market, and all the better makes of automobiles carried it as part of their stock e-quip-ment. Its history was practically the history of the development of the American automobile in dustry. For twenty years the Jenkins family had owned, managed and operated the works in Ohio. They took great pride in their plant, in their reputation, in their workmen and in their home town. And their workmen and fellow townsmen felt for them a sort of pride and loyalty difficult to describe without gushing.

The principal owner was George, the eldest of the Jenkins brothers; but all the Jenkinses were unusually able business men and excellent specimens of the Middle Western American. This I consider very high praise. I had a mutual friend introduce me to George R. Jenkins, and I tried my hardest to induce him to recapitalize his family's business so as to enable the public to come in as his partners. But he couldn't see it.

I explained as eloquently as I could that I not only did not wish him to part with the control of his property but that I would insist with all my might on his retaining a substantial majority of the stock. We were anxious to buy from him—and sell to the general public —a big block of Jenkins stock, provided the Jenkins business continued to be Jenkins managed The family's interest and pride in the success and prosperity of the business must be maintained, and I knew of no better way than by their remaining in control. In other words, we in sisted on buying a minority interest which must remain a minority interest.

He listened with the exquisite politeness of a man who has made up his mind not to Iet you know how patient he is in listening to you at all.

After I was done speaking, he said, "My dear Mr. Wing, I have all the money I can possibly need and I have all the business I can handle. Our first thought — the thought we had when we started this business is still our chief aim, which is to turn out the best we can. By sticking to this we have earned a firm reputation which has giyen us the trade and the profits. We are so anxious to make sure we are turning out the best device that can be made by anybody anywhre that we do not merely assemble it. We make every bit of it from the raw material up. It is an expensive process, but the quality is there. The fact that our family might make $ 125,000 a year more if we were less finicky doesn't appeal particularly to any of us, as we all have all the money we want. If we were a corporation we'd be under pressure to introduce econo-mies in order to increase the dividend rate in order to put up the price of the stock. As we are, we do what we think best. Ours is a Jenkins product made by the Jenkins brothers. A good name is rather to be chosen than great riches—particularly when you already have the riches. We have no conflicts of opinion as to policy or squabbles about the dividends or any of the annoyances that attend meetings of the boards of directors of corporations. I can't see that you have given me any sound reasons why I should dispose of my very profitable business or why I should stop being proud of being at the head of it."

"I told you I insisted on your remaining at the head of it and in full controI of your business," I said. "We don't ask for any more than that you should keep on running the business the way you have run it since you started it. That's what we want to buy from you because that is what we wish to sell to our customers. But we believe firmly that your interests would be best served by recapitalizing your business and selling a part of it to the public. I know you have all the riches you need. I don't want to give you more riches, but to change for the better the character of the riches you already have. I wish to make your fortune more liquid, not merely greater."

"I am just as much obliged to you, Mr. Wing. Call again any time you feel like it. I'll be delighted to show our plant whenever you are in town. But our business will never be for sale," said George Jenkins.

"Well," I told him, "I am sorry you won't let us do you a good turn just now. We have the market to sell the stock in and it may not be here when you change your mind and come around to our views."

"Don't worry about that," said George Jenkins rather grimly. Then he shook hands with me as friendly as anything.

That was in 1916, shortly after our Allenby promotion. Of course I tried again. As regular as clockwork at least twice a year I would ask Jenkins to accept our proposition. But he merely smiled and remarked he guessed not.

George Jenkins had a friend, Timothy J. Harrison, who was president of the Harrison Steel Castings Company. They came from the same town, went to the same school as boys, went to work in the same shop—the Whitlock Engine Company—on the same day, worked together, advanced together, and finally both quit the Whitlock Engine Company on the same day and each went to work for himself, Harrison in steel castings and george Jenkins in the manufacture of an important automobile accessory. They prospered greatly and their friendship continued unimpaired.

Our firm had brought out an issue of Harrison stock. It was a successful operation, for not only did the market price go up but we were able to develop a national market for the stock. I may say that at first we met from Harrison pretty much the same objections that we heard from Jenkins. Harrison also was proud of what his name stood for. He had begun in a small way and had expanded amazingly. Indeed, it was the very magnitude of his industrial and financial success that enabled us eventually to swing the deal, for his lawyers agreed with us that if he were to die and leave to his family his holdings of the stock of his own company, the sorrowing heirs would be faced with the necessity of having to live exclusively on the steel-castings industry and sink or swim without it. And worse still, they would own stock of a close corporation for which there was no ready market. So his lawyers advised Harrison to recapitalize as we suggested, and not only get some cash for some of his property, but also make a market on which to sell more stock if it ever became necessary to do so. He agreed and we brought out his stock and made a national market for it.

One day Harrison died. He was a fine man—a good friend and valued customer. Well, we were able, a few months later, to convert a large block of Harrison stock into cash, thereby making it possible for the executors to carry out, under the orders of the court, the wishes of our late friend, and pay bequests and donations specified in his will.

I imagine that Harrison's sudden death made George Jenkins do a heap of thinking about his own affairs. One of Harrison's executors happened to tell him one day how well we were making out in the sale of millions of dollars of Harrison Steel Castings stock and congratulating the Harrison heirs on their father's foresight. The following week Jenkins called at my office. He had an account with us and we had been getting occasional orders from him, chiefly investment purchases of stocks or bonds.

He got down to business right off.

"Mr. Wing, I once told you I would never part with any of my Jenkins stock, didn't I?"

"Yes, you did, and it is about time you changed your mind," I said.

"You still think I ought to do it?"

"I'll always think," I said, "that you ought to reduce your ownership without losiing control of the property. The money you and your brothers would get from selling, say, a 25 or 30 per cent interest in the business, could be invested in tax-exempt bonds. At this moment you are paying to the Federal Government as high as fifty-eight cents out of every dollar of your yearly profits. You are letting Uncle Sam take most of your income away from you without any compensating advantage to you or anybody else. By shifting a part of your fortune from your accessory business to tax-exempts, you not only save money but diversify your investments. Also your income won't vanish altogether if hard times should come to the automobile makers. More-over, if after you adequately recapitalize your business, you should let us sell a part of it to the public, you will develop a market on which you can sell Jenkins stock for cash at a moment's notice, without having to sacrifice it or spend months trying to find a buyer. Your stock may be earning 20 per cent net per annum, but you cannot sell any great quantity of it on a basis that will be fair to you. But if you do what I suggest, all you would have to do would be to give us an order to sell so many thousands of shares and we'd go over to the exchange and do it. Moreover, you should remember that the inheritance taxes are high. There is no open market for your Jenkins stock, so, when in the fullness of time you are gathered to your fathers, the internal-revenue experts will appraise the value of your estate. It may be a fact that your business could not be sold for a cent over $ 10,000,000. But you can bet your life that if your net earnings are, say, $ 2,500,000 a year, Uncle Sam will tell you that your stock is to be valued on a 10 or 12 per cent basis, which will mean inheritance taxes figured on a basis of a value of $ 20,000,000 or $ 25,000,000 for your estate. Where are your heirs going to raise the millions of cash needed to pay the tax? Sell a block to some banker who knows you simply have to sell? Do you see any capitalists falling all over themselves to pay your executors a high price for what must be sold?

"Well, if, instead of all that, you recapitalize the Jenkins business adequately and sell a block of the new stock to us, you will get a large amount of cash to buy tax-exempts with, you will have a market for all your stock, and coincidentally make the general public your partners."

"There is something in what you say," admitted Jenkins so grudgingly that I instant asked him: "When do you wish us to make an offer for a third of your capital stock?"

"I am ready to consider one any time," said Jenkins.

"No time like the present," I said.

So I began to ask Jenkins all manner of questions about his business, all of which he answered promptly and frankly. The more he told me the surer I became that it would be a desirable deal for everybody.

"From what you tell me," I finally said to him, "I should say your capital stock should consist of 1,000,000 shares of no par value. We could sell 300,000 without any trouble. Your net earnings justify a dividend rate that would make that stock worth between thirty-five and forty dollars a share."

"Oh, the dickens!" shouted George Jenkins in a horror-stricken voice. "Never!"

I thought he thought I was giving his stock away, so I said, emphatically: "The public won't pay more than that, and I wouldn't ask them to."

"I should hope not!" he exploded. "just because you have customers who will take your advice is no reason why you should stick them."

"What?" I askejd him, puzzled.

"The price is too high," he said.

"Not at all," I denied. "We figure on selling your stock to the public at a price that will yield the buyer about 10 per cent on his money and in addition share in any future increase in the profits of a well-managed and growing business. We have a right to assume that you will continue to grow for some years to come. You would be keeping up the record you have made from the start. That deal is good for the public and equally good for you,"

"Yes," he growled, "it's all right for me. I am for doing all the business I can, but always on a conservative basis. I don't want any inflation."

"Mr. Jenkins," I said to him, "we are as conservative as they make them. Usually we are the ones that have to insist on conservatism. I gave you a price figure only tentatively, after hearing from your own lips what your earnings were. I suggest we leave those details for later on. Get back home and consult with your brothers, and if you all wish to let us sell to the general public a one-third interest in the Jenkins business we'll send our experts to go over your books and inspect your plant."

"What's that for?" He was frowning.

"To determine what would be a fair price for your property—fair to you and fair to the buyers," I said.

"I'll tell you right here and now: I think $ 20,000,000 is a fair price," said Mr. Jenkins. "But $ 35,000,000 or $ 40,000,000? Good night!"

"Just because you are unwilling to cheat a stranger out of a dime is no reason why you should want to cheat the Jenkins family out of $ 20,000,000."

"Don't I know how much my own property is worth?" he aske me.

"It doesn't look as if you did," I answered. Then I began to laugh. I couldn't help it, when he looked at me so perplexed. "just let us send our experts to your plant, Mr. Jenkins, won't you? Then, when they get through, I'll show you their reports. It will be an unprejudiced expert view of your business—plant and prospects and everything. Just keep an open mind in the meanwhile."

"Very well," finally consented Mr. Jenkins.

We sent out our men as agreed, and their reports confirmed my estimate of the value of the Jenkins company. So we had another conference, but George Jenkins still balked at the price we suggested. His two brothers were present, but they just looked on and nodded when George said yes, or shook their heads when he said no. They also were Jenkinses——able men, straight, square, proud of their reputation; and George's point of view was also theirs. I used every argument I could think of to bring him to meet my views as to price. But when I outargued him out of one objection he would find another and I had to do more talking. We finally adjourned without coming to an agreement. We had three meetings at which nothing was done except waste lung power. You would have thought that I was trying to cheat him when I insisted on paying him $ 10,000,000 more for his property than he wished to accept.

His pet remark was: "I know what our property is worth. I know what the business will earn. If we sold our stock on the basis of $ 20,000,000 I would feel it was a pretty good price for me, but I still could look the buyer in the face because I'd know he had not been stung. Now, I have no doubt that Bronson & Barnes could sell it for thirty or even thirty-five dollars a share, but I can't see that your ability to sell it makes it worth that price. Moreover, if you did sell it for thirty dollars a share you'd find that the price would soon drop to around twenty dollars, which is what it is really worth. There'd be a lot of people who'd lose money buying Jenkins stock, wouldn't there? And when they'd blame somebody, who would it be? Bronson & Barnes, who are only the brokers, or the Jenkins brothers, who are the principals? Answer that, Mr. Wing!"

I could see by the way he looked at me that he thought he had stumped me at last. But I said to him as earnestly as I could: "Mr. Jenkins, I assure you that Bronson & Barnes are even more anxious than you not to sell the stock too dear to the public that gives us our living. We believe that your stock, on a basis of a total capitalization of 1,000,000 shares, is worth over thirty dollars a share. We arrive at that figure from an impartial examination and expert analysis of your concern and its record and prospects. We are positive that the public agrees with us rather than with you about the value. We have studied our own bisiness as carefully as you have yours, and I tell you frankly that you would hurt rather than help the deal by putting out the stock at too low a price. The average investor is afraid of bargains. He wouldn't say, 'That's a grand opportunity.' He would ask, 'What's wrong with it that it is offered so cheap?' That's the public!"

"The only public I consider is my public, which consists of the people who buy goods," said George Jenkins. "They pay me a fair price and I give them the best that can be had for the money. That's why they come to me and keep coming. If you should tell the wide world that the Jenkins business was paying dividends on a $ 30,000,000 capitalization they would instantly swear I was making too much money, which means that I was charging them too much. Now, I am not making too much money out of them and I never shall. We ask a fair profit and a large output. That is why I will not overcapitalize the business."

This was at our fourth conference. So I now got up and told him: "Well, Mr. Jenkins, we don't seem to agree on the capitalization, which is a matter in which we are experts and you are not; so, if you insist that we must do business on the basis of either a $ 20,000,000 value or not at all, I quit right here. We know our business, which is the selling of securities at such prices as will prove profitable to our customers so that they will keep on being our customers. We naturally wish to identify ourselves with successes. We endeavor to accomplish this by having in mind the contented client. But it isn't good business practice to offer for sale something that looks too cheap to be attractive to buyers of sound securities. They ask: 'If the owners don't think the stock is worth over twenty dollars a share why should we buy it at that price? What's the inclucement ? I tell you, twenty dollars a share is a poor figure to sell a stock at, Mr. Jenkins. If you hold out for that, we can't do business, Mr. Jenkins."

I could see the struggle in the mind of this fine type of straight-dealing, modest American businessman. It struck me that it would be difficult to make people believe that a manufacturer these days would be so keen about not overcharging.

At length he said: "Well, Mr. Wing, I want you to sell the stock. I can't agree to your price. But I'll tell you what I'll do: I'll sell it to you at twenty dollars a share and you must agree to sell it to the pubic for not more than twenty-three dollars. I am willing to meet you halfway."

I laughed and shook hands with this remarkable man, who had built up in a relatively few years a business that we valued at $ 35,000,000; and was so anxious not to ask too much for what he had that he preferred not to sell at all to selling at the price the buyer was so anxious to pay, which meant he was knocking off between $ 10,000,000 and $ 15,000,000.

"We accept!" I told him, but I intended to modify the terms in fairness to him. As a matter of fact at the final conference we reached a further compromise. I induced the Jenkins family to accept twenty-one dollars a share for 400,000 shares of no-par-value stock out of a total capitalization of 1,000,000 shares, and this stock we were allowed to offer at twenty-five dollars a share.

We duly brought out that issue of Jenkins Ignition stock. It was all taken in a jiffy because the price wasn't too low to arouse suspicions as to its merits. There was no secret about the earnings or the reputation of the Jenkins family or the history of the company from its inception. Within ninety days from the date of issue, the stock was selling freely in the open market at thirty-seven dollars a share.

George Jenkins happened to be in my office one day when a boy came in with a slip on which were the latest prices of some of the stocks which our firm had brought out. There is no ticker in my private office and one of the boys outside sends in items that he thinks might interest me, So I read the slip and said to Jenkins: "Jenkins Ignition, 36 3/4, and pretty active."

"Yes," said George Jenkins.

"The public," I couldn't help saying, "seems to have a much higher opinion of the Jenkins business and the Jenkins brains than Jenkins himself ever had."

"Yes," said George Jenkins.

"Well," I said consolingly, "after all, it is probably better for the customers of Bronson & Barnes to buy Jenkins at 25 and see it go to 37 than to buy it at 35 and see it go to 20, which is about what it is worth. Don't you think so?"

"Yes," said George Jenkins meekly.

I laughed. He looked at me so reproachfully that I said, "Well, that price is about the nicest compliment that a modest man's fellow countrymen can pay him. The willingness to pay 37 for Jenkins reflects their confidence in Jenkins Ignition because Jenkins is still running the business."

"Do you think so?" he asked and looked mighty pleased. And it occurred to me that, after all, to a man who has millions, a few millions more or less won't matter so much as the confidence and goodwill of those who do business with him.

Early in 1923 the general stock market entered into a period of declining prices and Jenkins stock went down with the rest. The high price had been 38. It went down gradually until it sold at 30. There it met what financial writers are so fond of describing as bankers'support.

As a matter of fact we didn't support that stock. What we did was to buy it for a customer of ours, by the name of George R. Jenkins. We did not suggest to him that it would be a graceful act for him to do such a thing. But he and his brothers happened to have oodles of money together with plenty of family pride, and they all agreed that after Jenkins stock had sold up so high because the public thought so well of it, it should not be allowed to go down too much. They did not wish to see it break 30; So Brother George telephoned us an order to buy a big block at 30 to 31. It checked the decline.

A couple of days later he called on me.

"Well," I told him, after we had shaken hands, we got your stock for you, chap. We didn't pay over 31 for any of it. That's the same stock you sold us at 21 that we wanted you to let us sell at 30."

"Yes," he said simply; "you were right and I was wrong. But we had made a heap of money out of the business and had lots of fun making it so that the dollar part didn't look so big to us as it did to an outsider. The earnings have increased and the stock is really worth more to-day than when you brought it out. When the market began to slump I couldn't see why Jenkins should go off, but it did. So I made up my mind that Jenkins Ignition was worth 30 to me if it had been worth 38 to others a little while before. So long as I think that stock is cheap and I have the money to buy it, not one of the original buyers is going to lose anything on his Jenkins stock."

Since that time George Jenkins has sold the stock when it got above 45, and bought it on recessions. Up to date he is a buyer on balance. The price is around 40. The excessive surtaxes and the need to provide for the payment of the inheritance taxes made him take in the public as junior partner in a prosperous business. And the public got a 10 per cent investment out of it.

I would say here that the solicitude of the controlling interests of a corporation about the market record of their stock is nothing unusual. There is the case of the Heineman Baking Powder Company, which for many years was run as a one-man business. It was founded by Henry Heineman and by him bequeathed to his only son, William. The old man was a remarkable character, keen as a razor, ingenious, hard working and financially fearless. He built up a perfectly enormous business. His son also happened to be a business man of exceptional ability and he saw to it that the Heineman Baking Powder Company grew until its gross sales ran into the tens of millions. But it remained the exclusiye personal property of Mr William Henry Heineman, and eventually it became so profitable as to prove too costly a luxury for even so immensely wealthy a man as Mr. W. H. Heineman. At the peak of his business prosperity he was confronted by the same problem as the Jenkins family. He also decided to take in the general public as business associates. A stockholder was in a measure a partner in the business, which Heineman continued to control and to manage and expand as shrewdly as when he owned 100 per cent of it instead of 75 per cent.

When it came to selling the stock, what Heineman did was to make a deal with a well-known form of brokers whereby he paid them a commission for making a public offering of a big block of Heineman stock. He on his part agreed to put up the price and make a market for the new shares. He had a good cheap stock to work with; it was brought out at thirty dollars a share and was earning better than four dollars a share. On slumps he bought enough of it to convince the public that insiders thought it indeed a cheap stock around 30. When it rose too high or too fast he sold, and bought again when it became too weak. The result was that within eighteen months he succeeded not only in making his vast wealth more liquid but in increasing the value of the famous Heineman business something like $ 50, 000,000. He did not make this money in the stock market at the expense of trusting widows and helpless orphans, but by sharing his business with the public at a fair price he made his entire property more easily disposable at a higher price than that at which he sold the third interest to the public. The public in turn—or that part of it included among the original subscribers—made a lot of money when the stock went up and Mr. Heineman is a richer man than ever, besides having some of his riches in first-class tax-exempt bonds.

That is how and why many of the most successful business men in the Untied States have incorporated themselves. By admitting the public into joint ownership of the business the original owners have lightened their tax burdens, made their wealth much more liquid, and have provided a sound method for paying the heavy inheritance taxes. It is an intelligent way of solving their problem. The stockholding public, don't forget, become boosters instead of bomb throwers.

The instances I have given are enough to afford a basis of comparison between the stockbrokers' business of to-day and that of a decade ago. The capitalizing of the goodwill is nothing new. It has always been done. But the novelty lies in the recognition of the partnership of the public in all sorts of business enterprises through ownership of stock. The appeal to the public is not to stock gamblers, but to investors who will take their chances along with the majority owners of those same businesses. The public is willing to go in whether the company makes paper, paraffin or potato flour, so long as it is a well-managed business with a good dividend record.

And here is the vital point of difference to bear in mind: We do not buy the controlling interest and sell it to our customers. We insist on the majority interest remainmg with the man or men who have made the enterprise successful. We do not sell to our customers any banker-owned or banker-run companies. It isn't fair to the people to whom we sell the stocks. We must have expert management, and none can be better than that which has built up a business and made it profitable. I could tell you a story of one of our failures. It was a company that had everything needed for a big financial success. It manufactured a product for which there was always a good demand. It had a modern plant and adequate machinery and a large sales force. Every other company engaged in the same line of business was doing well. But there was a lack in our company, as we found out after we brought out the stock—the management was not there. It did a large business, but did not pay dividends. It did not earn them. We recalled all the stock we had sold and tried to find the right man to run it. We haven't found him yet.

We once offered a certain man a salary of $ 1,000,000 a year to manage a business we were asked to buy at a very attractive figure, but he was tied up so he couldn't come with us. We turned down the proposition. Later the same man was free to become the head of another concern in the same business, and he has increased the market value of that property in five years nearly $ 30,000,000. It was all a matter of management. I call that man a good investment at a million a year. I always have that factor in mind when I insist upon the successful owner-manager continuing in control by actual majority stock ownership.

The fact that the public has a direct interest through its holdings of stock in practically every line of business in this country has made a vast difference in the character of the trading. As Larry Livingston says, it is far more difficult to keep posted to-day on stocks because there are so many of them and they embrace all kinds of business. It makes it that much harder for even the most intelligent. and well-posted trader to beat the market. Last fall, right after Coolidge's election, there were days when nearly six hundred issues were traded in. On the other hand, the wise speculator stands a far better show of making a reasonable profit. He knows more. He plays more scientifically.

When a man asserts that nobody can beat the Wall Street game he is right to the extent that it is true that nobody can habitually get something for nothing. No delusion so so easily disproven by experience or so widely held as the delusion of easy money.

Ignorance is one of the obstacles that nobody can vault over. I find that our customers to-day demand to be told the why and wherefore before they accept our advice to buy or sell a certain stock or to take a definite position in the market. We have done everything in our power to foster that intelligently inquiring spirit. That is why we started and maintain our statistical department. We give the facts needed for our customers to act upon, and we always give reasons for our opinion so that if our customers do not find our reasons sound they do not have to accept the opinion. The old-time broker did not go to all that trouble.

I trust I have made clear that the stockbrokers' business is conducted more intelligently than it used to be. Its prosperity is bound up with the pros-perity of the customers. The stories about the use of marked cards by the master manipulators are for the most part fiction. The public is much better informed to-day than ever before. It will not be long, I hope, before an end is made of the accusations against stockbrokers founded on customs and practices long since abandoned. The political demagogues and the sensational editorial writers must have some one to attack, and Wall Street baiting is as popular a sport to-day as it ever was. The story of my own experiences and of my firm's way of doing business is the story of scores of my colleagues. And don't forget, please, that the first customer we did business for thirty-six years ago, when the firm was founded, is still doing business through us.

FINIS